Volkswirtschaftslehre Handbuch

von
Udo Schmitz
und
Bernd Weidtmann

Ernst Klett Verlag
Stuttgart Düsseldorf Leipzig

Gedruckt auf Papier aus
chlorfrei gebleichtem Zellstoff,
säurefrei.

1. Auflage A 1 5 4 3 2 | 2004 2003 2002 2001

Alle Drucke dieser Auflage können im Unterricht nebeneinander eingesetzt werden; sie sind untereinander unverändert. Die letzte Zahl bezeichnet das Jahr dieses Druckes.

Internetadresse: http://www.klett-verlag.de

Einbandgestaltung: BBS, Sachse und Partner, Bietigheim-Bissingen
Satz: Fotosatz Kaufmann, Stuttgart
Druck: Gutmann + Co., Talheim
ISBN 3-12-881832-0

Zur Konzeption

Das vorliegende „Handbuch der Volkswirtschaftslehre" für berufsbildende Schulen bereitet in 21 Themenbereichen die Inhalte des Faches auf der Grundlage entsprechender Lehrpläne auf.

Die wissensorientierte Aufbereitung der Lerninhalte verzichtet bewusst auf methodische Vorgaben für den Unterricht. Sie lässt Freiräume für die angemessene Berücksichtigung von handlungs- und entscheidungsorientierten Unterrichtsformen.

Die vorliegende Ausgabe ist in besonderer Weise um eine lerngerechte Aufbereitung bemüht: Konsequent strukturierte, im Ganzseitenprinzip dargebotene Inhalte

▷ erleichtern sowohl die zielgerichtete Vermittlung als auch Aufnahme von Wissen,
▷ erhöhen Übersichtlichkeit und Transparenz,
▷ fördern die Fähigkeit, sich auch schwierige Sachverhalte einzuprägen,
▷ eignen sich insbesondere für das Nacharbeiten sowie die intensive Vorbereitung auf Klassenarbeiten und die Abschlussprüfung.

Die übersichtliche, systematische und kompakte, aber inhaltlich gründliche Darstellung wird ergänzt durch zahlreiche veranschaulichende Abbildungen, Übersichten, Beispiele und 600 wiederholende und qualifizierende Aufgaben. Sachstichworte bzw. „Kennworte" führen als Leitfaden durch jedes Thema und gliedern es in die wichtigen Teilaspekte.

1 Die Hauptkapitelziffer auf jeder Seite erlaubt eine ständige inhaltliche Orientierung.
▶ Dieses Zeichen am Ende einer Seite zeigt die Fortsetzung des Themas auf der nächsten Seite an.

Ein ausführliches Sachwortverzeichnis ermöglicht einen raschen Informationszugriff.

Anmerkungen zur überarbeiteten 2. Auflage:

Die 2. Auflage machte eine gründliche Überarbeitung des Werkes erforderlich:

▷ Die Texte sind nach den Regeln der neuen Rechtschreibung durchgesehen worden.
▷ Die gegenwärtige Umstellungsphase auf den EURO verlangt eine entsprechende Überarbeitung der Währungsangaben in den Beispielen und Tabellen.
▷ Das Kapitel 12 über die volkswirtschaftliche Gesamtrechnung bedurfte einer gründlichen Überarbeitung der Methodik der Zahlungsbilanzdarstellung aufgrund der Anpassung an das Europäische System volkswirtschaftlicher Gesamtrechnungen (ESVG). In diesem Kapitel konnte die Umstellung auf den EURO noch nicht erfolgen. Der Grund: Das Statistische Bundesamt und die Deutsche Bundesbank werden sowohl die historischen als auch die aktuellen Zahlen noch bis 2002 in DM vorlegen.
▷ Aufgrund des Beginns der EWWU ab 1.1.1999 musste das Kapitel Geldpolitik völlig neu überarbeitet werden, da die Verantwortlichkeit für diesen Teil der Wirtschaftspolitik mit zum Teil völlig neuen Instrumenten seit diesem Datum auf die EZB übergegangen ist.

Autoren und Verlag

Inhaltsverzeichnis

10 Kooperation und Konzentration von Unternehmen

11 Bedeutung des Geldes

12 Volkswirtschaftliche Gesamtrechnung

13 Konjunktur

14 Ziele der Wirtschaftspolitik

15 Geldpolitik

1 Begriff und Teilgebiete der Volkswirtschaftslehre

Begriff

Die Volkswirtschaftslehre (Nationalökonomie) ist neben der Betriebswirtschaftslehre ein Teilgebiet der Wirtschaftswissenschaften, die wiederum zu den Sozial- oder Gesellschaftswissenschaften zählt. Im Gegensatz zur Betriebswirtschaftslehre beschäftigt sich die Volkswirtschaftslehre nicht mit einzelwirtschaftlichen, sondern mit gesamtwirtschaftlichen Erscheinungen und Zusammenhängen.

Als wissenschaftliche Disziplin gilt die Volkswirtschaftslehre seit Erscheinen des Werkes *„Natur und Ursachen des Volkswohlstandes"* von *Adam Smith* im Jahre 1776.

Wirtschaftswissenschaften

Volkswirtschaftslehre
- ▷ Volkswirtschaftstheorie
- ▷ Volkswirtschaftspolitik
- ▷ Finanzwirtschaft
- ▷ Wirtschaftskunde

Betriebswirtschaftslehre
- ▷ Unternehmensführung
- ▷ Materialwirtschaft
- ▷ Absatzwirtschaft
- ▷ Personalwesen
- ▷ Finanz- und Rechnungswesen

Teilgebiete der Volkswirtschaftslehre

Teilgebiete der Volkswirtschaftslehre	**Volkswirtschaftstheorie**	Die Volkswirtschaftstheorie versucht Zusammenhänge und Gesetzmäßigkeiten der Wirtschaft einer Nation zu erkennen und aufzuzeigen. *Beispiele: Aufgabe und Wirkungsweise des Preismechanismus, Beschäftigung, Angebots- und Nachfrageverhalten, Einkommensverteilung* Die Volkswirtschaftslehre bedient sich für die Analyse verschiedener ökonomischer Modelle *(s. S. 14 f.).*
	Volkswirtschaftspolitik	Gegenstand der Volkswirtschaftspolitik ist es, zu analysieren, wie bestimmte volkswirtschaftliche Ziele durch den Einsatz geeigneter Maßnahmen erreicht werden können. Sie befasst sich also mit den Wirkungsweisen wirtschaftspolitischer Maßnahmen und hat somit eine Beratungsfunktion gegenüber den politische Entscheidungsträgern dieser Maßnahmen (Parlamentarier, Regierungen). *Beispiele:* ▷ *Änderung des Kartellgesetzes, um Wettbewerbsbeschränkungen durch Unternehmenskonzentrationen zu verhindern;* ▷ *geeignete Veränderung der Geldmenge um zu hohe Preissteigerungen zu verhindern;* ▷ *steuerliche Maßnahmen um den Beschäftigungsstand zu erhöhen.*

▶

Teilgebiete der Volkswirtschaftslehre	**Finanzwissenschaft**	Die Finanzwissenschaft beschäftigt sich mit den Ein- und Ausgaben des Staates und den damit verbundenen volkswirtschaftlichen Auswirkungen. Zu den Aufgaben des Staates gehören dabei insbesondere die Versorgung der Wirtschaft mit öffentlichen Gütern zur Befriedigung der Kollektivbedürfnisse, die Umverteilung der Einkommen und die Beeinflussung des Konjunkturverlaufes. *Beispiele:* ▷ *Der Staat stellt Menschen, die aus dem Erwerbsleben ausgeschieden sind oder die sozial bedürftig sind, finanzielle Mittel (Renten, Sozialhilfe) zur Verfügung, die er durch Steuern und Sozialabgaben der Wirtschaftssubjekte finanziert.* ▷ *Der Staat schafft und unterhält infrastrukturelle Einrichtungen wie Straßen, Kanäle, Schulen und Energieversorgungsbetriebe, die er ebenfalls durch Steuern und Gebühren finanziert.* ▷ *Der Staat senkt Steuern und erhöht seine Nachfrage nach Gütern um die Konjunktur zu beleben und den Beschäftigungsstand zu erhöhen.*
	Wirtschaftskunde	Die Wirtschaftskunde umfasst mehrere Teilgebiete: ▷ Die **Wirtschaftsgeografie** sammelt Erkenntnisse über wirtschaftlich bedeutsame geografische Bedingungen. *Beispiele: Welche Auswirkungen haben Wetter und Klima auf die wirtschaftliche Entwicklung bestimmter Regionen? Wie müssen nationale und internationale Verkehrswege (Schifffahrtswege, Flughäfen, Straßen) beschaffen sein um den Transport von Gütern zu gewährleisten?* ▷ Die **Wirtschaftsgeschichte** stellt die geschichtlich bedeutsamen wirtschaftlichen Entwicklungen dar und erklärt sie. *Beispiel: Welche Vorgänge führten maßgeblich zu dem Börsenzusammenbruch an der New Yorker Wallstreet am 25. 10. 1929, dem „Schwarzen Freitag“?* ▷ Die **Wirtschaftsstatistik** stellt Kennziffern zur Beurteilung volkswirtschaftlicher Entwicklungen zur Verfügung. *Beispiele: Preiserhöhungen gegenüber dem Vorjahr, Berechnung und Wachstum des Bruttoinlandsproduktes, Entwicklung der Anzahl und der Struktur der Beschäftigten*

2 Aufgaben der Volkswirtschaftslehre

generelle Aufgabe	Die Volkswirtschaftslehre befasst sich mit der Analyse der verschiedensten wirtschaftlichen Entscheidungen einer Gesellschaft. *Beispiele: Wie werden knappe Produktionsmittel für die Herstellung verschiedener Güter verwendet? Wie wird die Verteilung und der Verbrauch dieser Güter vorgenommen?* Es geht hierbei also um die Erfassung der Zustände, Abläufe und Abhängigkeiten des volkswirtschaftlichen Prozesses. Entsprechend lassen sich folgende Aufgabenbereiche unterscheiden:	
Teilaufgaben	**Darstellung**	Die Volkswirtschaftslehre ist bemüht gesamtwirtschaftliche Entwicklungen in ihrem Prozess darzustellen und Informationen über den Wirtschaftsprozess zu liefern. *Beispiele: Entwicklung des Preisniveaus, des Bruttoinlandsproduktes, des Lohnniveaus u. a.* Zu diesem Zweck legt die Volkswirtschaftslehre zunächst verschiedene Begriffe fest (z. B. Einkommen, Preisniveau oder Sozialprodukt) und liefert Methoden um die absolute Höhe sowie die Veränderung dieser Größen zu berechnen und zu beschreiben (z. B. Kennziffern).
	Erklärung	Die Volkswirtschaftslehre versucht auf der Basis der Darstellung bestimmter volkswirtschaftlicher Größen die bisherigen Entwicklungen zu erläutern. Sie versucht herauszufinden, warum bestimmte Veränderungen eingetreten sind oder nicht. *Beispiel: Welche Ursachen hat das ständige Sinken des Beschäftigungsstandes?* Um dieser Aufgabe gerecht zu werden ist es wichtig, die Ursachen und Abhängigkeiten von Wirtschaftsabläufen zu kennen.
	Vorhersage	Auf der Basis dieser Erklärungen wird versucht zukünftige gesamtwirtschaftliche Entwicklungen vorherzusagen, um der Wirtschaftspolitik Hilfestellungen zu geben. Insbesondere die Prognose über die Arbeitslosigkeit, das Wachstum und die Preisentwicklung sind wichtig um wirtschaftspolitische Ziele und Maßnahmen festzulegen. Die Vorhersage ist zweifellos eine der schwierigsten Aufgaben der Volkswirtschaftslehre, da ein Wirtschaftsprozess nur einmalig auf ein und dieselbe Art und Weise abläuft und nicht ständig gleichmäßig aufgrund von Naturgesetzen. *Beispiel: Steigende Investitionen führen zu einer sinkenden Beschäftigung und nicht – wie in der Vergangenheit – zu einer Zunahme der Arbeitsplätze.*

1

3 Volkswirtschaftliche Methodik

<table>
<tr><td rowspan="4">grundlegende Vorgehensweise</td><td colspan="2">Da die in der Realität sehr vielfältigen und komplizierten Zusammenhänge und Abhängigkeiten von wirtschaftlichen Prozessen sich nicht überschauen lassen, muss die Volkswirtschaftslehre Denkinstrumente für bestimmte Untersuchungsgegenstände bilden, die sich an der Wirklichkeit orientieren. Diese beschränken sich dann auf die wesentlichen Elemente der Problemstellung. Zur Präsentation dieser Denkmodelle dienen häufig mathematische Gleichungen bzw. grafische Darstellungen.</td></tr>
<tr><td colspan="2">Beispiel: Einfacher Wirtschaftskreislauf
Es sollen die Beziehungen zwischen den Unternehmen und den Haushalten beschrieben werden.</td></tr>
<tr><td>mathematische Darstellung</td><td>$y = c + s$ (Verwendung des Einkommens)
$y = c + i$ (Entstehung des Einkommens)

wobei gilt:
y = Einkommen
c = Konsumausgaben
s = Sparen der Haushalte
i = Investitionen der Unternehmen</td></tr>
<tr><td>grafische Darstellung</td><td>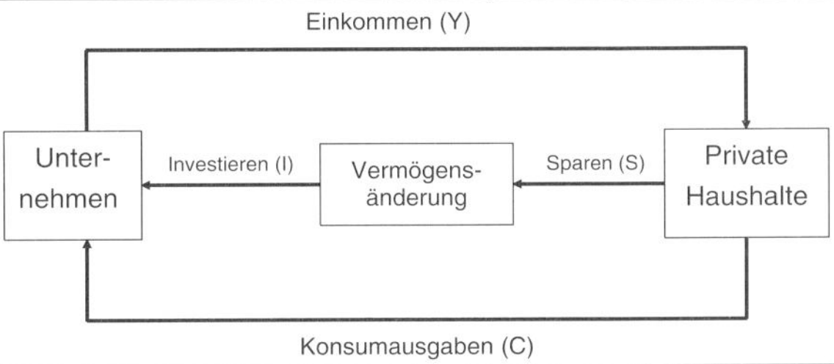
</td></tr>
<tr><td>Denkmodelle</td><td colspan="2">Denkmodelle stellen verkleinerte Abbilder der Wirklichkeit dar, die sich zum Zweck der Analyse und Bearbeitung eines Problems auf die wesentlichen Strukturen des Originals beschränken. Modelle können niemals vollständig mit der Realität übereinstimmen.
Beispiele: Globus als Modell der Erde, Modell eines Bauwerkes im Maßstab 1:100, Straßenkarte als Modell einer Region
Die wesentlichen volkswirtschaftlichen Modelle sind das Marktmodell und das Modell des Wirtschaftkreislaufes.

Bei der Konstruktion derartiger Modelle ist es wichtig, festzulegen, welchem Zweck das Modell dienen soll. Aus diesem Grund werden Prämissen (Voraussetzungen) festgelegt.
Beispiel: Die Straßenkarte soll Autofahrern dienen, einen bestimmten Ort über Straßen, Bundesstraßen oder Autobahnen zu erreichen. Wanderwege wird diese Karte nicht enthalten.

Modelle entstehen also durch Vereinfachung und Vernachlässigung bestimmter Sachverhalte sowie durch die Beschränkung auf den Anwendungszweck bzw. Untersuchungszweck.</td></tr>
</table>

<table>
<tr><td rowspan="5">Beispiele für Denkmodelle</td><td></td><td>Wirtschaftskreislauf</td><td>Straßenkarte</td></tr>
<tr><td>grafische Darstellung</td><td>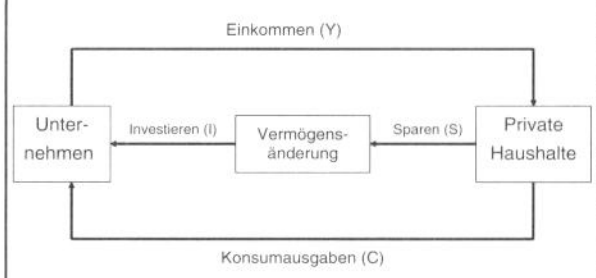
</td><td>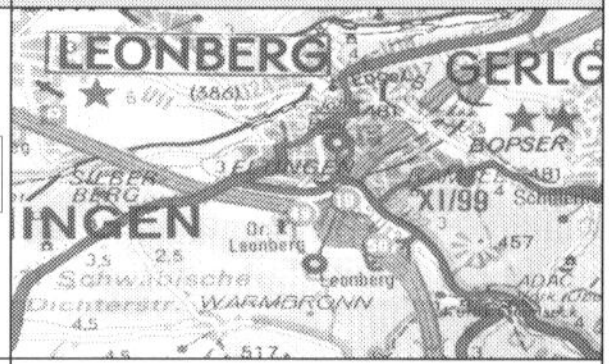
</td></tr>
<tr><td>Anwendungs-zweck</td><td>Analyse von Güter- und Geldübertragungen im Wirtschaftsprozess</td><td>Darstellung aller für Autofahrer nutzbaren Straßen</td></tr>
<tr><td>Vereinfachung</td><td>Alle privaten Haushalte und alle Unternehmen werden zu je einem Wirtschaftssektor, alle Tauschvorgänge im Güterstrom bzw. Geldstrom zusammengefasst.</td><td>Ortschaften werden als Punkte, Autobahnen, Bundesstraßen und Landstraßen durch Linien mit unterschiedlichen Farben und Strichstärken dargestellt.</td></tr>
<tr><td>Vernach-lässigung</td><td>Unwesentliche oder nicht erfassbare Tatbestände werden vernachlässigt, z. B. Sparen von Geld im Sparstrumpf.</td><td>Wanderwege, Hausnummern, Ampeln oder Angaben über die Verkehrsdichte sind in der Regel nicht enthalten.</td></tr>
<tr><td>Arbeiten mit volkswirtschaftlichen Modellen</td><td colspan="3">1. Die Grundannahmen bzw. Bedingungen, die dem Modell zugrunde liegen, müssen bekannt sein und verstanden werden.
2. Um bestimmte Sachverhalte mithilfe des Modells zu erklären werden nur einzelne Variablen verändert und alle anderen Einflussgrößen als konstant bleibend angesehen. Sie werden als so genanntes Datum gesetzt (Ceteris-paribus-Annahme).
Beispiel: Ein Chemiker mischt zehn verschiedene Substanzen und erhält eine rote Flüssigkeit. Verändert er nun die Anteile aller Substanzen und erhält eine blaue Flüssigkeit, kann er die Ursache der Farbveränderung nicht genau bestimmen. Er könnte nur Rückschlüsse ziehen, wenn er neun Substanzen in ihrem Anteil gleich ließe und lediglich die zehnte verändern würde.</td></tr>
<tr><td>Probleme</td><td colspan="3">1. Volkswirtschaftliche Modelle lassen keine Rückschlüsse auf die Einzelwirtschaften zu. Was für eine Volkswirtschaft als Ganzes gilt, ist für den Einzelnen längst nicht unbedingt wichtig.
2. Volkswirtschaftliche Modelle berücksichtigen nicht alle Abhängigkeiten. Das führt dazu, dass manche realen Entwicklungen nicht widergespiegelt werden können.
3. Volkswirtschaftliche Modelle sind nicht zeitlos gültig, da sie nicht auf Naturgesetzen beruhen. Die Entwicklung einzelner wirtschaftlicher Prozesse ist nicht vollkommen berechenbar.</td></tr>
</table>

1 Aufgaben zu Kapitel 1

Begriff und Teilgebiete der Volkswirtschaftslehre → *S. 11*	1. Womit befasst sich die Volkswirtschaftslehre? 2. Unterscheiden Sie Volkswirtschaftslehre und Betriebswirtschaftslehre. 3. Welche Teilgebiete umfasst die Volkswirtschaftslehre? 4. Erklären Sie den Begriff „Volkswirtschaftstheorie". 5. Jemand sagt: „Warum sollen die Gesetzmäßigkeiten der Wirtschaft eines Landes untersucht werden? Das kostet viel Geld und bringt letztlich doch nichts!" 6. Inwiefern besitzt die Volkswirtschaftspolitik eine Beratungsfunktion für politische Entscheidungsträger? 7. Beschreiben Sie, wie die Volkswirtschaftspolitik die Erkenntnisse der Volkswirtschaftstheorie nutzen kann. 8. Welche Aufgaben besitzt die Finanzwissenschaft? 9. Nennen Sie Ihnen bekannte Einnahmequellen und Ausgabeposten des Staates. 10. Der Staat erhöht die Steuern. Beschreiben Sie denkbare Auswirkungen einer solchen Entscheidung auf die Wirtschaft eines Landes. 11. Welche Inhalte umfasst die Wirtschaftskunde? 12. Warum ist die Wirtschaftsgeografie im weiteren Sinn ein notwendiger Bestandteil der Volkswirtschaftslehre?
Aufgaben der Volkswirtschaftslehre → *S. 13*	13. Beschreiben Sie die grundlegende Aufgabe der Volkswirtschaftslehre. 14. Erklären Sie am Beispiel „Arbeitslosigkeit" die „Darstellung", „Erklärung" und „Vorhersage" als Teilaufgaben der Volkswirtschaftslehre. 15. Der Sachverständigenrat zur Beurteilung der gesamtwirtschaftlichen Lage erstellt jedes Jahr ein Gutachten, in dem u. a. auch eine Prognose der volkswirtschaftlichen Entwicklung im folgenden Jahr enthalten ist. Diese Vorhersagen treffen häufig nicht oder nur teilweise ein. Woran mag das Ihrer Meinung nach liegen?
Volkswirtschaftliche Methodik → *S. 14*	16. Was verstehen Sie unter einem Denkmodell? 17. Was ist bei der Konstruktion eines Modelles zu beachten? 18. Nennen Sie Beispiele für Modelle in ihrem persönlichen Umfeld. Erklären Sie jeweils a. den Anwendungszweck, b. worin die Vereinfachung liegt, c. was in diesem Modell gegenüber der Wirklichkeit vernachlässigt wird. 19. Warum benutzt man innerhalb der Volkswirtschaftslehre Denkmodelle? 20. Was ist bei dem Umgang mit solchen Modellen zu beachten? 21. Welche Darstellungsformen können Modelle besitzen? 22. Erklären Sie die Ceteris-paribus-Annahme. 23. Welche Nachteile ergeben sich beim Arbeiten mit Modellen? 24. Wie denken Sie über die Verwendung von Denkmodellen bei dem Umgang mit komplexen Sachverhalten?

1 Bedürfnisse

KAPITEL 2

Ein Bedürfnis beschreibt ein persönliches Mangelempfinden.
Je nach Dringlichkeit strebt der einzelne Mensch danach, dieses Bedürfnis zu befriedigen um damit den Mangelzustand zu beseitigen. Nahezu jeder Mensch hat unbegrenzte Bedürfnisse.
Beispiele: Wer Durst hat, will etwas trinken; wer Hunger hat, will essen; wer etwas über Politik und Kultur erfahren will, muss eine Zeitung lesen oder den Fernseher anschalten.

- ▷ Bedürfnisse sind individuell unterschiedlich, wandelbar und von verschiedenen Bedingungen abhängig.
- ▷ Bedürfnisse bewegen die Menschen dazu, wirtschaftlich zu handeln.

↓

Bedürfnisse
werden unterschieden nach

dem Gegenstand in
- ▷ **materielle Bedürfnisse,** die im Wesentlichen durch Güter befriedigt werden können, wie Bedürfnisse nach Essen oder Trinken;
- ▷ **immaterielle Bedürfnisse,** die nicht durch Güter befriedigt werden können, wie Bedürfnisse nach Liebe oder Anerkennung.

der Dringlichkeit in
- ▷ **Existenzbedürfnisse** wie Essen und Trinken;
- ▷ **Kulturbedürfnisse** wie Literatur lesen oder Musik hören;
- ▷ **Luxusbedürfnisse** wie segeln oder Sportwagen fahren.

Sind die Bedürfnisse der niedrigeren Stufe befriedigt, entstehen die Bedürfnisse der nächsten Stufe.

dem Bedürfnisträger in
- ▷ **Individualbedürfnisse,** die auf den Vorstellungen des einzelnen Menschen vom Leben beruhen;
- ▷ **Kollektivbedürfnisse,** nach denen in der Regel alle Menschen einer Gemeinschaft streben, wie z. B. das Bedürfnis nach Frieden oder Umweltschutz.

Problemfelder

Eine Abgrenzung einzelner Bedürfnisse ist nicht immer leicht. Hinter oberflächlich materiellen Bedürfnissen können sich immaterielle Bedürfnisse verbergen.
Beispiel:
Hinter dem materiellen Bedürfnis nach dem Besitz eines Sportwagens steht häufig das immaterielle Bedürfnis nach Anerkennung.

Ob ein Bedürfnis als Existenz-, Kultur- oder Luxusbedürfnis einzustufen ist, hängt ab von
- ▷ dem Lebensstandard einer Gesellschaft,
- ▷ dem technischen Niveau der Volkswirtschaft,
- ▷ der individuellen Einstellung des Menschen,
- ▷ der Kultur einer Gesellschaft.

Zwischen den Bedürfnissen einer Person und den Bedürfnissen einer Gemeinschaft können Konflikte entstehen.
Beispiel:
Dem kollektiven Bedürfnis nach einer gesunden Umwelt steht das Individualbedürfnis vieler Autofahrer nach Bequemlichkeit und Komfort bei der Fortbewegung entgegen.

2 2 Bedürfnisse – Bedarf – Nachfrage

Bedürfnisse
sind bei den meisten Menschen grundsätzlich unbegrenzt vorhanden.
Die zur Befriedigung der Bedürfnisse notwendigen Güter und Dienstleistungen stehen jedoch bis auf wenige Ausnahmen (Sonnenlicht, Luft) nicht unbegrenzt zur Verfügung; sie sind knapp und haben deshalb einen Preis. Der Mensch kann also nur einen bestimmten Teil seiner Bedürfnisse befriedigen.
Beispiel: Jemand hat das Bedürfnis in seiner Wohnung Ordnung zu schaffen.

Bedarf
im wirtschaftlichen Sinn ist der Teil der Bedürfnisse, den der Mensch mit den ihm zur Verfügung stehenden Mitteln befriedigen kann. Dieser Rahmen wird durch seine persönliche Leistungsbereitschaft und Leistungsfähigkeit sowie durch seine verfügbaren Mittel (Einkommen und Vermögen) abgesteckt.
Beispiel: Um Ordnung herzustellen beschließt die Person sich ein Regal zuzulegen.

Unbefriedigte Bedürfnisse bleiben vorhanden und tauchen wieder im Bewusstsein auf, wenn der Rahmen der Möglichkeiten erweitert wird, z. B. durch höheres Einkommen.

Nachfrage
ist der Teil des Bedarfs, der – mit Kaufkraft ausgestattet – am Markt wirksam wird. Die Nachfrage nach Gütern wird nur wirksam, wenn ihr am Markt ein entsprechendes Angebot gegenübersteht.
Beispiel: Nachfrage nach Holz, Leim und Schrauben

Eigenleistung
liegt vor, wenn ein Mensch in seiner Freizeit Arbeitskraft einsetzt um Bedürfnisse zu befriedigen.
Beispiel: Zusammenbau des Regals

Markt
Ort, an dem der Ausgleich der Knappheit durch das Aufeinandertreffen von Angebot und Nachfrage stattfindet.
Beispiel: Angebot und Nachfrage treffen sich in einem Baumarkt.

Angebot
Betriebe bieten auf dem Markt die Güter an, die der Bedürfnisbefriedigung dienen. Das Angebot erfolgt nur, wenn im Markt eine entsprechende Nachfrage nach diesen Gütern gegenübersteht.
Beispiel: Angebot von Baustoffen

3 Güter

Als Güter bezeichnet man alle Mittel, die mittelbar oder unmittelbar der Bedürfnisbefriedigung dienen.

- ▷ Güter bieten dem Menschen die Möglichkeit der Bedürfnisbefriedigung und haben für ihn einen Nutzen.
- ▷ Güter sind in der Regel knapp und zwingen den Menschen daher zu wirtschaftlichem Verhalten.
- ▷ Die Herstellung knapper Güter verursacht Kosten.
- ▷ Das Angebot an Gütern stimmt mit der Nachfrage nach Gütern nicht immer überein.

Wirtschaftliche Güter

- ▷ sind nur begrenzt vorhanden (knapp),
- ▷ müssen hergestellt werden,
- ▷ verursachen bei der Herstellung Aufwendungen,
- ▷ haben deshalb einen Preis,
- ▷ sind Gegenstand des Wirtschaftens.

Beispiele: Brot, CD-Player

Freie Güter

- ▷ sind unbegrenzt vorhanden,
- ▷ sind von Natur aus konsumreif,
- ▷ verursachen keinen Aufwand,
- ▷ haben deshalb keinen Preis,
- ▷ sind nicht Gegenstand des Wirtschaftens.

Beispiele: Luft, Wüstensand

materielle Güter

▷ **Konsumgüter**
finden Verwendung in den Haushalten:
- Verbrauchsgüter werden zum Zweck der Bedürfnisbefriedigung unmittelbar verbraucht.
  Beispiele: Milch, Rasierwasser
- Gebrauchsgüter dienen auf längere Zeit der Bedürfnisbefriedigung.
  Beispiele: Kaffeemaschine, Herd

▷ **Produktionsgüter**
finden Verwendung in Betrieben:
- Verbrauchsgüter werden zum Zweck der Gütererstellung unmittelbar verbraucht.
  Beispiele: Spanplatten in einer Möbelfabrik, EDV-Papier in einer Bank
- Gebrauchsgüter dienen für einen längeren Zeitraum der Güterherstellung.
  Beispiele: Bandsäge in der Möbelfabrik, Computer in einer Bank

immaterielle Güter

▷ **Dienstleistungen**
stellen menschliche Leistungen dar, die der Bedürfnisbefriedigung dienen, die aber nicht durch Güter erfolgt.
- personenbezogen
  Beispiele: Krankenpflege, Unternehmensberatung
- sachbezogen
  Beispiele: Versicherung, Kredit

▷ **Rechte**
stellen die Befugnis dar von einer anderen Person ein Tun oder Unterlassen zu verlangen.
Beispiele: Patente, Forderungen

▷ **Informationen**
Nachrichten als Entscheidungsgrundlage
Beispiele: Datenbanken, Verbandsnachrichten

▶

Das Güterangebot an Konsum- und Produktionsgütern ist für den einzelnen Konsumenten nahezu unüberschaubar. Bei der volkswirtschaftlichen Betrachtung kommt es jedoch nicht auf die absolute Anzahl der verschiedenen Güterarten an, sondern darauf, welche Beziehungen zwischen den einzelnen Gütern bestehen und ob diese miteinander vergleichbar sind. Diese Unterscheidung spielt eine wichtige Rolle bei der Untersuchung von Angebot und Nachfrage nach Gütern.

Beziehungen zwischen den Gütern	**Substitutionsgüter**	Substitutionsgüter können sich gegenseitig ersetzen und somit alternativ eingesetzt werden. *Beispiele: Margarine und Butter als Brotaufstrich; Kohle, Gas und Öl als Energieträger; Holz, Kunststoff und Stahl als Baumaterialien*
	Komplementärgüter	Komplementäre Güter ergänzen sich. Sie können nur zusammen nachgefragt oder hergestellt werden. Sie sind deshalb in der Nachfrage oder im Angebot verbunden. Für den Verbraucher macht es nur Sinn, wenn er zusammengehörige Güter auch gemeinsam nachfragt, wenn auch nicht immer gleichzeitig. *Beispiele: CD-Player und CD; Hardware und Software; Kfz und Reifen* Bestimmte Güter sind aufgrund des Produktionsprozesses nur gemeinsam herzustellen. *Beispiele: Bier und Treber (Tiernahrungsmittel); Koks und Gas*
	indifferente Güter	Zwischen indifferenten Gütern besteht keinerlei Beziehung. Sie sind im Angebot und in der Nachfrage völlig unabhängig voneinander. *Beispiele: Fernreise und Computer; Fahrrad und Fernseher*
Vergleichbarkeit von Gütern	**homogene Güter**	Homogen sind Güter, wenn zwischen ihnen aus Sicht des Verbrauchers keinerlei Unterschiede bestehen, z. B. in Güte, Form, Farbe, Ausstattung und Image. *Beispiele: genormte Schrauben; Mehl Type 405; weißer Baumwollstoff einer bestimmten Qualität*
	heterogene Güter	Heterogen sind Güter gleicher Art, die jedoch hinsichtlich ihrer Qualität und Ausstattung mehr oder weniger große Unterschiede aufweisen. *Beispiele: Pkw einer bestimmten Größenklasse; Dienstleistungen der verschiedenen Friseure in einem Ort; Roggenmischbrot verschiedener Anbieter*

1 Ökonomisches Prinzip

Die Wirtschaft verdankt ihre Entstehung einer mengenmäßigen Beziehung:
- ▷ der Unbegrenztheit menschlicher Bedürfnisse einerseits und
- ▷ der Knappheit der Güter andererseits.

Daraus ergibt sich folgender *Zielkonflikt*:

Die Bedürfnisse und Erwartungen der Wirtschaftssubjekte (Haushalte und Betriebe) sind nahezu unbegrenzt.
- ▷ Die Menschen müssen Wahlentscheidungen treffen zugunsten einer weit gehenden Bedürfnisbefriedigung. Sie streben mit den Gütern einen möglichst hohen Nutzen an.
- ▷ Die Betriebe müssen für die Produktion von Gütern Arbeitskraft, Maschinen und Werkstoffe einsetzen. Sie treten damit als Nachfrager von Gütern auf und streben nach dem maximalen Gewinn oder einer optimalen Bedarfsdeckung.

Die auf der Erde vorhandenen Güter sind knapp. Dies zeigt sich sich in zweifacher Hinsicht:
- ▷ Von *absoluter Knappheit* sprechen wir bei Gütern, die sich nicht mehr reproduzieren lassen. Dazu gehören z. B. der Boden und die darin befindlichen Rohstoffreserven.
- ▷ Von *relativer Knappheit* sprechen wir, wenn Güter wiederhergestellt werden können. Dabei werden Kosten verursacht, für die der herstellende Betrieb einen Preis verlangt.

Lösung: Ökonomisches Prinzip

Menschen und Betriebe verhalten sich zur Lösung dieses Zielkonflikts weit gehend nach dem wirtschaftlichen Prinzip. Dieses Prinzip tritt in zwei Formen auf:

Maximalprinzip:

Die Beteiligten versuchen, mit gegebenen Mitteln einen möglichst großen (maximalen) Erfolg zu erzielen.
- ▷ Haushalte versuchen, mit gegebenem Einkommen die Güter zu kaufen, die einen großen Nutzen versprechen **(Nutzenmaximierung).**
- ▷ Betriebe setzen vorhandene Mittel so ein, dass der erzielbare Gewinn möglichst hoch ist **(Gewinnmaximierung).**

Minimalprinzip:

Die Beteiligten versuchen, einen vorgegebenen Erfolg mit möglichst geringen (minimalen) Mitteln zu erreichen.
- ▷ Haushalte kaufen die benötigten Güter nach Preisvergleichen bei den preisgünstigsten Anbietern **(Ausgabenminimierung).**
- ▷ Betriebe versuchen einen geplanten Gewinn mit möglichst geringen Kosten zu erzielen **(Kostenminimierung).**

▶

2 Zielkonflikt zwischen Ökonomie und Ökologie

Ökologie ist die Gesamtheit aller Wechselbeziehungen zwischen den Lebewesen der Erde und ihrer Umgebung.	***Ökonomie ist die Gesamtheit aller Wirtschaftsbeziehungen, die sich aus dem Zusammenwirken der Wirtschaftssubjekte ergeben.***
Angestrebte Ziele: ▷ ausgeglichener Haushalt der Natur ▷ kleine Produktionseinheiten und dezentrale Entscheidungen statt Großproduktion und Zentralismus ▷ Leben im Einklang mit der Natur	Angestrebte Ziele: ▷ hoher Wohlstand für die gesamte Gesellschaft ▷ die Wirtschaftssubjekte handeln vorwiegend nach dem ökonomischen Prinzip ▷ Wettbewerb der Wirtschaftssubjekte

Zielkonflikte
zwischen ökonomischen Notwendigkeiten und ökologischen Anforderungen

▷ Bei der Produktion von Gütern werden Rohstoffe und Energie benötigt.	▷ Die Vorräte an Rohstoffen und Energieträgern auf der Erde sind begrenzt.
▷ Der Transport von Gütern ist eine Voraussetzung des nationalen und internationalen Handels. Die Herstellung von Produkten sowie der Gütertransport setzt den Verbrauch von Energie voraus. Bei der Herstellung von Energie (z. B. Verbrennung von Öl oder Kohle) und bei dem direkten Verbrauch von Energieträgern (z. B. in Kraftfahrzeugen) werden Schadstoffe erzeugt.	▷ In der Bundesrepublik Deutschland werden jährlich ca. 10 Mio. t Emmissionen an die Luft abgegeben. Emissionen wie Kohlendioxid und Spurengase führen weltweit zur Aufheizung der Erdatmosphäre (Treibhauseffekt). Das hat langfristig folgende Konsequenzen: möglicherweise Abschmelzen der Polareiskappen, Flutkatastrophen, Vernichtung von Anbauflächen, Dürre etc.
▷ Die arbeitsteilige Herstellung von Gütern und deren Transport zum Endverbraucher verlangt eine entsprechende Verpackung. Für die meisten Hersteller von Waren ist es zu aufwendig, Mehrwegverpackungen einzusetzen. Aus diesem Grund werden Einwegverpackungen bevorzugt.	▷ Der Verpackungsmüll sowie diejenigen Güter, die die Haushaltungen nicht mehr benötigen, müssen kommunal auf Müllhalden entsorgt werden. Durch den hohen Gehalt an Kunststoffen und durch Zersetzungsprozesse gehen von solchen Müllhalden Gefahren für die Umwelt aus.
▷ Neue landwirtschaftliche Anbauflächen können durch die Rodung von Regenwäldern gewonnen werden, alte Anbauflächen durch Großplantagen extensiver genutzt werden.	▷ Die Regenwälder sind ein Stabilisierungsfaktor des globalen Klimas. Sie sammeln Feuchtigkeit, reinigen die Luft von Schadstoffen und sorgen mit für das klimatische Gleichgewicht.

Mögliche Lösungen:	*erforderliche politische Entscheidungen und menschliche Verhaltensweisen*
▷ **Einsparung von Rohstoffen:** Durch den Einsatz von Analysetechniken bereits während der Entwicklungsphase können Rohstoffe einerseits in der absoluten Menge eingespart werden und andererseits so eingesetzt werden, dass sie später, wenn das Produkt nicht mehr genutzt wird, ausgebaut und wieder verwendbar gemacht werden **(Recycling).**	▷ Einführung des Verursacherprinzips: Die abgenutzten Produkte müssen vom Hersteller zurückgenommen werden.
▷ **Reduzierung der Müllberge:** Einwegflaschen wie Getränkedosen, Getränketüten oder Plastikflaschen können durch Pfandflaschen aus Glas ersetzt werden. Auf überflüssige Verpackungen kann vollständig verzichtet werden, wie z. B. Verpackungen mit doppelten Wandungen, Hohlböden oder übergroßen Verschlüssen, Luxusverpackungen bei Geschenken oder Mehrfachverpackungen von Produkten (z. B. bei Kosmetika). Wegwerferzeugnisse wie Zellstofftücher oder Plastiktragetaschen können durch langlebige Produkte, die die gleiche Funktion erfüllen, ersetzt werden.	▷ Rückgabe der Verpackung an den Handel oder Verursacher ▷ Begünstigung der Mehrwegverpackung ▷ Kauf von Gegenständen, die nicht oder nur sehr gering verpackt sind (z. B. unverpacktes Obst statt abgepackte Produkte)
▷ **Energieeinsparung:** Der Verbrauch der Energie kann durch bessere Isolierung der Gebäude erreicht werden. Aus Abwärme, die im Rahmen der Produktion anfällt, lässt sich Energie durch Wärmetauscher zurückgewinnen. Betriebe können Energie sparende Herstellungstechnologien verwenden.	▷ höhere Besteuerung (Je höher der Energiepreis, desto sparsamer wird der Verbraucher.)
▷ **Andere Energiequellen:** Durch das Umsteigen in so genannte „sanfte Energiequellen" (z. B. Sonne, Wind, Wasser) kann ein Doppeleffekt erzielt werden. Diese Energien sind nahezu unbegrenzt vorhanden und bei ihrer Nutzung werden kaum Schadstoffe frei.	▷ direkte finanzielle Anreize durch Sonderabschreibung ▷ Subventionen
▷ **Umweltschutzinvestitionen:** Der Einbau von Anlagen und Einrichtungen in den Betrieben (z. B. Filter, Entstaubungsanlagen, Dämmmaterial) hilft, die Schadstoffe aus Abwasser und Abluft zu absorbieren sowie die Lärmimmission zu reduzieren.	▷ Subventionen für besondere Umweltinvestitionen ▷ genauere Kontrollen ▷ Immissionssteuer
▷ **Qualitatives Wachstum:** Die Gesellschaft muss langfristig von einer „Wegwerfgesellschaft" zu einer Gesellschaft umgebaut werden, in der der Mensch und seine Lebensgrundlagen stärker im Vordergrund stehen.	▷ Ausbildung eines kritischen Verbraucherbewusstseins ▷ Einführung des Faches „Ökologie" in der Schule

3 Kennziffern wirtschaftlichen Handelns

Begründung	Jedes wirtschaftliche Handeln zeichnet sich dadurch aus, dass es zielgerichtet und planmäßig erfolgt. Jedes Ziel, das sich private Haushalte oder Unternehmen setzen, ist aber nur dann kontrollierbar, wenn die Zielerreichung messbar gemacht wird. Aus diesem Grund sind für wirtschaftliches Handeln eine Reihe von Kennziffern entwickelt worden.
Produktivität	Sie ermittelt die Ergiebigkeit der bei der Produktion eingesetzten Mittel (z. B. Arbeitsleistung, Maschinen, Werkstoffe) und wird zur Messung des Erfolges des Leistungsprozesses herangezogen. Die Messung der Produktivität kann sich auf die Ergiebigkeit der Arbeit (= Arbeitsproduktivität) oder die Messung anderer Einsatzfaktoren beziehen (z. B. Produktivität einer Maschine). $= \dfrac{\textbf{mengenmäßige Ausbringung (Output)}}{\textbf{mengenmäßiger Einsatz (Input)}}$ *Beispiel: Ein Fliesenlegerbetrieb verlegte in einem Abrechnungszeitraum 25 000 m² Bodenfliesen. Es wurden in dieser Zeit 20 Fliesenleger beschäftigt. Die durchschnittliche Arbeitsproduktivität je Mitarbeiter liegt damit in diesem Zeitraum bei 1 250 m².*
Wirtschaftlichkeit	Die Wirtschaftlichkeit ist das Verhältnis von eingesetzten Mitteln zu erzieltem Ertrag. Wirtschaftlich handelt, wer entweder mit gegebenen Mitteln einen möglichst großen Ertrag erwirtschaftet oder einen gegebenen Ertrag mit möglichst geringen Mitteln erreicht. $= \dfrac{\textbf{Wert einer Leistung in €}}{\textbf{Kosten des Einsatzes in €}}$ *Beispiel: Ein Handwerksbetrieb erzielt in einem Monat einen Umsatz von 598 500 € (= Leistung). Die Kosten dafür betragen 570 000 €. Die Wirtschaftlichkeitskennziffer beträgt 1,05. Wäre diese Kennziffer kleiner als 1, würde der Betrieb unwirtschaftlich arbeiten.*
Rentabilität	Die Rentabilität ist das Verhältnis zwischen erzieltem Gewinn und eingesetztem Kapital. Für Kapitalgeber (z. B. für ein Unternehmen) lohnt sich der Einsatz nur, wenn die Rentabilität mindestens genauso hoch ist wie der auf dem Kapitalmarkt erzielte Zins. $= \dfrac{\textbf{Gewinn} \cdot \textbf{100}}{\textbf{eingesetztes Kapital}}$ *Beispiel: Ein Unternehmer hat ein Eigenkapital von 500 000 € in seinem Industriebetrieb. Er erzielt in einem Jahr einen Gewinn von 75 000 €. Das entspricht einer Eigenkapitalrentabilität von 15 %.*

Unter Einzelwirtschaft ist jede abgegrenzte Einheit eines Landes zu verstehen, die unter Berücksichtigung ihrer individuellen Zielsetzungen für sich einen Wirtschaftsplan aufstellt und danach handelt.

Haushalte sind private Wirtschaftseinheiten, in denen sich der Konsum von Gütern vollzieht.

- ▷ Hauptziel der Mehrzahl der Haushalte ist die Nutzenmaximierung.
- ▷ Dieses Ziel versucht der Haushalt zu erreichen durch die Maximierung seines Einkommens und die Erzielung einer maximalen Freizeit.
- ▷ Haushalte haben deshalb Wahlentscheidungen zu treffen hinsichtlich
  - der Verteilung von Arbeitszeit und Freizeit,
  - der Aufteilung des Einkommens in Konsum und Sparen,
  - der Verteilung des konsumierten Einkommens auf die Güter.

Betriebe sind Wirtschaftseinheiten, die Güter bereitstellen.

- ▷ Hauptziele sind
  - die Gewinnmaximierung (private Betriebe),
  - die Deckung des Bedarfs (öffentliche Betriebe).
- ▷ Dieses Ziel versuchen die Betriebe zu erreichen durch die Maximierung der Einnahmen (Erlöse) und die Minimierung der Kosten.
- ▷ Betriebe haben Wahlentscheidungen zu treffen hinsichtlich
  - der marktgerechten Erstellung von Gütern,
  - der optimalen Kombination der Produktionsfaktoren.

Der Staat ist die Gesamtheit aller öffentlichen Haushalte (Kommunen, Länder, Bund).

- ▷ Hauptziel des Staates ist die Maximierung des Wohlstandes der gesamten Volkswirtschaft.
- ▷ Dieses Ziel versucht der Staat durch politische Entscheidungen zu erreichen. Dabei stehen folgende Ziele im Vordergrund:
  - Vollbeschäftigung,
  - Preisstabilität,
  - ausgeglichenes Wachstum,
  - gerechte Einkommens- und Vermögensverteilung.
- ▷ Staatliche Stellen haben deshalb Entscheidungen zu treffen im Bereich der
  - Steuerpolitik,
  - Wirtschaftspolitik,
  - Wettbewerbspolitik.

Die Gesamtwirtschaft eines Landes ist die Summe aller Wirtschaftssubjekte und der Wirtschaftsbeziehungen, die sich aus dem Zusammenwirken dieser Wirtschaftseinheiten ergeben.

In der Bundesrepublik Deutschland verteilen sich derzeit 82 Mio. Menschen auf 37 Mio. Haushalte. Davon sind 24 Mio. Mehrpersonenhaushalte und 13 Mio. Einpersonenhaushalte. Daneben gibt es ca. 3 Mio. Betriebe der unterschiedlichsten Größen. Kommt noch der Staat hinzu, lässt sich vorstellen, wie groß die Anzahl und Vielfalt der verschiedenartigsten Beziehungen dieser Wirtschaftseinheiten untereinander ist.

6 Volkswirtschaft und Weltwirtschaft

Eine Volkswirtschaft ist die Gesamtheit der wirtschaftlichen Einrichtungen und Aktivitäten der Einwohner eines unter einheitlicher Rechts- und Wirtschaftsordnung stehenden Gebietes.	
Merkmale:	*Beispiele:*
In einer Volkswirtschaft handeln Personen nach zumeist wirtschaftlichen Gesichtspunkten.	*Haushalte, Betriebe, staatliche Stellen, Vereinigungen von Personen wie Gewerkschaften oder Arbeitgeberverbände, Kammern*
Die Wirtschaftseinheiten pflegen untereinander vielfältige Beziehungen.	*gegen Lohn in einem Betrieb arbeiten, Steuern zahlen, einen Kredit aufnehmen, Subventionen bei Investitionen erhalten*
Die Personen der Volkswirtschaft handeln unter einer einheitlichen Rechtsordnung.	*Gesetze wie Grundgesetz, Bürgerliches Gesetzbuch, Handelsgesetzbuch, Aktiengesetzbuch, Einkommensteuergesetz.*
Die Volkswirtschaft ist durch eine Wirtschaftsordnung geprägt.	*Die Bundesrepublik Deutschland folgt der sozialen Marktwirtschaft.*

Weltwirtschaft ist die Gesamtheit der miteinander verflochtenen Außenwirtschaften aller Staaten der Welt.	
Merkmale:	*Beispiele:*
Welthandel: Die Volkswirtschaften der Welt tauschen untereinander Waren aus. Dieser Handel ist die Folge einer internationalen Arbeitsteilung. Sie ist umso größer, je weiter die technische und wirtschaftliche Entwicklung fortgeschritten ist.	*Ein holländischer Kupferverarbeiter verarbeitet Rohkupfer aus Chile zu Kabeln und liefert diese an ein deutsches Unternehmen. Dieses stellt daraus Kabelbäume her und liefert sie an einen spanischen Automobilhersteller.*
Austausch von Dienstleistungen: Er liegt immer dann vor, wenn Wirtschaftseinheiten in einem Land für Wirtschaftseinheiten in einem anderen Land Dienstleistungen erbringen.	*Ein Schiff unter japanischer Flagge transportiert Waren von Brasilien nach Kanada. Ein spanischer Tourist nimmt in Schweden Dienstleistungen in einem Hotel oder einer Gaststätte in Anspruch.*
Kapitalverkehr: Mit zunehmendem Austausch von Waren wird die Übertragung von Geld von einer Volkswirtschaft in eine andere erforderlich.	*Eine amerikanische Bank kauft deutsche Aktien. Eine französische stellt einem deutschen Unternehmen einen Kredit zur Verfügung.*

1 Aufgaben aller Betriebe

Jeder Betrieb erfüllt in einer Volkswirtschaft folgende Funktionen:

Leistungserstellung (Produktion)	Leistungsverwertung (Absatz)
Durch den planvollen Einsatz der Produktionsfaktoren erzeugen Betriebe die Sachgüter und Dienstleistungen, die der Befriedigung menschlicher Bedürfnisse dienen.	Über den Absatzmarkt werden diese Güter den anderen Wirtschaftseinheiten (Betriebe und Haushalte) zur Verfügung gestellt.

In welchem Rahmen, d. h. unter welchen Bedingungen diese Leistungen erstellt werden, ist damit noch nicht gesagt.

2 Erwerbswirtschaftliche Betriebe

Begriff	***Erwerbswirtschaftliche Betriebe werden von privaten Inhabern geführt. Sie wirtschaften vorwiegend mit dem Ziel aus den am Markt erzielten Erlösen abzüglich der dafür aufgewendeten Kosten einen Gewinn zu erzielen, aus dem sie ihren Lebensunterhalt bestreiten und den Betrieb durch zusätzliche Investitionen erweitern können. Ihr Streben ist darauf ausgerichtet, den Gewinn möglichst hoch ausfallen zu lassen: Erwerbswirtschaftliche Betriebe streben deshalb nach der langfristigen Gewinnmaximierung.***
Funktionen des Gewinns	Gesamtwirtschaftlich gesehen erfüllt der Gewinn drei Hauptaufgaben: ▷ Die **Motivationsfunktion** des Gewinns liegt darin, dass ein Anreiz zur Leistung gegeben werden soll. ▷ Die **Signalfunktion** soll den privaten Investoren aufzeigen, in welchen Bereichen sich aktuell der Einsatz von Kapital lohnt. ▷ Die **Lenkungsfunktion** des Gewinns soll Produktionsfaktoren in die Bereiche lenken, in denen der Einsatz am lohnendsten erscheint.
weitere Ziele	Neben dem Gewinnziel verfolgen erwerbswirtschaftliche Betriebe weitere Ziele, die das Gewinnziel zum großen Teil unterstützen, zum Teil aber auch damit konkurrieren können. Solche Ziele können sein: ▷ *Sicherheit* durch langfristige Bestands- und Vermögenssicherung, ▷ *Marktmacht* durch Erhöhung der *Marktanteile,* ▷ *soziale Verantwortung* durch Sicherung der Arbeitsplätze, ▷ *Unabhängigkeit* (z. B. finanzielle oder technische), ▷ *Wachstum* des Betriebes durch Ausweitung der Produktionskapazitäten, ▷ *Prestige* durch Erhöhung des Ansehens in der Öffentlichkeit.

3 Gemeinwirtschaftliche Betriebe

Begriff	***Gemeinwirtschaftliche Betriebe orientieren sich an den Bedürfnissen der Gemeinschaft. Sie müssen zu angemessenen Preisen einen Bedarf an Gütern oder Dienstleistungen decken,*** ▷ ***die nur zu hohen Preisen produzierbar sind;*** ▷ ***an deren Produktion ein Privatinteresse nicht besteht;*** ▷ ***deren Produktion man nicht dem Privatinteresse überlassen kann oder will.*** Gemeinwirtschaftliche Betriebe werden überwiegend von öffentlichen Gemeinwesen (Bund, Länder oder Gemeinden) betrieben. *Beispiele: Museen und Theater, Verkehrsbetriebe, Krankenhäuser und Schwimmbäder*
Begründung	Es gibt Bereiche der Volkswirtschaft, in denen die ausschließliche Leistungserstellung nach dem Prinzip der Gewinnmaximierung zur Benachteiligung weiter Kreise der Bevölkerung führen würde. Da unsere Wirtschaftsverfassung neben den Begriff „Marktwirtschaft" noch den Begriff „sozial" gestellt hat, müssen bestimmte Betriebe von der öffentlichen Hand betrieben oder zumindest gefördert werden. *Beispiel: In öffentlichen Schwimmbädern kostet der Eintritt ca. 2,- €. Daneben gibt es Bäder, die dem Gewinnmaximierungsprinzip folgen („Fun-Bäder"). Hier kostet der Eintritt ab 5,- € aufwärts. Gäbe es also keine öffentlichen Schwimmbäder, wäre jeder Mensch auf die teuren Schwimmbäder angewiesen. Viele Menschen könnten sich dieses Vergnügen dann nicht mehr leisten.*
Ziele	▷ **Bedarfsdeckung** als Zielsetzung beinhaltet die Bereitstellung von Leistungen, unabhängig davon, ob deren Kosten nicht oder nur zu einem Teil von den Abnehmern bezahlt werden können. Diese Betriebe werden zu ihrer Finanzierung öffentlich bezuschusst. *Beispiele: soziale Einrichtungen, Museen, Theater* ▷ **Kostendeckung** streben gemeinwirtschaftliche Betriebe an, denen vom Gesetzgeber aufgrund des öffentlichen Interesses die Bildung von Gewinnen steuerlich erschwert wird. Es handelt sich dabei zumeist um gemeinnützige Betriebe. *Beispiele: gewerkschaftliche Bildungseinrichtungen, Krankenhäuser* ▷ **Kosten- bzw. Verlustminimierung** streben Betriebe an, deren Leistungen ebenfalls in öffentlichem Interesse sind, die aber zu kostendeckenden Preisen nicht anbieten können. *Beispiele: öffentliche Schwimmbäder, Nahverkehrsbetriebe*

4 Zusammenhang Unternehmer – Unternehmen – Betrieb

Unternehmer

- ▷ Träger von Unternehmen sind Unternehmer, die eine oder mehrere Personen sein können. Unternehmer müssen jedoch nicht immer Privatpersonen sein. Auch der Staat kann als Unternehmer auftreten, und zwar sowohl bei öffentlichen (z. B. Energieversorgungsunternehmen) als auch privatwirtschaftlichen Unternehmen (z. B. Land Niedersachsen als Aktieninhaber der Volkswagen AG).
- ▷ Unternehmer setzen Kapital ein mit dem vorrangigen Ziel Gewinne zu erzielen. Damit ist allerdings auch das Verlustrisiko verbunden, etwa dann, wenn falsche unternehmerische Entscheidungen getroffen werden.
- ▷ In der Festlegung ihrer Pläne und Entscheidungen sind die Unternehmer weit gehend frei, d. h. staatliche Stellen können ihnen keine Vorschriften darüber machen, was sie produzieren sollen und auf welche Weise sie dies tun sollen. Einschränkungen stellen lediglich geltende Gesetze und Verordnungen sowie individuelle Auflagen dar (z. B. Immissionsschutzvorschriften).
- ▷ Die Marktwirtschaft garantiert den Unternehmern das Privateigentum an den Produktionsmitteln.

↓

gründen

↓

Unternehmen

Die Unternehmung ist eine rechtlich selbstständige Einheit unserer Volkswirtschaft mit einer wirtschaftlichen Zielsetzung und einem eigenen finanziellen Gefüge. Eine Unternehmung benötigt zu ihrer Existenz Kapital, eine Rechtsform und mindestens eine Stätte für die Leistungserstellung (= Betrieb). Eine Unternehmung kann in mehreren Betrieben Leistungen erstellen.
Beispiel: Unternehmen Adam Opel AG mit Betrieben in Rüsselsheim, Bochum und anderen Produktionsstandorten

Betrieb

Der Betrieb ist eine organisatorisch-technisch abgegrenzte Einheit mit einem sozialen Gefüge. Er dient der Leistungserstellung, ist aber wirtschaftlich unselbstständig. Eine technische Leitung ist zumeist vorhanden. Eine Unternehmung kann also aus mehreren Betrieben bestehen, nicht aber ein Betrieb aus mehreren Unternehmen.

2 Aufgaben zu Kapitel 2

Bedürfnisse
→ *S. 17*

1. Unterscheiden Sie materielle und immaterielle Bedürfnisse. Nennen Sie jeweils drei Beispiele.
2. Von welchen Faktoren ist es abhängig, ob ein Bedürfnis als Existenz-, Kultur- oder Luxusbedürfnis eingestuft werden kann?
3. Beschreiben Sie anhand von Beispielen mögliche Konflikte zwischen Individualbedürfnissen und Kollektivbedürfnissen.
4. Welchen Einfluss kann die Werbung auf die Bedürfnisse haben?

Bedürfnisse – Bedarf – Nachfrage
→ *S. 18*

5. Angenommen, ein Mensch hat Hunger. Gehen Sie von diesem Bedürfnis aus und beschreiben Sie nun an einem Beispiel, wie sich Bedürfnis, Bedarf und Nachfrage unterscheiden.
6. Warum kann sich nicht jedes Bedürfnis als Bedarf auswirken?
7. Warum wird sich nicht jeder von einem Haushalt festgestellte Bedarf als Nachfrage am Markt niederschlagen?
8. Greifen Sie das Beispiel aus Aufgabe 5 auf und erklären Sie zusätzlich die Begriffe Angebot und Markt.

Güter
→ *S. 19*

9. Wann spricht man von einem freien Gut?
10. Nennen Sie die Merkmale wirtschaftlicher Güter.
11. Begründen Sie, warum Wasser kein freies Gut mehr ist.
12. Unterscheiden Sie materielle und immaterielle Güter. Geben Sie jeweils Beispiele dafür.
13. Wann ist ein Mikrowellengerät ein Konsumgut, wann ein Produktionsgut?
14. Untersuchen Sie bei den folgenden Güterpaaren, ob es sich dabei um substitutive, komplementäre oder inferiore Güter handelt.
    a. Radio/Telefon
    b. Parkett/Fliesen
    c. Erdöl/Erdgas
    d. Schreibmaschine/Kugelschreiber
    e. Personalcomputer/Tintenstrahldrucker
15. Wann sind Güter als homogen zu bezeichnen?
16. Nennen Sie Beispiele für heterogene Güter.

Ökonomie und Ökologie
→ *S. 21*

17. Beschreiben Sie das ökonomische Prinzip.
18. Worin unterscheiden sich das Minimalprinzip und das Maximalprinzip?
19. In welchen der folgenden Fälle wird nach dem Minimalprinzip gehandelt?
    a. Ein Unternehmen erstellt seine geplanten Produktionsmengen mit den geringstmöglichen Kosten.
    b. Dieses Unternehmen will die produzierten Mengen mit der größtmöglichen Gewinnspanne verkaufen.
    c. Mit einem festgelegten Werbeetat sollen zu diesem Zweck möglichst viele Kunden angesprochen werden.
    d. Um die Waren zu den Einzelhändlern zu transportieren werden Fahrzeuge benötigt. Dabei werden die Fahrzeuge mit dem geringsten Benzinverbrauch ausgewählt.

Aufgaben zu Kapitel 2

Ökonomie und Ökologie
→ *S. 21*

20. Welche Ziele verfolgt die Ökologie, welche die Ökonomie?
21. Welcher grundlegende Zielkonflikt ergibt sich aus den unterschiedlichen Zielsetzungen? – Erläutern Sie diesen Konflikt anhand einiger Beispiele.
22. Beschreiben Sie zu den Zielkonflikten aus Aufgabe 21 mögliche Lösungsansätze.
23. Nennen Sie vier Möglichkeiten, wie Sie in Ihrem persönlichen Lebensbereich dazu beitragen können, Rohstoffe einzusparen oder unnötigen Müll zu vermeiden.
24. Wozu dienen die Kennziffern wirtschaftlichen Handelns?
25. Für einen Bäckereibetrieb, der sich auf die Herstellung von Broten spezialisiert hat, liegen für zwei Geschäftsjahre folgende Zahlen vor:

	Geschäftsjahr 01	Geschäftsjahr 02
Eigenkapital:	1 000 000,– €	840 000,– €
Erträge:	2 750 000,– €	3 210 000,– €
Kosten:	2 500 000,– €	3 000 000,– €
Produktion in t:	1 000	1 300
Mitarbeiter:	20	25

   a. Berechnen Sie die Rentabilität des Eigenkapitals, die Wirtschaftlichkeit und die Produktivität für beide Geschäftsjahre.
   c. Welche Aussagen lassen sich aus dem Vergleich der Kennzahlen für beide Jahre ableiten? Versuchen Sie mögliche Gründe für die Veränderungen zu finden.

26. Jemand sagt: „Je produktiver ein Betrieb ist, desto wirtschaftlicher arbeitet er auch.“ – Nehmen Sie Stellung.

Einzelwirtschaft und Gesamtwirtschaft
→ *S. 25*

27. Unterscheiden Sie Einzelwirtschaft und Gesamtwirtschaft.
28. Durch welche unterschiedliche Zielsetzungen sind Haushalte und Betriebe gekennzeichnet?
29. Welche unterschiedlichen Wahlentscheidungen lassen sich daraus ableiten?

Volkswirtschaft und Weltwirtschaft
→ *S. 26*

30. Was versteht man unter einer Volkswirtschaft?
31. Anhand welcher Merkmale lassen sich einzelne Volkswirtschaften miteinander vergleichen?
32. Durch welche Merkmale ist die Weltwirtschaft gekennzeichnet?

Betrieb und Unternehmung
→ *S. 27*

33. Unterscheiden Sie erwerbs- und gemeinwirtschaftliche Betriebe.
34. Nennen Sie die drei Funktionen des Gewinns.
35. Bei welchen der folgenden Betriebe handelt es sich um erwerbswirtschaftliche Betriebe?
    Museum für Völkerkunde, Bremen; Jürgen Eickel, Gartenbaubetrieb; Hotel Stadt Bremen, Berlin; Stadtsparkasse, Eberswalde; Städtische Nahverkehrsbetriebe, Cottbus
36. Welche Unterschiede bestehen in den Begriffsinhalten von „Betrieb“ und „Unternehmen“?

KAPITEL 3

1 Überblick

Die Güter, die der Mensch zur Befriedigung seiner Bedürfnisse benötigt, können nur durch die Produktion dieser Güter hergestellt werden.

Beispiel: Jemand erwirbt in einem Möbelgeschäft einen Kleiderschrank.

Boden

Zum Produktionsfaktor Boden gehören alle Naturkräfte, die zur Herstellung von Sachgütern oder Dienstleistungen erforderlich sind. Dazu zählen in erster Linie die Erdoberfläche, die Bodenschätze, die Sonnenenergie, das Wasser, der Wind und andere Naturkräfte.

Beispiel: Das für den Tisch erforderliche Holz ist ein Produkt, das der Boden hervorgebracht hat. Die Farbe, mit der der Schrank angestrichen ist, ist u. a. aus Rohöl gewonnen, das aus der Erde kommt.

Arbeit

Der Produktionsfaktor Arbeit beinhaltet den Einsatz der geistigen und körperlichen Tätigkeiten von Menschen. Die Arbeit als Produktionsfaktor ist von den Tätigkeiten des Menschen abzugrenzen, mit denen er seine Freizeit gestaltet, z. B. im Sport oder bei anderen Hobbys.

Beispiel: Um den Baum zu fällen, ihn zu zerlegen und zu bearbeiten, um den Schrank zu gestalten, ihn herzustellen und zu verkaufen ist der Einsatz menschlicher Arbeitskraft notwendig.

Kapital

Der Produktionsfaktor Kapital ist erst durch den Einsatz der Produktionsfaktoren Arbeit und Boden entstanden und wird deshalb auch als *abgeleiteter Produktionsfaktor* bezeichnet. Zum Kapital gehören alle in einem Produktionsprozess eingesetzten Produktionsmittel wie Gebäude, Maschinen, Werkzeuge, Halbteile.

Beispiel: Um das Holz zu zerlegen wurde eine Säge benötigt. Für die Herstellung des Schrankes wurden in den unterschiedlichen Produktionsstufen eine Reihe von Maschinen eingesetzt wie Fräse, Bohrer, Furnierpresse etc.

Die Herstellung von Gütern oder die Erstellung von Dienstleistungen erfolgt unter Einsatz der jeweiligen Produktionsfaktoren im Produktionsprozess.

Die Produktionsfaktoren können unterschiedlich kombiniert werden. Je nach Art und Umfang der Kombination wird dabei eine unterschiedlich hohe Leistung erbracht und es fallen unterschiedlich hohe Kosten an.

Beispiel: Der Kleiderschrank kann in einem hoch technisierten Industriebetrieb oder in einem Handwerksbetrieb hergestellt werden. Verkauft werden kann der Schrank in einem kleinen Möbelgeschäft oder in einem Möbelfachmarkt.

1 Begriff und Eigenschaften

Begriff	***Der Produktionsfaktor Boden umfasst die zu wirtschaftlichen Zwecken genutzte Natur mit Ausnahme der menschlichen Arbeit.*** Dazu gehört die gesamte Erdoberfläche (Land- und Wasserflächen), die Bodenschätze, der Luftraum, das Sonnenlicht, die Schätze des Meeres und das Klima.
ursprünglicher Produktionsfaktor	Der Boden ist der erste Produktionsfaktor, der auf der Erde vorhanden war. Insofern wird er als ursprünglicher oder originärer Produktionsfaktor bezeichnet.
Eigenschaften	▷ Boden ist nicht vermehrbar und damit ein absolut knappes Wirtschaftsgut. An begehrten Plätzen führt das zu einem sehr hohen Preisniveau für diesen Produktionsfaktor. *Beispiel: extrem hohe Preise in den Zentren der Städte für Grundstücke und Wohnungen* ▷ Boden ist nicht transportierbar. Damit sind die Produktionsvorgänge beim Anbau und Abbau von Gütern an bestimmte Orte gebunden. *Beispiel: Weinbau, Hopfenanbau, Kohle- oder Ölförderung* ▷ Das Eigentum an Boden kann übertragen werden. *Beispiel: Ein Bauer verkauft einen Teil seiner Grundstücke als Bauland an eine Siedlungsgesellschaft.*
Verteilung der Erdoberfläche in Deutschland	

2 Boden als Anbauboden

Begriff	***Als Anbauboden dient der Boden der Land- und Forstwirtschaft für den Anbau von Pflanzen. Er bildet damit die natürliche Grundlage für die Ernährung der Menschheit.***
Merkmale	▷ Die Pflanzen, die der Boden als Produkte hergibt und die in regelmäßigen kurzen oder längeren Zeiträumen geerntet werden können, sind erneuerbar und wachsen ständig nach. ▷ Der Boden regeneriert seine Kräfte im Zeitablauf selbst. Diese Fähigkeit ist allerdings von der Art und dem Umfang der angebauten Pflanzen abhängig, da diese dem Boden Aufbaustoffe für ihr Wachstum entziehen. ▷ Die Ertragsfähigkeit des Bodens ist abhängig von seiner Fruchtbarkeit. Diese wird in Bodenpunkten ausgedrückt. Der Wert 100 ist der höchste erreichbare Wert in Deutschland und bezieht sich auf die Böden der Magdeburger Börde. ▷ Die Ertragsfähigkeit des Bodens kann durch Düngemittel erhöht werden.
Problemfelder	▷ Eine zu intensive Nutzung des Bodens führt zu Bodenerosion. *Beispiel: Der weiträumige Anbau von Getreide im mittleren Westen der USA hat dazu geführt, dass weite Teile der früheren Anbaugebiete versteppt sind, weil der Humus aufgrund mangelnder Dauerbepflanzung durch Regen und Wind abgetragen wurde.* ▷ Die Verwendung von Pflanzenschutzmitteln führt zur langfristigen Vergiftung des Bodens, weil dieser nicht in der Lage ist, die eingebrachten Schadstoffe abzubauen. Außerdem gelangen die nicht abbaubaren Stoffe in das Grundwasser. *Beispiel: Der Einsatz von Pflanzenschutzmitteln in Deutschland verdreifachte sich von 1962 bis 1992. Die Wasserwerke in Deutschland entnehmen jährlich ca. 45 Mrd. m³ Wasser, das vorher gereinigt werden muss. Dies verursacht Kosten in dreistelliger Millionenhöhe.* ▷ Die Bewirtschaftung landwirtschaftlicher Flächen folgt nicht den Anforderungen eines ökologischen Gleichgewichts. *Beispiel: Die zunehmende Massentierhaltung in der Landwirtschaft hat dazu geführt, dass die Zahl der gehaltenen Tiere nicht mit den jeweils bewirtschafteten landwirtschaftlichen Nutzungsflächen übereinstimmt. Die eingebrachte Gülle aus der Tierhaltung trägt zur überproportionalen Boden- und Wasserverschmutzung (vor allem durch Nitrat) bei sowie zur Vernichtung bestimmter Tier- und Pflanzenarten.* ▷ Die Änderung der Nutzungsform des Bodens führt langfristig zu nicht überschaubaren Veränderungen in der Umwelt. *Beispiel: Jährlich werden derzeit etwa 10 Mio. ha des tropischen Regenwaldes gerodet. Dieser hat jedoch ökologisch wichtige Funktionen, z. B. reinigt er mit seiner Biomasse die Luft, bildet eines der größten Süßwasserreservoire der Welt und enthält durch seine Artenvielfalt an Pflanzen und Tieren das größte genetische Potenzial der Erde.*

3 Boden als Abbauboden

Begriff	***Als Abbauboden dient der Boden zur Gewinnung von Rohstoffen als Grundlage für die Güterproduktion und die Energieerzeugung.*** *Beispiele: Bergbau (z. B. für Kohle oder Erz), Erdgas- und Erdölgewinnung, Steinbrüche (z. B. für Granit), Ton-, Sand- und Kiesgruben*
Merkmale	▷ Die Stoffe, die der Boden hergibt, sind das Ergebnis eines 600 Millionen Jahre dauernden Entwicklungsprozesses. ▷ Die Vorräte an Rohstoffen (z. B. Eisenerz, Bauxit) und Primärenergieträgern (z. B. Kohle, Erdgas, Erdöl) sind absolut begrenzt und nicht wieder regenerierbar. ▷ Die Rohstoffreserven sind nicht gleichmäßig nach Art und Menge über die Erde verteilt, vielmehr gibt es mehrere Schwerpunkte der Rohstoffvorkommen (z. B. Erdöl am Persischen Golf, Steinkohle im Ruhrgebiet, Kupfer in Chile).
Problemfelder	▷ Da die Rohstoffe und Primärenergiestoffe der Erde sich nicht regenerieren können, ist abzusehen, dass irgendwann ein Ende der Vorräte erreicht ist. Hier eine Liste von Rohstoffen, die in den nächsten 20 bis 80 Jahren vermutlich zur Neige gehen werden:
	Zink, *Kupfer*, *Erdgas* *Silber*, *Blei*, *Aluminium* *Nickel*, *Zinn*, *Mangan* *Molybdän*, *Wolfram*, *Steinkohle* *Erdöl*, *Eisen*
	▷ Die ungleiche Verteilung der Rohstoffe führt in den einzelnen Ländern zu völlig unterschiedlichen Wirtschaftsstrukturen. *Beispiel: Zahlreiche europäische Industrieländer sind arm an Rohstoffen, die folglich in hohem Umfang importiert werden müssen. Die dafür erforderlichen Devisen werden durch entsprechende Exporte von Fertigprodukten eingenommen. Umgekehrt sind eine Reihe von Staaten am Persischen Golf weltweit die Hauptlieferanten von Rohöl. Die eingenommenen Devisen werden verwendet um industriell gefertigte Produkte zu importieren, da diese Länder nur über eine geringe Industrieproduktion verfügen.* ▷ Die Tatsache, dass auch die Vorräte der wichtigsten Primärenergieträger zur Neige gehen, wird zu technologischen Umstrukturierungen im Bereich der Energiewirtschaft führen. *Beispiel: Die Reserven an Erdöl und Erdgas reichen nach Schätzungen noch etwa 50 bzw. 70 Jahre. Beide Energieträger liefern zusammen etwa 60 % der weltweit verbrauchten Nutzungsenergie. Die Menschheit muss sich deshalb bereits jetzt darüber Gedanken machen, mit welchen regenerierbaren Energiequellen die auftretende Lücke geschlossen werden soll.*

4 Boden als Standortboden

Begriff	***Als Standortboden dient der Boden für Betriebe wie für Haushalte als Basis für das menschliche Dasein und den Vollzug der Produktion. Auf dem Boden werden Wohnungen und Fabriken errichtet sowie Verkehrswege, Sport- und Freizeitanlagen angelegt.***
Merkmale	▷ Der Boden ist ein absolut knappes Wirtschaftsgut. Je nach Grad der Knappheit führt dies zu starken Preisunterschieden. *Beispiel: Während in den Stadtrandlagen mancher Städte die Grundstückspreise für Wohnbauten zwischen 100,– und 200,– € liegen, betragen Sie in anderen Städten bei vergleichbarer Größe und Lage zwischen 2 000,– und 3 000,– €.* ▷ Der Boden ist nicht transportierbar, daraus ergeben sich Lagevorteile (Preisvorteil im Immobiliengeschäft, Ertragsvorteil in der Landwirtschaft) für bestimmte Grundstücke. *Beispiele: In Bayern werden ca. 90 % des deutschen Hopfens angebaut, weil dort die Bodenzusammensetzung und die Klimafaktoren günstig sind. Grundstücke in der Innenstadtlage haben für eine Reihe von Einzelhandelsgeschäften einen Lagevorteil gegenüber Grundstücken am Stadtrand.*
Standort-faktoren	▷ **gebundene Standorte** Für manche Betriebe ist die Anzahl der möglichen Standorte stark eingegrenzt, da bestimmte Voraussetzungen zwingend erforderlich sind. *Beispiele: Anbaubetriebe für Bananen in tropischen Gebieten, Werften an Küstengebieten, Wasserkraftwerke an Flussläufen oder in Tälern, die sich für Talsperren eignen* ▷ **freie Standorte** Die überwiegende Zahl der Betriebe ist nicht an einen bestimmten Standort gebunden. *Beispiel: Schuhfachgeschäft, Spedition, CD-Hersteller* Diese Betriebe müssen jedoch auch eine Reihe von Faktoren bei der Wahl ihres Standortes berücksichtigen. Je nach Bedeutung sind diese anteilig zu gewichten um den optimalen Standort herauszufinden. Wirtschaftliche Einflussfaktoren sind: – die Nähe zum Kunden für den Einzelhandel und den Großhandel (Absatzorientierung); – die Nähe zum Lieferanten für Betriebe, deren Transportkosten bei der Beschaffung einen hohen Anteil der Kosten ausmachen (Transportkostenorientierung); – die Verkehrswege für alle großen Handels- und Speditionsunternehmen im Binnen- und Außenhandel (Verkehrsorientierung); – das Angebot an qualifizierten Arbeitskräften und das Lohnniveau für arbeitsintensive Industriebetriebe (Arbeitskräfte- und Lohnkostenorientierung); – die Handelsverkehrseinrichtungen (Börsen- und Bankplätze) für den internationalen Handel mit Waren und Wertpapieren; – die Energie- und Bodenpreise und die Abgabenquote.

1 Begriff und Arten

<table>
<tr><td>Begriff</td><td colspan="7">Arbeit ist die zielgerichtete, planmäßige und bewusste Tätigkeit eines Menschen unter Einsatz seiner geistigen und körperlichen Fähigkeiten zur Erlangung von Einkommen. Arbeit ist ebenso wie Boden ein ursprünglicher Produktionsfaktor.
Unter den Begriff Arbeit fallen nicht die Freizeitbeschäftigung (Sport, Hobby) sowie unentgeltliche Arbeit (z. B. im Haushalt).</td></tr>
<tr><td>Merkmale</td><td colspan="7">▷ Arbeit ist ebenso wie Boden ein originärer Produktionsfaktor.
▷ Arbeit darf, obwohl sie wirtschaftlich auf dem Arbeitsmarkt bewertbar ist, nicht uneingeschränkt dem ökonomischen Prinzip untergeordnet werden, da sie untrennbar mit der Persönlichkeit des arbeitenden Menschen verbunden ist. Soziale, psychologische und ethische Gesichtspunkte sind ebenfalls zu berücksichtigen.</td></tr>
<tr><td rowspan="6">Arten</td><td colspan="7">Nicht jede Arbeit ist gleich. In jeder Tätigkeit sind z. B. sowohl körperliche als auch geistige Elemente, stets sich wiederholende Ausführungen und neue Aufgabenstellungen enthalten. Dennoch lässt sich Arbeit nach folgenden Gesichtspunkten unterscheiden:</td></tr>
<tr><td rowspan="3">Unterscheidung nach dem Inhalt der Tätigkeit</td><td colspan="3">▷ vorwiegend geistige Arbeit
Beispiele: Buchhalter, Architekt, Journalist</td><td colspan="3">▷ vorwiegend körperliche Arbeit
Beispiele: Lkw-Fahrer, Maurer, Landwirt</td></tr>
<tr><td colspan="3">▷ vorwiegend leitende Arbeit
Beispiele: Abteilungsleiter, Meister</td><td colspan="3">▷ vorwiegend ausführende Arbeit
Beispiele: Sachbearbeiter, Arbeiter</td></tr>
<tr><td colspan="3">▷ vorwiegend schöpferische Arbeit
Beispiele: Werbegrafiker, Bildhauer</td><td colspan="3">▷ vorwiegend repetitive Arbeit
Beispiele: Fließbandarbeit, Akkordarbeit</td></tr>
<tr><td>Unterscheidung nach der Rechtsstellung</td><td colspan="3">▷ selbstständige Arbeit
Beispiele: Unternehmer, Freiberufler</td><td colspan="3">▷ unselbstständige Arbeit
Beispiele: Arbeiter, Angestellte</td></tr>
<tr><td>Unterscheidung nach dem Grad der Ausbildung</td><td colspan="2">▷ angelernte Arbeit
= einfachste Tätigkeiten ohne Anlernzeit
Beispiele: Putzfrau, Handlanger</td><td colspan="2">▷ angelernte Arbeit
= einfache Tätigkeiten mit geringer Anlernzeit
Beispiel: Monteur am Fließband</td><td colspan="2">▷ gelernte Arbeit
= mehrjährige Berufsausbildung erforderlich
Beispiele: Maurer, Bürokauffrau</td></tr>
</table>

2 Einflussfaktoren auf die Arbeitsleistung

Begriff	***Die Arbeitsleistung ist die von den Arbeitnehmern in einem bestimmten Zeitraum erreichte Arbeitsmenge, gemessen an der Zahl der gefertigten Leistungseinheiten.***	
individuelle Einflussfaktoren	**Leistungsfähigkeit**	***Die Fähigkeit des Menschen eine bestimmte Leistung zu erbringen setzt sich aus der körperlichen und der psychischen Leistungsfähigkeit zusammen.*** ▷ **körperliche Fähigkeiten** Sie werden im Wesentlichen durch den Knochen- und Muskelaufbau, den Gesundheitszustand, den Grad sportlicher Betätigung und die Ernährungsgewohnheiten beeinflusst. ▷ **geistige Fähigkeiten** Sie werden bestimmt durch die allgemeine Intelligenz des Menschen, die Qualität seiner Schul- und Berufsausbildung, seine Lernfähigkeit und seine Fähigkeit Probleme zu lösen. ▷ **Begabung** Die Begabung ist im Menschen von der Geburt her angelegt und im weiteren Leben durch Eltern, Freunde, Schule und Betrieb geprägt. ▷ **charakterliche Eigenschaften** Durch die Erziehung und die Erfahrung werden Eigenschaften wie Ehrlichkeit, Vertrauenswürdigkeit und die Fähigkeit Gefühle für Mitmenschen zu entwickeln, geprägt. ▷ **Lebensalter** Während jüngere Menschen in der Regel körperlich leistungsfähiger und geistig reaktionsschneller sind, wirken sich mit zunehmendem Lebensalter Berufserfahrung und geistige Reife auf die Leistung aus.
	Leistungswille	***Der Leistungswille eines Menschen wird durch die äußeren Arbeitsbedingungen und die innere Motivation bestimmt.*** ▷ **Arbeitsbedingungen** Dazu gehören: – eine leistungsgerechte Entlohnung, – angemessene Arbeitsräume, – soziale Leistungen des Arbeitgebers. ▷ **Motivation** Einen Menschen im Arbeitsleben zu motivieren bedeutet die Bedürfnisse dieses Menschen zu erkennen. Folgende Bedürfnisse stehen im Mittelpunkt: – persönlicher Erfolg, – Anerkennung von erbrachten Leistungen, – Übernahme von Verantwortung.

gesamtgesellschaftliche Einflussfaktoren

Bevölkerungsentwicklung (Wachstum und Altersstruktur)

Die Anzahl der arbeitenden Menschen ist abhängig von der Anzahl der in einer Volkswirtschaft lebenden Menschen (Wohnbevölkerung), dem Wachstum der Bevölkerung und der Altersstruktur. Arbeit im volkswirtschaftlichen Sinn können nur die Erwerbspersonen leisten. Das sind grundsätzlich alle Menschen zwischen dem 16. und 65. Lebensjahr. Die Erwerbsquote gibt Auskunft darüber, welcher Anteil der Wohnbevölkerung tatsächlich arbeitet bzw. arbeiten kann.

$$\textbf{Erwerbsquote} = \frac{\textbf{Erwerbspersonen} \times 100}{\textbf{Wohnbevölkerung}}$$

Der Altersaufbau und die Zusammensetzung der Wohnbevölkerung wird in „Bevölkerungspyramiden“ dargestellt. Der aktuelle Aufbau der deutschen Wohnbevölkerung ist durch zwei Weltkriege und die damit verbundenen Sterbefälle und Geburtenausfälle stark verzerrt.

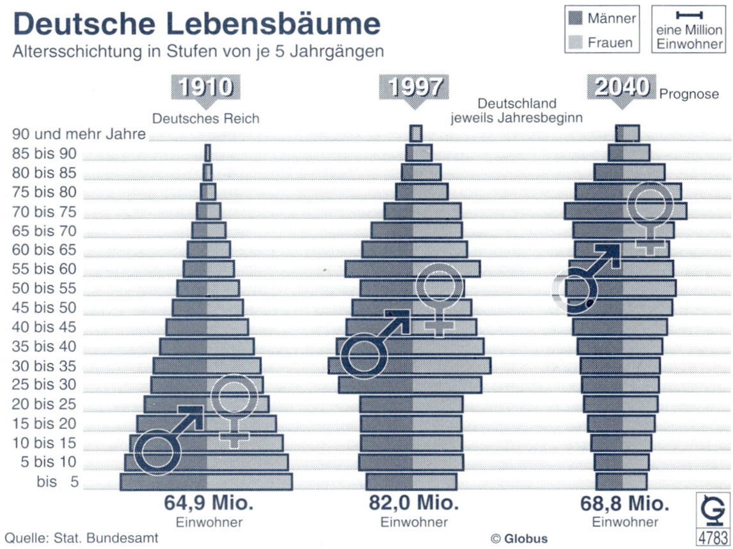

Bildungsstand

Der Bildungsstand der Erwerbstätigen ist der qualitative Einflussfaktor auf die Arbeitsleistung. Er wird ausgedrückt durch die Art und den Umfang der allgemein bildenden sowie durch die Art und den Umfang der berufsbildenden Abschlüsse.

3 Beschäftigung

Begriff

Die Beschäftigung ist der tatsächliche Einsatz des Produktionsfaktors Arbeit in einer bestimmten Periode.

- ▷ Absolut gemessen wird die Beschäftigung durch die in einer Volkswirtschaft jährlich gleisteten Arbeitsstunden sowie die im Jahresdurchschnitt beschäftigte Zahl der Erwerbspersonen (Anzahl der Erwerbstätigen).
- ▷ Relativ gemessen wird die Beschäftigung durch den Beschäftigungsgrad. Das ist die Zahl der im Inland beschäftigten Personen, ausgedrückt in Prozent des Erwerbspersonen.

Struktur der Beschäftigung

▷ **Erwerbspersonen/Erwerbsquote**

In absoluten Zahlen ist die Anzahl der Erwerbspersonen seit 1960 in Deutschland ständig gestiegen. Relativ gesehen lassen sich sowohl Schwankungen feststellen als auch starke Unterschiede zwischen Ost- und Westdeutschland.

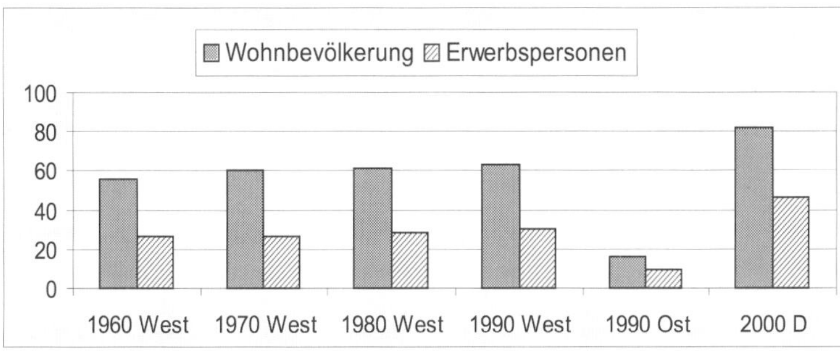

▷ **Erwerbstätige nach beruflicher Stellung und Wirtschaftsbereichen**

Die Untergliederung der Erwerbstätigen nach ihrer Stellung im Beruf und nach Wirtschaftsbereichen belegt sehr deutlich den Strukturwandel, der in den letzten 50 Jahren in Deutschland stattfand.

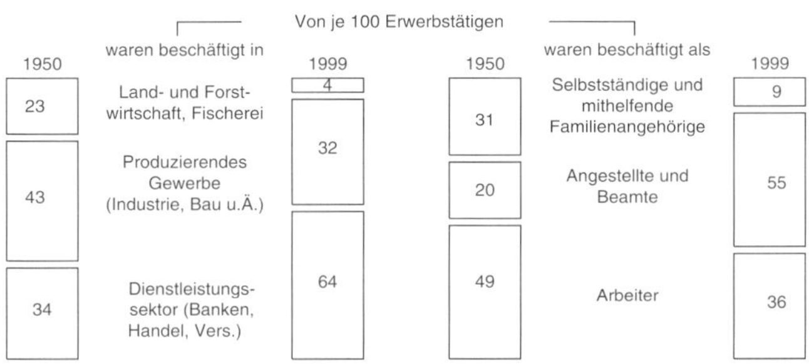

Voll-beschäftigung	***Theoretisch liegt eine Vollbeschäftigung vor, wenn jede Erwerbsperson, die für eine Tätigkeit geeignet und ausgebildet ist, auch eine entsprechende Beschäftigung zu einer angemessenen Entlohnung findet und bekommt.*** Diese Definition der Vollbeschäftigung ist jedoch praktisch nicht haltbar, da es immer wieder Personen geben wird, die aus verschiedenen Gründen arbeitslos werden (z. B. durch Kündigungen) und ggf. auch bleiben (z. B. wegen mangelnder Arbeitsplätze).	
Arbeitslosigkeit	***Arbeitslosigkeit entsteht dadurch, dass angebotene Arbeitsleistung von den Betrieben nicht nachgefragt wird. Es kommt zu einer Unter- bzw. Nichtbeschäftigung von Teilen der Arbeitnehmerschaft.***	
	konjunkturelle Arbeitslosigkeit	Sie entsteht durch Schwankungen in der gesamtwirtschaftlichen Entwicklung. Nahezu alle Wirtschaftsbereiche sind von der konjunkturellen Arbeitslosigkeit betroffen. *Beispiele: Abschwung = Beschäftigung geht stark zurück; Tiefstand = große Teile der Arbeitnehmerschaft sind arbeitslos.*
	saisonale Arbeitslosigkeit	Sie entsteht durch jahreszeitlich bedingte Schwankungen, von denen jeweils nur bestimmte Wirtschaftsbereiche betroffen sind. *Beispiele: Süßwarenindustrie im Frühjahr, Baubranche im Winter*
	strukturelle Arbeitslosigkeit	▷ **sektorale Arbeitslosigkeit** Sie betrifft einzelne Branchen, deren Güter billiger importiert werden können, überhaupt nicht mehr nachgefragt werden oder die von technologischer Entwicklung betroffen sind. Von diesen Veränderungen sind zumeist auch ganze Berufszweige betroffen. *Beispiel: Schiffsbau, Kohle, Textilindustrie* ▷ **regionale Arbeitslosigkeit** Diese Arbeitslosigkeit entsteht in Gebieten mit einer dauerhaft schwachen Wirtschaftsstruktur, in Gebieten, die sich wirtschaftlich im Umbruch befinden oder in Gebieten, die überwiegend von einem großen Arbeitgeber abhängig sind, der in Konkurs geht. *Beispiele: Ostfriesland, Schleswig-Holstein*
	friktionelle Arbeitslosigkeit	Sie entsteht durch Entscheidungen einzelner Betriebe, Arbeitnehmer zu entlassen oder einzelner Mitarbeiter, selbst zu kündigen (Fluktuationsarbeitslosigkeit). *Beispiel: Durch Stilllegung eines Betriebsteiles verlieren 15 Mitarbeiter einer Möbelfabrik ihre Arbeitsplätze.*

4 Produktionsfaktor Kapital

1 Begriff und Arten

Begriff	***Kapital im volkswirtschaftlichen Sinn ist die Summe aller im Produktionsprozess eingesetzten Produktionsgüter, die ihrerseits in einem anderen Produktionsprozess hergestellt worden sind.***	
Merkmale	▷ Kapital ist ein aus dem Zusammenwirken von Boden und Arbeit entstandener Produktionsfaktor. Er wird deshalb als *abgeleiteter (derivativer) Produktionsfaktor* bezeichnet. ▷ Kapital besteht aus erzeugten Gütern, die nicht dem Konsum, sondern der Produktion dienen. Kapital kann deshalb nur entstehen, wenn die Wirtschaftssubjekte auf Konsum verzichten. *Beispiel: Angenommen, ein Obstbauer pflückt jeden Tag 4 Ztr. Äpfel. Er muss zu diesem Zweck auf den Baum klettern. Will der Bauer sich zur Erleichterung eine Leiter bauen, muss er die Arbeit unterbrechen. Mit seinen Händen (= Arbeit) baut er aus Holz (= Boden) eine Leiter (= Kapital). Zu diesem Zweck muss er auf die Einnahmen von, sagen wir, 2 Tagen verzichten (= Konsumverzicht). Kombiniert er jedoch nun Arbeit, Boden und Kapital, kann er jeden Tag 8 Ztr. Äpfel pflücken: Eine Produktivitätssteigerung um 100 %.* ▷ Die Entlohnung des Produktionsfaktors Kapital ist der Zins.	
Arten	**Sachkapital (Realkapital)**	Das Sachkapital ist die Summe aller Güter, die im Rahmen der Güterproduktion neben Boden und Arbeit als Produktionsfaktor eingesetzt werden. ▷ Dauerhaft werden Maschinen, Gebäude, Werkzeuge, Fahrzeuge, Ausstattungsgegenstände als produzierte Produktionsmittel für den Produktionsprozess benötigt. ▷ Nicht dauerhaft werden einerseits Roh-, Hilfs- und Betriebsstoffe sowie sonstige Vorleistungen als zu verarbeitende Güter im Produktionsprozess benötigt, andererseits die produzierten Vorräte an Konsumgütern als betriebsnotwendige Lagerbestände gehalten. Das Sachkapital, das einem Betrieb zur Verfügung steht, wird in der Bilanz der Unternehmung auf der Aktivseite ausgewiesen. Wenn in der Volkswirtschaftslehre im Zusammenhang mit der Produktion von Kapital die Rede ist, so ist stets das Sachkapital gemeint.
	Geldkapital	Das Geldkapital ist die Summe der Mittel, die dem Unternehmen zwecks Umformung in Realkapital zur Verfügung gestellt werden müssen. Es stellt die Vorstufe der Kapitalbildung dar. In der Bilanz des Unternehmens wird es ausgewiesen als liquide Mittel. Betriebswirtschaftlich wird Kapital unterschieden in ▷ **Eigenkapital,** das dem Unternehmen von den Eigentümern zur Verfügung gestellt wird; ▷ **Fremdkapital,** das den Unternehmen von Banken oder Lieferanten zur Verfügung gestellt wird.

2 Kapitalbildung

Produktionsumweg	Als Produktionsumweg wird die Tatsache bezeichnet, dass die Wirtschaftssubjekte zunächst auf Konsum verzichten um Produktionsgüter herzustellen, durch die die Herstellung weiterer Produktionsgüter und die Herstellung von Konsumgütern erhöht werden kann. Die Voraussetzungen für die Kapitalbildung sind damit 1. Konsumverzicht (Sparen): 2. produktive Anlage des Gesparten (Investieren). Eine Volkswirtschaft ist umso weiter entwickelt, je länger der Produktionsumweg ist.
Zusammenhang von Konsum, Sparen und Investieren	***Das verfügbare Einkommen des Haushaltes ergibt sich aus dem Bruttoeinkommen abzüglich der Abgaben an den Staat (Steuern, Versicherungen) und ggf. zu leistender Unterhaltszahlungen.*** ***Konsum ist der Verbrauch und/ oder die Nutzung von materiellen oder immateriellen Gütern durch die Haushalte.*** Von seinem Einkommen verwendet der Haushalt einen mehr oder weniger hohen Anteil für den Konsum. Die Höhe des Konsums (Konsumneigung) ist von folgenden Faktoren abhängig: ▷ Höhe des Einkommens, ▷ konjunkturelle Situation, ▷ derzeitige Preise der Güter, ▷ zukünftiger Preis- und Einkommenserwartungen. ***Sparen ist der Verzicht auf die konsumtive Verwendung eines Teiles des verfügbaren Einkommens.*** Ist das verfügbare Einkommen ▷ gleich dem Konsum, so ist die Sparquote gleich null, ▷ größer als der Konsum, so spart der Haushalt, ▷ kleiner als der Konsum, so entspart der Haushalt. Dies ist nur möglich, indem er Erspartes vergangener Perioden oder Einkommensteile künftiger Perioden verwendet (Kreditaufnahme). ***Investieren ist die Umwandlung von vorhandenen finanziellen Mitteln in Sachgüter.*** Die Mittel für Investitionen erhalten die Betriebe ▷ aus den Abschreibungen, die vom Markt über den Preis zurückfließen, ▷ aus dem Konsumverzicht der Eigentümer der Betriebe (Eigenfinanzierung), ▷ aus den Sparguthaben, die den Betrieben von den Banken als Kredit zur Verfügung gestellt werden (Fremdfinanzierung). *Fazit:* ▷ *Konsumieren, Sparen und Investieren stehen in einem engen Zusammenhang.* ▷ *Sparen ist eine der wichtigsten Voraussetzungen für wirtschaftliches Wachstum.* ▷ *Würden die Haushalte ihr gesamtes verfügbares Einkommen konsumieren, könnte nicht gespart werden.* ▷ *Wird nicht gespart, kann den Betrieben für ihre Investitionen kein Geld zur Verfügung gestellt werden.*

▶

Sparformen	freiwilliges Sparen	Zwangssparen
	▷ **privates Sparen:** Die privaten Haushalte stellen den Teil des Einkommens, den sie nicht konsumieren, den Banken oder den Unternehmen direkt als Einlagen zur Verfügung (Sparbuch, Festgeld, Wertpapiere). ▷ **unternehmerisches Sparen:** Die Unternehmen entnehmen Teile der entstehenden Gewinne nicht oder bilden Rücklagen (Selbstfinanzierung).	Werden die Haushalte oder die Unternehmen gezwungen einen Teil ihres Einkommens abzugeben und somit auf den entsprechenden Teil des möglichen Konsums zu verzichten, liegt Zwangssparen vor. Dazu gehören vom Staat erhobene ▷ Steuern und Gebühren, ▷ Zölle, ▷ Sozialversicherungsbeiträge.

<table>
<tr><td rowspan="6">Investitionsformen</td><td colspan="3">Bruttoinvestitionen
Sie umfassen den Wert des Zuwachses an Sachgütern in allen Bereichen (Unternehmen, Staat, Wohnungsbau der privaten Haushalte) einer Volkswirtschaft in einer Periode. Es handelt sich dabei um eine Stromgröße.</td></tr>
<tr><td colspan="2">Anlageinvestitionen (Realinvestitionen)</td><td>Vorratsinvestitionen</td></tr>
<tr><td colspan="2">▷ Ausrüstungsinvestitionen sind Produktionsmittel wie Maschinen, Fahrzeuge, Betriebs- und Geschäftsausstattungen.
▷ Bauinvestitionen sind Produktions-, Verwaltungs- und Wohnbauten sowie Straßen, Brücken, Schulen, Krankenhäuser.
▷ Rationalisierungsinvestitionen sind Anlageinvestitionen, die der Verbesserung und Modernisierung des Produktionsapparates dienen, z. B. Computersteuerung.</td><td rowspan="2">(Lagerinvestitionen) Sie entstehen durch eine Veränderung der Bestände an Roh-, Hilfs- und Betriebsstoffen, Handelswaren sowie den selbst produzierten, aber nicht verkauften Erzeugnissen.
Auch hier sind volks- und betriebswirtschaftlich Abschreibungen möglich.
↓</td></tr>
<tr><td rowspan="2">Ersatzinvestitionen
(Reinvestitionen) Sie dienen dazu, ausgeschiedene Anlagegüter zu ersetzen.
Sie entsprechen in ihrer Höhe den Abschreibungen auf das Sachanlagevermögen.</td><td>Erweiterungsinvestitionen
Sie dienen der Erweiterung und Verbesserung des Produktionsapparates.
↓</td></tr>
<tr><td colspan="2">Nettoinvestitionen
Nur die Nettoinvestitionen führen zu einer Veränderung des Bestandes an Sachkapital.</td></tr>
<tr><td colspan="3">Kapitalstock
Der Kapitalstock ist die Summe des Kapitals (produzierte Produktionsmittel) einer Volkswirtschaft zu einem bestimmten Stichtag. Es handelt sich dabei um eine Bestandsgröße. Der Kapitalstock wird in seinem Umfang nur durch Nettoinvestitionen verändert.</td></tr>
</table>

1 Produktion

<table>
<tr><td rowspan="3">Begriff</td><td colspan="2">Produktion im volkswirtschaftlichen Sinn beinhaltet die Herstellung von Gütern sowie alle Tätigkeiten um diese produzierten Sachgüter und Dienstleistungen dem Verbraucher zugänglich zu machen. Im Produktionsprozess werden die Produktionsfaktoren Arbeit, Boden und Kapital in der Weise kombiniert, dass ein Ertrag entsteht.
Beispiele:
▷ Landwirtschaftlicher Betrieb: Das Zusammenwirken von Boden als Anbauboden, Arbeit des Landwirts und Kapital (Landmaschinen, Saatgut) ergibt eine bestimmte Menge Roggen.
▷ Papierfabrik: Die Kombination von Boden als Standortboden, Arbeit der Arbeitnehmer und Kapital (Maschinen, Werkstoffe) ergibt eine bestimmte Menge Papier.</td></tr>
<tr><td>technische Produktion</td><td>Die technische Produktion beinhaltet als Produktionsbegriff im engeren Sinn die eigentliche Gütererzeugung, d. h. die Herstellung von Produktions- und Konsumgütern durch die stoffliche Umwandlung anderer Güter.</td></tr>
<tr><td>ökonomische Produktion</td><td>Die ökonomische Produktion beinhaltet alle Tätigkeiten, die die eigentliche Gütererzeugung unterstützen. Dazu zählen u. a. Handel, Versicherung und Transport.</td></tr>
<tr><td rowspan="3">Produktionsmenge und Faktoreinsatz</td><td colspan="2">In der Produktion erfolgt der gemeinsame Einsatz der Produktionsfaktoren. Bei dieser planmäßigen Kombination der Produktionsfaktoren entsteht durch den Faktoreinsatz ein Ertrag.</td></tr>
<tr><td>Ertrag</td><td>Ertrag ist das mengenmäßige Ergebnis des Produktionsprozesses. Er wird auch als Produktionsmenge oder Output bezeichnet.</td></tr>
<tr><td>Faktoreinsatz</td><td>Kosten sind der in Geldeinheiten gemessene Verbrauch von Produktionsfaktoren. Sie werden auch als Faktoreinsatz oder Input bezeichnet.</td></tr>
<tr><td>Produktionsprozess</td><td colspan="2">Der Produktionsprozess ist ein Teil des Wirtschaftsprozesses. Er stellt die Gesamtheit aller wirtschaftlichen Abläufe in den Betrieben dar, die der Produktion von Gütern dienen.</td></tr>
<tr><td>Produktionspotenzial</td><td colspan="2">Das Produktionspotenzial umschreibt die gesamtwirtschaftliche Produktionsleistung, die mit den verfügbaren Produktionsfaktoren unter Berücksichtigung des technischen Fortschritts bei normaler Nutzung erbracht werden kann. Er dient als Grundlage für die Berechnung der Auslastung der Produktionsfaktoren.
Dabei ist ein Nutzungsgrad der Anlagen zu unterstellen, bei dem alle im Stabilitätsgesetz genannten Ziele (Vollbeschäftigung, Preisniveaustabilität, außenwirtschaftliches Gleichgewicht und stetiges Wachstum) erfüllt sind.</td></tr>
</table>

2 Substitutionale Produktionsfaktoren

Begriff

Substitutionale Produktionsfaktoren werden eingesetzt, wenn eine bestimmte Menge eines Faktors durch eine bestimmte Menge eines anderen Faktors ersetzt werden kann, ohne das Produktionsergebnis zu beeinflussen.

Der Ertrag bleibt gleich, obwohl das Verhältnis der eingesetzten Produktionsfaktoren zueinander sich ändert. Die Produktionsfaktoren sind untereinander austauschbar (substituierbar).

Beispiel: In einer Möbelfabrik kann mit einem höheren Einsatz von Arbeit und einem geringen Einsatz von Kapital (z. B. Handsägen, Handschleifmaschinen) oder aber mit einem geringen Einsatz an Arbeit und einem hohen Einsatz an Kapital (z. B. halbautomatische Sägen oder Schleifautomaten) die gleiche Leistung erzielt werden.

technische Betrachtung

Technisch gesehen hat ein Unternehmer mehrere Möglichkeiten, substitutionale Produktionsfaktoren zu kombinieren.

Beispiel: In einer Möbelfabrik wird folgende Matrix der möglichen Faktorkombinationen von Kapital (Maschinen) und Arbeit mit den entsprechenden Ausbringungsmengen an Regalböden ermittelt:

Einheiten Arbeit \ Einheiten Kapital	2	4	6	8	10	12
6	*3 000*	*6 000*	*9 000*	*12 000*	*15 000*	**18 000**
12	*6 000*	*12 000*	**18 000**	*24 000*	*30 000*	*36 000*
18	*9 000*	**18 000**	*27 000*	*36 000*	*45 000*	*54 000*
24	*12 000*	*24 000*	*36 000*	*48 000*	*60 000*	*72 000*
30	*15 000*	*30 000*	*45 000*	*60 000*	*75 000*	*90 000*
36	**18 000**	*36 000*	*54 000*	*72 000*	*90 000*	*108 000*

Es fällt auf, dass z. B. die Ausbringungsmenge 18 000 Stück mit verschiedenen Faktorenkombinationen erstellt werden. Gleiches gilt für andere Ausbringungsmengen (z. B. 12 000, 36 000, 72 000).

Isoquante

Die Isoquanten (= Kurven gleicher Ausbringungsmengen) geben alle technisch möglichen Faktorenkombinationen an, die zu der gleichen Ausbringungsmenge führen.
Eine Produktionsausweitung führt dabei zu einer Verschiebung der Isoquante nach rechts, eine Produktionseinschränkung zu einer Verschiebung nach links.

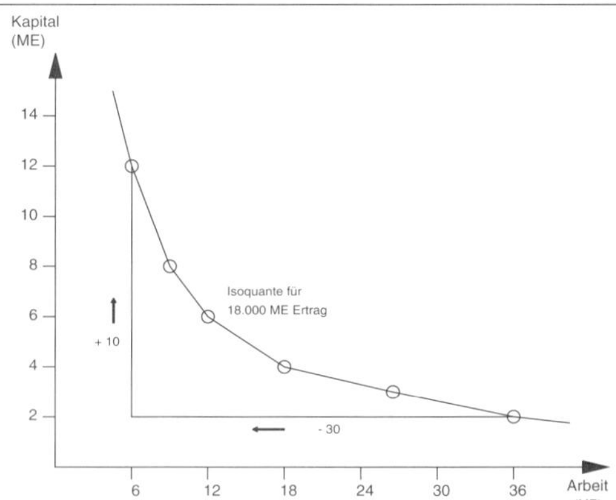

wirtschaftliche Betrachtung

Bei substituierbaren Produktionsfaktoren bestimmen die Kosten, welche Faktorkombination ausgewählt wird. Handelt der Unternehmer nach dem ökonomischen Prinzip, so ist folglich die Faktorkombination mit den geringsten Kosten zu wählen. Dabei ersetzt der Unternehmer einen Faktor so lange durch einen anderen, wie ihm dies eine Kostenersparnis bringt. Sobald die Kostenersparnis bei dem einen Faktor gleich dem Kostenzuwachs durch den anderen Faktor ist, wird der Substitutionsprozess beendet.

Beispiel: Angenommen, in dem Beispiel der Möbelfabrik kostet eine Einheit Arbeit 100,– € und eine Einheit Kapital 200,– €, so sind unterschiedliche Kostenkombinationen möglich, z. B. würden Gesamtkosten von 400,– € bei folgenden Kombinationen realisiert:
0 ME Arbeit + 2 ME Kapital
2 ME Arbeit + 1 ME Kapital
4 ME Arbeit + 0 ME Kapital

Isokostenlinie

Die Isokostenlinien geben jeweils alle Faktorkombinationen an, die zu gleichen Kosten möglich sind.
Eine proportionale Kostenerhöhung beider Faktoren führt zu einer Verschiebung der Isokostenlinie nach rechts, eine Kostensenkung führt zu einer Verschiebung nach links.

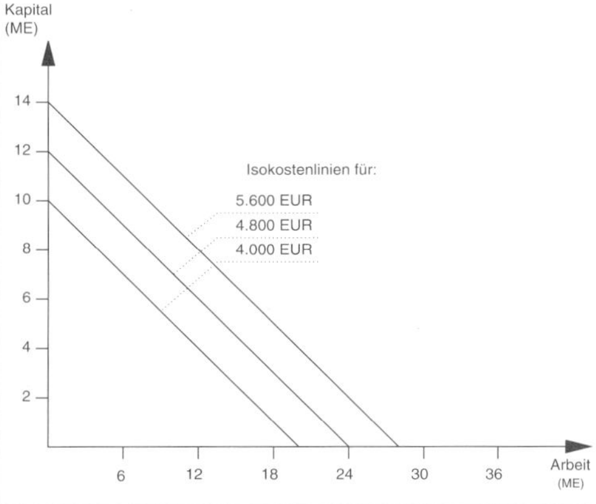

kostengünstigste Produktion

In einem Diagramm kann durch Eintragung der Isokostenlinien und der Isoquanten die kostenminimale Lösung gefunden werden. Sie liegt in dem Punkt, in dem die Isoquante die Isokostenlinie tangiert.
Veränderungen der Preise führen zwangsläufig zu einer neuen Faktorkombination. Dabei treten die billigeren Produktionsfaktoren an die Stelle der teureren.

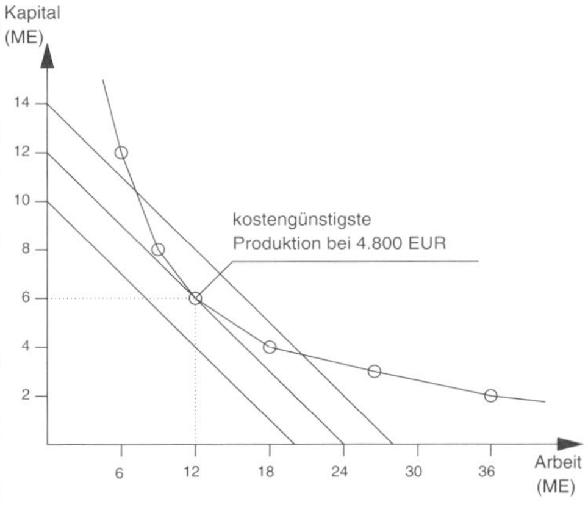

3 Limitationale Produktionsfaktoren

Begriff	***Von limitationalen Produktionsfaktoren wird gesprochen, wenn zur Erzielung eines bestimmten Ertrages die Produktionsfaktoren nur in einem bestimmten Verhältnis* (lat. limitatio = Festsetzung) *zueinander eingesetzt werden können.*** Ein bestimmter Ertrag kann bei limitationalen Produktionsfaktoren also nur durch eine festgelegte Kombination erreicht werden. *Beispiele:* ▷ *In einem Einzelhandelsgeschäft kann eine Kassiererin nur eine Kasse bedienen.* ▷ *In einem Industriebetrieb macht der Einsatz einer Fräse die Bedienung durch nur einen Arbeiter erforderlich.* ▷ *In einem Auslieferungslager für Möbel werden zehn Lkw-Fahrer beschäftigt. Jeweils zwei Fahrer sind einem Lkw zugeteilt.*
technische Betrachtung	Technisch gesehen ist es unsinnig, bei einem gegebenen Verhältnis von Produktionsfaktoren eine andere Faktorkombination zu wählen. *Beispiele: Um einen Personentransport durchzuführen, wird ein Pkw und ein Fahrer benötigt. Für einen Taxiunternehmer ließe sich der Ertrag nicht erhöhen, wenn er zwei Fahrzeuge mit einem Fahrer oder einen Pkw mit zwei Fahrern kombinieren würde.*
wirtschaftliche Betrachtung	Eine Minimalkostenkombination ist beim limitationalen Faktoreinsatz nicht möglich, da nicht zwischen verschiedenen Faktorkombinationen gewählt werden kann. In den meisten Produktionsbereichen sind die Produktionsfaktoren kurz- bis mittelfristig nicht substitutierbar. Dies gilt insbesondere für den industriellen Bereich. In jedem Fall stößt die Substituierbarkeit dort an ihre Grenzen, wo die Rationalisierungsreserven voll ausgeschöpft sind.

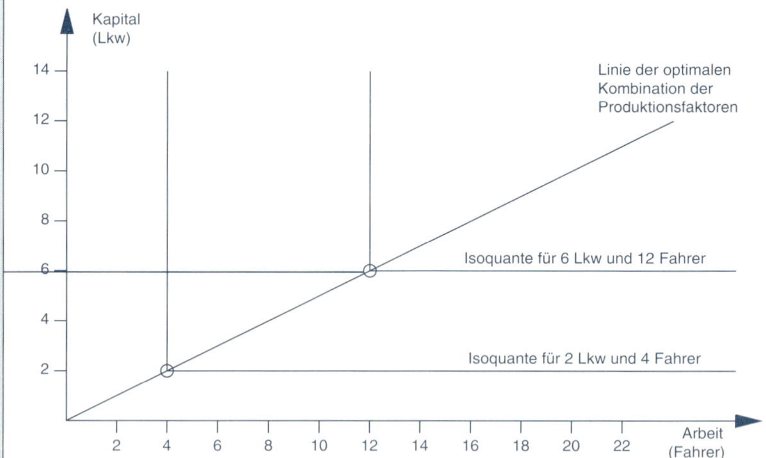

1 Grundbegriffe

Kosten	***Kosten sind der in Geldeinheiten bewertete Verbrauch von Produktionsfaktoren (Gütern und Dienstleistungen), der zur Erstellung einer betrieblichen Leistung in einer Periode dient.*** Dazu gehören die bei der Produktion von Gütern oder bei der Erstellung von Dienstleistungen verbrauchten Werte. *Beispiele:* ▷ *Für den Produktionsfaktor Arbeit zahlt der Betrieb Löhne sowie die entsprechenden Lohnnebenkosten, wie z. B. Arbeitgeberanteile zur Sozialversicherung oder Lohnfortzahlung.* ▷ *Für den Produktionsfaktor Kapital fallen Kosten in Form von eingekauften Vorleistungen (z. B. Roh-, Hilfs- und Betriebsstoffe), Zinsen für aufgenommene Kredite, Abschreibungen für die Maschinennutzung oder Leasinggebühren für gemietete Maschinen an.* ▷ *Für den Produktionsfaktor Boden fallen Pachten oder Mieten oder aber der Kaufpreis für gekauften Boden an.* Die Gesamtkosten einer Leistung oder eines ganzen Betriebes setzen sich zusammen aus den Mengen der verbrauchten Produktionsfaktoren (Faktormengen = r) multipliziert mit den dafür bezahlten Faktorpreisen (Faktorpreis = q). $\mathbf{K = r_1 \cdot q_1 + r_2 \cdot q_2 \ldots + r_n \cdot q_n}$
Erlöse	Die sinnvolle Kombination der Produktionsfaktoren führt zu Erträgen (= produzierte Güter). Die Menge der erzeugten Güter (m) ist dabei u. a. abhängig von der Menge der eingesetzten Produktionsfaktoren. $\mathbf{m = f(r_1 + r_2 \ldots + r_n)}$ Die erzeugten Produktionsmengen verkauft der Betrieb auf den entsprechenden Märkten zu den jeweiligen Marktpreisen (p). ***Der Erlös für ein Produkt ist die Absatzmenge multipliziert mit dem erzielten Verkaufpreis. Der Gesamterlös eines Betriebes ergibt sich als Summe der für die einzelnen Produkte erzielten Verkaufserlöse.*** $\mathbf{E = m_1 \cdot p_1 + m_2 \cdot p_2 \ldots + m_n \cdot p_n}$ Der Zuwachs zum Gesamterlös E' (= Grenzerlös = Erlös der letzten verkauften Einheit) entspricht dem Stückerlös.
Gewinn	Der Erfolg eines Unternehmens wird ermittelt, indem die Erlöse aller verkauften Erzeugnisse einer Periode den davon verursachten Kosten gegenübergestellt werden. ***Ist die Summe der Erlöse (= Gesamterlös) größer als die Summe der Kosten (= Gesamtkosten), hat der Betrieb wirtschaftlich gearbeitet und einen Gewinn erzielt. Sind die Gesamtkosten hingegen größer als der Gesamterlös, hat der Betrieb mit Verlust gearbeitet.*** **G = E – K**

2 Kostenarten

<table>
<tr><td rowspan="1">Kapazität und Beschäftigung</td><td colspan="2">Die Kosten sind abhängig von der erzeugten Menge an Gütern. Sie sind damit eine Funktion der Ausbringungsmenge:
K = f(m)
Aus diesem Grund spielt bei der Betrachtung der Kosten die Kapazität des Betriebes und deren Auslastung eine wichtige Rolle.
Die Kapazität ist die Ausbringungsmenge, die in einem Zeitabschnitt maximal hergestellt werden kann.
Die Kapazität wird nicht immer voll ausgelastet sein. Bei der Untersuchung der Kosten eines Betriebes ist es deshalb von Bedeutung, den Beschäftigungsgrad zu beachten.
Der Beschäftigungsgrad ist das prozentuale Verhältnis von Ausbringungsmenge (Beschäftigung) und Maximalkapazität eines Betriebes. Es gibt den Grad der Auslastung an.
$$\text{Beschäftigungsgrad} = \frac{\text{Ausbringungsmenge}}{\text{Maximalkapazität}} \cdot 100$$</td></tr>
<tr><td>Gesamtkosten</td><td colspan="2">Die Gesamtkosten (K) eines Betriebes werden durch verschiedene Arten von Verbrauchsgütern verursacht. Sie werden deshalb unterschieden in fixe Kosten (K_f) und variable Kosten (K_v).
$K = K_f + K_v$</td></tr>
<tr><td rowspan="3">fixe Kosten</td><td colspan="2">Fixe Kosten fallen in gleichbleibender Höhe an und sind unabhängig von der produzierten Stückzahl. Da diese Kosten auch anfallen, wenn nur wenig oder überhaupt nicht produziert wird, werden sie auch als Kosten der Betriebsbereitschaft bezeichnet.
Beispiele: Gehälter, Mieten, Anschlussgebühren für Energie
Nicht alle Kosten sind unbedingt und gleich fix. Wenn die Beschäftigung dauerhaft sinkt, können z. B. Gehälter oder Abschreibungen durch Kapazitätseinschränkungen eingespart werden.</td></tr>
<tr><td>absolut fixe Kosten</td><td>Sie bleiben auch bei einer mittelfristigen Veränderung der Beschäftigung unveränderlich.
Beispiel: Gehalt des Geschäftsführers</td></tr>
<tr><td>sprungfixe Kosten</td><td>Sprungfixe Kosten entstehen, wenn die Kapazität des Betriebes erweitert oder gesenkt wird.
Beispiel: ein zusätzlicher Monatslohn</td></tr>
<tr><td>variable Kosten</td><td colspan="2">Variable Kosten sind abhängig von der Menge der erbrachten Leistungen. Da sie von der Auslastung abhängig sind, werden sie auch als Kosten der Inanspruchnahme bezeichnet.
Die proportionalen variablen Kosten entsprechen den Grenzkosten K'
(= Kosten der letzten produzierten Einheit).
Beispiele: Akkordlöhne, Fertigungsmaterial, Energieverbrauch</td></tr>
</table>

3 Kostenverläufe

Für die folgende Betrachtung der unterschiedlichen Kostenverläufe wird nachstehende Kostensituation eines Betriebes unterstellt, der nur ein Produkt herstellt. Die Kapazitätsgrenze des Betriebes beträgt 300 Stück.

Absatzmenge	gesamte Fixkosten	gesamte variable Kosten	Gesamt-Kosten	Stückfixe Kosten	Stückvariable Kosten	Stückgesamtkosten
1	30 000,–	200,–	30 200,–	30 000,–	200,–	30 200,–
10	30 000,–	2 000,–	32 000,–	3 000,–	200,–	3 200,–
100	30 000,–	20 000,–	50 000,–	300,–	200,–	500,–
200	30 000,–	40 000,–	70 000,–	150,–	200,–	350,–
300	30 000,–	60 000,–	90 000,–	100,–	200,–	300,–

	Gesamtbetrachtung	Stückbetrachtung
fixe Kosten	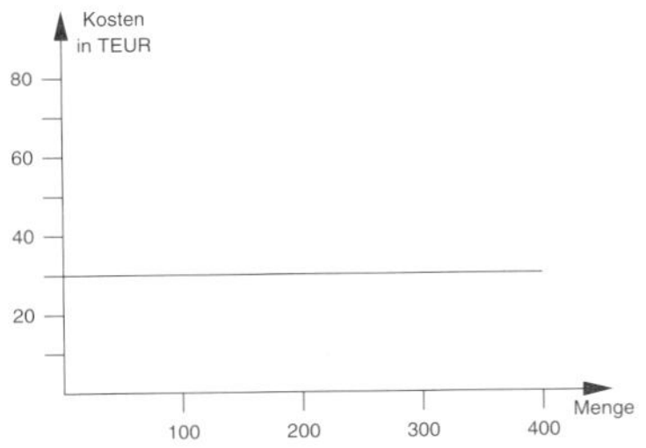	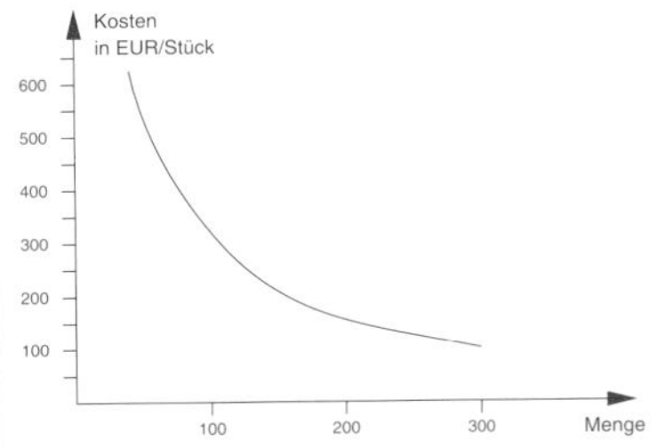
variable Kosten	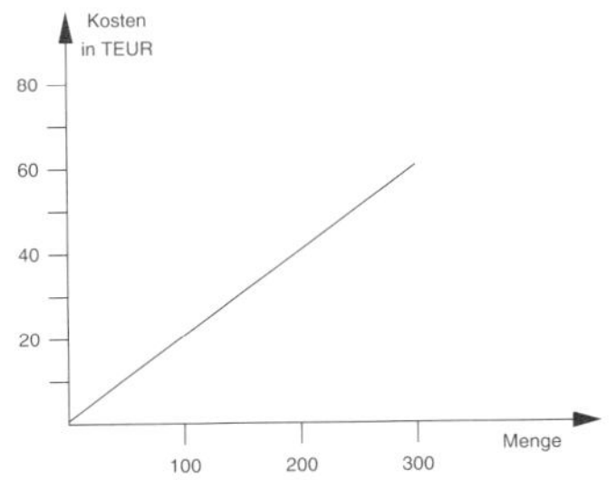	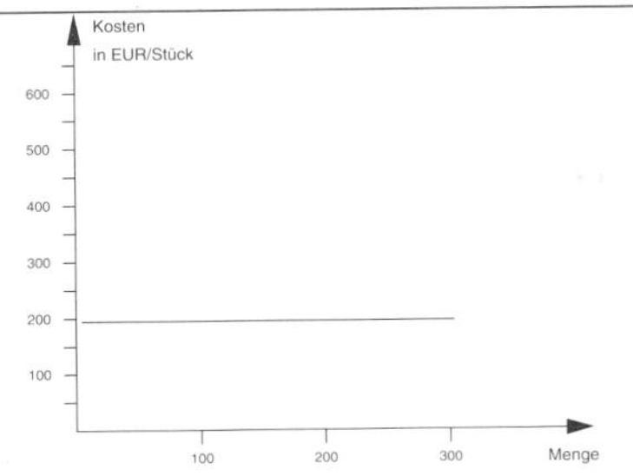
Gesamtkosten	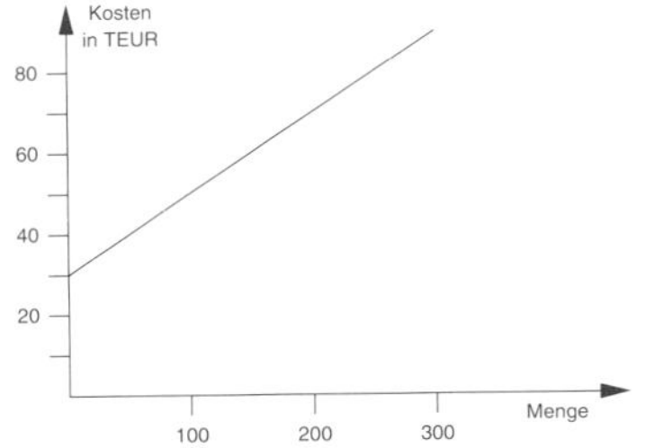	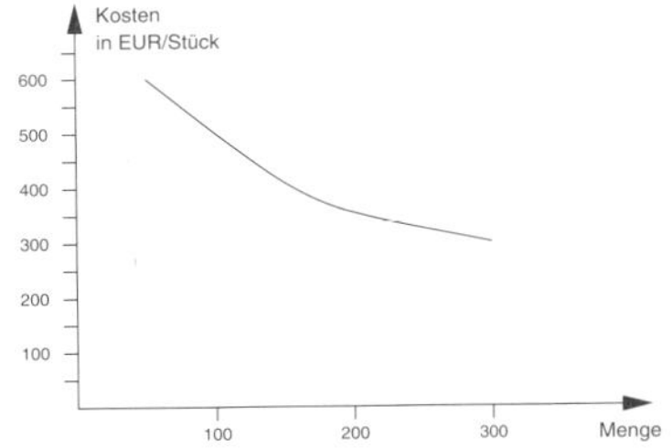

sprungfixe Kosten

Sprungfixe Kosten entstehen, wenn die Kapazitätsgrenze erreicht ist und weitere Kapazitätseinheiten bereitgestellt werden müssen. Sie werden auch als intervallfixe Kosten bezeichnet.
Beispiele: Abschreibung einer zusätzlichen Maschine, Gehalt eines zusätzlichen Angestellten

Menge	Gesamtkosten	Stückkosten
100	30 000,–	300,–
200	30 000,–	150,–
300	30 000,–	100,–
400	60 000,–	150,–
500	60 000,–	120,–
600	60 000,–	100,–
700	90 000,–	128,57

Gesamtbetrachtung

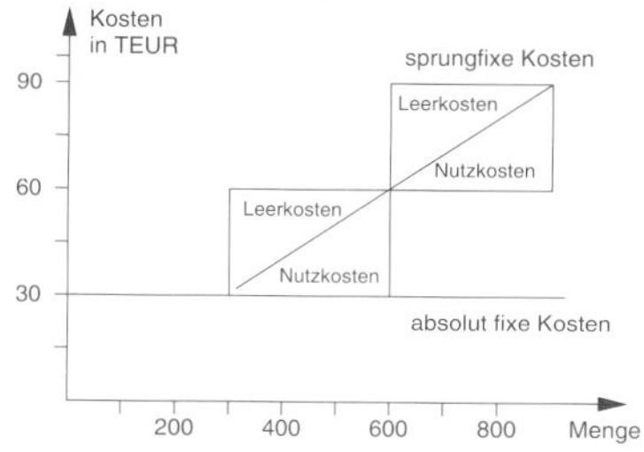

Stückbetrachtung

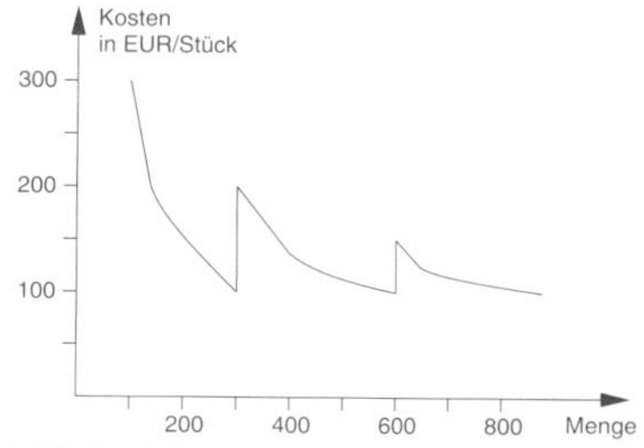

degressive (variable) Kosten

Manche variablen Kosten steigen mit zunehmender Beschäftigung nicht proportional, sondern unterproportional.
Beispiel: Mengenrabatte bei Fertigungsmaterial, fallende Energiekosten bei optimaler Auslastung der Maschinen

Menge	Gesamtkosten	Stückkosten
1	5,–	5,–
2	9,–	4,–
3	12,–	3,–
4	14,–	2,–
5	15,–	1,–

progressive (variable) Kosten

Steigen die variablen Kosten der jeweils nächsten produzierten Einheit an, so spricht man von progressiven Kosten.
Beispiele: Überstundenzuschläge, erhöhter Verschleiß der Maschinen

Menge	Gesamtkosten	Stückkosten
1	5,–	5,–
2	11,–	6,–
3	18,–	7,–
4	26,–	8,–

Gesamtbetrachtung

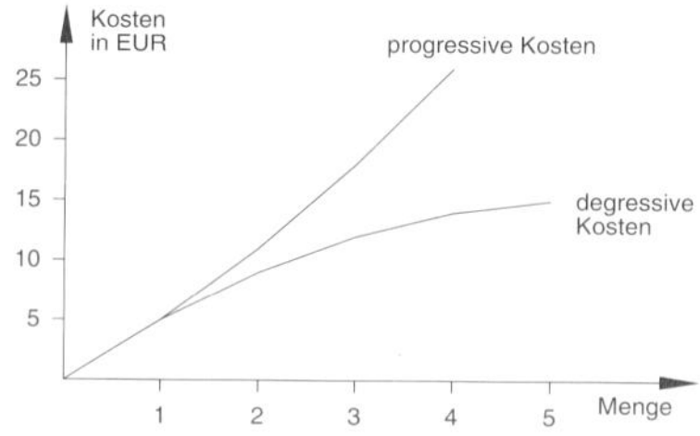

Stückbetrachtung

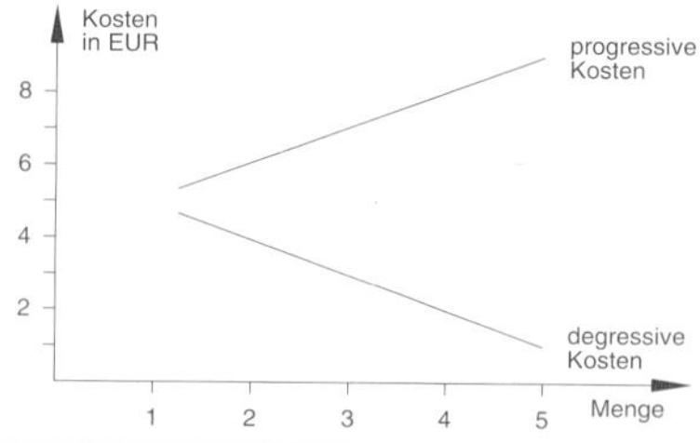

4 Gewinnmaximale Produktion

<table>
<tr><td>Gewinn-maximum</td><td colspan="2">Jeder erwerbswirtschaftliche Unternehmer wird versuchen im Rahmen seiner betrieblichen Kapazität sein Gewinnmaximum anzustreben. Dieses liegt dort, wo die Differenz zwischen Erlösen und Kosten am größten ist.</td><td rowspan="2">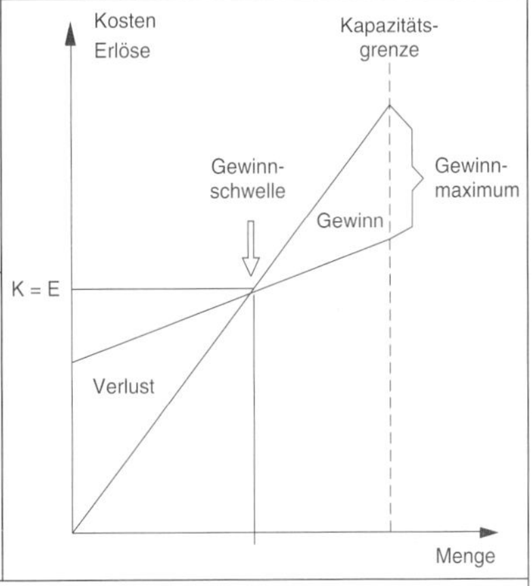
</td></tr>
<tr><td>Gewinn-schwelle (break-even-point)</td><td colspan="2">In jedem Fall muss der Unternehmer versuchen die Gewinnschwelle zu erreichen. Das ist der Punkt, wo die Erlöse gleich den Kosten sind. Ab diesem Punkt erzielt der Unternehmer mit jeder weiteren verkauften Einheit Gewinn: Er befindet sich in der Gewinnzone.</td></tr>
<tr><td rowspan="5">kurzfristige Kapazitäts-anpassung</td><td colspan="3">Sofern die Kosten einen linearen Verlauf nehmen, wie für die meisten Unternehmen weit gehend anzunehmen ist, werden die Unternehmer stets versuchen die Kapazität voll auszulasten: Erst in diesem Punkt erreichen die Stückkosten ihr Minimum (Gesetz der Massenproduktion).
Erfordert der Markt eine Produktion über die Kapazität hinaus, so kann der Unternehmer kurzfristig Anpassungen vornehmen, die allerdings mit zumeist progressiv steigenden Kosten verbunden sind.</td></tr>
<tr><td>intensitäts-mäßige Anpassung</td><td colspan="2">Die Arbeitsprozesse werden beschleunigt um eine höhere Ausbringung zu erreichen.
Erhöhte Kosten: Prämien, Ausschuss, Verschleiß</td></tr>
<tr><td>zeitliche Anpassung</td><td colspan="2">Die regelmäßige Arbeitszeit des Betriebes wird kurzfristig erhöht.
Erhöhte Kosten: Überstundenzuschläge</td></tr>
<tr><td>selektive Anpassung</td><td colspan="2">Bei unterschiedlich leistungsfähigen Produktionsfaktoren (z. B. Maschinen) werden zunächst die guten Faktoren ausgelastet. Bei kurzfristigen Anpassungen müssen die weniger leistungsfähigen Faktoren verstärkt eingesetzt werden.
Erhöhte Kosten: Energieverbrauch, Ausschussquoten</td></tr>
<tr><td>mengen-mäßige Anpassung</td><td colspan="2">Einige Produktionsfaktoren werden in einem stärkeren Umfang eingesetzt, z. B. zusätzliche Hilfskräfte, gemietete Maschinen.
Erhöhte Kosten: durch entstehendes Missverhältnis der Produktionsfaktoren untereinander erforderliche Organisationskosten</td></tr>
</table>

3 Aufgaben zu Kapitel 3

Überblick → *S. 32*	1. Welches sind die drei volkswirtschaftlichen Produktionsfaktoren? 2. Beschreiben Sie am Beispiel der Herstellung einer Portion Pommes frites das Zusammenspiel der drei volkswirtschaftlichen Produktionsfaktoren in den verschiedenen Produktionsstufen. 3. Die Produktionsfaktoren können im Produktionsprozess in ihren Anteilen unterschiedlich kombiniert werden. Belegen Sie dies an drei selbst gewählten Beispielen. 4. Welche Produktionsfaktoren bezeichnet man als originäre und warum?
Produktionsfaktor Boden → *S. 33*	5. Nennen Sie die besonderen Eigenschaften des Produktionsfaktors Boden. 6. Erläutern Sie anhand einiger Beispiele, in welcher Weise der Boden als Produktionsfaktor wirtschaftlich genutzt wird. 7. Welche Merkmale müssen beachtet werden, wenn der Boden zu Anbauzwecken genutzt wird? 8. Beschreiben Sie anhand von drei Beispielen, welche Problemfelder sich bei der Nutzung des Bodens als Anbaufläche ergeben. 9. Die Rohstoffvorräte der Erde sind begrenzt. Erläutern Sie, welche Probleme sich daraus zukünftig ergeben können. 10. Erklären Sie den Unterschied zwischen einem gebundenen und einem freien Standort anhand je eines Beispiels. 11. Nennen Sie die wirtschaftlichen Einflussfaktoren, die sich auf die Wahl des Standortes eines Betriebes auswirken können. 12. Welcher Standortfaktor ist für folgende Betriebe jeweils ausschlaggebend? a. Speditionsunternehmen b. Schuhfachgeschäft c. Stahlwerk d. Computerhersteller 13. Welche Lagevorteile für den Eigentümer können sich aus der Tatsache ergeben, dass Boden nicht transportierbar ist?
Produktionsfaktor Arbeit → *S. 37*	14. Warum kann der Produktionsfaktor Arbeit nicht uneingeschränkt dem ökonomischen Prinzip untergeordnet werden? 15. Nennen Sie drei Beispiele für körperlich oder geistig anstrengende Tätigkeiten, die jedoch nicht unter den volkswirtschaftlichen Begriff der Arbeit fallen. 16. Nicht jede Arbeit ist gleich. Unterscheiden Sie die verschiedenen Arten der Arbeit nach dem Inhalt der Tätigkeit, und nennen sie jeweils zwei Beispiele. 17. Welche besondere Bedeutung kommt der schöpferischen Arbeit für eine Volkswirtschaft zu? 18. Welche Arten von Arbeit können nach dem Grad der Ausbildung unterschieden werden? Wofür kann diese Unterscheidung wichtig sein? 19. Die Arbeitsleistung ist von verschiedenen Einflussfaktoren abhängig. Nennen Sie vier Faktoren, die die individuelle Leistungsfähigkeit beeinflussen, und erläutern Sie jeweils dazu, inwiefern diese Faktoren volkswirtschaftlich bedeutsam sind.

▶

Produktions-faktor Arbeit → *S. 37*	20. Wovon ist die Qualität des Produktionsfaktors Arbeit abhängig? 21. Welche Auswirkungen gehen vom Wachstum und von der Altersstruktur auf die gesamtgesellschaftliche Arbeitsleistung aus? 22. Was besagt die Erwerbsquote? 23. Wie kann die Beschäftigung in einer Volkswirtschaft absolut ausgedrückt werden? 24. Warum macht die absolute Beschäftigung noch keine wirkungsvolle Aussage für den Beschäftigungsstand einer Volkswirtschaft? Durch welche Kennziffer kann sie relativiert werden? 25. Nach welchen Gesichtspunkten lässt sich die Struktur der Beschäftigung untersuchen? Welche Rückschlüsse können daraus gezogen werden? 26. Warum ist die theoretische Umschreibung des Begriffes „Vollbeschäftigung“ für praktische Zwecke unbrauchbar? 27. Worin unterscheiden sich die saisonale und die konjunkturelle Arbeitslosigkeit? Welche unterschiedliche Bedeutung haben sie für die Wirtschaftspolitik? 28. Erläutern Sie an jeweils zwei Beispielen die sektorale und die friktionelle Arbeitslosigkeit.
Produktions-faktor Kapital → *S. 42*	29. Der Begriff „Kapital“ ist sehr vielschichtig. Was versteht die Volkswirtschaftslehre darunter? 30. Worin unterscheiden sich Geldkapital und Sachkapital? 31. Nennen Sie Beispiele für Sachkapital. 32. Kapital wird auch als derivativer Produktionsfaktor bezeichnet. Was bedeutet das? 33. Welches sind die beiden Voraussetzungen für Kapitalbildung? 34. Beschreiben Sie den Produktionsumweg zur Bildung von Kapital. 35. Warum zählt das Geld im Sparstrumpf nicht zum Geldkapital einer Volkswirtschaft? 36. Was ist unter dem Begriff „Zwangssparen“ zu verstehen? 37. Erklären Sie den Begriff „Bruttoinvestitionen“. 38. Während die Summe der Anlageinvestitionen einer Volkswirtschaft immer positiv ist, kann die Summe der Vorratsinvestitionen auch negativ sein. Wie ist das zu erklären? 39. Was ist unter dem Kapitalstock zu verstehen? 40. Erklären Sie, warum Ersatzinvestitionen den Kapitalstock nicht verändern. 41. Woraus setzen sich die Nettoinvestitionen einer Volkswirtschaft zusammen? 42. In einer Volkswirtschaft betrug der Kapitalstock zu Beginn eines Jahres 40 000 Mrd. GE. Im laufenden Jahr wurden für 800 Mrd. GE Anlageinvestitionen getätigt. Davon entfielen auf Ersatzinvestitionen (für ausgeschiedene oder abgeschriebene Anlagegüter) 700 Mrd. GE, auf Erweiterungsinvestitionen 100 Mrd. GE. Die Lagerbestände verringerten sich in diesem Jahr um 50 Mrd. GE. Wie viel GE a. betrugen in diesem Jahr die Bruttoinvestitionen; b. betrugen die Nettoinvestitionen; c. betrug am Ende des Jahres der Kapitalstock?

▶

Kombination der Produktionsfaktoren
→ S. 45

43. Was versteht die Volkswirtschaftslehre unter dem Begriff „Produktion"?
44. Was ist der Unterschied zwischen technischer und ökonomischer Produktion?
45. Mit welchem Begriff wird die produzierte Menge an Gütern als Ergebnis des Produktionsprozesses bezeichnet?
46. Bei der Kombination von Produktionsfaktoren werden substitutionale und limitationale Produktionsfaktoren unterschieden. Erläutern Sie den Unterschied.
47. Inwiefern stellt sich die Kombination der Produktionsfaktoren als technisches und als wirtschaftliches Problem?
48. Was beschreibt eine Isoquante?
49. Was ist eine Isokostenlinie?
50. Beschreiben Sie, wie bei Einsatz substitutionaler Produktionsfaktoren die kostengünstigste Produktion grafisch ermittelt werden kann.
51. Unter welchen Bedingungen verschiebt sich eine Isokostenlinie nach rechts?
52. Angenommen, Sie haben grafisch die kostengünstigste Kombination zweier substitutionaler Einsatzfaktoren gefunden. Welche Auswirkung hat nun die Verteuerung eines Produktionsfaktors?
53. Die Herstellung eines Produktes ist mit den folgenden Faktorkombinationen möglich (ausgedrückt in Mengeneinheiten). Der Einsatz einer Einheit des Faktors Kapital kostet 100 Geldeinheiten (GE), der Einsatz einer Einheit des Faktors Arbeit 50 GE und der Einsatz einer Einheit des Faktors Boden 200 GE.

	Faktorkombinationen		
	1	2	3
Einsatz Faktor Kapital	30 ME	20 ME	8 ME
Einsatz Faktor Arbeit	5 ME	20 ME	40 ME
Einsatz Faktor Boden	10 ME	10 ME	10 ME

   a. Bei welcher Kombinationen entstehen die geringsten Kosten?
   b. Die Kosten des Produktionsfaktors Arbeit steigen auf 70 GE. Die Kosten der anderen Produktionsfaktoren bleiben gleich. Welches ist jetzt die kostenminimale Faktorkombination?
54. Zeichnen Sie in ein Koordinatensystem eine beliebige Isokostenlinie (I_1) ein. Dabei soll x = Kapital, y = Arbeit sein.
   a. Fügen Sie nun eine Isokostenlinie I_2 hinzu, die sich ergibt, wenn der PF Arbeit sich verteuert, der PF Kapital hingegen im Preis konstant bleibt.
   b. Fügen Sie nun eine Isokostenlinie I_3 ein, die sich ergibt, wenn der PF Arbeit im Preis konstant, der PF Kapital sich hingegen verbilligt.
55. Zeichnen Sie in ein Koordinatensystem Isoquanten ein, die folgenden Bedingungen entsprechen müssen:
   a. zwei gegenseitig völlig austauschbare Produktionsfaktoren
   b. zwei limitationale Produktionsfaktoren
56. Warum ist bei limitationalem Faktoreinsatz eine Minimalkostenkombination nicht möglich?

▶

Kosten und Erlöse
→ *S. 49*

57. Was ist aus unternehmerischer Sicht der Beschäftigungsgrad?
58. Welcher Zusammenhang besteht zwischen der Kapazität, dem Beschäftigungsgrad und den Kosten?
59. Worin besteht der Unterschied zwischen fixen und variablen Kosten?
60. Was sind sprungfixe Kosten?
61. Die Kostensituation eines Unternehmens wird durch folgende Zahlen belegt:

Produktionsmenge	Gesamtkosten in €
0	600
10	1 000
20	1 400
30	1 800
40	2 200
50	2 600

   a. Tragen Sie in ein Koordinatensystem die Kurven für die fixen Kosten, die variablen Kosten und die Gesamtkosten ein.
   b. Tragen Sie in ein weiteres Koordinatensystem die Stückkosten (Durchschnittskosten), die Grenzkosten (variable Stückkosten) und die stückfixen Kosten ein.
   c. Wie viel € betragen die Fixkosten?
   d. Wie viel € betragen die variablen Kosten pro Stück?
   e. Wie viel € betragen die Stückkosten bei einer Produktionsmenge von 30 Stück?
62. Welcher Zusammenhang besteht zwischen Nutz- und Leerkosten?
63. Nennen Sie je drei Beispiele für fixe Kosten und variable Kosten.
64. Was ist unter „sprungfixen Kosten“ zu verstehen?
65. Ein Unternehmer hat fixe Kosten von 3 600,– € (Kapazitätsgrenze 300 Stück) und sprungfixe Kosten von 1 200,– € für je 100 weitere Stück.
   a. Berechnen Sie die stückfixen Kosten für 250, 300, 320 und 375 Stück.
   b. Berechnen Sie die Leerkosten für Ausbringungsmengen von 330, 350 und 390 Stück. Welchen Zusammenhang erkennen Sie?
66. Wann spricht man von degressiven, wann von progressiven Kosten?
67. Ein Unternehmer hat fixe Kosten von 1 200 € (Kapazitätsgrenze: 400 Stück). Seine variablen Kosten betragen 4,– €/Stück, der Erlös 8,– €/Stück.
   a. Wie viel € betragen die Gesamtkosten bei voller Auslastung?
   b. Wie viel € beträgt der Gesamterlös bei voller Auslastung?
   c. Wie viel € Gewinn kann der Unternehmer maximal erzielen?
   d. Bei welcher Ausbringungsmenge erzielt der Unternehmer weder einen Gewinn noch einen Verlust (Gewinnschwelle)?
   e. Auf wie viel Stück verschiebt sich der Break-even-point, wenn der Unternehmer den Preis auf 10,– € heraufsetzt?
68. Beschreiben Sie im Rahmen der kurzfristigen Kapazitätsanpassung die selektive und die zeitliche Anpassung.

KAPITEL 4

1 Begriff und Arten der Arbeitsteilung

Begriff	**Arbeitsteilung ist die Auflösung von Arbeit in Teilverrichtungen, die von verschiedenen Personen oder Wirtschaftseinheiten ausgeführt werden.** Das Gegenteil der Arbeitsteilung ist die vollständige Selbstversorgung einer einzelnen Person.	
Begründung	Sofern in einer Gesellschaft alle Menschen die Tätigkeiten verrichten, die notwendig sind um sich selbst zu versorgen, würde die Summe der hergestellten Güter und Leistungen nur ein Bruchteil dessen darstellen, was die Gesellschaft insgesamt an Leistungen erbringen kann, wenn sie die Arbeit nach den Fähigkeiten und Neigungen der einzelnen Mitglieder dieser Gemeinschaft aufteilt. Das ökonomische Prinzip verlangt eine Arbeitsteilung um bei gleicher Arbeitsleistung einen höheren Ertrag zu erzielen. Die Arbeitsteilung setzt immer die Tauschwirtschaft voraus, damit die verschiedenen Leistungen ausgetauscht werden können. *Beispiel: Ein Bauer baut Weizen an, der Müller mahlt aus dem Weizen Mehl, aus dem der Bäcker wiederum Brot backt. In der Selbstversorgung müsste ein Mensch alle diese Tätigkeiten ausführen um das Brot zu erhalten.*	
familiäre Arbeitsteilung	Die familiäre Arbeitsteilung ist die ursprünglichste Form der Arbeitsteilung. Sie fand in der Rollenverteilung zwischen Mann und Frau statt, als es keinen Austausch von Gütern gab und die Familien sich noch selbst versorgten.	
berufliche Arbeitsteilung	**Berufsbildung**	Berufsbildung ist die Spezialisierung von Personen auf bestimmte Tätigkeitsfelder nach Neigung und Fähigkeit. *Beispiel: In der reinen Agrarwirtschaft begann irgendwann der Austausch von Gütern und die Entwicklung von Berufen wie Bauer, Schmied, Tischler, Müller, Händler etc.*
	Berufsspaltung	Berufsspaltung beinhaltet die durch die zunehmende Technisierung erforderliche Spezialisierung innerhalb der ursprünglichen Grundberufe. *Beispiel: Der Grundberuf Händler spaltete sich zunächst in Berufe wie Einzelhändler, Großhändler und Außenhändler. Innerhalb dieser Berufe ist heute eine weitere Spezialisierung eingeführt. So werden die Prüfungen für Kaufleute im Einzelhandel im praktischen Teil immer nach bestimmten Warengruppen durchgeführt (Textileinzelhandel, Lebensmitteleinzelhandel usw.).*

▶

1 Begriff und Arten der Arbeitsteilung

betriebliche Arbeitsteilung	**Arbeitszerlegung**	Die Arbeitszerlegung beinhaltet die Zerlegung eines Arbeitsprozesses zur Entstehung einzelner in mehrere, jeweils auf eine Person oder Personengruppe zugeschnittene Teilleistungsprozesse. *Beispiele: Die Gesamtpalette der Tätigkeiten eines Industriekaufmanns wird aufgeteilt in Einkaufen, Verkaufen, Lagern usw.* Die Arbeitszerlegung kann bis zu einzelnen Verrichtungen führen. *Beispiele: Telefon bedienen, Schrauben eindrehen, Metall biegen, Daten eingeben* Die extreme Form der Arbeitszerlegung findet sich in der Fließbandfertigung. Hier erledigt jeder Arbeiter nur noch eine Verrichtung, z. B. rechtes Hinterrad festschrauben.
		Die Methoden der Arbeitszerlegung gehen u. a. auf den Wissenschaftler *F. W. Taylor* zurück. Sie setzten sich unter dem Begriff **„Taylorismus"** durch und wurden z. T. als für den Menschen entwürdigend kritisiert. Zu den Methoden Taylors zählten z. B. die Entwicklung von Arbeitsstufen, Anpassung von Maschinen und Werkzeugen an die Art der jeweiligen Arbeit (Einsatz von Spezialmaschinen), strikte Trennung von geistiger und körperlicher Arbeit und Vorgabe eines genauen Arbeitspensums.
	Abteilungsbildung	Die Abteilungsbildung ist z. T. das Ergebnis der Arbeitszerlegung. Dabei werden die einzelnen Arbeitsprozesse nach bestimmten Gesichtspunkten auf Stellen verteilt und diese wiederum zu organisatorischen Einheiten zusammengefasst. *Beispiel: Eine Möbelfabrik enthält im Werksbereich die Abteilungen Zuschnitt, Fräsen, Furnier, Oberflächenbehandlung, Bankraum, Montage.*
gesellschaftliche Arbeitsteilung (überbetriebliche Arbeitsteilung)	Die gesellschaftliche Arbeitsteilung erstreckt sich nicht mehr nur auf Menschen und Betriebe, sondern auf die gesamte Volkswirtschaft. Die Volkswirtschaft zerfällt in verschiedene Wirtschaftsbereiche. Jeder Wirtschaftsbereich mit den darin vertretenen Betrieben hat ganz bestimmte Aufgaben. ▷ Die **Urerzeugung** befasst sich mit der Gewinnung von Rohstoffen und Energie (z. B. Land- und Forstwirtschaft, Bergbau). ▷ Die **Weiterverarbeitung** befasst sich mit der Verarbeitung der durch die Urerzeugung hergestellten Stoffe (z. B. Industriebetriebe oder Handwerksbetriebe). ▷ **Handel und Dienstleistungen** übernehmen die Verteilung der Waren und die Erstellung von Dienstleistungen (z. B. Großhandel, Einzelhandel, Verkehrsbetriebe).	

▶

<table>
<tr>
<td rowspan="3">internationale Arbeitsteilung</td>
<td colspan="2">Jedes Land spezialisiert sich auf die Produktion von Waren oder Dienstleistungen, die sich in diesem Land besonders lohnt. Die Gründe liegen darin, dass einzelne Länder
▷ über günstigere Standortbedingungen im Anbau landwirtschaftlicher Erzeugnisse oder beim Abbau von Rohstoffen verfügen;
Beispiele: Kupfer aus Chile, Schafwolle aus Schottland
▷ über günstigere Produktionsbedingungen verfügen;
Beispiel: Eine arbeitsintensive Produktion wird von einem Unternehmen in Deutschland nach Tschechien verlagert, weil dort die Lohnstückkosten wesentlich niedriger sind als hier.
▷ über ein höheres technisches Know-how verfügen.
Beispiele: Computer-Chips aus Japan, Gen-Technik aus USA
Wissenschaftlich begründet wird die internationale Arbeitsteilung durch den Vergleich der Kosten, die für die Produktion vergleichbarer Güter in verschiedenen Ländern aufgewendet werden müssen.</td>
</tr>
<tr>
<td>absolute Kostenvorteile</td>
<td>Das Land, das die absolut geringeren Kosten (= Arbeitsaufwand) für die Produktion eines Gutes aufwendet, spezialisiert sich auf die Produktion dieses Gutes und importiert das Gut, bei dem es höhere Kosten hat.
Beispiel: Costa Rica kann Bananen billiger produzieren als die USA, die USA können Mais billiger produzieren als Costa Rica. Costa Rica produziert nur noch Bananen und exportiert einen Teil davon in die USA. Die USA produzieren nur noch Mais und exportieren einen Teil davon nach Costa Rica.</td>
</tr>
<tr>
<td>komparative Kostenvorteile</td>
<td>Selbst wenn ein Staat zwei Güter billiger herstellen kann als ein anderes Land, kann die Spezialisierung sinnvoll sein, wenn die Kostendifferenzen unterschiedlich hoch ausfallen.
Beispiel: Japan produziert Drucker (D) mit einem Arbeitsaufwand von 4,5, Deutschland mit 8. Japan produziert Stereoanlagen (S) mit einem Arbeitsaufwand von 5,5, Deutschland mit 6,5. Japan hat also einen absoluten Kostenvorteil bei beiden Gütern. Ohne Außenhandel beträgt der Aufwand Japans für eine Stereoanlage und einen Drucker 12,5, für Deutschland hingegen 14,5. Nach Spezialisierung in Verbindung mit Außenhandel ergibt sich folgendes Bild:
<table>
<tr><th>Gut</th><th>Einheiten</th><th>Aufwand J</th><th>Aufwand D</th></tr>
<tr><td>D</td><td>2</td><td>9</td><td>–</td></tr>
<tr><td>S</td><td>2</td><td>–</td><td>12,5</td></tr>
<tr><td>Gesamt</td><td></td><td>9</td><td>12,5</td></tr>
</table>
Japan spart gegenüber der Produktion beider Güter 3,5, Deutschland 1,5 Arbeitsstunden ein.</td>
</tr>
</table>

2 Bedeutung der Arbeitsteilung

Wirkung der Arbeitsteilung

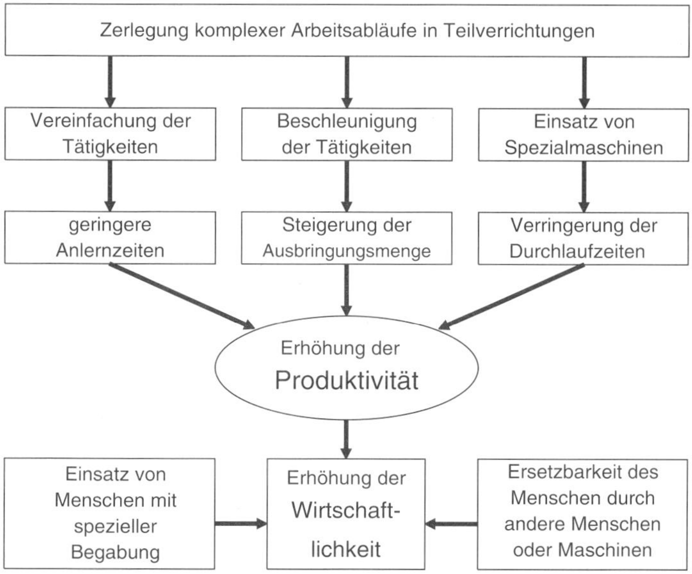

	für den Arbeitnehmer	für die Betriebe	für die Volkswirtschaft
Vorteile	▷ Einsatz und Förderung der individuellen Fähigkeiten ▷ Verkürzung der Arbeitszeit ▷ Einkommenssteigerungen	▷ kürzere Ausbildungs- und Anlernzeiten ▷ verbesserte Maschinennutzung ▷ Erhöhung der Produktivität ▷ geringere Kosten	▷ bessere Versorgung mit Gütern ▷ Spezialkenntnisse können für die Allgemeinheit genutzt werden ▷ Erhöhung des Lebensstandards

	für den Arbeitnehmer	für die Betriebe	für die Volkswirtschaft
Nachteile	▷ physische und psychische Schäden durch einseitige Arbeit ▷ eingeschränkte Möglichkeiten des Berufs- und Firmenwechsels ▷ Entfremdung von der Arbeit	▷ Entstehung sozialer Spannungen durch unzufriedene und unausgeglichene Arbeitnehmer ▷ wirtschaftliche Abhängigkeit von anderen Unternehmen	▷ Konzentration von Unternehmen ▷ Strukturkrisen durch einseitige regionale Wirtschaftsentwicklung ▷ internationale wirtschaftliche Abhängigkeit

3 Zusammenwirken der Wirtschaftsbereiche

Begriff	***Ein Wirtschaftsbereich ist der Bereich einer Volkswirtschaft, dem bei der Herstellung, dem Umlauf, der Verteilung und dem Verbrauch von Gütern klar abgegrenzte Funktionen im Rahmen der Gesamtwirtschaft zukommen. Die Wirtschaftsbereiche werden auch als Sektoren bezeichnet.*** Als fünften Sektor bezeichnet man die Haushalte. Alle fünf Sektoren zusammen stellen die Gesamtwirtschaft dar.		
Wirtschaftsbereiche	**Primärer Sektor** (Urerzeugung)	Rohstoff- und Energiegewinnung ▷ Landwirtschaft ▷ Forstwirtschaft ▷ Fischerei ▷ Bergbau ▷ Ölgewinnung ▷ Gasgewinnung	*Beispiele:* *In einem Bergwerk wird Eisenerz abgebaut.* *In einem Wald werden Bäume abgeholzt.* *Auf einem Fischdampfer werden Seelachse gefischt.*
	Sekundärer Sektor (Weiterverarbeitung)	Industrie ▷ Grundstoffe ▷ Investitionsgüter ▷ Konsumgüter Handwerk	*Aus dem Erz wird Stahl gewonnen. Das Holz wird beim Bau eines Hauses verwendet. Der Fisch wird zu Fischstäbchen verarbeitet.*
	Tertiärer Sektor (Dienstleistungen)	Handel ▷ Großhandel ▷ Einzelhandel ▷ Außenhandel Dienstleistungen im engeren Sinn ▷ Kreditgewerbe ▷ Versicherungen ▷ Verkehrsbetriebe ▷ Nachrichten ▷ Beratung	*Eine Stahlhandlung verkauft Stahlträger an eine Maschinenfabrik. Fischstäbchen werden vom Einzelhändler an seine Kunden verkauft. Eine Spedition transportiert die Stahlträger. Ein Ingenieurbüro entwirft Pläne.*
	Quartärer Sektor (öffentliches Gemeinwesen = öffentliche Haushalte)	Einrichtungen ▷ des Bundes ▷ der Länder ▷ der Kommunen	*Eine Stadtgemeinde beauftragt ein Bauunternehmen, das Dach der Stadtbibliothek zu reparieren.*
	Haushalte (= private Haushalte)	▷ Einpersonenhaushalte ▷ Mehrpersonenhaushalte	*Eine Familie isst zum Mittagessen Fischstäbchen.*

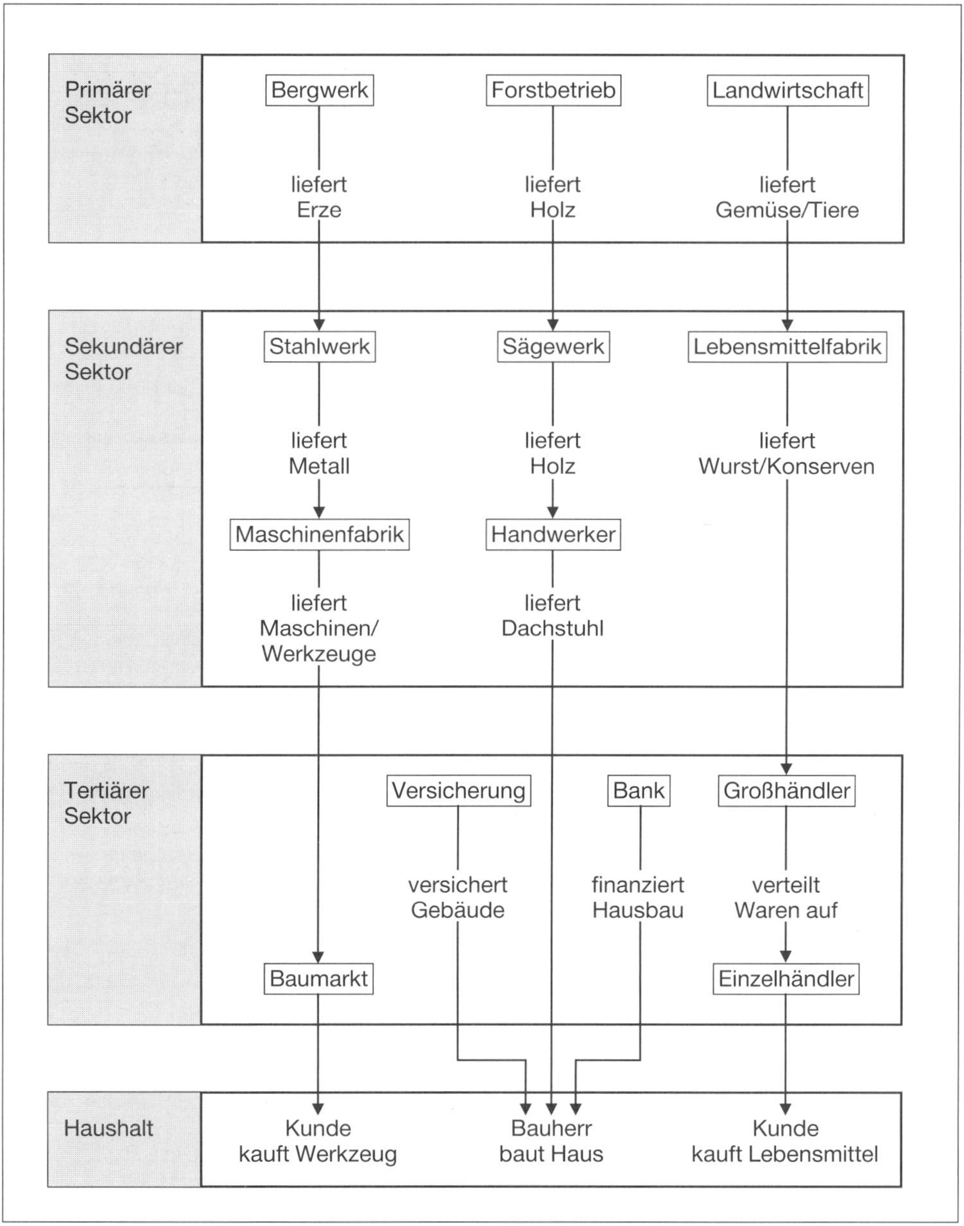

Beispiel für das Zusammenwirken der Wirtschaftsbereiche

4 Aufgaben zu Kapitel 4

Begriff und Arten der Arbeitsteilung → *S. 58*	1. Was ist unter dem Begriff „Arbeitsteilung“ zu verstehen? 2. Welche der folgenden Aussagen über Arbeitsteilung sind falsch? a. Das Gegenteil von Arbeitsteilung ist die Automation. b. Gäbe es keine Arbeitsteilung, müsste sich jeder Mensch selbst versorgen. c. Arbeitsteilung ist die Auflösung von Arbeit in Teilverrichtungen. d. Arbeitsteilung kann nur in der Produktion, nicht aber im Büro erfolgen. 3. Erklären Sie, wie es zu der Bildung von Berufen kam. 4. Was ist Berufsspaltung? 5. Wodurch unterscheiden sich die berufliche und die gesellschaftliche Arbeitsteilung? 6. Was ist unter dem Begriff „Taylorismus“ zu verstehen? Welche Bedeutung hatte der Taylorismus für die Arbeitswelt? 7. Welche der folgenden Betriebe gehören nicht zum Bereich der Urerzeugung? Bauernhof – Fischerei – Sägewerk – Kohlenzeche – Stahlwerk 8. Nennen Sie die Ursachen der internationalen Arbeitsteilung. 9. Was verstehen Sie unter absoluten Kostenvorteilen? Was ist das Ergebnis im Rahmen des internationalen Handels? 10. Das Land A produziert eine Einheit Textilien mit einem Arbeitsaufwand von 50, das Land B mit 80. Das Land A produziert eine Einheit Schuhe mit einem Arbeitsaufwand von 60, das Land B hingegen mit einem Arbeitsaufwand von 120. a. Wie hoch wäre der Arbeitsaufwand in Land A und B, wenn jedes Land je 1 Einheit Textilien und 1 Einheit Schuhe selbst herstellen würde? b. Wie hoch wäre hingegen der Arbeitsaufwand in Land A und Land B, wenn unter Berücksichtigung des Vergleichs der relativen Kostenvorteile der Außenhandel zwischen beiden Ländern stattfinden würde? Wie viel Kosten könnte Land A, wie viel Land B gegenüber der Eigenproduktion einsparen?
Bedeutung der Arbeitsteilung → *S. 61*	11. Welche Auswirkungen hat die Arbeitsteilung ganz allgemein? 12. Untersuchen Sie die möglichen Auswirkungen der Arbeitsteilung a. auf den einzelnen Arbeitnehmer, b. auf den einzelnen Betrieb, c. auf die einzelne Volkswirtschaft, d. auf die Weltwirtschaft.
Zusammenwirken der Wirtschaftsbereiche → *S. 62*	13. Welche Wirtschaftsbereiche bzw. Sektoren werden in einer Volkswirtschaft unterschieden? 14 Welche Betriebe gehören zum Tertiären Sektor? 15. Jemand kauft in einem Baumarkt eine Kombizange aus Stahl, deren Griffe mit Kunststoff überzogen sind. Zeigen Sie den Weg dieser Kombizange bis zum Endverbraucher unter Nennung der beteiligten Betriebe und der beteiligten Sektoren auf. 16. Welchen Sinn macht die Aufteilung der Volkswirtschaft in Wirtschaftsbereiche Ihrer Meinung nach?

1 Einfacher Wirtschaftskreislauf

Begriff	***Der einfache Wirtschaftskreislauf ist eine bildhafte Darstellung (Modell) der zusammengefassten Beziehungen zwischen den Unternehmen auf der einen und den Haushalten auf der anderen Seite.*** Am Modell können die wirtschaftlichen Beziehungen zwischen den Haushalten und den Unternehmen untersucht werden.
Bedingungen	Wie bei jedem Modell Vereinfachungen gemacht werden müssen, so gelten auch bei dem Modell des einfachen Wirtschaftskreislaufes folgende Annahmen: ▷ Es bestehen nur zwei Sektoren (Haushalte und Unternehmen). Der Staat greift nicht in die Wirtschaft ein. Zum Ausland bestehen keine wirtschaftlichen Beziehungen. ▷ Das gesamte Einkommen der Haushalte wird konsumiert. Damit kann auch nicht gespart und folglich nicht investiert werden. Die aufgezeigte Volkswirtschaft verändert sich also nicht. ▷ Das in der Wirtschaft vorhandene Kapital verändert sich nicht. Es werden weder Netto- noch Ersatzinvestitionen getätigt.
Güterstrom	Die Haushalte stellen den Unternehmen Produktionsfaktoren zur Verfügung: Arbeit, Boden, Kapital. Die Unternehmen produzieren damit Güter und stellen diese den Haushalten zur Verfügung.
Geldstrom	Die Haushalte beziehen von den Unternehmen Einkommen aus der Überlassung von Produktionsfaktoren. Das Einkommen umfasst ▷ den Lohn für die Leistungen des Produktionsfaktors Arbeit, ▷ die Grundrente für die Überlassung des Bodens, ▷ den Zins für den Einsatz des Kapitals, ▷ den Gewinn für die unternehmerische Tätigkeit. Für die von den Unternehmen gekauften Güter geben die Haushalte ihr Einkommen aus.
stationäre Wirtschaft	In einer stationären Wirtschaft findet keine Veränderung statt: Es gibt kein Wachstum und keine Schrumpfung. Für dieses Modell gilt: Y = C (Y = Einkommen, C = Konsum)
grafische Darstellung	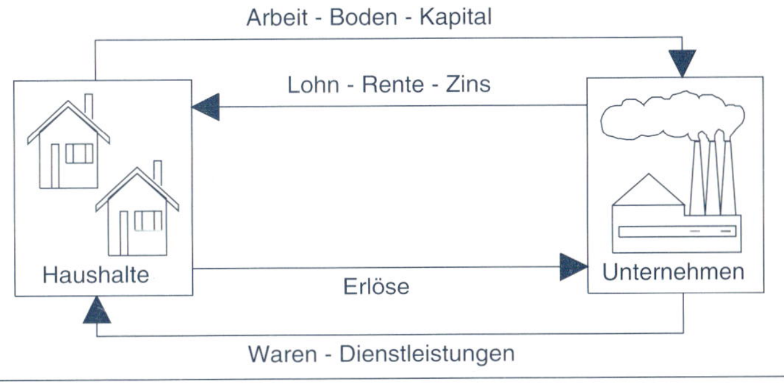

5 2 Erweiterter Wirtschaftskreislauf

Begriff	***Der erweiterte Wirtschaftskreislauf ist die bildhafte Darstellung (Modell) der zusammengefassten Beziehungen zwischen den Unternehmen (Sektoren 1 bis 3), den Kapitalsammelstellen (Banken und Versicherungen), dem Staat, dem Ausland und den Haushalten einer Volkswirtschaft.***	
Erweiterungen	Im Modell des einfachen Wirtschaftskreislaufs werden wichtige Größen einer realen Volkswirtschaft völlig außer Acht gelassen. Um zu einem nahezu realistischen Modell zu gelangen müssen folgende Erweiterungen vorgenommen werden:	
	Kapitalsammelstellen (Vermögensänderung)	▷ In der Realität stellen sowohl Haushalte als auch Unternehmen den Banken und Versicherungen nicht verwendete Teile ihrer Einnahmen zur Verfügung. ▷ Die Kapitalsammelstellen verwenden diese Gelder, um damit wiederum anderen Haushalten und Unternehmen Kredite zur Verfügung zu stellen. ▷ Für die ausgegebenen Kredite werden Schuldzinsen eingenommen, andererseits werden den Einlegern Guthabenzinsen bezahlt.
	Staat	▷ Der Staat erhält von den Haushalten und den Unternehmen Steuern, Gebühren und Beiträge. ▷ Von diesen Einnahmen zahlt der Staat Beträge für sehr verschiedene Zwecke: – Investitionen (z. B. Straßenbau, Bau von Schulen) und andere Sachleistungen; – Gehaltszahlungen an die Angestellten und Beamten des öffentlichen Dienstes; – Transferzahlungen an die Haushalte in Form von sozialen Leistungen (z. B. Wohngeld, Sozialhilfe); – Transferzahlungen an die Unternehmen in Form von Subventionen.
	Ausland	Die Erweiterung des Wirtschaftskreislaufes um das Ausland führt zu weiteren Beziehungen: ▷ Das Ausland erhält aus dem Inland Güter und zahlt dafür in Devisen; umgekehrt werden aus dem Ausland Güter importiert und dafür Devisen bezahlt. ▷ Der Staat leistet Transferzahlungen an internationale Organisationen im Ausland oder erhält solche Transferzahlungen (z. B. EU, UNO). ▷ Mitglieder privater Haushalte arbeiten im Ausland und Mitglieder privater Haushalte aus dem Ausland arbeiten im Inland. Dafür fließen entsprechende Lohnzahlungen.

▶

dynamische Wirtschaft	▷ Für die Unternehmen gilt die **Einkommensentstehungsgleichung:** **Y = C + I** (Y = Einkommen; C = Verkäufe; I = Investitionen) ▷ Für die Haushalte gilt die **Einkommensverwendungsgleichung:** **Y = C + S** (Y = Einkommen; C = Konsumausgaben; S = Ersparnisse) ▷ Wird unterstellt, dass die Kapitalsammelstellen die gesamten Ersparnisse den Unternehmen für Investitionen zur Verfügung stellen, sind Investitionen und Ersparnisse gleich: **I = S** Ein **expandierender Wirtschaftskreislauf** ergibt sich z. B. durch erhöhte Staatsausgaben oder durch eine steigende Nachfrage der Unternehmen nach Investitionen. Ein **schrumpfender Wirtschaftskreislauf** ergibt sich, wenn dem Kreislauf Geld entzogen wird, z. B. dadurch, dass die Bundesbank Teile der bei den Banken eingelegten Gelder stillegt.
grafische Darstellung	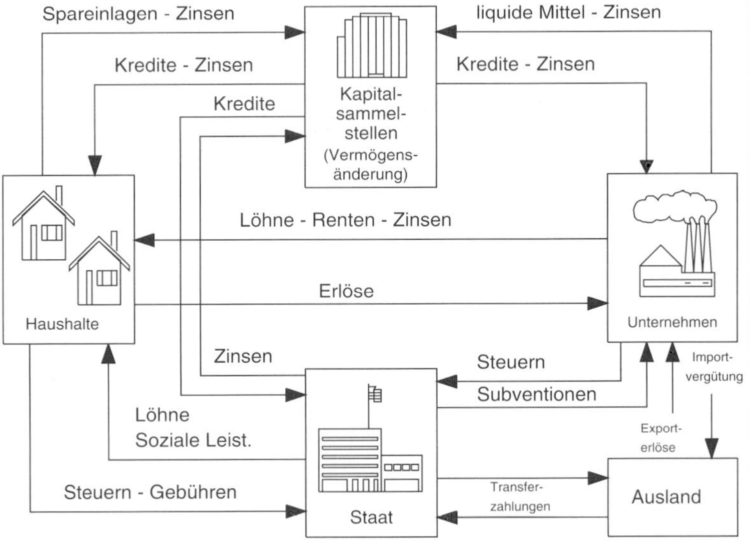 - Geldkreislauf -

5 Aufgaben zu Kapitel 5

Einfacher Wirtschaftskreislauf
→ *S. 65*

1. Der einfache Wirtschaftskreislauf ist ein Modell. Was wird mit diesem Modell bezweckt?
2. Welche Annahmen werden für das Modell des einfachen Wirtschaftskreislaufes gemacht?
3. Skizzieren und erklären Sie den einfachen Wirtschaftskreislauf unter Verwendung der Begriffe Güterstrom und Geldstrom.
4. Aus welchen Zahlungen setzt sich der Geldstrom von den Unternehmen zu den Haushalten im einfachen Wirtschaftskreislauf zusammen?
5. Warum kann der einfache Wirtschaftskreislauf die wirtschaftlichen Beziehungen in modernen Volkswirtschaften nur sehr eingeschränkt erklären?
6. Was bedeutet der Begriff „stationäre Wirtschaft"?

Erweiterter Wirtschaftskreislauf
→ *S. 66*

7. Durch welche Erweiterungen wird aus dem einfachen der erweiterte Wirtschaftskreislauf? – Welche zuätzlichen Geld- und Güterströme enthält er?
8. Ordnen Sie den untenstehenden Zahlungsvorgängen die zugehörigen Ziffern aus der folgenden Skizze eines erweiterten Wirtschaftskreislaufes zu.

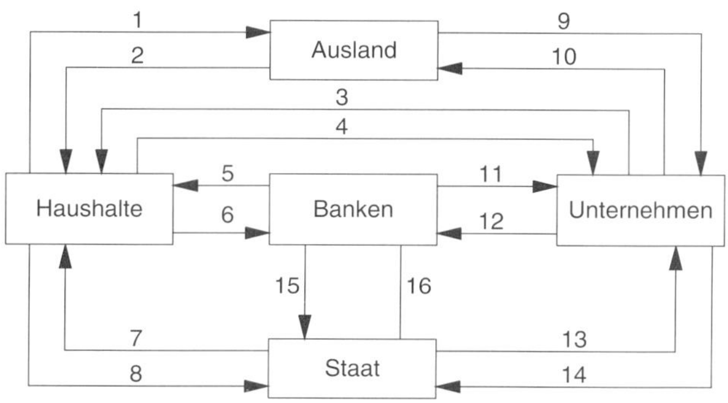

   a. Ein deutscher Tourist bezahlt sein Hotel in Österreich.
   b. Die Stadtverwaltung gleicht die Rechnung eines Dachdeckers für Bauarbeiten an einem Hallenschwimmbad aus.
   c. Eine Hausfrau bezahlt an der Kasse eines Supermarktes.
   d. Ein Landwirt erhält eine Prämie für die Stilllegung von landwirtschaftlichen Nutzungsflächen.
   e. Ein Unternehmen überweist die fällige Körperschaftsteuer.
   f. Ein Unternehmen in Bremen erhält die 2. Rate aus einem Geschäft mit einem brasilianischen Importeur.
   g. Ein Geschäftsführer überweist seine Einkommensteuer.
   h. Die Landesregierung überzieht ihr Girokonto bei der Westdeutschen Landesbank.
9. Begründen Sie unter Verwendung der Einkommensentstehungsrechnung und der Einkommensverwendungsrechnung, dass I = S ist. Welche Bedingung muss für diese Gleichung erfüllt sein?

KAPITEL 6

1 Marktbegriff

Angebot

Das Angebot ist die Absicht einer Person eine bestimmte Menge eines bestimmten Gutes dann zu verkaufen, wenn der Preis dafür mindestens eine Höhe erreicht hat, die mit seiner Vorstellung übereinstimmt.
Die Anbieter versuchen dabei, ihre Absatzpläne zu verwirklichen. Sie streben dabei zumeist nach Gewinnmaximierung.

Die Summe der individuellen Angebote eines Gutes macht das Gesamtangebot aus.

Markt

Der Ausgleich der unterschiedlichen Interessen erfolgt auf dem Markt über den Preis. Er ist ein Kompromiss zwischen den Vorstellungen der Anbieter und denen der Nachfrager.

Nachfrage

Die Nachfrage ist die Absicht einer Person, eine bestimmte Menge eines Gutes dann zu kaufen, wenn der Preis für dieses Gut so niedrig ist, dass er den Vorstellungen dieser Person entspricht.
Die Nachfrager wollen auf dem Markt ihre Konsumvorstellungen verwirklichen. Sie streben dabei nach nach der Maximierung ihres Nutzens.

Die Summe der individuellen Nachfragen nach einem Gut macht die Gesamtnachfrage aus.

Der Markt ist der Ort, an dem sich durch das Zusammentreffen von Angebot und Nachfrage die Preise für die Güter bilden.

▷ Der Markt setzt das Zusammentreffen von kaufkräftiger Nachfrage einerseits und lieferfähigem Angebot voraus.
Beispiel: Die Aussage:„Es gibt keinen Markt dafür!“ deutet darauf hin, dass entweder keine Nachfrage für ein solches Produkt vorhanden ist, weil kein Interesse für das Produkt besteht oder weil sich kein Anbieter findet, der dieses Produkt anbieten will.

▷ Am Markt findet der Ausgleich zwischen Angebot und Nachfrage statt.
Beispiel: Bei einem völlig neuen Produkt ist die Nachfrage noch sehr hoch und potenzielle Anbieter sind aufgrund des zu erzielenden hohen Preises bereit dieses Produkt anzubieten. Später baut sich zunächst die Nachfrage ab, der Preis sinkt und es werden nicht mehr so viele Anbieter bereit sein das Gut anzubieten.

▷ Der Markt ist der Ort, an dem sich als Ergebnis des Marktgeschehens ein Preis bildet.
Beispiel: Auf einem Wochenmarkt werden morgens frische Erdbeeren zu 2,– € je Pfund angeboten. Die Nachfrage ist hoch genug, der Preis wird bezahlt. Lässt die Nachfrage nach, muss der Händler mit seinem Preis heruntergehen.

Markt-übersicht	Der beschriebene Marktmechanismus geschieht weit gehend auf allen Märkten. Dennoch funktionieren nicht alle Märkte nach gleichen Gesetzen. Es ist deshalb sinnvoll, den Gesamtmarkt einer Volkswirtschaft durch Zerlegen in einzelne Teilmärkte durchsichtiger und überschaubarer zu machen. *Beispiel: Der Gesamtmarkt kann zerlegt werden in Einzelmärkte für Sachgüter, Dienstleistungen, Rechte und Informationen. Der Markt für Güter lässt sich wiederum zerlegen in Märkte für Konsumgüter und Produktionsgüter. Konsumgütermärkte sind zu unterscheiden in Verbrauchsgüter- und Gebrauchsgütermärkte. Aus dem Verbrauchsgütermarkt lässt sich der Markt für Lebensmittel, Pflegemittel etc. ableiten. Führt man diese Unterscheidung fort, gelangt man z. B. zu dem Markt für Dosensuppen oder für Teigwaren.*	
Unter-scheidungs-merkmal	Marktart	Beschreibung/Beispiel
Güterart	**Faktormärkte**	▷ Arbeitsmarkt *Beispiel: Stellenmarkt in einer Zeitung* ▷ Kapitalmarkt *Beispiel: Markt für Hypothekendarlehen* ▷ Immobilienmarkt *Beispiele: Wohnungsmarkt, Grundstücksmarkt*
	Gütermärkte	▷ Sachgütermarkt *Beispiele: Markt für Hi-Fi-Geräte, Lebensmittelmarkt* ▷ Dienstleistungsmarkt *Beispiele: Markt für Haftpflichtversicherungen, Markt für Frachtraum, Beratungsmarkt*
Organisations-grad	**organisiert**	Organisierte Märkte sind stets an einen Ort und an eine feste Zeit gebunden. *Beispiele: Börse, Messe, Wochenmarkt*
	nicht organisiert	Nicht organisierte Märkte sind nicht an einen festen Ort und/oder nicht an feste Zeiten gebunden. *Beispiele: Supermarkt, Handel mit Massivholz*
Zugangs-möglichkeiten	**offener Markt**	Jeder Anbieter und jeder Nachfrager kann an diesem Markt teilnehmen. Bestimmte Bedingungen sind dafür nicht zu erfüllen. *Beispiele: Gebrauchtwagenmarkt, Markt für Festgelder, Markt für Tageszeitungen*
	geschlossener Markt	Der Zugang zum Markt ist durch Gesetze oder andere Beschränkungen behindert oder ausgeschlossen. *Beispiel: Lkw-Fernverkehr (Konzessionszwang), ärztliche Leistungen (Approbationszwang)*

3 Markttypen

Um das Verhalten der Anbieter und Nachfrager im Rahmen der Preisbildung genauer zu untersuchen wurde das Modell des vollkommenen Marktes entwickelt.
Diesem Markttyp steht die Realität in Form des unvollkommenen Marktes gegenüber.

Vollkommener Markt

Der vollkommene Markt ist ein Modell, in dem das Verhalten der Anbieter und Nachfrager eines Marktes genau untersucht werden kann.
Um zu haltbaren Grundaussagen zu kommen müssen eine Reihe von Annahmen gemacht werden (Abstraktion), um störende Effekte auf die Grundaussagen auszuschließen:

- ▷ Die gehandelten Güter sind homogen, d. h. nicht unterscheidbar und außerdem beliebig teilbar.
- ▷ Es gibt keine räumliche Ausdehnung des Marktes, d. h. alle möglichen Nachfrager haben jederzeit freien Zugang zu diesem Markt.
- ▷ Die Marktteilnehmer verfügen über eine lückenlose Marktkenntnis (vollkommene Markttransparenz).
- ▷ Es wird eine unendlich hohe Anpassungsgeschwindigkeit der Marktteilnehmer an Veränderungen bei Preisen und Mengen unterstellt.
- ▷ Alle Marktteilnehmer handeln nach dem ökonomischen Prinzip, d. h. sie verhalten sich rational.
- ▷ Für jedes Gut existiert zu jedem Zeitpunkt nur ein Marktpreis. Unterschiedliche Preise für ein Produkt sind nicht möglich.

Beispiele: Goldmarkt, Kupfermarkt, festverzinsliche Wertpapiere

Unvollkommener Markt

Kaum eine der Bedingungen des vollkommenen Marktes entspricht der Realität:

- ▷ Es gibt nur wenige Güterarten, die völlig homogen sind (z. B. Zement). So sind die einzelnen Konsumgüter völlig unübersichtlich, weil jeder Hersteller versucht, sein Produkt durch Verpackung und Aufmachung von der Konkurrenz abzugrenzen.
- ▷ Nahezu alle Märkte haben eine räumliche Ausdehnung. Punktmärkte wie die Börse sind sehr selten.
- ▷ Es wäre völlig unwirtschaftlich, wollte sich jeder Marktteilnehmer eine vollständige Markttransparenz verschaffen.
- ▷ Kein Marktteilnehmer in der Realität kann sich mit „unendlich hoher Geschwindigkeit" an den Markt anpassen.
- ▷ Die meisten Verbraucher lassen sich unterschwellig durch Werbung und Produktdesign beeinflussen.
- ▷ Unterschiedliche Rabatte, Skontobedingungen und Preisdifferenzierungen der Hersteller und des Handels sorgen dafür, dass nahezu jedes Gut zu unterschiedlichen Preisen verkauft wird.

Beispiele: Markt für Herrenoberbekleidung, Waschmittelmarkt

Schlussfolgerungen:

- ▷ Der vollkommmene Markt ist eine theoretische Konstruktion. Er eignet sich damit nur unvollständig das Marktgeschehen, so wie es sich heute darstellt, zu untersuchen.
- ▷ Die Anbieter versuchen durch möglichst viele Maßnahmen der Absatzpolitik die Bedingungen des vollkommenen Marktes zu verändern (Heterogenität durch unterschiedliche Produktgestaltung, Produktpräferenzen durch Werbung und Schaffung unterschiedlicher Nutzen, unterschiedliche Preise durch Preisdifferenzierung).

Auf einem Markt kann es theoretisch einen Anbieter bzw. einen Nachfrager, mehrere Anbieter bzw. Nachfrager oder aber sehr viele Anbieter bzw. Nachfrager geben.

Aus den sich ergebenden Kombinationsmöglichkeit hat der Ökonom *Heinrich von Stackelberg* das folgende Marktformenschema entwickelt, aus dem alle theoretisch denkbaren Konstellationen auf einem Markt hervorgehen:

Angebot / Nachfrage	**atomistisch** (viele Anbieter)	**oligopolistisch** (wenige Anbieter)	**monopolistisch** (ein Anbieter)
atomistisch (viele Nachfrager)	atomistische Konkurrenz *Beispiel: viele Bäckereien/viele Konsumenten*	Angebotsoligopol *Beispiel: wenige Benzinanbieter/viele Autofahrer*	Angebotsmonopol *Beispiel: Wasserwerk/viele Haushalte*
oligopolistisch (wenige Nachfrager)	Nachfrageoligopol *Beispiel: wenige Molkereien/viele Landwirte*	bilaterales Oligopol *Beispiel: wenige Fluglinien/wenige Flugzeughersteller*	beschränktes Angebotsmonopol *Beispiel: Hersteller eines Spezialstoffes/Chemieunternehmen*
monopolistisch (ein Nachfrager)	Nachfragemonopol *Beispiel: Bahn/viele Anbieter von Bahnschwellen*	beschränktes Nachfragemonopol *Beispiel: Staat/wenige Straßenbauunternehmen*	bilaterales Monopol *Beispiel: Staat/ein Hersteller eines Waffensystems*

In der Bundesrepublik Deutschland kommen die atomistische Konkurrenz und das Angebotsoligopol als häufigste Marktformen vor. Da diese Märkte jedoch nie in der vollkommenen Form des Marktes auftreten, kann man das Blickfeld auf diese Marktformen in ihrer unvollkommenen Form einengen.

Unvollkommenes Polypol (monopolistische Konkurrenz)	**Unvollkommenes Oligopol**
Auf der Angebots- und auf der Nachfrageseite nimmt jeder Anbieter aufgrund der Unvollkommenheit des Marktes eine schwache monopolistische Stellung ein. Insbesondere kleinere Anbieter von Konsumgütern können die monopolistische Stellung durch heterogene Produkte, Präferenzen und eine fehlende Markttransparenz erreichen.	Die Preisgestaltung der Oligopolisten wird u. a. sehr stark durch das Verhalten der Konkurrenten bestimmt. Es gibt nur geringe preispolitische Möglichkeiten. Senkt er die Preise, werden die Konkurrenten ihrerseits mit Preissenkungen reagieren. Dreht sich die Preisspirale nach unten, spricht man von „ruinöser Konkurrenz“.

Marktbegriff → *S. 69*	1. Was bezeichnet die Volkswirtschaftslehre allgemein als Nachfrage? 2. Definieren Sie den Begriff „Markt“. 3. Welche Bedingungen müssen vorliegen, damit man ganz allgemein von einem Markt sprechen kann?
Marktarten → *S. 70*	4. Erklären Sie an einem Beispiel, wie man nach bestimmten Kriterien den gesamten Gütermarkt der Bundesrepublik Deutschland zerlegen und so eine Marktübersicht schaffen kann. 5. Unterscheiden Sie organisierte und nicht-organisierte Märkte. Nennen Sie jeweils zwei Beispiele. 6. Geben Sie je zwei Beispiele für Angebote auf dem Kapitalmarkt und dem Immobilienmarkt. 7. Durch welche Besonderheiten ist der Arbeitsmarkt gekennzeichnet? Nennen Sie je zwei Beispiele für Angebote. 8. Nennen Sie Beispiele für geschlossene Märkte. 9. Märkte unterliegen unterschiedlichen Gesetzen. Weisen Sie dies am Beispiel der Märkte für Pkw und Waschmittel nach.
Markttypen → *S. 71*	10. Nennen Sie Annahmen, die bei der Konstruktion des Modells des vollkommenen Marktes gemacht werden. 11. Begründen Sie anhand geeigneter Beispiele, dass die Bedingungen des vollkommenen Marktes in der Realität nicht oder nur in Einzelfällen zutreffen. 12. Eine Annahme des vollkommenen Marktes ist das Handeln nach dem Rationalprinzip. a. Was ist darunter zu verstehen? b. Begründen Sie anhand von Beispielen, warum sich insbesondere viele Nachfrager nicht an diesem Prinzip orientieren.
Marktformen → *S. 72*	13. Um welche Marktform handelt es sich in folgenden Beispielen? a. Viele Gärtnereien bauen Blumen für eine Vielzahl von Verbrauchern an. b. Ein bestimmter Computerchip wird von nur einem Elektronikunternehmen hergestellt. Als Nachfrager kommen nur wenige Computerhersteller infrage. c. Die Bundespost hat das alleinige Recht zur Herausgabe von Briefmarken. d. Fünf Chemieunternehmen stellen einen Stoff her, der von sechs Herstellern von Dentalmaterial benötigt wird. e. Eine geringe Anzahl von Werften ist in der Lage Aufklärungsunterseeboote für die Bundesmarine zu bauen. f. Eine Vielzahl von Druckereien ist in der Lage Formulare für Steuererklärungen zu drucken. 14. Beschreiben Sie die Marktform des unvollkommenen Polypol. 15. In welcher der folgenden Marktsituationen ist der Preis für den Anbieter ein Plandatum? Angebotsoligopol – Angebotsmonopol – Polypol – Beschränktes Nachfragemonopol – Bilaterales Monopol 16. Wodurch wird die Preisgestaltung des Oligopolisten beeinflusst?

KAPITEL 7

1 Grundbegriffe und Einflussfaktoren der Nachfrage

Nachfrage	***Als Nachfrage wird der am Markt auftretende Bedarf bezeichnet, d. h. die Menge an Gütern, die ein Wirtschaftssubjekt zu kaufen beabsichtigt, um seine Bedürfnisse zu befriedigen.***	
Arten der Nachfrage	In Anlehnung an den Wirtschaftskreislauf werden je nach nachfragendem Wirtschaftssektor folgende Nachfragearten unterschieden:	
	Haushaltsnachfrage	Die Menge an Konsumgütern, die ein Haushalt zu kaufen beabsichtigt. *Beispiel: Herr Schulz geht in den Supermarkt um einen Sack Kartoffeln zu kaufen.*
	Unternehmensnachfrage	Der Bedarf an Produktionsgütern wie Betriebsmitteln oder Roh-, Hilfs- und Betriebsstoffen, den ein Unternehmen am Markt deckt, wird als Unternehmensnachfrage bezeichnet. *Beispiel: Die Protec GmbH bestellt eine Maschine zur Herstellung von Platinen.*
	Staatsnachfrage	Die öffentlichen Haushalte treten als Nachfrager auf dem Markt auf um z. B. ihren Bedarf an Gütern zum Bau und zur Unterhaltung von öffentlichen Einrichtungen zu decken. *Beispiel: Die Gemeinde der Stadt Bad Driburg bestellt ein Trampolin für die Schulsporthalle.*
	Auslandsnachfrage	Alle Güter, die Wirtschaftssubjekte aus anderen Volkswirtschaften im Inland kaufen wollen, zählen zur Auslandsnachfrage. *Beispiel: Eine Bäckerei aus Kopenhagen bestellt Backpulver bei einem Hersteller aus Cottbus.*
	Jede dieser Nachfragearten ist durch unterschiedliche Bedingungen und Einflussfaktoren gekennzeichnet. Die folgenden Betrachtungen werden sich vorwiegend auf die Haushaltsnachfrage beziehen.	
Gesamtnachfrage	Die Gesamtheit aller in einer Volkswirtschaft nachgefragten Mengen eines Gutes wird als Gesamtnachfrage bezeichnet. *Beispiel: Die gesamte Menge an Personenkraftwagen, die in Deutschland nachgefragt wird, unabhängig davon, ob Unternehmen oder Haushalte diese kaufen.*	
Ermittlung der Gesamtnachfrage	Die volkswirtschaftliche Gesamtnachfrage wird ermittelt durch Addition aller von den einzelnen Wirtschaftssubjekten (individuelle Nachfrage) auf dem Markt nachgefragten Mengen eines Gutes zu den jeweils konstanten Preisen.	

▶

Beispiel

Ermittlung der Gesamtnachfrage: Auf dem Mineralwassermarkt sind drei Nachfrager mit folgenden Preis-Mengen-Vorstellungen. Diese können zu einer Gesamtnachfrage zusammengefasst werden.

Preis pro Kiste in €	*Individuelle Nachfrage in Kisten*			*Gesamtnachfrage*
	Haushalt 1	*Haushalt 2*	*Haushalt 3*	
0	*11*	*9*	*12*	*32*
1	*10*	*8*	*11*	*29*
2	*9*	*7*	*10*	*26*
3	*8*	*6*	*9*	*23*
4	*7*	*5*	*8*	*20*
5	*6*	*4*	*7*	*17*
6	*5*	*3*	*6*	*14*
7	*4*	*2*	*5*	*11*
8	*3*	*1*	*4*	*8*

grafische Darstellung

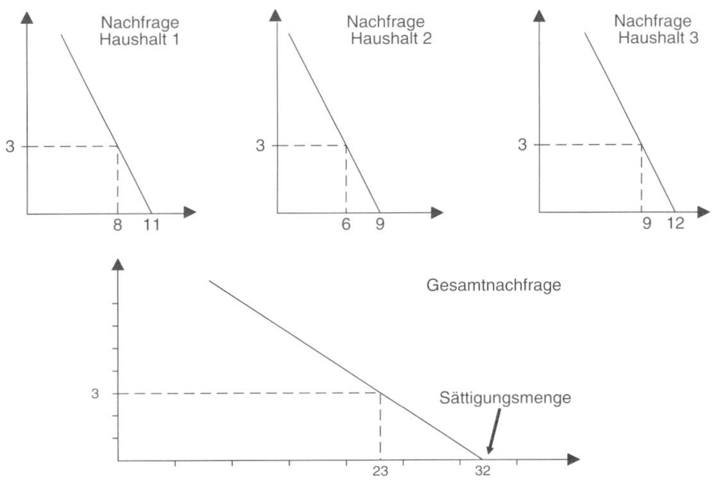

Einflussfaktoren der Nachfrage

Betrachtet man jeden einzelnen Nachfrager, so lassen sich unermesslich viele Faktoren finden, die die Nachfrage beeinflussen. Gesamtwirtschaftlich betrachtet lassen sich insbesondere folgende Einflussfaktoren feststellen:

▷ Preis des Gutes,
▷ Preise anderer Güter,
▷ Einkommen der Haushalte,
▷ erwarteter Nutzen eines Gutes,
▷ wirtschaftliche Zukunftserwartungen der Haushalte,
▷ Zahl der Nachfrager.

▶

<table>
<tr><td>Nachfrage-reaktionen</td><td colspan="2">Grundsätzlich lassen sich zwei unterschiedliche Reaktionen der Nachfrager unterscheiden:
▷ Verändert sich der Preis des Gutes, so ergibt sich eine neue Preis-Mengen-Kombination auf der Nachfragekurve. Die Lage der Kurve bleibt unverändert.
▷ Bei Veränderung der anderen Einflussfaktoren der Nachfrage verschiebt sich die Kurve nach links oder rechts.</td></tr>
<tr><td>Änderungen des Preises</td><td>Sinkt der Preis, dann erhöht sich die Nachfrage.
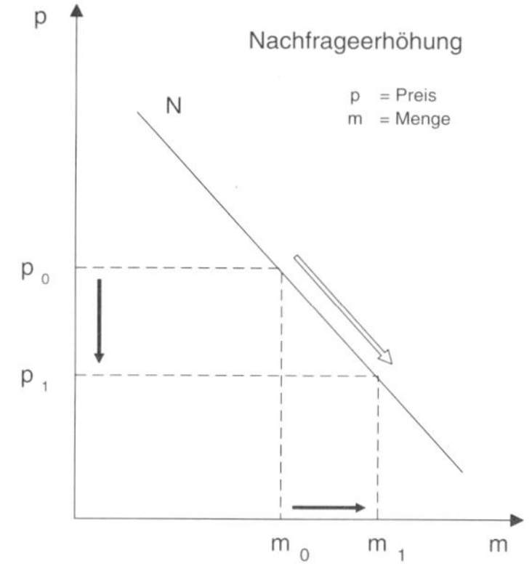</td><td>Steigt der Preis, dann verringert sich die Nachfrage.
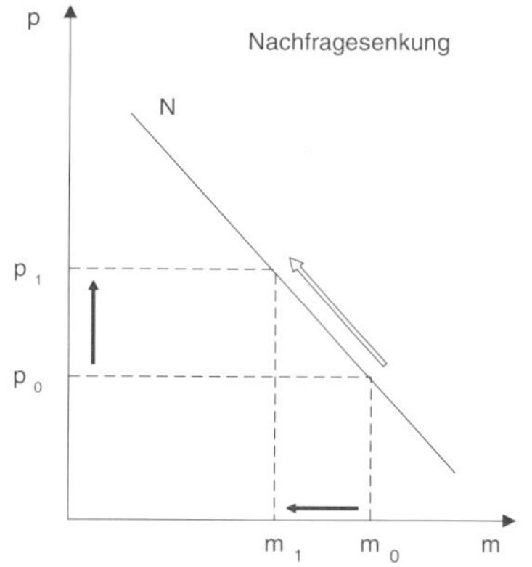</td></tr>
<tr><td>Änderung der anderen Einflussfaktoren</td><td>Nachfrageerhöhung durch einen anderen Einflussfaktor.
Beispiel: Erhöht sich das Einkommen eines Haushaltes, kann dieser eine höhere Menge eines bestimmten Gutes nachfragen.
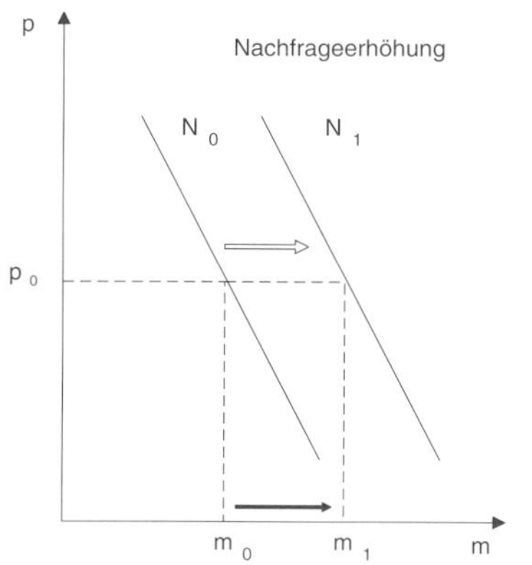</td><td>Nachfragesenkung durch einen anderen Einflussfaktor.
Beispiel: Erhöhen sich die Preise aller anderen Güter, kann es zu einer Nachfragesenkung nach einem Gut kommen.
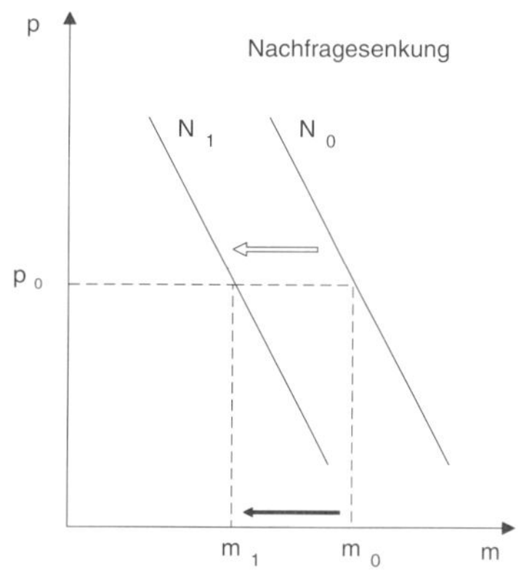</td></tr>
</table>

normale Nachfrage	Ist der Preis eines Gutes niedrig, so ist die Nachfrage nach diesem Gut verhältnismäßig hoch; ist der Preis hoch, so ist die Nachfrage entsprechend gering (Gesetz der Nachfrage). Steigt der Preis für ein Gut, nimmt die Nachfrage – unter sonst gleichen Bedingungen (ceteris paribus) – ab und umgekehrt. Bei der normalen Nachfrage verhalten sich also Preis (Ursache) und Nachfrage (Wirkung) umgekehrt proportional. Wie stark die jeweilige Nachfrageveränderung ist, lässt sich durch die Preiselastizität (E) der Nachfrage ermitteln *(siehe Seite 83)*. Die normale Nachfrage verläuft in der grafischen Betrachtung immer von oben links nach unten rechts. Je nach der Preiselastizität ist sie mehr oder weniger steil. *Beispiel: Nachfrage nach Damenblusen*	
	grafische Darstellung	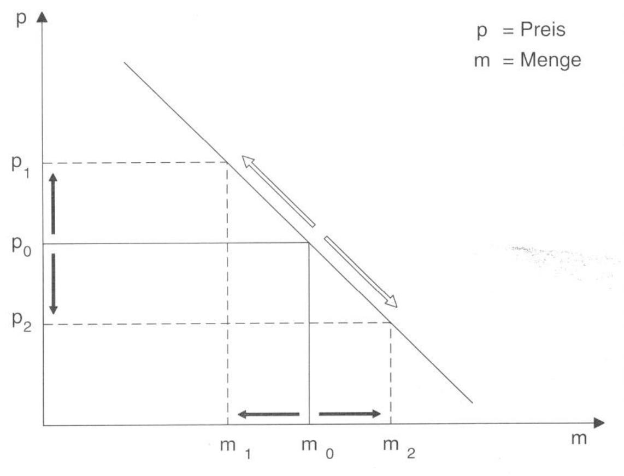
anomale Nachfrage	Es gibt zahlreiche Beispiele dafür, dass die Nachfrage sich nicht so verhält, wie es das Gesetz der Nachfrage vorsieht. Bei einem solchen anomalem Nachfrageverhalten kann beobachtet werden, dass die Nachfrage steigt, wenn der Preis steigt und umgekehrt.	
	Giffen-Effekt	Als Giffen-Effekt wird das von dem englischen Nationalökonomen festgestellte anomale Nachfrageverhalten bezeichnet, dass bei steigendem Brotpreis die Nachfrage nach Brot in englischen Haushalten dennoch stieg. Der Grund liegt darin, dass aufgrund des gestiegenen Brotpreises die Haushalte auf teurere Nahrungsmittel verzichten und mehr Brot nachfragen.
	Snob-Effekt	Bei bestimmten Gütern kann man beobachten, dass einige Wirtschaftssubjekte (Snobs) bei steigendem Preis mehr nachfragen um sich sozial von der Masse abzuheben.

▶

2 Nachfrageverhalten bei Veränderung des Preises

anomale Nachfrage	**Snob-Effekt** (Prestigeeffekt)	Einige Wirtschaftssubjekte konsumieren demonstrativ mehr Güter, je höher der Preis wird, um ihren Wohlstand zu zeigen.
	Qualitätsvermutungseffekt	Hinter dem Qualitätsvermutungseffekt verbirgt sich die Annahme, dass gute Qualität teuer sein muss. So lässt sich feststellen, dass bei gleicher Qualität das teurere Produkt vermehrt nachgefragt wird.
	grafische Darstellung	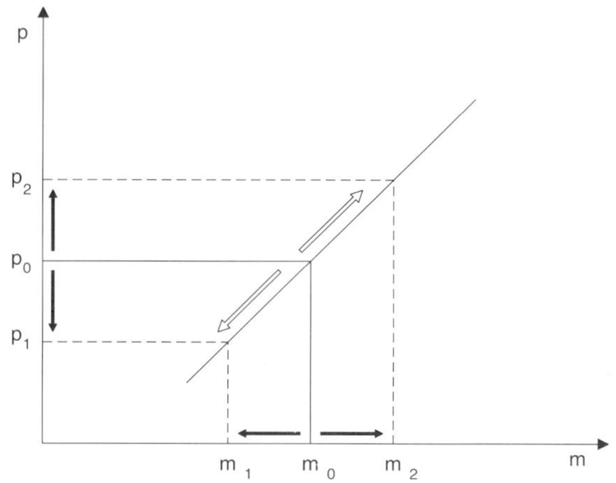
preisunabhängige Nachfrage	Findet bei Gütern keine Veränderung der Nachfrage fest, so handelt es sich um eine preisunabhängige Nachfrage. Ein solches Nachfrageverhalten kann man z. B. bei Medikamenten, Benzin oder Streichhölzern beobachten.	
	grafische Darstellung	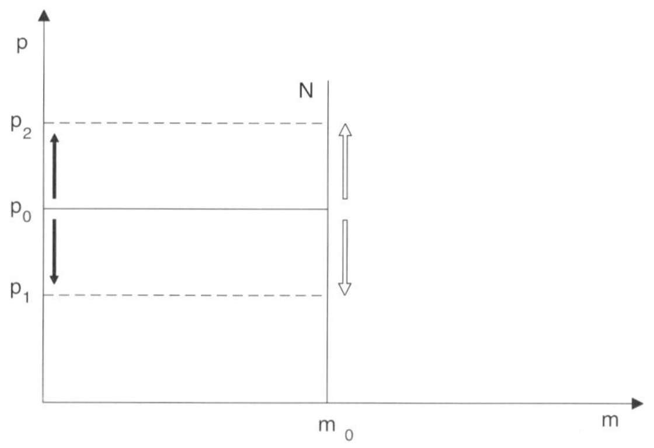

3 Nachfrageverhalten bei Veränderung anderer Einflussgrößen

1 Veränderung der Preise anderer Güter

Grund- überlegungen	Je nach Art des anderen Gutes wird die Nachfrage nach einem Gut sich verändern, wenn der Preis des anderen Gutes sich verändert. Dies gilt unter sonst gleichen Bedingungen, also auch bei konstantem Preis des Gutes selbst. Nachfrageveränderungen bei einem betrachteten Gut ergeben sich insbesondere bei Preisänderungen der zugehörigen Substitutions- und Komplementärgüter, während bei Preisveränderungen von indifferenten Gütern keine Nachfrageveränderung des betrachteten Gutes erfolgt. Die Stärke und die Richtung der Nachfrageverschiebung bei Preisänderungen eines anderen Gutes wird durch die **Kreuzpreiselastizität** (E_K) gemessen *(siehe Seite 84)*.
Preisänderung eines Substitutionsgutes	Da Substitutionsgüter sich gegenseitig ersetzen wie z. B. Butter und Margarine oder Öl und Gas, führt ein Preisanstieg des Substitutionsgutes (Gut 2) zu einer Nachfrageerhöhung des zu betrachtenden Gutes (Gut 1). In der grafischen Darstellung führt dies zu einer Rechtsverschiebung der Nachfragekurve dieses Gutes, da bei konstantem Preis nun eine größere Menge des Gutes nachgefragt wird. *Beispiel: Steigt der Preis für Tee (Gut 2: Ursache), substituieren die Haushalte bei einem normalen Nachfrageverhalten Tee gegen Kaffee. Die Haushalte fragen also mehr Kaffee nach (Gut 1: Wirkung).* 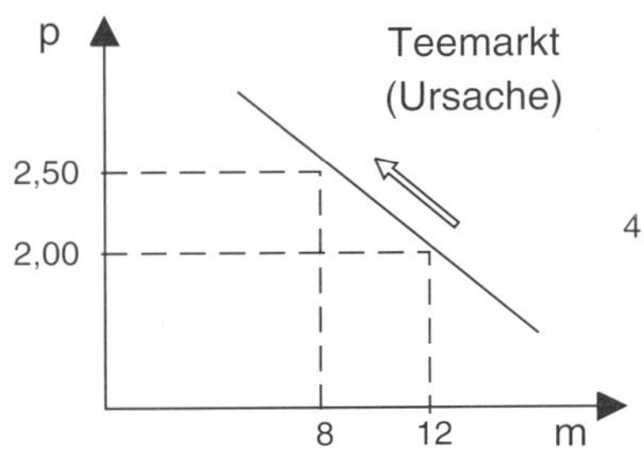 Preis für 100 g in EUR: 2,00 -> 2,50 Nachfrage in t: 12 -> 8 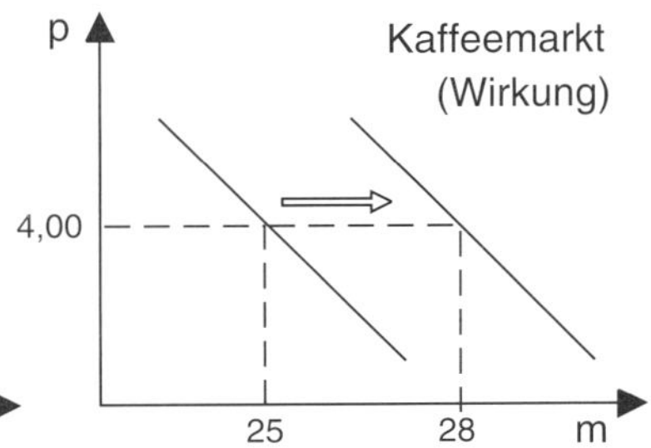 Preis für 500 g in EUR: 4,00 Nachfrage in t: 25 -> 28 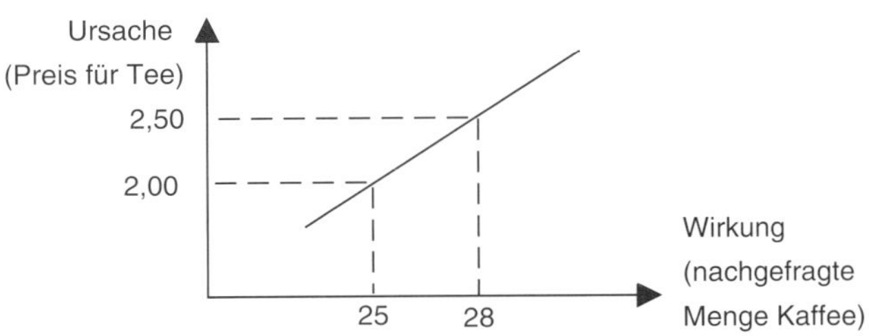

Preisänderung eines Komplementärgutes

Komplementärgüter, wie Auto und Reifen oder Fotoapparat und Film, ergänzen sich, d. h. sie stiften nur beim gemeinsamen Gebrauch einen Nutzen. Steigt der Preis eines Komplementärgutes (Gut 2), so geht dessen Nachfrage zurück, was eine gleichzeitige Nachfragesenkung beim anderen Gut (Gut 1) zur Folge hat. Dies führt zu einer Linksverschiebung der Nachfragefunktion des Gutes 1, da bei konstantem Preis für dieses Gut weniger nachgefragt wird.

Beispiel: Steigt der Preis für CD-Player (Gut 2: Ursache), dann werden weniger CD-Player nachgefragt und damit werden auch weniger CDs (Gut 1: Wirkung) nachgefragt.

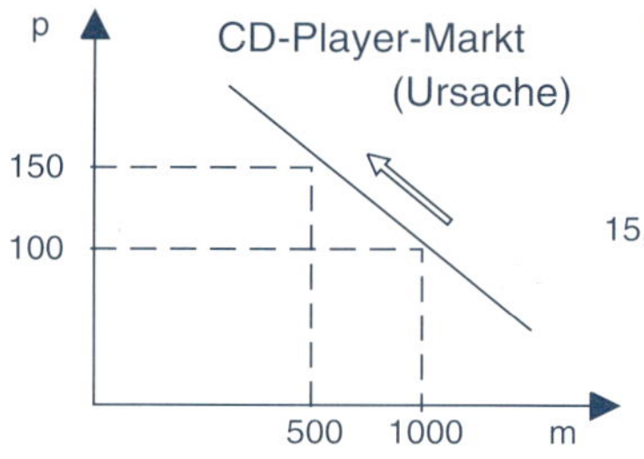

Preis für CD-Player in EUR: 100 -> 150
Nachfrage in Stück: 1000 -> 500

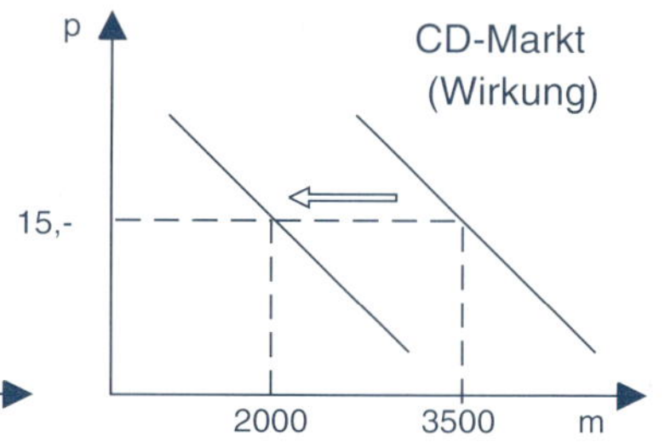

Preis für CD in EUR/Stück: 15,-
Nachfrage in Stück: 3500 -> 2000

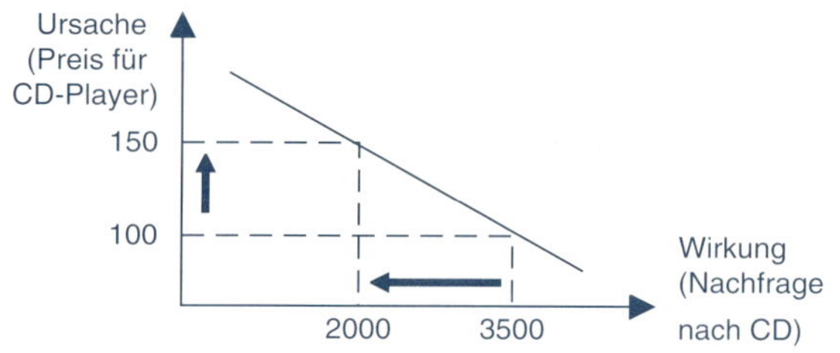

Preisänderung eines indifferenten Gutes

Bei indifferenten Gütern (unverbundenen Gütern), z. B. Bleistifte und Äpfel oder Computer und Kühlschränke, besteht kein Zusammenhang beim Konsum, d. h. sie stiften ihren Nutzen unabhängig voneinander. Demzufolge ist die Nachfrage dieser Güter voneinander unabhängig.

Beispiel: Eine Preiserhöhung bei Damenblusen (Gut 2: Ursache) hat keine Nachfrageveränderung bei Tapeten (Gut 1: Wirkung) zur Folge.

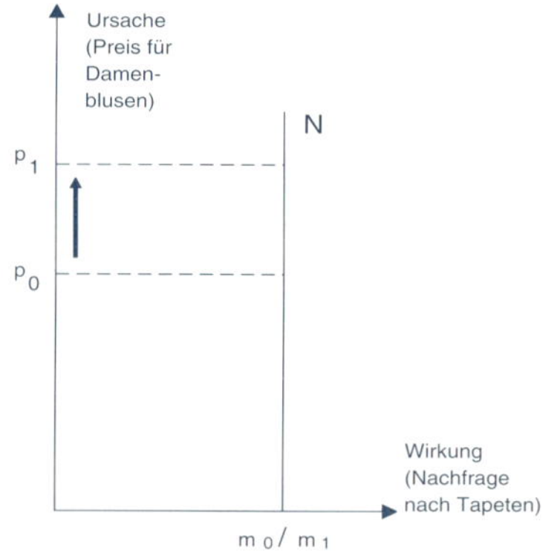

2 Einkommen der Haushalte

Grund-überlegungen	In Normalfall wird davon ausgegangen, dass eine Einkommenserhöhung unter sonst gleichen Bedingungen zu einer Erhöhung der Konsumsumme und damit zu einer Erhöhung der Nachfrage nach einem Gut führt und umgekehrt. Über das Ausmaß gibt die Einkommenselastizität der Nachfrage (E_Y) Auskunft *(siehe Seite 85).* Es existieren jedoch Güter, bei denen es zu einem veränderten Nachfrageverhalten kommt, wenn das Einkommen sich verändert.	
Normalfall	Bei Gütern, bei denen es keine Sättigungsgrenze gibt bzw. diese noch nicht erreicht ist, führt ein steigendes Einkommen zu einer Erhöhung der Nachfrage. Zu diesen Gütern gehören z. B. Textilien oder Fernreisen. Die Einkommenserhöhung führt zu einer Rechtsverschiebung der Nachfragekurve. *Beispiel: Bei steigender Konsumsumme (Ursache) steigt die Nachfrage nach Software für PC.*	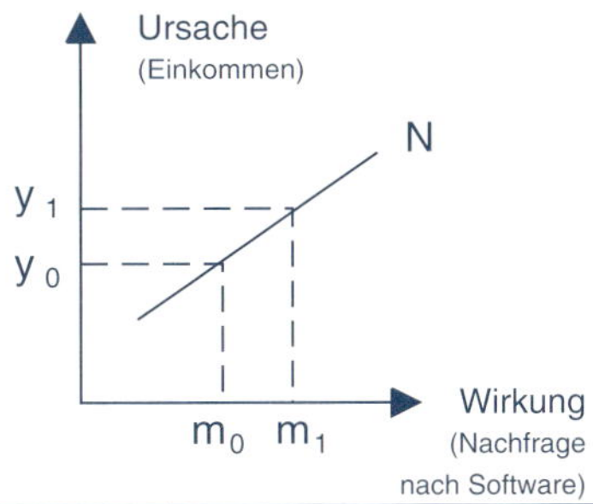
Sättigungs-güter	Ist bei einem Gut die Sättigungsgrenze erreicht, so führt eine Einkommenserhöhung zu keiner weiteren Nachfrageerhöhung, da jede weitere Konsumeinheit des Gutes keinen Nutzenzuwachs erbringt. Dazu gehören z. B. Grundnahrungsmittel. *Beispiel: Bei steigender Konsumsumme (Ursache) steigt die Nachfrage nach Waschpulver. Sie stagniert aber, sobald die Sättigungsgrenze erreicht ist (Wirkung).*	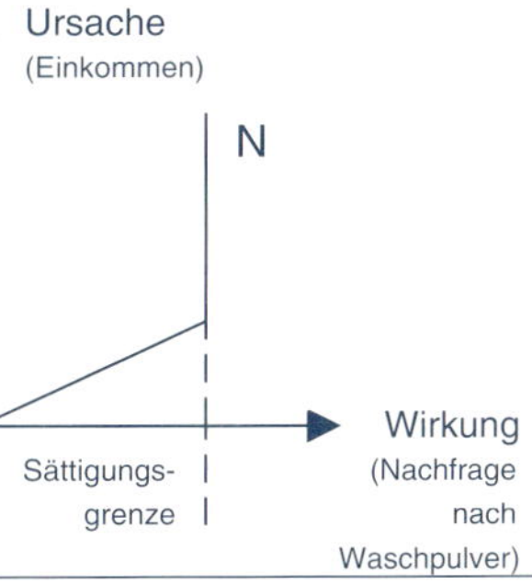
Inferiore Güter (untergeordnete Güter)	Der Konsum dieser Güter nimmt bei zunehmenden Einkommen zugunsten so genannter superiorer (übergeordneter) Güter ab. Dieser Fall kennzeichnet ein anomales Nachfrageverhalten, während das Nachfrageverhalten in Bezug auf die superioren Güter als normal anzusehen ist. *Beispiele: Fahrräder werden durch Motorräder oder Kleinwagen, Gemüse wird durch Fleisch ersetzt.*	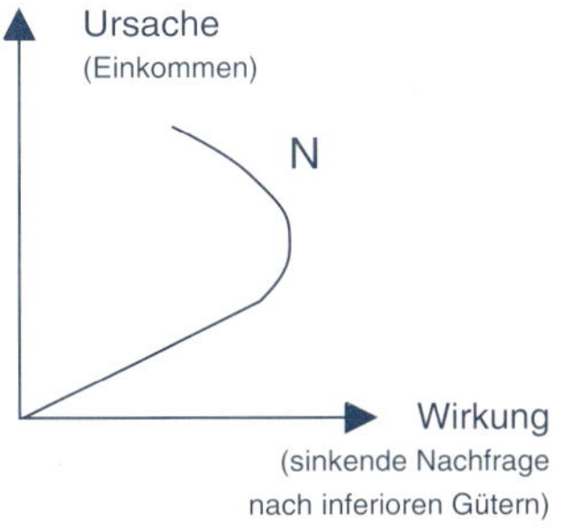

3 Sonstige Einflussfaktoren

erwarteter Nutzen eines Gutes	Jeder Haushalt ist bestrebt mit gegebenem Einkommen ein Maximum an Nutzen zu erzielen. Folglich werden die Güter nachgefragt, die den größten Nutzen besitzen *(siehe Seite 86 f.: Gossen'sche Gesetze)*. Verändert sich die Nutzenerwartung bezüglich eines Gutes – unter sonst gleichen Bedingungen –, so wird sich die Nachfrage nach diesem Gut verändern. Es kommt zu einer Rechts- oder Linksverschiebung der Nachfragekurve. *Beispiel: Nimmt der Trend nach vegetarischer Kost zu, steigt die Nachfrage nach Gemüse bei gleichzeitigem Sinken der Nachfrage nach Fleisch.*	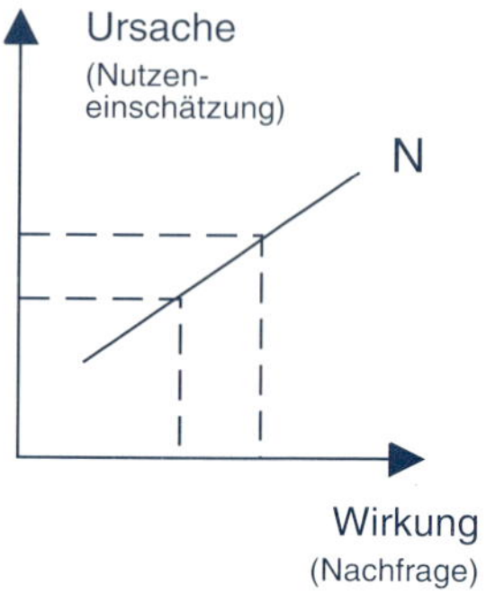
wirtschaftliche Zukunftserwartungen der Haushalte	Je nach Einschätzung ihrer zukünftigen wirtschaftlichen Situation gestalten die Haushalte ihren Ausgabenplan. Wird z. B. mit steigendem Einkommen gerechnet, wird die Konsumsumme erhöht: Die Nachfrage nach einem Gut steigt. Die gleiche Situation tritt ein, wenn mit steigenden Preisen gerechnet wird. Eine negative Zukunftserwartung bzw. die Erwartung, dass die Preise fallen, haben die gegensätzliche Wirkung. *Beispiel: Wird mit steigenden Preisen in der Automobilindustrie gerechnet, werden mehr Autos nachgefragt.*	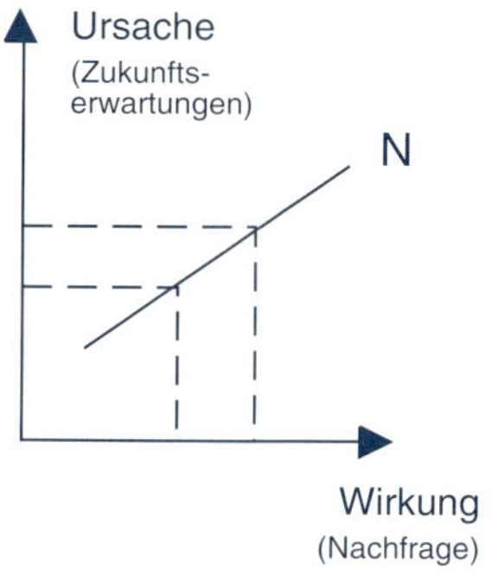
Zahl der Nachfrager	Eine veränderte Zahl der Nachfrager bedingt auch – unter sonst gleichen Bedingungen – eine Veränderung der Nachfrage. Erhöht sich die Anzahl der Nachfrager, hat dies eine Nachfrageerhöhung zur Folge. Die Nachfragekurve verschiebt sich nach rechts. Eine Verringerung der Nachfrager führt zu einer Nachfragesenkung und damit zu einer Linksverschiebung der Nachfragekurve. *Beispiel: Ein Anstieg der Geburtenrate bewirkt eine erhöhte Nachfrage nach Babynahrung.*	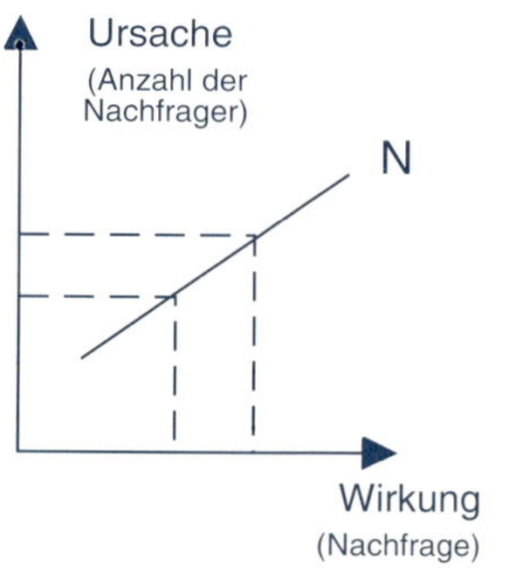

4 Elastizitäten

Begriff	***Nachfrageelastizitäten drücken Richtung und Stärke der Nachfrageveränderung bei Veränderung einer der Einflussfaktoren aus.*** Für die Berechnung der Elastizität kommen nur Einflussgrößen infrage, die zahlenmäßig erfassbar sind wie z. B. Preis des Gutes, Preise anderer Güter und Einkommen.
Preiselastizität der Nachfrage	Die Preiselastizität der Nachfrage (E_N) misst das Verhältnis der prozentualen Mengenveränderung zur prozentualen Veränderung des Preises für das betreffende Gut.

$$E_N = \frac{\text{prozentuale Mengenänderung}}{\text{prozentuale Preisänderung}}$$

Beispiel: Bei einer Preisänderung von 1,50 € auf 1,65 € geht die Absatzmenge von 1 200 Stück auf 1 140 Stück zurück.

Elastizität	Nachfrage ist	*Beispiele*	Grafik
$E_N = 0$	vollkommen unelastisch bzw. starr	*lebenswichtige Medikamente*	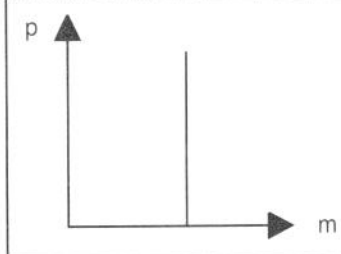
$0 < E_N < 1$	unelastisch	*Grundnahrungsmittel*	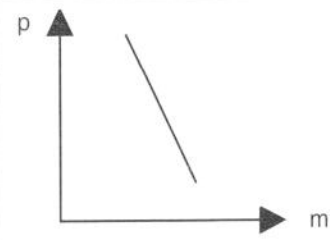
$E_N = 1$	proportional elastisch	*Orangen*	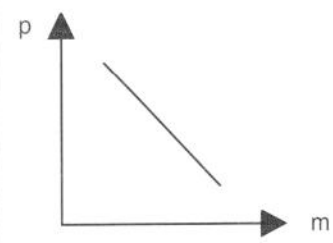
$1 < E_N < \infty$	elastisch	*Schmuck*	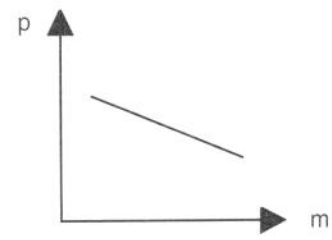
$E_N = \infty$	vollkommen elastisch	*Formulare für die Finanzverwaltung (Nachfragemonopol)*	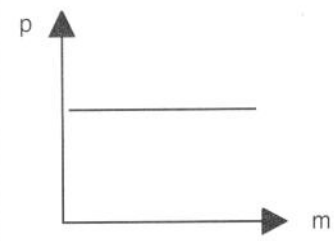

Die Elastizität einer Nachfragefunktion ist nicht durchgehend gleich. Je nach betrachtetem Punkt bestehen unterschiedliche Elastizitäten. Die Nachfrage kann somit in einem Bereich elastisch, in einem anderen Bereich unelastisch sein. Ausnahmen sind vollkommen elastische und vollkommen unelastische Nachfragekurven.

▶

Kreuzpreis-elastizität

Die Kreuzpreiselastizität ermittelt, in welche Richtung und wie stark sich die Nachfrage verändert, wenn sich der Preis eines anderen Gutes verändert.

Dabei ist zu beachten, dass die anderen Einflussfaktoren, auch der Preis des nachgefragten Gutes, konstant bleiben müssen. Bei Substitutionsgütern wird man im Normalfall eine positive Kreuzpreiselastizität ermitteln, da sich der Preis des Gutes 2 und die Nachfrage des Gutes 1 entweder beide erhöhen oder beide sinken. Bei Komplementärgütern hingegen wird sich eine negative Kreuzpreiselastizität ergeben. Indifferente Güter besitzen aufgrund ihrer Unabhängigkeit voneinander eine Kreuzpreiselastizität von Null.

$$E_K = \frac{\text{prozentuale Mengenänderung des Gutes 1}}{\text{prozentuale Preisänderung des Gutes 2}}$$

Beispiel: Eine Preissenkung für CD-Rom-Laufwerke von 10 % führt zu einer Erhöhung der Nachfrage nach Software auf CD um 15 % (Komplementärgüter).

$$E_K = \frac{15}{-10} = -1{,}5$$

Elastizität	Güterart	*Beispiele*	Grafik (p = Preis Gut 2; m = Nachfrage Gut 1)
E_K = positiv	Substitutionsgüter	*Zucker/Süßstoff; Margarine/Butter; Reis/Nudeln*	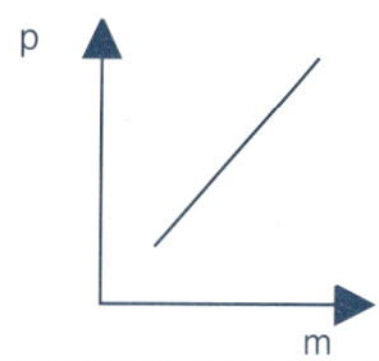
E_K = negativ	Komplementärgüter	*Kugelschreiber/Mine; Fotoapparat/Filme; Kaffeemaschine/Filterpapier*	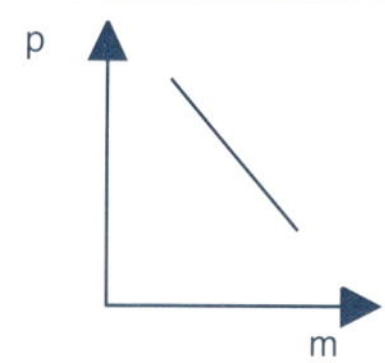
$E_K = 0$	Indifferente Güter	*Saft/Schrauben; Computer/Pkw*	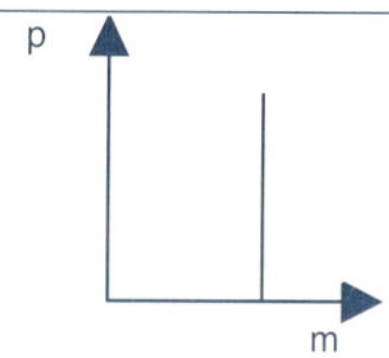

Einkommenselastizität

Wenn das Einkommen der Haushalte steigt, wird sich im Normalfall, wenn alle anderen Bedingungen konstant bleiben, auch die Nachfrage nach einem Gut erhöhen. Der Umfang der Nachfrageverschiebung wird durch die Einkommenselastizität der Nachfrage gemessen, die in diesem Fall positiv ist.
Es gibt jedoch auch Güterarten, bei denen diese Elastizität negativ ist. So sinkt z. B. die Nachfrage nach inferioren Gütern, wenn sich das Einkommen erhöht. Die Einkommenselastizität der nun vermehrt nachgefragten superioren Güter ist hingegen positiv. Der Grenzfall, eine Einkommenselastizität von null, sind auch hier wieder Güter, deren Nachfrage vom Einkommen nicht beeinflusst wird, wie z. B. Güter, deren Sättigungsgrenze erreicht ist.

$$E_y = \frac{\text{prozentuale Mengenänderung}}{\text{prozentuale Einkommensänderung}}$$

Beispiel: Bei einer Einkommenserhöhung von 5 % wird festgestellt, dass die Nachfrage nach Schmuck um 8 % steigt.

$$E_K = \frac{8}{5} = 1{,}6$$

Elastizität	Güterart	*Beispiele*	Grafik
E_y = positiv	superiore Güter	*Bücher, Reisen*	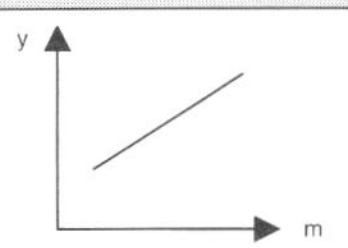
$E_y = 0$	Sättigungsgüter	*Medikamente, Streichhölzer*	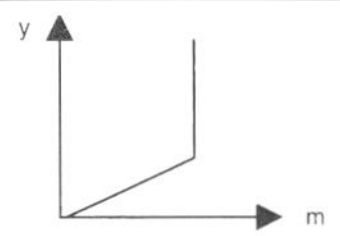
E_y = negativ	inferiore Güter	*Kleinwagen, Kartoffeln*	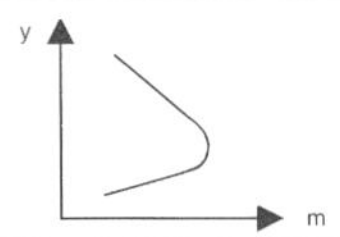
$E_y > 1$	Güter des gehobenen Bedarfs	*Schmuck, Pelze, Yachten*	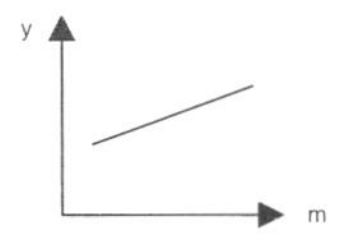
$E_y < 1$	lebensnotwendige Güter	*Lebensmittel, Wohnen*	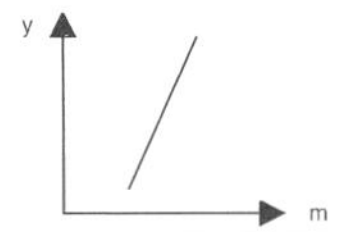

5 Gossensche Gesetze

Grundlage	Der Nationalökonom *Heinrich Gossen* versuchte zu zeigen, wie die Nutzenerwartungen auf die Konsumentscheidungen der Nachfrager Einfluss nehmen können und wie ein Haushalt mit einem gegebenen Einkommen ein Nutzenmaximum erzielen kann. Seine Aussagen hierzu hat er in zwei „Gesetzen“ zusammengefasst: ▷ Erstes Gossen'sches Gesetz (Sättigungsgesetz), ▷ Zweites Gossen'sches Gesetz (Genussausgleichsgesetz). Für die hier unterstellten Modelle gelten folgende Annahmen: ▷ homogene und beliebig teilbare Güter, ▷ Konstanz aller übrigen Einflussfaktoren, ▷ ein gegebenes, beliebig teilbares Einkommen, ▷ der Nutzen der Gütereinheiten lässt sich in Zahlen ausdrücken.
Nutzen	Als Nutzen kann der Grad der Bedürfnisbefriedigung bezeichnet werden, den ein Wirtschaftssubjekt beim Konsum eines Gutes empfindet. Der Nutzen ist dabei im Prinzip nicht messbar, jedoch kann jedes Wirtschaftssubjekt eine subjektive Einschätzung vornehmen, welches von mehreren Gütern den größten Nutzengewinn bringt.
Grenznutzen	Der Grenznutzen drückt den Nutzenzuwachs aus, der entsteht, wenn eine weitere Gütereinheit konsumiert wird. Er ist die Differenz zwischen dem Gesamtnutzen vor und nach Konsum der jeweils letzten Gütereinheit.
Nutzenmaximum	Haushalte streben mit einer gegebenen Konsumsumme den größten möglichen Gesamtnutzen an, d. h. sie stellen ihren Verbrauchsplan so auf, dass eine maximale Bedürfnisbefriedigung entsteht.
Erstes Gossen'sches Gesetz	***Der Grenznutzen eines Gutes bei fortlaufendem Konsum nimmt mit jeder konsumierten Gütereinheit ständig ab, bis schließlich die Sättigung eintritt. Darüber hinaus konsumierte Einheiten können theoretisch in Abneigung übergehen (negativer Grenznutzen).*** *Beispiel: Ein Spaziergänger geht vier Stunden bei großer Hitze spazieren. Er hat keine Verpflegung mit und ist froh, dass er endlich eine Gaststätte erreicht. Das erste Glas Saft hat nun den größten Grenznutzen, denn mit jedem weiterem Glas Saft wird sein Durst geringer und der Grenznutzen nimmt ab.* 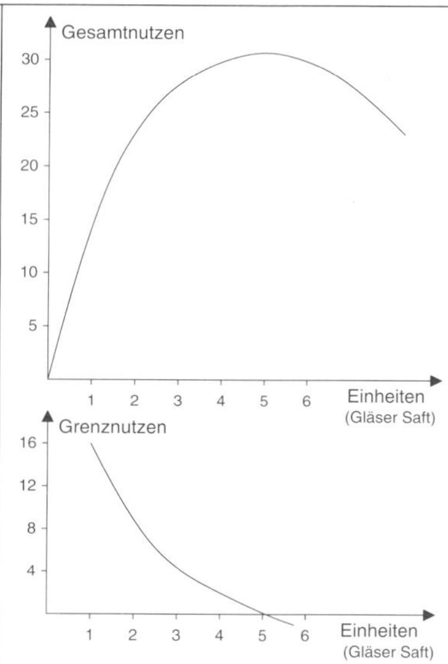

Zweites Gossen'sches Gesetz

Mit einem gegebenen Einkommen ist dann ein Nutzenmaximum erreicht, wenn der Grenznutzen aller zuletzt beschafften Güterteilmengen gleich groß ist. Die so mit dem begrenzten Budget erlangten Gütereinheiten stellen den optimalen Verbrauchsplan dar.

Der Grenznutzen für alle noch verbleibenden Güterteilmengen ist ebenfalls gleich groß: Hätte das Wirtschaftssubjekt noch die Möglichkeit eine Teilmenge zu konsumieren, wäre der zusätzliche Nutzengewinn bei allen Gütern gleich groß.

Beispiel: Herr Schulze und Herr Maier besuchen eine Sportveranstaltung. Jeder nimmt für seinen Verzehr auf dem Sportplatz 9,– € mit. Auf dem Sportplatz werden Würstchen, Eis und Limonade zu einem Preis von jeweils 1,50 € angeboten.

Herr Schulze ist in erster Linie durstig, daneben isst er auch gerne Eis. Für ihn gilt folgende Grenznutzenverteilung:

Für Herrn Maier gilt eine andere Grenznutzenverteilung, denn er ist in erster Linie hungrig und durstig:

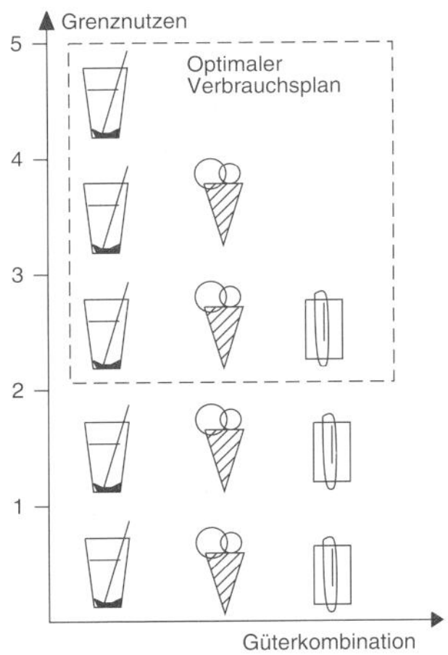

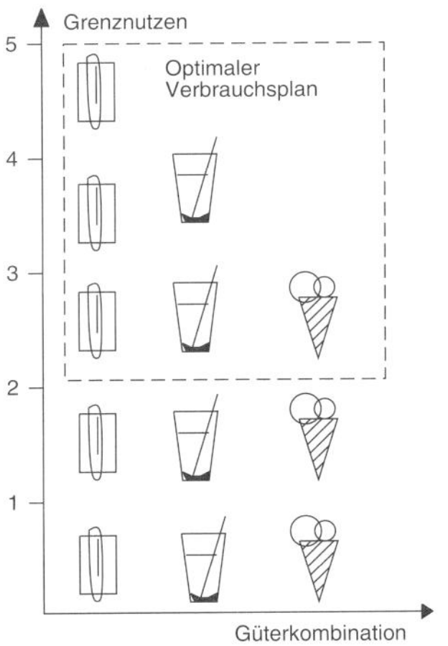

Der optimale Verbrauchsplan für Herrn Schulze besteht aus drei Limonaden, zwei Eis und einem Würstchen, da er hierbei mit seinen 9,– € den maximalen Gesamtnutzen von 22 Nutzeneinheiten erzielt. Alle anderen möglichen Güterkombinationen würden bei gleichem Budget einen geringeren Gesamtnutzen ergeben.

Der optimale Verbrauchsplan für Herrn Maier besteht dagegen aus drei Würstchen, zwei Limonaden und einem Eis, da er aufgrund seiner Nutzeneinschätzung mit 9,– € den maximalen Gesamtnutzen erzielt. Bei diesem Verbrauchsplan ist der Nutzen der jeweils letzten konsumierten Einheit (dritte Wurst, zweite Limonade, erstes Eis) gleich.

7 6 Übersicht: Veränderungen der Nachfragefunktion

Veränderungen der Nachfrage, d. h. Erhöhungen oder Senkungen der Nachfrage, entstehen durch Veränderung des Preises eines Gutes oder Veränderung sonstiger Bestimmungsgrößen der Nachfrage.

Preis des Gutes verändert sich

Bei einer Preisänderung des Gutes findet eine Bewegung auf der Nachfragekurve statt. Die Lage der Nachfragekurve bleibt dieselbe, da sich lediglich ein neuer Punkt als Preis-Mengen-Kombination der Nachfrage ergibt.

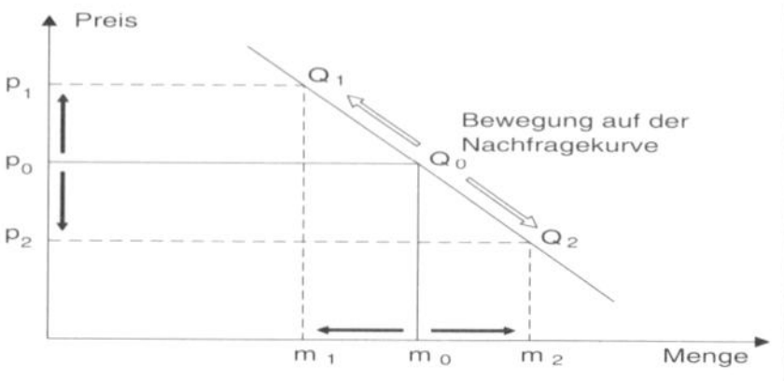

Ursache \ Wirkung	Nachfragesenkung (Q_0 auf Q_1)	Nachfrageerhöhung (Q_0 auf Q_2)
Preis des Gutes	steigt	sinkt

Änderung anderer Einflussgrößen der Nachfrage

Verändert sich ein anderer Einflussfaktor der Nachfrage, so verschiebt sich die Nachfrage. Eine Nachfragesenkung entspricht einer Linksverschiebung, eine Nachfrageerhöhung einer Rechtsverschiebung, da bei konstantem Preis des Gutes aufgrund der Veränderung der Einflussgröße weniger oder mehr nachgefragt wird.

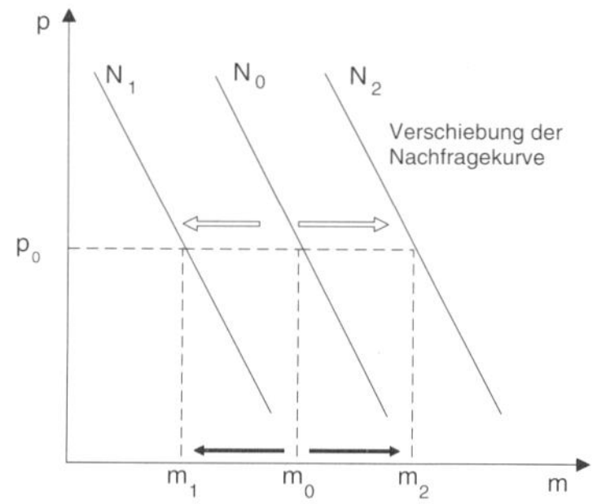

Ursache \ Wirkung	Nachfragesenkung (Linksverschiebung von N_0 auf N_1)	Nachfrageerhöhung (Rechtsverschiebung von N_0 auf N_2)
Preis eines Substitutionsgutes	sinkt	steigt
Preis eines Komplementärgutes	steigt	sinkt
Einkommen der Haushalte	sinkt	steigt
Nutzeneinschätzung	sinkt	steigt
Zukunftserwartung	negativ	positiv
Zahl der Nachfrager	sinkt	steigt

Grundbegriffe und Einflussfaktoren der Nachfrage → *S. 74*	1. Was ist allgemein unter dem Begriff „Nachfrage“ zu verstehen? 2. Welche unterschiedlichen Arten der Nachfrage treten im Wirtschaftsleben in Erscheinung? 3. Nennen Sie jeweils zwei Beispiele für diese verschiedenen Arten der Nachfrage. 4. Unterscheiden Sie die Begriffe „Nachfrage“ und „Gesamtnachfrage“. 5. Erklären Sie mithilfe eines selbst gewählten Beispiels die Ermittlung der Gesamtnachfrage. 6. Wodurch wird ihre eigene Nachfrage nach Gütern des täglichen Lebens beeinflusst?
Nachfrageverhalten bei Veränderung des Preises → *S. 77*	7. Erklären Sie, warum die normale Nachfragekurve im Koordinatensystem von links oben nach rechts unten verläuft? 8. Wann ist eine Nachfrage im Sinne der Volkswirtschaftslehre „normal“, wann ist sie „anomal“? 9. Finden Sie Beispiele für anomales Nachfrageverhalten. Nennen Sie mögliche Ursachen für ein solches Verhalten. 10. Erklären Sie, warum es sich bei der Nachfrage nach Medikamenten um eine preisunabhängige Nachfrage handelt. 11. Stellen Sie die verschiedenen Nachfrageverhalten bei Veränderung des Preises grafisch dar. 12. Welche Kennziffer misst die Stärke und die Richtung des Nachfrageverhaltens bei Veränderung des Preises? 13. Der Besitzer einer Imbissstube hat ausprobiert, wie die Käufer auf verschiedene Preise reagieren. Er stellt dabei für seinen Tagesabsatz folgende Preis-Mengen-Kombinationen fest: Preis/Würstchen in € — Verkauf von Würstchen/Tag in Stück 1,00 € — 80 1,25 € — 40 1,50 € — 20 1,75 € — 10 Zeichnen Sie in einem Koordinatensystem die Nachfragekurve ein.
Nachfrageverhalten bei Veränderung anderer Einflussgrößen → *S. 79*	14. Welchen Einfluss können die Preise anderer Güter auf das Nachfrageverhalten nach einem Gut nehmen? 15. Geben Sie Beispiele für die möglichen Nachfrageverhalten in Bezug auf den Preis anderer Güter. Unterscheiden Sie dabei Ursache und Wirkung. 16. Warum steigt die Nachfrage nach Gütertransporten durch die Deutsche Bundesbahn, wenn die Steuern für Lastkraftwagen steigen? 17. Warum sinkt die Nachfrage nach Lastkraftwagenfahrern, wenn die Kosten für den Gütertransport mit Lastkraftwagen steigen? 18. Beschreiben Sie die unterschiedlichen Einflüsse des Einkommens auf das Nachfrageverhalten.

▶

Nachfrageverhalten bei Veränderung anderer Einflussgrößen → *S. 79*	19. Welche wirtschaftspolitischen Möglichkeiten sind für den Staat möglich, wenn man vom Normalfall bei Einkommensveränderungen ausgeht? 20. Zeigen Sie anhand von Beispielen den Einfluss auf das Nachfrageverhalten nach einem Gut durch a. den Nutzen des Gutes, b. die wirtschaftlichen Zukunftserwartungen der Haushalte, c. die Zahl der Nachfrager. 21. Überlegen Sie sich weitere Faktoren, die sich auf die Nachfrage auswirken können.
Elastizitäten → *S. 83*	22. Was drücken die verschiedenen Nachfrageelastizitäten aus? 23. Welchen Nutzen können solche Kennziffern besitzen? 24. Unterscheiden Sie die Preiselastizität der Nachfrage, die Kreuzpreiselastizität und die Einkommenselastizität. 25. Nennen, berechnen und interpretieren Sie die Elastizitäten zu den folgenden Beispielen: a. Der Preis eines Gutes steigt um 5 %, und die Nachfrage nach diesem Gut sinkt um 2 %. b. Eine Einkommenserhöhung der Haushalte beträgt 4 %. Sie hat zur Folge, dass die Nachfrage um 10 % sinkt. c. Der Preis eines Gutes A steigt von 3,– € auf 3,15 €, die Nachfrage nach Gut B sinkt daraufhin von 2 000 Stück auf 1 800 Stück. 26. Was versteht man unter a. einer elastischen Nachfrage; b. einer unelastischen Nachfrage; c. einer vollkommen unelastischen Nachfrage; d. einer proportional elastischen Nachfrage; e. einer vollkommen elastischen Nachfrage.
Gossen'sche Gesetze → *S. 86*	27. Erklären Sie die Begriffe „Nutzen“ und „Grenznutzen“. 28. Wie sieht der optimale Verbrauchsplan der Haushalte aus? 29. Was besagt das erste Gossen'sche Gesetz? 30. Geben Sie mithilfe eines selbst gewählten Beispiels das zweite Gossen'sche Gesetz wieder.
Übersicht: Veränderungen der Nachfragefunktion → *S. 88*	31. Wie wirken sich grafisch gesehen Veränderungen des Preises eines Gutes auf die Nachfragefunktion aus? 32. Erklären Sie die Ursachen für Rechts- und Linksverschiebungen der Nachfragekurve. 33. Skizzieren Sie die Veränderung der Nachfragekurve in den folgenden Fällen: a. Der Preis eines Komplementärgutes sinkt. b. Das Einkommen der Haushalte steigt. c. Der Preis eines Substitutionsgutes steigt. d. Die Zahl der Nachfrager steigt. e. Der Preis des Gutes sinkt. f. Die Nutzeneinschätzung gegenüber einem Gut steigt.

1 Grundbegriffe und Einflussfaktoren des Angebotes

KAPITEL 8

Angebot

Als Angebot werden die auf dem Markt zum Kauf bzw. Tausch bereitgestellten Leistungen bezeichnet, d. h. die Menge eines Gutes, die die Wirtschaftssubjekte zu verkaufen bereit sind.

Anbieter

Anbieter auf dem Gütermarkt sind im Wesentlichen Unternehmen. Aber auch Wirtschaftssubjekte aus anderen Wirtschaftssektoren können als Anbieter eines Gutes auf dem Markt auftreten.
Beispiel: Ein privater Haushalt bietet den Teil der Apfelernte, die seinen Bedarf übersteigt, zum Kauf an.
Auch das Ausland oder der Staat treten auf bestimmten Märkten als bedeutende Anbieter auf.

Gesamtangebot

Die Gesamtheit aller in einer Volkswirtschaft angebotenen Mengen eines Gutes wird Gesamtangebot genannt.
Beispiel: Die gesamte Menge an Salatgurken, die in Deutschland angeboten wird, unabhängig davon, ob das Ausland, inländische Unternehmen oder private Haushalte diese zu verkaufen beabsichtigen

Ermittlung des Gesamtangebotes

Das volkswirtschaftliche Gesamtangebot wird ermittelt durch die Addition aller von den einzelnen Wirtschaftssubjekten (= individuelles Angebot) auf dem Markt angebotenen Mengen eines Gutes zu jeweils konstanten Preisen.

Beispiel

Ermittlung des Gesamtangebotes: Auf dem Schokoladenmarkt befinden sich drei Anbieter mit folgenden Preis-Mengen-Vorstellungen:

Preis pro Tafel in €	*Individuelle Angebote in 1 000 Stück 100-g-Tafeln*			*Gesamtangebot*
	Unternehmen 1	*Unternehmen 2*	*Unternehmen 3*	
0,50	*1 100*	*700*	*1 100*	*2 900*
0,60	*1 200*	*900*	*1 300*	*3 400*
0,70	*1 300*	*1 100*	*1 500*	*3 900*
0,80	*1 400*	*1 300*	*1 700*	*4 400*
0,90	*1 500*	*1 500*	*1 900*	*4 900*

grafische Darstellung

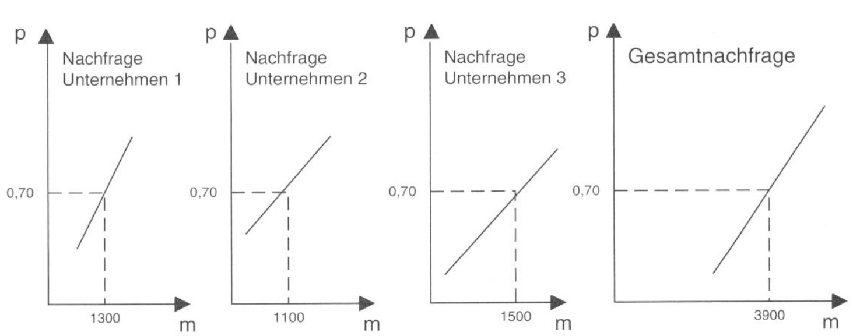

Einfluss-faktoren des Angebotes	Bei Betrachtung des individuellen Angebotes lassen sich eine Vielzahl von Faktoren finden, die die Bereitschaft der Anbieter beeinflussen, bestimmte Mengen eines Gutes zum Verkauf auf den Markt zu bringen. Gesamtwirtschaftlich betrachtet sind hauptsächlich folgende Einflussfaktoren von Bedeutung: ▷ Preis des Gutes, ▷ Preis anderer Güter, ▷ Kosten der Produktionsfaktoren, ▷ Ziele der Anbieter, ▷ Stand des technischen Know-how, ▷ Zahl der Anbieter.
Veränderungen des Preises	Veränderungen des Preises für ein Gut führen, wie bei der Nachfrage, zu einer neuen Preis-Mengen-Kombination auf der Angebotskurve. Die Lage der Kurve bleibt unverändert. 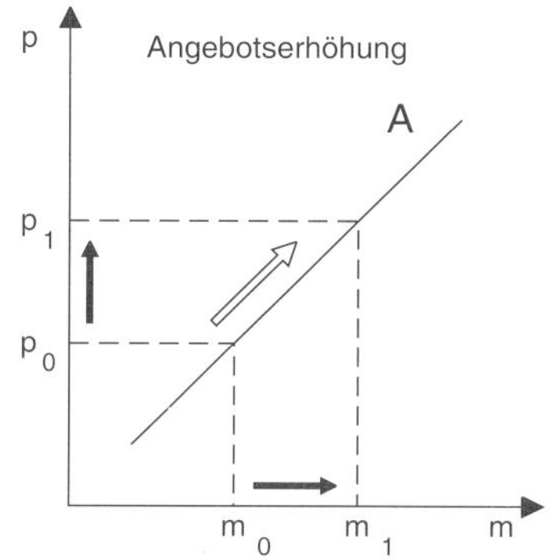 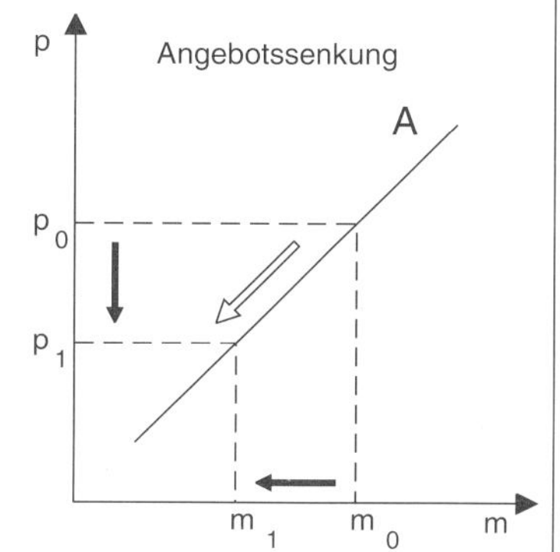
Veränderungen anderer Ein-flussfaktoren	Bei Veränderung eines anderen Einflussfaktors kommt es immer zu einer Verschiebung der Angebotsfunktion, entweder nach links für den Fall einer Angebotssenkung oder nach rechts bei einer Angebotserhöhung. 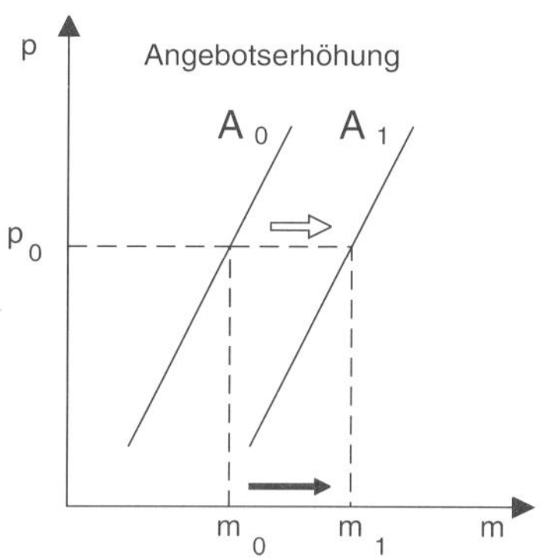 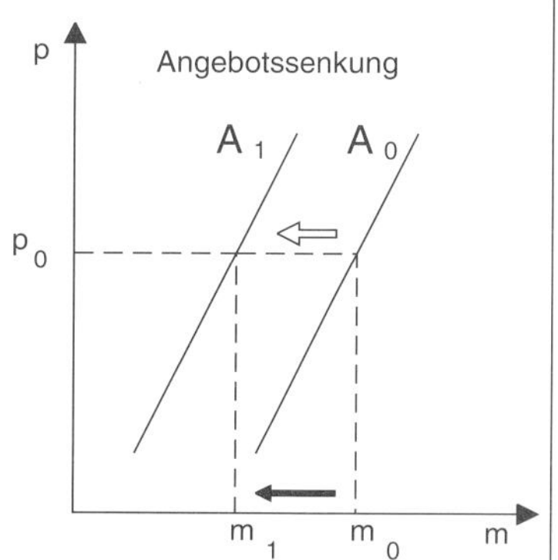

Normales Angebot	▷ Ist der Preis eines Gutes niedrig, so ist der Verkauf dieses Gutes für die Unternehmen wenig ertragsversprechend. Die angebotene Menge wird verhältnismäßig gering sein. ▷ Bei einem hohen Preis sind die Gewinnaussichten gut, das Angebot ist folglich hoch. Mit steigendem Preis, bei sonst gleichen Bedingungen, erhöht sich das Angebot. Das normale Angebot ist dadurch gekennzeichnet, dass sich der Preis (Ursache) und das Angebot (Wirkung) – bei sonst gleichen Bedingungen – proportional zueinander verhalten. *Beispiel: Angebot an Weizenmehl*	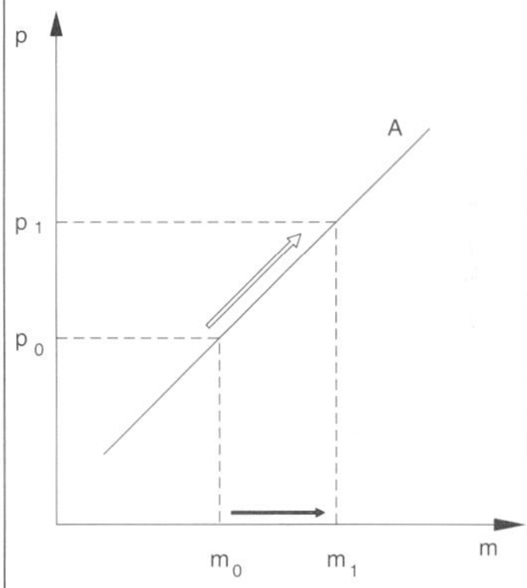
Anomales Angebotsverhalten	Anomal ist ein Angebotsverhalten, bei dem das Angebot bei steigenden Preisen fällt bzw. bei fallenden Preisen steigt. *Beispiele:* ▷ *Bei steigenden Preisen für Sportbekleidung verringern die Anbieter die Menge um hierdurch weitere Preisanstiege zu provozieren.* ▷ *Trotz fallender Wechselkurse steigt das Angebot an Devisen, da Devisenspekulanten in Erwartung weiterhin sinkender Kurse größere Verluste verhindern wollen.*	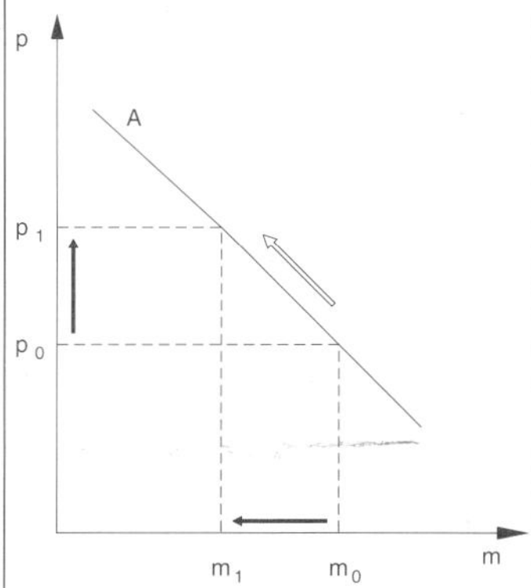
Preisunabhängiges Angebot	Das preisunabhängige bzw. starre Angebot stellt einen Sonderfall dar, bei dem die Anbieter nahezu bei jedem Preis die gleiche Menge eines Gutes anbieten. Dieses Verhalten ist insbesondere bei der kurzfristigen Reaktion des Angebotes auf Veränderungen des Preises für ein Gut zu beobachten, da die Unternehmen oft nicht in der Lage sind, so schnell auf die veränderte Marktsituation zu reagieren. *Beispiel: Das Angebot an Äpfeln wird nahezu unverändert bleiben, solange die Erntekosten noch gedeckt sind.*	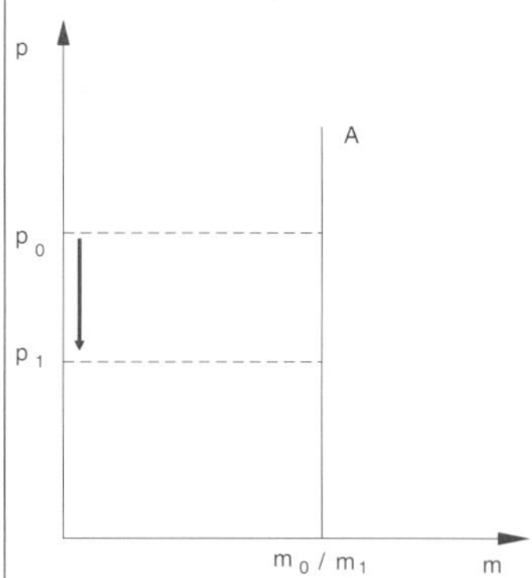

1 Preise anderer Güter

Grundüberlegungen	Ändert sich der Preis anderer Güter, so kann dies – unter sonst gleichen Bedingungen – zu einer Angebotssenkung oder -erhöhung eines Gutes führen. Ist dies der Fall, ergibt sich eine Verschiebung der Angebotskurve nach links (Angebotssenkung) oder rechts (Angebotserhöhung).
Preisänderung eines Substitutionsgutes	Steigt der Preis eines Substitutionsgutes (Gut 2), werden die Anbieter in Erwartung der steigenden Nachfrage des zu betrachtenden Gutes (Gut 1) ihr Angebot erhöhen und umgekehrt.

Beispiel: Steigt der Preis für Rindfleisch (Gut 2: Ursache), erwarten die Metzger, dass die Nachfrager Rindfleisch durch Schweinefleisch substituieren und erhöhen ihr Angebot an Schweinefleisch (Gut 1: Wirkung).

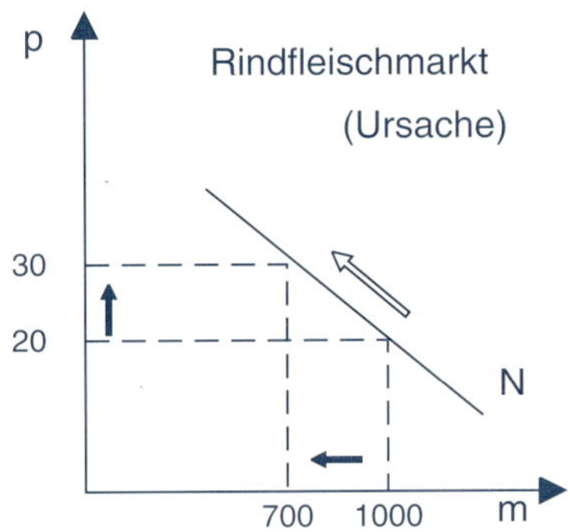

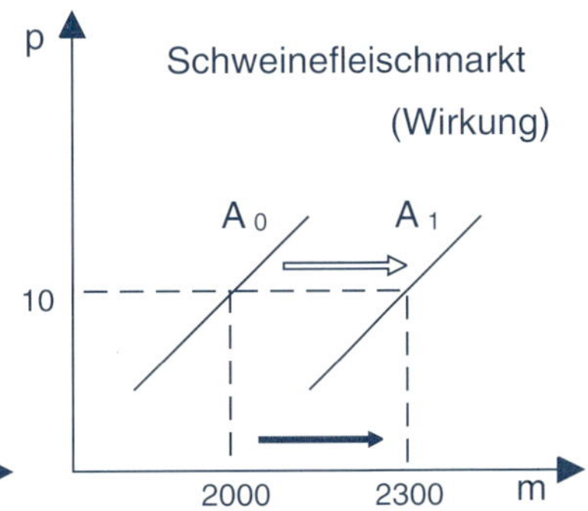

Preis für 1 kg in EUR	Nachfrage in kg	Preis für 1 kg in EUR	Angebot in kg
20,- -> 30,-	1000 -> 700	10,-	2000 -> 2300

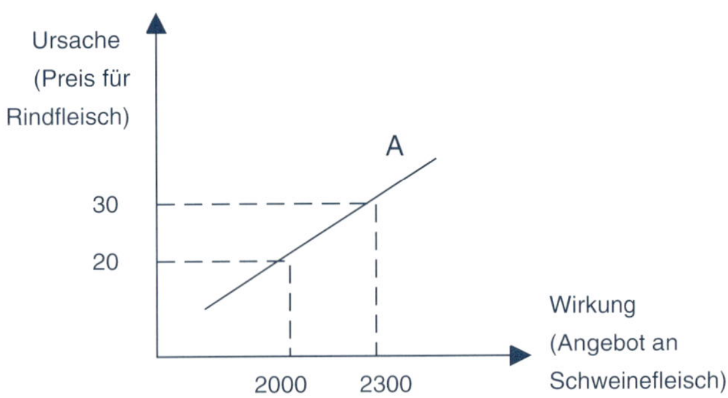

Preisänderung eines Komplementärgutes

Für den Fall, dass der Preis eines Komplementärgutes (Gut 2) steigt, erwarten die Anbieter ein Sinken der Nachfrage des zu betrachtenden Gutes (Gut 1) und werden demzufolge ihr Angebot senken. Im umgekehrten Fall verhält sich das Angebot entgegengesetzt.

Beispiel: Steigt der Preis für Kaffee (Gut 2: Ursache) werden die Anbieter von Filtertüten mit einer sinkenden Nachfrage nach Kaffee rechnen und ihr Angebot an Filtertüten (Gut 1: Wirkung) ebenfalls senken.

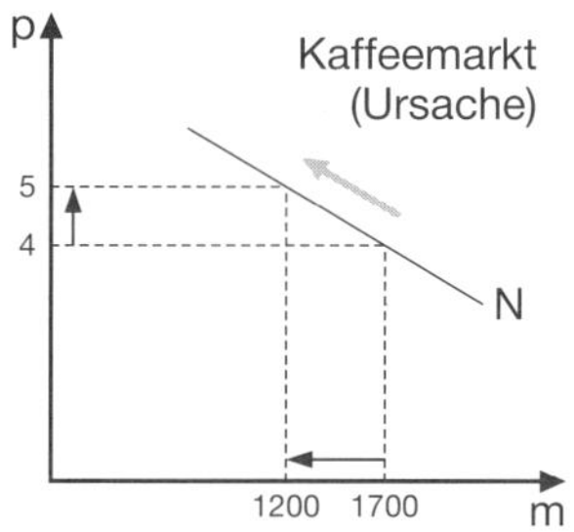

Preis für 500 g in €: 8,– → 10,–
Nachfrage (in 500-g-Packg.): 1700 → 1200

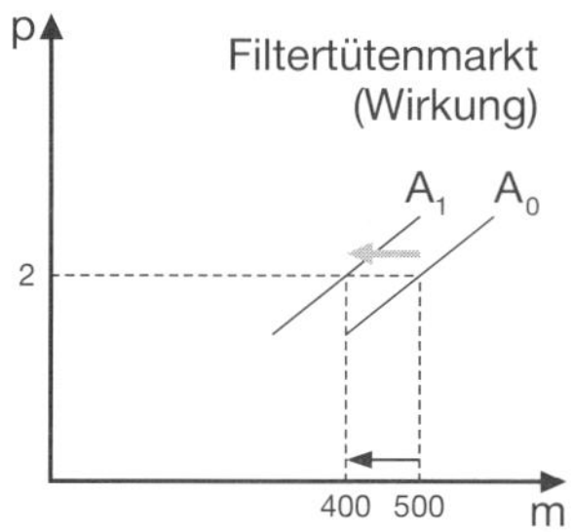

Preis für 1 Packg. in €: 2,–
Angebot (in Packg.): 500 → 400

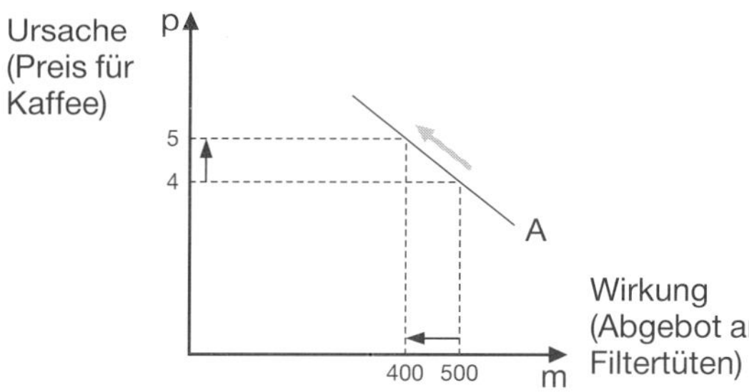

Preisänderung eines indifferenten Gutes

Verändert sich der Preis eines indifferenten Gutes, hat dies keine Auswirkung auf das Angebot des zu betrachtenden Gutes.

Beispiel: Eine Benzinpreiserhöhung (Gut 2: Ursache) hat keine Veränderung des Angebotes an Staubsaugern (Gut 1: Wirkung) zur Folge.

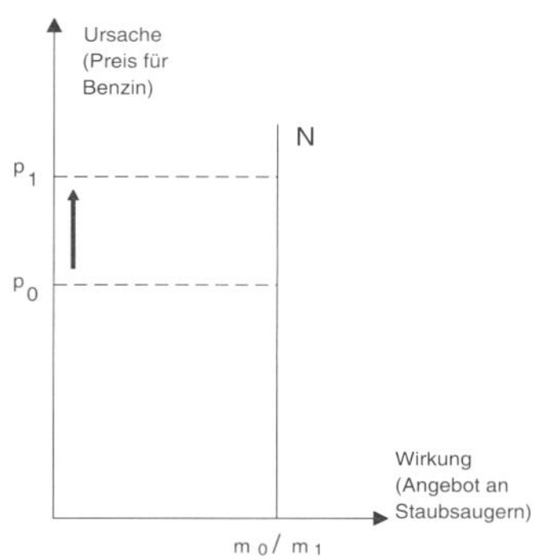

2 Sonstige Einflussfaktoren

Kosten der Produktions-faktoren	Steigen für die Herstellung eines Gutes die Kosten für die Produktionsfaktoren, z. B. Löhne, Zinsen oder Mieten, sinken bei konstantem Preis für das Gut und auch sonst unveränderten Bedingungen die Ertragsaussichten bzw. die Gewinne der Anbieter. Einige Anbieter werden dann, sofern sie die Möglichkeit haben, ihr Produktionsprogramm zugunsten von ertragsversprechenderen Produkten ändern. Eventuell müssen andere Anbieter die Produktion des Gutes ganz einstellen. Steigende Kosten der Produktionsfaktoren führen also – bei sonst unveränderten Bedingungen – zu einer Angebotssenkung (Linksverschiebung der Angebotskurve). Im Falle sinkender Kosten für die Produktionsfaktoren kommt es zu einer Angebotserhöhung (Rechtsverschiebung der Angebotsfunktion).
Ziele der Anbieter	Eine Vielzahl unterschiedlicher Zielsetzungen beeinflusst die unternehmerischen Entscheidungen. Als wesentliches ökonomisches Unternehmensziel wird die Gewinnmaximierung angesehen. Daneben spielen aber auch die Erlangung von Marktanteilen, die Risikobereitschaft oder bestimmte Marketingstrategien eine besondere Rolle. Auch außerökonomische Ziele wie Ansehen, Macht oder Prestige können unternehmerische Entscheidungen beeinflussen. Demnach kann es dazu kommen, dass Unternehmen – unter sonst gleichen Bedingungen – ihr Angebot erhöhen oder senken um ihre veränderten Unternehmensziele zu erreichen. *Beispiel: Ein Rennstall erhöht sein Angebot an erstklassigen Rennpferden um Aufmerksamkeit in der Öffentlichkeit zu erregen.*
Stand des technischen Wissens	Eine Verbesserung des Know-how führt zu einer größeren Konkurrenzfähigkeit bzw. zu einem Sinken der Produktionskosten. Aus diesem Grund ist anzunehmen, dass – bei Konstanz der übrigen Einflussfaktoren – eine technische Verbesserung der Produktion eines Gutes oder des Gutes selbst zu einer Angebotserhöhung (Rechtsverschiebung der Angebotskurve) führt. Eine Stagnation des Know-how kann langfristig zur internationalen Konkurrenzunfähigkeit führen oder bei technischem Fortschritt auf anderen Gebieten dazu führen, dass die Anbieter auf andere Märkte ausweichen und ihr Angebot auf dem bisherigen Markt einschränken. *Beispiel: Die Verbesserung des technischen Wissens bei der Herstellung von Sonnenkollektoren führte zu einer Angebotserhöhung.*
Zahl der Anbieter	Nimmt die Anzahl der Anbieter einer Gutes bei sonst unveränderten Bedingungen zu, steigt auch die zum Kauf angebotene Menge des Gutes, d. h. es kommt zu einer Rechtsverschiebung der Angebotskurve. Ein Ausscheiden von Anbietern hat eine Angebotssenkung und damit eine Linksverschiebung der Angebotskurve zur Folge. *Beispiel: Die Europäische Zentralbank entschließt sich eine Million Dollar aus ihren Währungsreserven zu verkaufen.*

4 Übersicht: Veränderungen der Angebotsfunktion

Bei einer Veränderung des Angebotes, d. h. einer Erhöhung oder einem Sinken des Angebotes, muss man unterscheiden, ob diese durch eine Veränderung des Preises für dieses Gut oder durch Veränderung eines anderen Einflussfaktors entstanden ist.

Preis des Gutes verändert sich

Veränderungen des Preises für ein Gut haben lediglich eine Bewegung auf der Kurve zur Folge, d. h. es entsteht eine neue Preis-Mengen-Kombination auf der bestehenden Kurve. Die Lage der Angebotskurve bleibt jedoch unverändert.

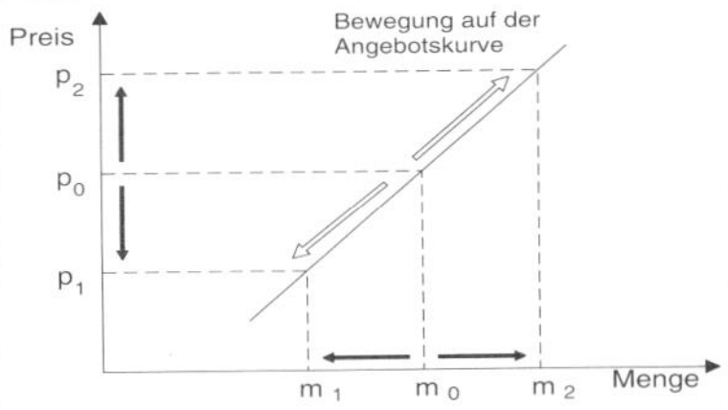

Ursache \ Wirkung	Angebotssteigerung (m_0 auf m_2)	Angebotssenkung (m_0 auf m_1)
Preis des Gutes	steigt	sinkt

Änderung anderer Einflussgrößen des Angebotes

Verändert sich ein anderer Einflussfaktor des Angebotes, so bedeutet eine Angebotserhöhung stets eine Verschiebung der Angebotskurve nach rechts, da nun bei konstantem Preis für dieses Gut mehr angeboten wird. Eine Angebotssenkung führt dementsprechend zu einer Verschiebung der Angebotskurve nach links.

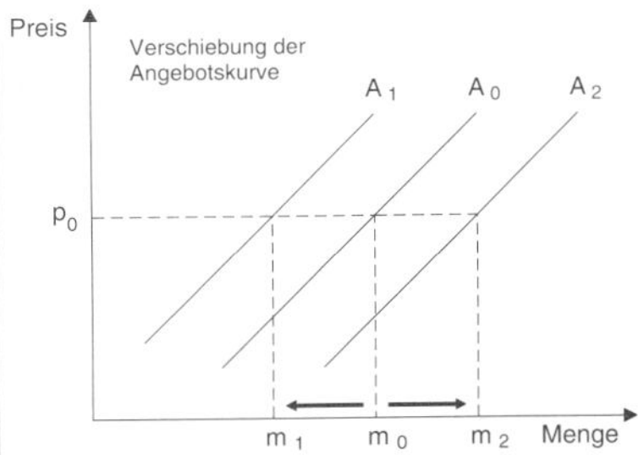

Ursache \ Wirkung	Angebotssenkung (Linksverschiebung von A_0 auf A_1)	Angebotserhöhung (Rechtsverschiebung von A_0 auf A_2)
Preis eines Substitutionsgutes	sinkt	steigt
Preis eines Komplementärgutes	steigt	sinkt
Kosten der Produktionsfaktoren	steigen	sinken
Ziele der Anbieter	angebotssenkende Änderung der Ziele	angebotserhöhende Änderung der Ziele
Stand des technischen Wissens	sinkt	steigt
Zahl der Anbieter	sinkt	steigt

8 Aufgaben zu Kapitel 8

Grundbegriffe und Einflussfaktoren des Angebotes
→ *S. 91*

1. Was ist allgemein unter dem Begriff „Angebot“ zu verstehen?
2. Wer tritt als Anbieter auf?
3. Erklären Sie, was unter dem Gesamtangebot zu verstehen ist und wie es ermittelt wird.
4. Nennen Sie die Faktoren, die das Angebot beeinflussen.

Angebotsverhalten bei Veränderung des Preises
→ *S. 93*

5. Beschreiben Sie den grafischen Verlauf der normalen Angebotsfunktion im Koordinatensystem. Begründen Sie Ihre Antwort.
6. Zeichnen Sie nach den folgenden Angaben die Angebotsfunktion in ein Koordinatensystem ein.

Preis in €	Angebot in Stück
7,00	500
7,50	1 500
8,00	2 500
8,50	3 500

7. Was ist unter einem anomalen Angebot zu verstehen?
8. Finden Sie Beispiele für anomales Angebotsverhalten.
9. Beschreiben Sie anhand eines Beispiels ein starres Angebot.
10. Welche Informationen gibt die Preiselastizität des Angebotes? Wie wird sie ermittelt?

Angebotsverhalten bei Veränderung anderer Einflussfaktoren
→ *S. 94*

11. Worauf ist eine Verschiebung der Angebotskurve zurückzuführen?
12. Welche Rolle kann der Preis anderer Güter auf das Angebotsverhalten spielen?
13. Welche Bedeutung spielen die Kosten der Produktionsfaktoren für das Angebot?
14. Nennen Sie ökonomische und außerökonomische Ziele der Anbieter und beschreiben Sie mögliche Folgen für das Angebotsverhalten.
15. Beschreiben Sie die Auswirkungen des technischen Fortschritts auf das Angebotsverhalten.
16. Wie wirkt sich in einer Volkswirtschaft eine Senkung der Zahl der ausländischen Anbieter aus?

Übersicht: Veränderungen der Angebotsfunktion
→ *S. 97*

17. Erklären Sie, warum es bei Veränderungen des Preises des Gutes zu einer Bewegung auf der Kurve, bei Veränderungen anderer Einflussfaktoren hingegen zu einer Verschiebung der Angebotskurve kommt.
18. Welche Reaktionen der Angebotskurve lösen folgende Situationen unter sonst gleichen Bedingungen aus?
    a. Die Kosten für den Produktionsfaktor Arbeit steigen.
    b. Der Preis eines Komplementärgutes steigt.
    c. Die Zahl der Anbieter steigt.
    d. Der Preis eines indifferenten Gutes sinkt.
    e. Der Preis des Gutes steigt.

1 Preisbildung bei vollständiger Konkurrenz

KAPITEL 9

1 Bildung des Gleichgewichtspreises

vollständige Konkurrenz

Als Voraussetzung für die Bildung eines Gleichgewichtspreises sollen die Bedingungen der vollständigen Konkurrenz als Marktmodell vorliegen:

1. Auf dem Markt befinden sich unendlich viele Nachfrager und Anbieter mit minimalen Marktanteilen, sodass der einzelne Marktteilnehmer keinen Einfluss auf den Marktpreis besitzt (atomistischer Markt).
2. Es liegt ein vollkommener Markt vor, d. h. auf dem Markt werden homogene Güter angeboten, alle Marktteilnehmer besitzen vollständige Markttransparenz, es existieren weder bei den Nachfragern noch bei den Anbietern räumliche, zeitliche, persönliche oder sachliche Präferenzen, die Marktreaktionen finden ohne zeitliche Verzögerungen *(time lags)* statt und alle Marktteilnehmer handeln nach dem ökonomischen Prinzip.

Preismechanismus

Unter den Prämissen der vollkommenen Konkurrenz bildet sich ein Marktpreis, der zum Ausgleich zwischen der angebotenen Menge eines Gutes und der nachgefragten Menge des Gutes führt. Das Angebot und die Nachfrage werden stets in Richtung dieses Gleichgewichtspreises gelenkt. Die entsprechende Menge wird als Gleichgewichtsmenge bezeichnet.

Beispiel: Ein Börsenmakler erhält folgende Kauf- bzw. Verkaufsoptionen bezüglich eines bestimmten Wertpapieres:

Kurslimit in €	*Kaufoptionen*		*Verkaufsoptionen*	
	Käufer	*Stück*	*Verkäufer*	*Stück*
105,–	*A*	*120*	*H*	*–*
106,–	*B*	*90*	*I*	*160*
107,–	*C*	*80*	*J*	*130*
108,–	*D*	*60*	*K*	*100*
109,–	*E*	*25*	*L*	*85*
110,–	*F*	*20*	*M*	*50*
	G	*155 (billigst)*	*N*	*50 (bestens)*

Käufer D ist z. B. bereit, 60 Stück des Wertpapieres zum Preis von 108,– € zu kaufen, keinesfalls zu einem höheren Preis. Er akzeptiert aber selbstverständlich jeden niedrigeren Kurs. Andererseits ist z. B. Verkäufer K bereit, seine Wertpapiere zum Kurs von mindestens 108,– € zu verkaufen. Er akzeptiert keinen geringeren Kurs, aber selbstverständlich jeden höheren Kurs.
Die Optionen „billigst" und „bestens" sind keine genauen Festlegungen, sie fordern den Makler lediglich auf, zu einem für den Käufer möglichst niedrigen Kurs einzukaufen bzw. zu einem für den Verkäufer möglichst hohen Kurs zu verkaufen.

▶

Diese Aufträge führen zu folgender Gesamtsituation auf dem Markt für dieses Wertpapier:

Kurs in €	*Gesamtnachfrage in Stück*	*Gesamtangebot in Stück*
105,–	*550*	*50*
106,–	*430*	*210*
107,–	*340*	*340*
108,–	*260*	*440*
109,–	*200*	*525*
110,–	*175*	*575*

grafische Darstellung

Gesamtnachfrage und Gesamtangebot lassen sich in einem Koordinatensystem wie folgt darstellen:

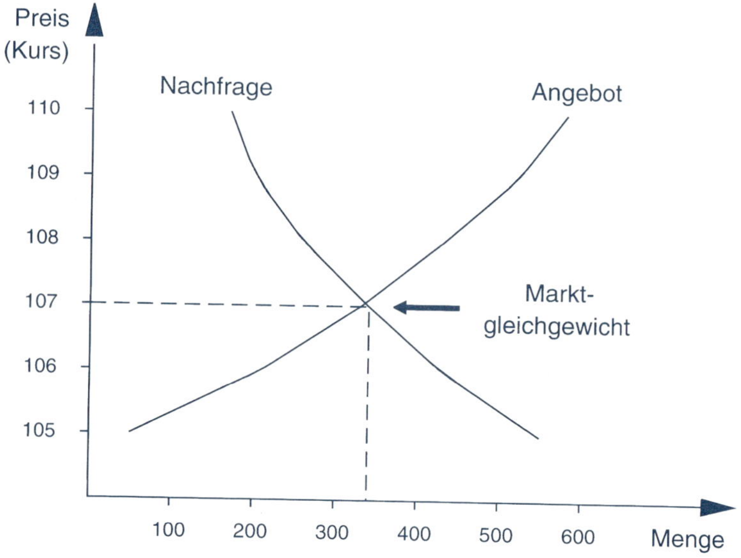

Gleichgewichtspreis

Der Gleichgewichtspreis ist der Marktpreis, bei dem das Angebot gleich der Nachfrage ist. Er liegt somit im Schnittpunkt zwischen der Angebots- und der Nachfragefunktion. Bei vollständiger Konkurrenz muss er von allen Marktteilnehmern als Datum hingenommen werden. Der mengenmäßige Umsatz ist beim Gleichgewichtspreis maximal.

Gleichgewichtsmenge

Die im Marktgleichgewicht umgesetzte Menge eines Gutes wird als Gleichgewichtsmenge bezeichnet. Es ist die Menge, die zur Räumung des Marktes führt, da die gesamten zum Kauf angebotenen Einheiten eines Gutes nachgefragt, d. h. gekauft werden.

2 Marktungleichgewichte

Begriff	Wenn auf einem Markt das Angebot und die Nachfrage zu einem bestimmten Preis nicht übereinstimmen, liegt ein Marktungleichgewicht vor. Auf einem Markt mit vollständiger Konkurrenz ist dieses Marktungleichgewicht nur sehr kurzfristig, da die neue Marktsituation unendlich schnell zu einem neuen Gleichgewichtspreis führt, der Angebot und Nachfrage wieder aneinander anpasst. *Beispiel: Auf dem Markt für Schweinefleisch gibt es folgende Situation:*

Preis in € je kg Fleisch	*Gesamtangebot in kg*	*Gesamtnachfrage in kg*
7,00	*5 000*	*11 000*
7,50	*6 000*	*9 000*
8,00	*7 000*	*7 000*
8,50	*8 000*	*5 000*
9,00	*9 000*	*3 000*

Angebotsüberhang (Nachfragelücke, Käufermarkt)

Wenn das Angebot größer ist als die Nachfrage, spricht man von einem Angebotsüberhang. In diesem Fall werden bei vollständiger Konkurrenz die Anbieter den Preis solange senken und dabei Angebot ausschalten bzw. Nachfrage gewinnen, bis ein neuer Gleichgewichtspreis entstanden ist.

Beispiel: Bei einem Preis von 9,– € je kg Schweinefleisch existiert ein Angebotsüberhang von 6 000 kg.

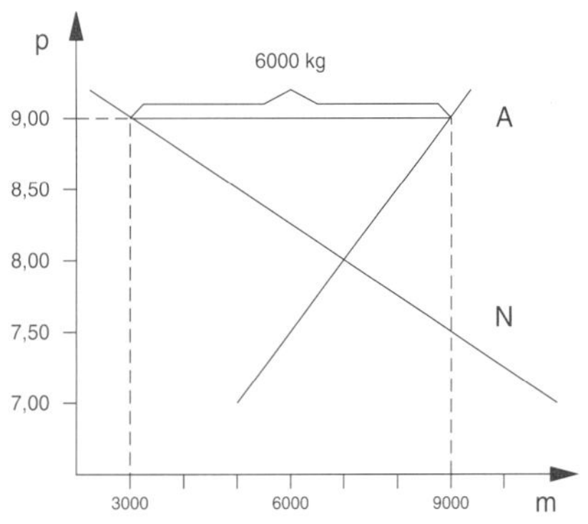

Nachfrageüberhang (Angebotslücke, Verkäufermarkt)

Ist das Angebot geringer als die Nachfrage, spricht man von einem Nachfrageüberhang. Bei vollständiger Konkurrenz finden so lange Preiserhöhungen statt, bis durch Ausschalten von Nachfrage und Angebotszunahme ein neues Gleichgewicht entsteht.

Beispiel: Bei einem Preis von 7,50 € je kg Schweinefleisch entsteht ein Nachfrageüberhang von 3 000 kg.

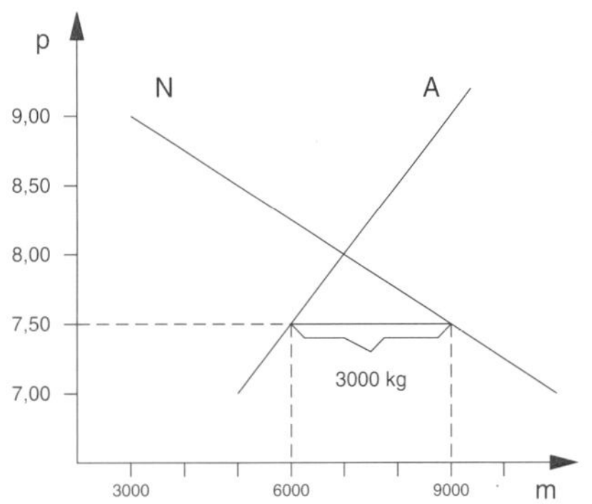

▶

Konsumenten-rente	Die Differenz zwischen dem höheren Betrag, den ein Nachfrager zu zahlen bereit ist, und dem tatsächlichen Marktpreis multipliziert mit der Menge bezeichnet man als Konsumentenrente. *Beispiel: Frau Meier ist bereit für einen bestimmten Pullover 50,– € zu zahlen. Sie erwirbt diesen Pullover aber zu einem Preis von 40,– € und hat somit eine Konsumentenrente von 10,– € erzielt.*
Grenz-nachfrager	Der Grenznachfrager ist diejenige Person, deren Konsumentenrente null ist. Der Betrag, den dieser Nachfrager höchstens zu zahlen bereit ist, entspricht dem Marktpreis. Eine noch so geringfügige Erhöhung des Marktpreises hätte ein Ausscheiden des Grenznachfragers zur Folge.
Produzenten-rente	Ein Anbieter, dessen geplanter Preis unter dem Marktpreis liegt, erzielt eine Produzentenrente in Höhe der Differenz zwischen dem niedrigsten Preis, zu dem dieser Anbieter noch anbieten würde, und dem Marktpreis, multipliziert mit der angebotenen Menge. *Beispiel: Ein Landwirt ist bereit 10 Kisten Äpfel zu jeweils 20,– € anzubieten. Der Marktpreis, zu dem er die Äpfel verkauft, liegt jedoch bei 30,– €. Seine Konsumentenrente beträgt somit 10 · 10,– € = 100,– €.*
Grenz-anbieter	Grenzanbieter ist der Anbieter, der zu demjenigen Marktpreis gerade noch anbietet, welcher seine Gesamtkosten soeben noch deckt. Seine Produzentenrente ist gleich null. Bei einer noch so geringen Preissenkung würde er als Anbieter ausscheiden.
grafische Darstellung	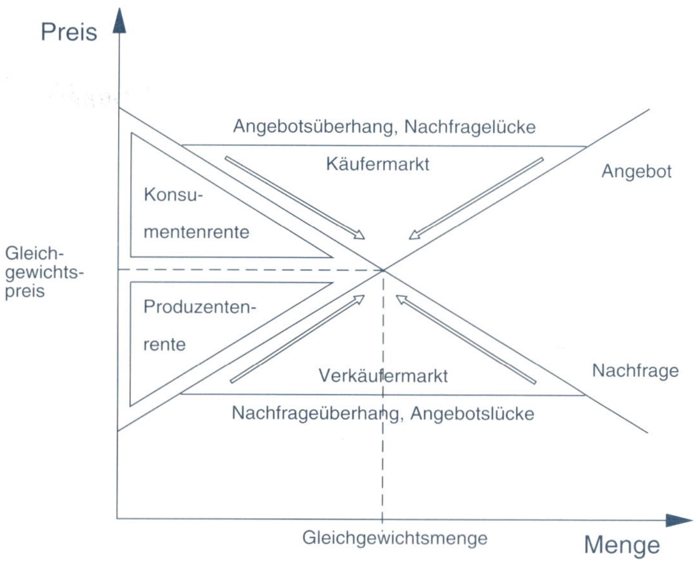

3 Veränderungen des Gleichgewichtspreises

Begründung	Durch die ständigen Veränderungen der Einflussfaktoren des Angebotes bzw. der Nachfrage kommt es fortlaufend zu neuen Anpassungsprozessen, deren Folge ein neues Marktgleichgewicht ist. Der neue Gleichgewichtspreis kann über oder unter dem ursprünglichen Gleichgewichtspreis liegen.	
Erhöhung des Marktpreises	Eine Erhöhung des Marktpreises ist das Resultat ▷ einer Angebotssenkung (Linksverschiebung der Angebotskurve), ▷ einer Nachfrageerhöhung (Rechtsverschiebung der Nachfragekurve), ▷ einer Erhöhung der Nachfrage, der nicht in gleichem Maße eine entsprechende Angebotserhöhung gegenübersteht.	
	Angebotssenkung ($A_0 \rightarrow A_1$)	**Nachfrageerhöhung** ($N_0 \rightarrow N_1$)
	▷ Preis eines Substitutionsgutes sinkt ▷ Preis eines Komplementärgutes steigt ▷ Kosten der Produktionsfaktoren steigen ▷ Veränderung der Unternehmensziele mit angebotssenkender Wirkung, z. B. Reduzierung der Vertriebswege ▷ sinkende Zahl der Anbieter	▷ Preis eines Substitutionsgutes steigt ▷ Preis eines Komplementärgutes sinkt ▷ Einkommen der Haushalte steigt ▷ Nutzeneinschätzung gegenüber dem Gut steigt ▷ Zukunftserwartungen der Nachfrager sind positiv ▷ Zahl der Nachfrager steigt
grafische Darstellung	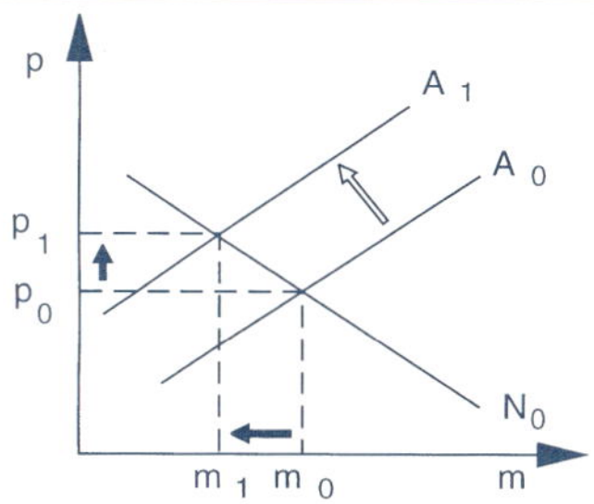	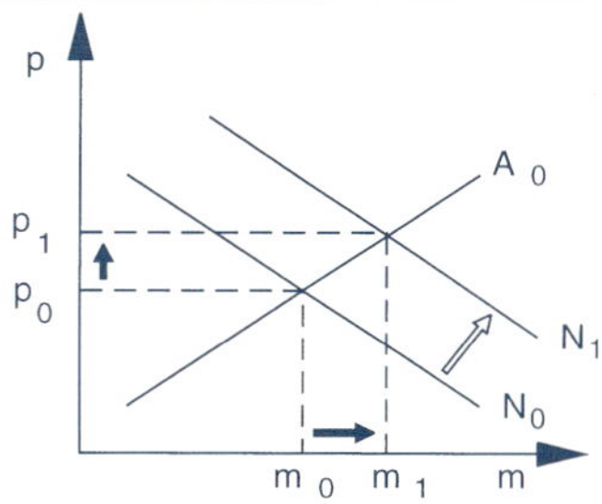
	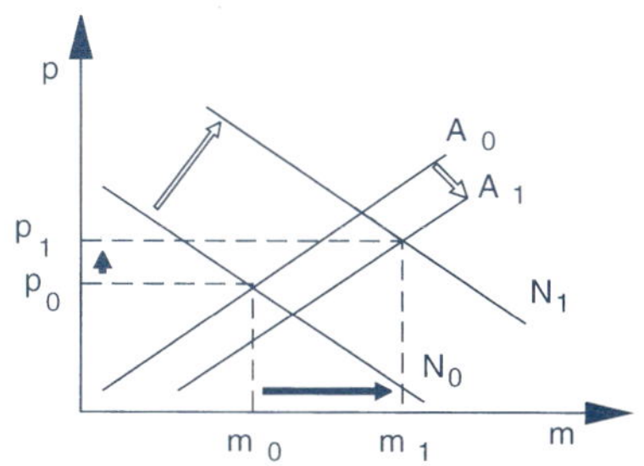	

▶

Verringerung des Marktpreises

Ein Angebotsüberhang löst einen Anpassungsprozess aus, der zu einem geringeren Marktpreis führt. Dieses Marktungleichgewicht beim ursprünglichen Gleichgewichtspreis ist die Folge

- ▷ einer Angebotserhöhung (Rechtsverschiebung der Angebotskurve),
- ▷ einer Nachfragesenkung (Linksverschiebung der Nachfragekurve),
- ▷ einer Angebotserhöhung, die stärker ist als die Nachfrageerhöhung.

Angebotserhöhung ($A_0 \rightarrow A_1$)	**Nachfragesenkung** ($N_0 \rightarrow N_1$)
▷ Preis eines Substitutionsgutes steigt ▷ Preis eines Komplementärgutes sinkt ▷ Kosten der Produktionsfaktoren sinken ▷ Veränderung der Unternehmensziele mit angebotserhöhender Wirkung ▷ Stand des technischen Wissens steigt ▷ Zahl der Anbieter steigt	▷ Preis eines Substitutionsgutes sinkt ▷ Preis eines Komplementärgutes steigt ▷ Einkommen der Haushalte sinkt ▷ Nutzeneinschätzung gegenüber dem Gut sinkt ▷ Zukunftserwartungen der Nachfrager verschlechtern sich ▷ Zahl der Nachfrager sinkt

grafische Darstellung

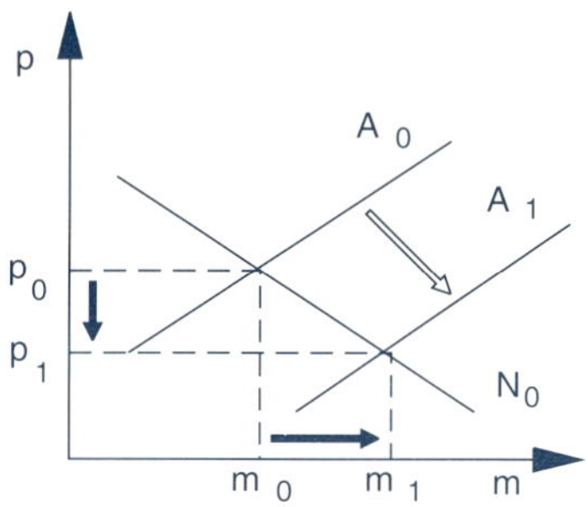

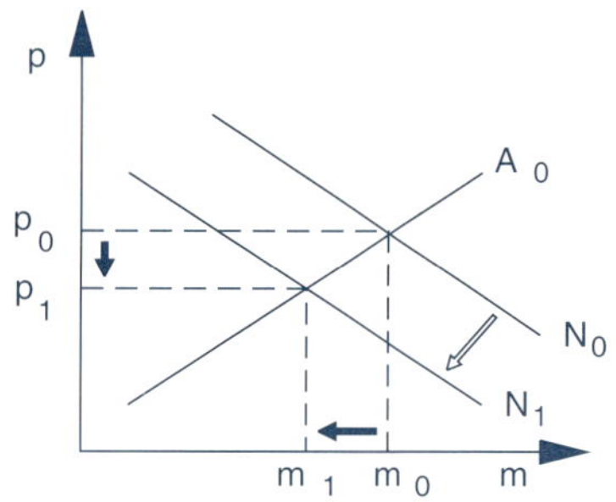

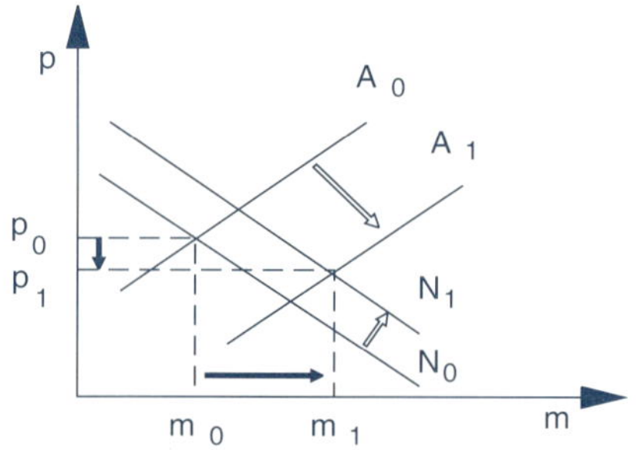

4 Spinnweb-Theorem

Begriff

Das Spinnweb-Theorem (Cobweb-Theorem) beschreibt den Anpassungsprozess an ein neues Gleichgewicht nach einer Nachfrageveränderung unter Berücksichtigung einer zeitlichen Verzögerung durch das Angebot.
Das Angebot reagiert hierbei kurzfristig unelastisch. Ursache für die zeitlichen Verzögerungen ist die Tatsache, dass sich das Angebot nach den Preisen der Vorperiode richtet, während sich die Nachfrage nach den aktuellen Preisen richtet. Somit kommt es bei einer Verschiebung der Nachfragefunktion laufend zu wechselnden Preis- und anschließenden Mengenreaktionen. Verbindet man im Koordinatensystem die jeweils neu entstehenden Preissituationen miteinander, so entsteht ein Gebilde vergleichbar einem Spinnengewebe.

Implodierendes Modell

Ist das Angebot elastischer als die Nachfrage, d. h. die Steigung der Angebotskurve größer als die Steigung der Nachfragekurve, so ergibt sich langfristig nach einigen Anpassungsreaktionen ein neues Gleichgewicht. Dieser Sachverhalt wurde z. B. für den Schweinemarkt festgestellt **(Schweinezyklus).**

a. Auf die Nachfrageerhöhung kann das Angebot kurzfristig nur über den Preis reagieren: der Preis steigt von P_0 auf P_1.
b. In der folgenden Periode sind die Anbieter bereit zum Preis von P_1 ihr Angebot von m_1 auf m_2 zu erhöhen. Diese Menge wollen die Nachfrager aber nur zu einem Preis von P_2 kaufen. Die Folge ist ein Angebotsüberhang.
c. Aufgrund des Angebotsüberhanges sind die Anbieter gezwungen den Preis von P_1 auf P_2 zu senken. Zu diesem Preis werden die Anbieter jedoch eine erneute Mengenanpassung vornehmen.
d. In der folgenden Periode bieten die Unternehmen zum Preis von P_2 nur noch die Menge m_3 an. Es kommt nun zu einem Nachfrageüberhang, der die Anbieter im Folgenden zu einer Preiserhöhung auf P_3 veranlasst.

Diese wechselweise Anpassung von Preis und Menge setzt sich von Periode zu Periode fort, bis ein neues Gleichgewicht entsteht.

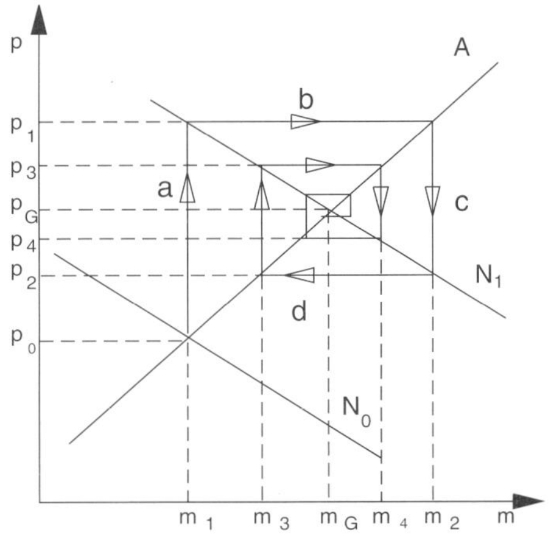

▶

Modell der gleich bleibenden Schwankungen	Besitzen das Angebot und die Nachfrage dieselben Elastizitäten, d. h. dieselbe Steigung der jeweiligen Kurven, so kommt es zu keinem neuen Gleichgewicht. Die Preis- und Mengenreaktionen sind dann immer jeweils gleich groß und bewegen sich weder hin zu einem neuen Gleichgewicht noch davon weg. 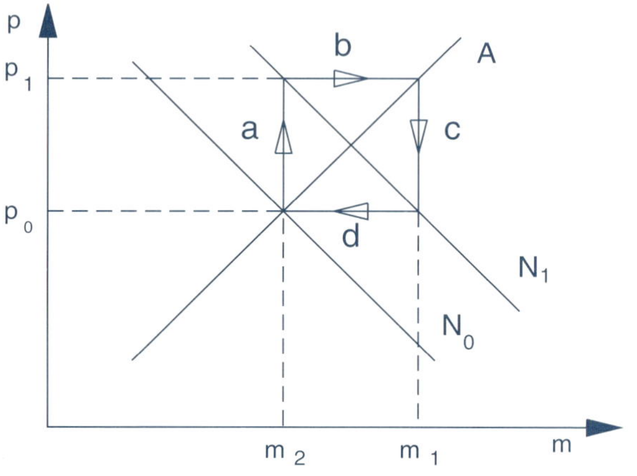
Explodierendes Modell	Wenn die Elastizität des Angebotes größer ist als die der Nachfrage, so werden Preis- und Mengenanpassungen immer größer und bewegen sich vom Gleichgewicht weg. 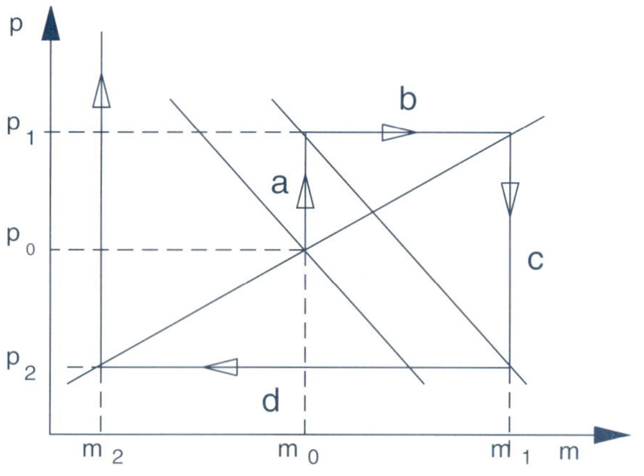

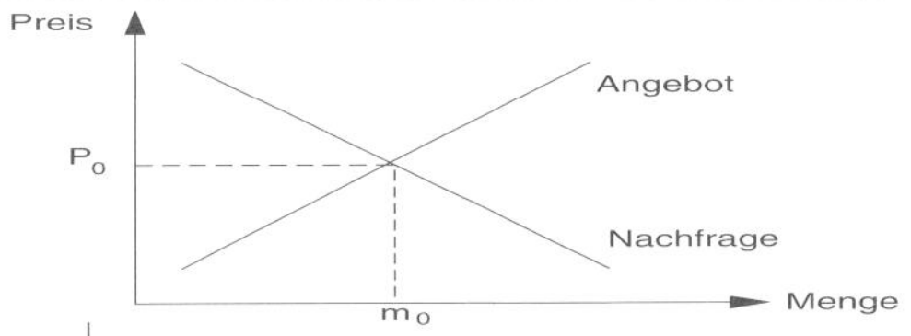

Entscheidungen der Marktteilnehmer richten sich im Wesentlichen nach dem Marktpreis. Dabei erfüllt der auf einem Markt mit vollständiger Konkurrenz gebildete Gleichgewichtspreis folgende Aufgaben:

Lenkungsfunktion (Allokationsfunktion)

Produktionsfaktoren werden dort eingesetzt werden, wo sie die höchsten Gewinne erzielen. Der Preis übernimmt dabei die Aufgabe der Verteilung der Produktionsfaktoren auf die verschiedenen Wirtschaftsbereiche. Ein steigender Preis führt zu zunehmender Produktion und damit zu zusätzlichen Einsatz der Produktionsfaktoren und umgekehrt. Die steigende Rentabilität führt zu steigenden Primäreinkommen, das zum Ausgleich des gestiegenen Preises notwendig ist.

Beispiel: Steigende Preise für Schweinefleisch werden die Landwirte dazu veranlassen, die Produktionsfaktoren Arbeit, Boden und Kapital verstärkt für die Mast von Schweinen einzusetzen.

Markträumungsfunktion (Ausschaltungsfunktion, Ausgleichsfunktion)

Der Gleichgewichtspreis führt zu einer Räumung des Marktes: Die Nachfrager, die nicht bereit sind zu diesem Preis zu kaufen und die Anbieter, für die der Gleichgewichtspreis zu niedrig ist, werden „ausgeschaltet". Somit kommt es bei der Preisbildung zu einem Ausgleich der gegensätzlichen Interessen von Anbietern und Nachfragern. Zum Gleichgewichtspreis wird die gesamte angebotene Menge eines Gutes abgesetzt und die gesamte Nachfrage befriedigt.

Beispiel: Auf dem Devisenmarkt bildet sich ein Kurs, bei dem alle Anbieter, die bereit sind zu diesem Wechselkurs anzubieten, ihre Devisen verkaufen können. Alle Nachfrager, die zu diesem Wechselkurs Devisen kaufen wollen, können diese auch erhalten.

Signalfunktion

Der Gleichgewichtspreis signalisiert die Knappheitssituation eines Gutes. Veränderungen der Nachfrage führen zu
- ▷ Preiserhöhungen, die den Anbietern zeigen, dass das Angebot zu gering ist,
- ▷ Preissenkungen, die den Anbietern ein zu hohes Angebot signalisieren.

Die Unternehmen werden ihre Ausbringungsmenge der geänderten Knappheitssituation anpassen.

Beispiel: Die in Japan durch mittelfristige Knappheit von Epoxylharz ausgelöste Marktverknappung auf dem Markt für Mikrochips führte kurzfristig zu mehr als einer Verdreifachung des Marktpreises.

3 Preisbildung auf dem unvollkommenen Markt

1 Unvollkommener Markt

<table>
<tr><td rowspan="6">Begriff</td><td colspan="2">Ein unvollkommener Markt liegt vor, wenn eine oder mehrere Bedingungen des vollkommenen Marktes nicht gegeben sind. Dies trifft bis auf wenige Ausnahmen für alle bestehenden Märkte zu.</td></tr>
<tr><td>Vollkommener Markt</td><td>Unvollkommener Markt</td></tr>
<tr><td>Homogenität der Güter</td><td>Anbieter schaffen durch Veränderungen (Produktdifferenzierung) heterogene Güter, die die Bedürfnisse der unterschiedlichen Abnehmergruppen gezielter befriedigen sollen. Unterstützt wird dies durch geeignete Werbemaßnahmen.</td></tr>
<tr><td>Fehlen von Präferenzen</td><td>Anbieter schaffen bewusst persönliche und sachliche Präferenzen durch den Aufbau von Markenartikeln, durch räumliche und zeitliche Präferenzen oder durch ihre Vertriebspolitik.</td></tr>
<tr><td>Vollständige Markttransparenz</td><td>Aufgrund der Größe der realen Märkte, der Anzahl der verschiedenen Produktvarianten, der technisch komplizierten Produkte und der fehlenden Informationszeit ist eine vollständige Markttransparenz für Anbieter und Nachfrager nicht erreichbar.</td></tr>
<tr><td>Fehlen von time-lags (zeitlichen Verzögerungen)</td><td>Reale Märkte sind i. d. R. keine Punktmärkte, d. h. Angebot und Nachfrage fallen zeitlich und räumlich auseinander. Die Produktionsfaktoren sind nicht mobil genug um ohne zeitliche Verzögerung auf der Angebotsseite auf Marktveränderungen zu reagieren. Außerdem lassen sich viele Güter nicht oder nur unzureichend substitutieren, sodass eine unendlich schnelle Anpassung an geänderte Marktdaten unmöglich ist.</td></tr>
<tr><td>Folgen</td><td colspan="2">Auf unvollkommenen Märkten bildet sich kein Gleichgewichtspreis, den alle Marktteilnehmer als Datum hinnehmen müssen. Dadurch entfallen in der Regel auch die Funktionen des Gleichgewichtspreises, d. h. die Märkte werden nicht geräumt, die Preise signalisieren nicht unbedingt die Knappheit eines Gutes und zu teure Anbieter werden nicht in jedem Fall ausgeschaltet.</td></tr>
<tr><td>Lösungsansätze</td><td colspan="2">Um die negativen Folgen des unvollkommenen Marktes für die Nachfrager abzuschwächen, ist es notwendig, deren Markttransparenz zu erhöhen. Verbraucherzentralen und Verbraucherberatungsstellen, vergleichende unabhängige Warentests und die Vergabe von Gütezeichen sind geeignete Maßnahmen um die Markttransparenz zu erhöhen und insbesondere die Produktdifferenzierung und die Werbeaussagen der Anbieter kritischer beurteilen zu können.</td></tr>
</table>

2 Preisdifferenzierung

Begriff	***Preisdifferenzierung bedeutet, dass ein Gut oder eine bestimmte Leistung zu unterschiedlichen Preisen angeboten wird.***		
Ziel	Anbieter wollen durch die Preisdifferenzierung die Konsumentenrente abschöpfen, sich vom Gleichgewichtspreis bei vollkommener Konkurrenz lösen und ihre Leistungen zu dem Preis verkaufen, den die Nachfrager zu zahlen bereit sind.		
Voraussetzungen	Preisdifferenzierung ist nur auf unvollkommenen Märkten durchführbar. Inbesondere die fehlende Markttransparenz und die Existenz von Produktpräferenzen sind dabei von Bedeutung. Außerdem muss die Bildung von Marktsegmenten möglich und sinnvoll sein.		
Arten der Preisdifferenzierung	**räumliche Preisdifferenzierung**	An unterschiedlichen Orten wird eine Leistung zu unterschiedlichen Preisen angeboten.	*Beispiel:* *Ein Autohersteller bietet seine Personenwagen im Ausland günstiger an als im Inland.*
	zeitliche Preisdifferenzierung	Eine Leistung wird zu unterschiedlichen Zeitpunkten zu unterschiedlichen Preisen angeboten.	*Beispiel:* *Ein Telefongespräch mit einer bestimmten Dauer ist am Tag teurer als in der Nacht.*
	persönliche Preisdifferenzierung	Bestimmte Personengruppen, z. B. Schüler, Studenten und Rentner, können eine Leistung günstiger beziehen als andere.	*Beispiel:* *Die Mitarbeiter eines Textilherstellers erhalten auf die Produkte des Unternehmens einen Personalrabatt.*
	Preisdifferenzierung nach Verwendungszweck	Je nach Verwendungszweck eines Gutes werden unterschiedliche Preise erhoben.	*Beispiel:* *Für Heizöl und Diesel werden unterschiedliche Preise verlangt.*
	Preisdifferenzierung nach der Käuferschicht	Die Produkte werden von den Anbietern je nach Käuferschicht zum Teil nur sehr geringfügig verändert um sie dann zu verschiedenen Preisen anzubieten.	*Beispiel:* *Ein Waschpulverhersteller bietet sein Waschpulver zum bekannten Markennamen wesentlich teurer an als in einer neutralen No-Name-Verpackung.*

▶

<table>
<tr>
<td>Arten der Preisdifferenzierung</td>
<td>Preisdifferenzierung nach der Absatzmenge</td>
<td>Je mehr ein Nachfrager bereit ist zu kaufen, desto niedriger wird der Stückpreis eines Gutes.</td>
<td>Beispiel: Bei Abnahme großer Mengen wird Mengenrabatt gewährt, bei Abnahme geringer Mengen ein Mindermengenzuschlag berechnet.</td>
</tr>
<tr>
<td rowspan="2">Beispiel: Abschöpfung der Konsumentenrente durch Preisdifferenzierung</td>
<td>Angebot ohne Preisdifferenzierung</td>
<td colspan="2">
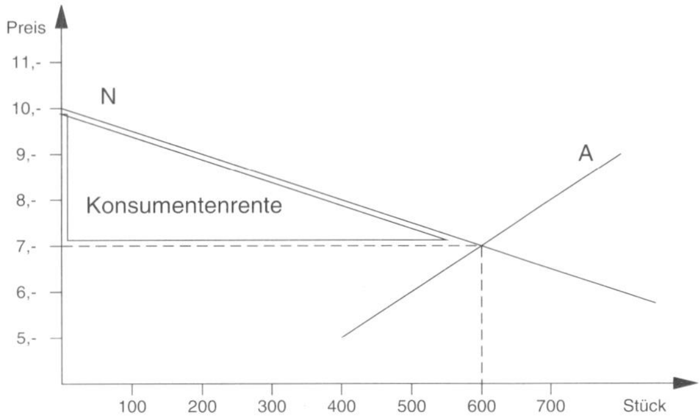

Ohne Preisdifferenzierung können die Anbieter 600 Stück · 7,– € = 4 200,– € umsetzen.
</td>
</tr>
<tr>
<td>Angebot mit Preisdifferenzierung</td>
<td colspan="2">
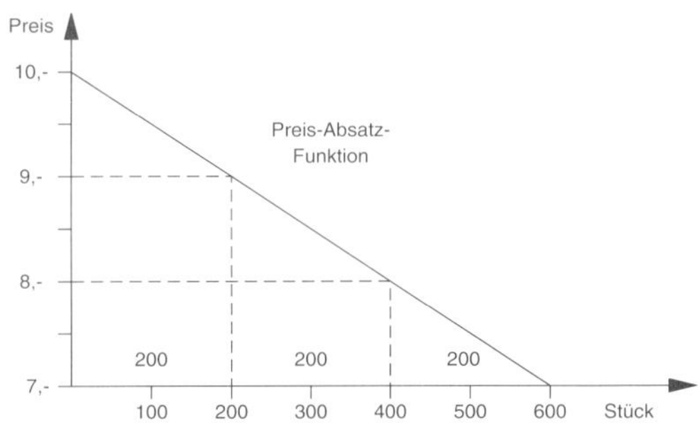

Mit Preisdifferenzierung können die Anbieter folgende Erlöse erzielen:
200 Stück · 7,– €/Stück = 1 400,– €
+ 200 Stück · 8,– €/Stück = 1 600,– €
+ 200 Stück · 9,– €/Stück = 1 800,– €
= Erlöse mit Preisdifferenzierung = 4 800,– €
– 600 Stück · 7,– €/Stück = 4 200,– €
= Abschöpfung der Konsumentenrente = 600,– €
</td>
</tr>
</table>

3 Preisbildung im unvollkommenen Polypol

Begriff	***Treffen viele Anbieter und viele Nachfrager auf einem unvollkommenen Markt zusammen, so spricht man von einem unvollkommenen Polypol (unvollkommene bzw. monopolistische Konkurrenz).*** *Beispiel: In einer Stadt gibt es viele Friseure, die aber einen Haarschnitt zu jeweils unterschiedlichen Preisen anbieten.*
Preisbildung	Durch fehlende Markttransparenz, Produktdifferenzierung und vorhandene Präferenzen können **Preisklassen** entstehen: Innerhalb einer gewissen Bandbreite kann der Anbieter einen gewinnmaximalen Preis festsetzen, ohne dass er mit entsprechenden Reaktionen der anderen Marktteilnehmer rechnen muss, z. B. mit dem Verlust von Käufern. Da sich der Polypolist hier wie ein Monopolist verhalten kann, spricht man auch vom **monopolistischen Absatzbereich.** Die monopolistische Konkurrenz ermöglicht höhere Gewinne als die vollständige Konkurrenz. Andererseits ist sie aber auch Ansporn für die Anbieter, da diese versuchen, durch die Weiterentwicklung ihrer Leistungen kurzfristige Monopolstellungen zu erlangen.
Preis-Absatz-Funktion im unvollkommenen Polypol	Verdeutlichen lässt sich dieser Zusammenhang anhand der zweifach geknickten Preis-Absatz-Funktion. 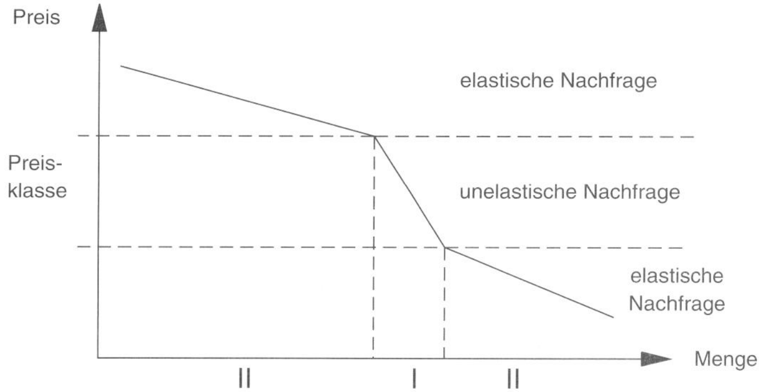 I Monopolistischer Bereich: Die Nachfrage ist unelastisch; Preiserhöhungen führen nur zu geringen Nachfrageeinbußen. *Beispiel: Im Markt für Herrenschuhe wirken sich Preisveränderungen im Bereich von 30,– € und 50,– € kaum auf die Nachfrage aus.* II Polypolistischer Bereich: Ober- und unterhalb der Preisklasse ist die Nachfrage elastisch; Preiserhöhungen führen in hohem Maße zu Abwanderungen von Kunden, Preissenkungen zu erheblichen Zuwanderungen von Kunden. *Beispiel: Hebt ein Anbieter von Herrenschuhen den Preis über 50,– € an, wird er mit einem überproportionalen Verlust von Käufern rechnen müssen.*

4 Preisbildung im unvollkommenen Oligopol

Begriff	***Das unvollkommene Oligopol ist eine durch Unternehmenskonzentration verursachte Marktform, bei der wenige Anbieter auf viele Nachfrager in einem unvollkommenen Markt treffen.*** *Beispiele: Märkte für Waschpulver, Automobile, Zigaretten, Computer und Kaffee*
Preisbildung	Ein Oligopolist muss bei seinen absatzpolitischen Maßnahmen einerseits die Reaktion der Nachfrager berücksichtigen, andererseits muss er damit rechnen, dass auch die anderen Anbieter reagieren, da seine Maßnahmen unmittelbar in deren Absatzbereich spürbar werden. Die Folge ist häufig eine relative Starrheit der Preise, die sich anhand der einfach geknickten Preis-Absatz-Funktion zeigen lässt.
Preis-Absatz-Funktion im unvollkommenen Oligopol	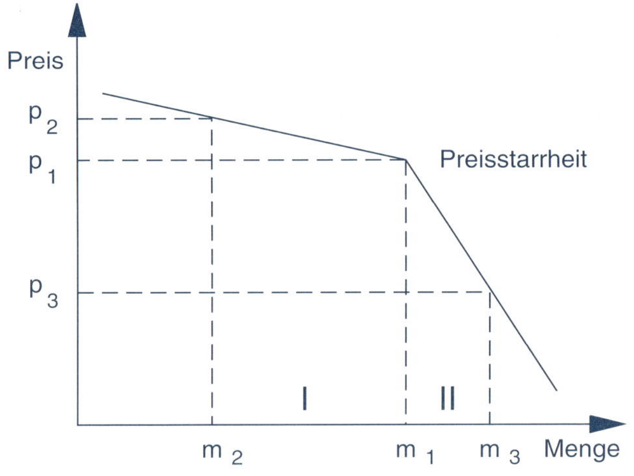 I Setzt ein Oligopolist seinen Preis herauf (P_1 auf P_2), so wird er mit einem erheblichen Rückgang seines Absatzes rechnen müssen, sofern die anderen Oligopolisten ihre Preise konstant halten. II Eine Preissenkung (P_1 auf P_3) wird die anderen Oligopolisten dazu veranlassen, ihren Preis ebenfalls zu senken. Die entstehende Nachfrageerhöhung wird sich auf alle Oligopolisten verteilen, sodass der einzelne Anbieter nur eine geringe Absatzsteigerung erzielt. III In Kenntnis dieses Sachverhaltes neigen Oligopolisten dazu, den Preis konstant zu halten (P_1) und den Wettbewerb auf andere Bereiche zu verlagern, z. B. Produktpolitik oder Werbung.

Preisstrategien im Oligopol	**Ruinöse Konkurrenz**	Der Oligopolist kann unter kurzfristigen Verzicht auf sein Ziel der Gewinnmaximierung versuchen durch Preissenkungen die Marktanteile seiner Konkurrenten zu gewinnen. Die anderen Anbieter werden darauf ihrerseits mit Preissenkungen reagieren müssen. Dies setzt sich so lange fort, bis aufgrund der Kostensituation einzelne Oligopolisten vom Markt ausscheiden (Konzentrationsprozess). Eventuell entsteht sogar eine Monopolstellung, die allerdings bei späteren Preissteigerungen nicht haltbar ist. Da der aggressive Oligopolist in der Regel selbst Verluste durch die von ihm eingeleiteten Strategie erleidet, ist dieses Verhalten in der Realität selten zu beobachten.
	Preisführerschaft	Häufiger tritt der Fall auf, dass die Oligopolisten die Kampfsituation meiden und sich einem Preisführer anschließen. Dieser Preisführer erhöht bzw. senkt seinen Preis und die anderen Oligopolisten folgen ihm. Der Preisführer wird von den anderen Anbietern, z. B. aufgrund seiner Größe, seines Managements oder seiner Tradition anerkannt. Gelegentlich lässt sich auch ein ständiger Wechsel der Preisführerschaft beobachten, so z. B. auf dem Benzinmarkt. Der eigentliche Konkurrenzkampf wird bei diesem Vorgehen auf die Qualitäts-, Service- und Werbepolitik verlagert.
	Preisabsprachen	Vereinzelt werden die Preise auch vertraglich oder mündlich unter den Anbietern abgesprochen *(„Frühstückskartelle“)*. Dies führt zu Kartellen, die als Kollektivmonopol gelten und in Form der Preiskartelle gesetzeswidrig sind.

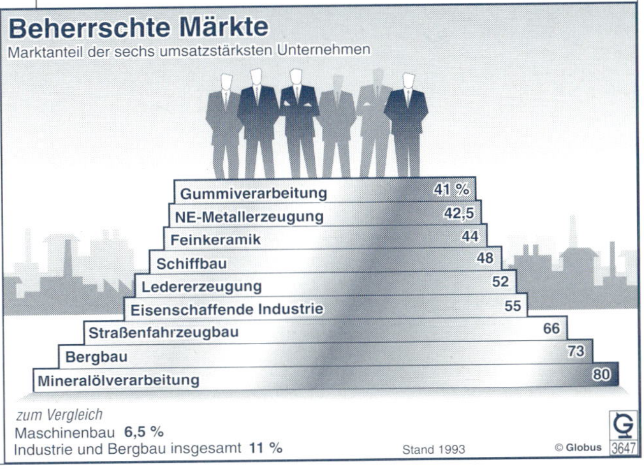

5 Preisbildung im unvollkommenen Monopol

Begriff	***Ein unvollkommenes Monopol liegt vor, wenn auf einem unvollkommenen Markt ein Anbieter und viele Nachfrager aufeinander treffen.***		
Preisbildung	Die Preis-Absatz-Funktion des Monopolisten ist gleichzeitig die Gesamtnachfragefunktion. Demnach kann der Monopolist den Preis autonom bestimmen. Er muss dann aber die Menge, die die Nachfrager bereit sind zu diesem Preis zu kaufen, als Datum hinnehmen. Bestimmt er die Menge, die er absetzen will, so muss er den Preis hinnehmen, zu dem diese Menge nachgefragt wird. In welchem Umfang und unter welcher Zielsetzung er den Preis oder die Menge bestimmt, hängt von der Art des Monopols ab.		
Arten von Monopolen	Unterscheidung nach	Formen	Beschreibung
	Zielsetzung der Monopole	**Gewinnmaximierungsmonopol**	Privatwirtschaftliche Unternehmen bestimmen einen Preis, der zum maximalen Gewinn führt.
		Bedarfsdeckungsmonopol	Einrichtungen der öffentlichen Hand streben eine bestmögliche Befriedigung der Kollektivbedürfnisse an.
	Eigentümer	**privates Monopol**	Monopol, bei dem der Anbieter ein privatrechtliches Unternehmen ist.
		öffentliches Monopol	Bund, Länder oder Gemeinden treffen als alleinige Anbieter auf viele Nachfrager.
	Entstehung	**natürliches Monopol**	Monopol entsteht aufgrund des alleinigen Eigentums an Naturschätzen oder aufgrund einer Fähigkeit.
		gesetzliches Monopol	Monopol entsteht durch das gesetzliche Recht der alleinigen Verwertung von Erfindungen oder künstlerischen Leistungen (z. B. Patentrecht).
		vertragliches Monopol	Monopol entsteht durch vertraglichen Zusammenschluss mehrerer Anbieter, z. B. beim Kartell.
	Zahl der Unternehmen	**Einzelmonopol**	Als Anbieter eines Gutes existiert nur ein Unternehmen oder eine Person.
		Kollektivmonopol	Mehrere Anbieter treten abgestimmt auf dem Markt auf.

▶

Preisbildung im Gewinnmaximierungsmonopol	In einem Gewinnmaximierungsmonopol wird der Monopolist den Preis so bestimmen, dass er den größtmöglichen Gewinn erzielt. Mithilfe der gegebenen Preis-Absatz-Funktion – die gleichzeitig die Gesamtnachfrage des Marktes darstellt – und den gegebenen variablen und fixen Kosten kann der Monopolist die Erlöse und die Gesamtkosten so gegenüberstellen, dass er den gewinnmaximalen Preis bestimmen kann. Dabei gilt allgemein: **Gewinn = Erlös – Kosten.**
Gesamtbetrachtung	Bei der Gesamtdarstellung ermittelt der Monopolist mithilfe der Preis-Absatz-Funktion zunächst die jeweiligen Erlöse, indem er die Absatzmenge mit dem entsprechenden Preis multipliziert (E = m · p). Von diesen Erlösen subtrahiert er die Gesamtkosten, die sich aus der Summe der jeweiligen variablen Kosten (m · variable Stückkosten) und den fixen Kosten ergeben. Er erhält somit zu jedem Preis den entsprechenden möglichen Gewinn. Die Preis-Mengen-Kombination, die zum maximalen Gewinn führt, wird er dann wählen.

Beispiel:

Absatzmenge in Stück	Preis in €	Erlös in €	Variable Kosten in €	Fixe Kosten in €	Gesamtkosten in €	Gewinn in €
0	5,00	0,00	0,00	3 500,00	3 500,00	– 3 500,00
1 000	4,50	4 500,00	1 000,00	3 500,00	4 500,00	0,00
2 000	4,00	8 000,00	2 000,00	3 500,00	5 500,00	2 500,00
3 000	3,50	10 500,00	3 000,00	3 500,00	6 500,00	4 000,00
4 000	3,00	12 000,00	4 000,00	3 500,00	7 500,00	4 500,00
5 000	2,50	12 500,00	5 000,00	3 500,00	8 500,00	4 000,00
6 000	2,00	12 000,00	6 000,00	3 500,00	9 500,00	2 500,00
7 000	1,50	10 500,00	7 000,00	3 500,00	10 500,00	0,00
8 000	1,00	8 000,00	8 000,00	3 500,00	11 500,00	– 3 500,00
9 000	0,50	4 500,00	9 000,00	3 500,00	12 500,00	– 8 000,00
10 000	0,00	0,00	10 000,00	3 500,00	13 500,00	– 13 500,00

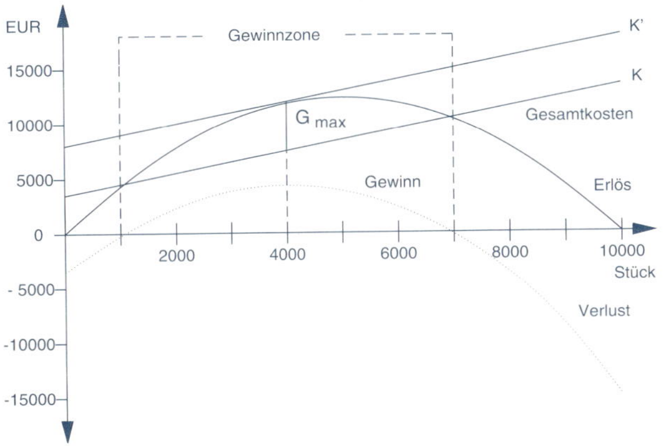

Bei der grafischen Darstellung lässt sich die gewinnmaximale Menge dort ablesen, wo der Abstand zwischen der Erlös- und der Gesamtkostenfunktion am größten ist. Man kann diesen Punkt auch erhalten, indem man diese Gesamtkostenfunktion bis zu dem Punkt parallel verschiebt, an dem sie die Erlösfunktion tangiert. Die Schnittpunkte von Erlös- und Gesamtkostenfunktion stellen die Gewinnschwellen dar.

▶

Stückbetrachtung

Die Stückbetrachtung ist zur Bestimmung des gewinnmaximalen Preises mathematisch genauer als die Gesamtbetrachtung. Der Monopolist untersucht den Grenzerlös (Erlöszuwachs) pro Stück bei zunehmender Absatzmenge unter Berücksichtigung der entsprechenden Preissenkungen und vergleicht diese mit den Grenzkosten je Stück bei zunehmender Absatzmenge. Die gewinnmaximale Menge ist dort, wo der Grenzerlös gleich den Grenzkosten ist.

Absatzmenge in Stück	Preis in €	Grenzerlös gesamt in €	Grenzerlös je Stück in €	Grenzkosten je Stück in €
0	5,00	0,00	5,00	1,00
1 000	4,50	4 500,00	4,00	1,00
2 000	4,00	3 500,00	3,00	1,00
3 000	3,50	2 500,00	2,00	1,00
4 000	3,00	1 500,00	1,00	1,00
5 000	2,50	500,00	0,00	1,00
6 000	2,00	500,00	– 1,00	1,00
7 000	1,50	– 1 500,00	– 2,00	1,00
8 000	1,00	– 2 500,00	– 3,00	1,00
9 000	0,50	– 3 500,00	– 4,00	1,00
10 000	0,00	– 4 500,00	– 5,00	1,00

Die Grenzerlöse je Stück werden wie folgt berechnet:

$$\text{Grenzerlös je Stück} = \frac{\text{Grenzerlös}}{\text{Mengenveränderung}} - \text{Preisänderung}$$

Beispiel: $\text{Grenzerlös je Stück} = \frac{2\,500}{1\,000} - 0{,}50 = 2{,}00\ €$

Da die Gesamtkostenfunktion linear ist, entsprechen die Grenzkosten je Stück den variablen Kosten je Stück.

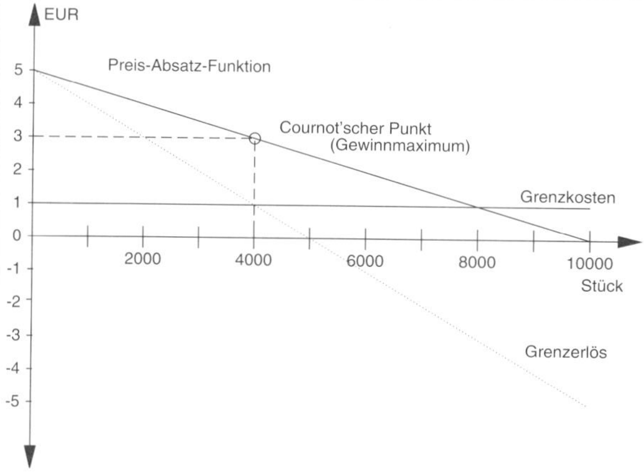

Der Punkt, in dem sich die Kurve der Grenzerlöse je Stück und die Kurve der Grenzkosten je Stück schneiden, gibt die gewinnmaximale Menge an. Der zu dieser Menge gehörende Punkt der Preis-Absatz-Funktion enthält als weitere Koordinate den gewinnmaximalen Preis. Dieser Punkt wird **Cournot'scher Punkt** genannt. Der Monopolist im Gewinnmaximierungsmonopol wird also diesen Preis festsetzen und die dazugehörende Menge produzieren um den maximal möglichen Gewinn zu erzielen.

4 Staatliche Eingriffe in den Marktmechanismus

1 Überblick

<table>
<tr><td>freie Marktpreisbildung</td><td colspan="2">Kennzeichen des marktwirtschaftlichen Systems ist, dass sich der Preis eines Gutes frei bildet, d. h. ohne staatliche Eingriffe zustande kommt. Die Preisbildung erfolgt ausschließlich durch das Zusammentreffen von Angebot und Nachfrage auf dem Markt.</td></tr>
<tr><td rowspan="3">Eingriffe des Staates in der sozialen Marktwirtschaft</td><td colspan="2">In einer sozialen Marktwirtschaft sind jedoch Situationen denkbar, in denen der Staat aus einkommens-, gesellschafts- oder sozialpolitischen Gründen in das Marktgeschehen eingreifen muss:
▷ Staatliche Eingriffe können dem Einkommensschutz der Anbieter bestimmter Wirtschaftsbereiche bei zu niedrigen Preisen dienen.
▷ Der Staat schützt durch Eingriffe die Nachfrager vor zu hohen Preisen, z. B. bei lebensnotwendigen Gütern. Er ermöglicht es damit den Nachfragern, ihren Bedarf an diesen Gütern zu decken.
Bei derartigen Eingriffen in den Marktmechanismus muss allerdings scharf zwischen marktkonformen oder nicht marktkonformen Maßnahmen unterschieden werden.</td></tr>
<tr><td>marktkonform</td><td>Alle Staatseingriffe, die den Preismechanismus des Marktes nicht aufheben, sondern die Marktteilnehmer durch Veränderung der Marktbedingungen in ihrem Verhalten beeinflussen, sind marktkonform.
Folge: Bei marktkonformen Interventionen bildet sich ein Gleichgewichtspreis und alle Funktionen des Gleichgewichtspreises werden erfüllt.</td></tr>
<tr><td>nicht marktkonform</td><td>Alle Maßnahmen, durch die der Preismechanismus des Marktes durch staatliche Eingriffe aufgehoben wird, werden als nicht marktkonform bezeichnet.
Folge: Auf dem Markt kann sich i. d. R. kein Gleichgewicht mehr bilden. Die Selbststeuerung ist nicht mehr gegeben.</td></tr>
</table>

Eingriffe des Staates in die Preisbildung

marktkonforme Eingriffe

- ▷ Preisbeeinflussung
  - kostensenkende und erlösverbessernde Maßnahmen für die Produzenten
  - einkommensverbessernde Maßnahmen für die Nachfrager
- ▷ Mengenbeeinflussung
  - zusätzliche staatliche Nachfrage
  - zusätzliches staatliches Angebot

nicht marktkonforme Eingriffe

- ▷ Preiseingriffe
  - Höchstpreise
  - Mindestpreise
  - Preisstopp
- ▷ Mengeneingriffe
  - Investitionsverbote
  - Produktionsauflagen
  - Ein- oder Ausfuhrverbote
  - Bewirtschaftung

2 Marktkonforme Eingriffe

<table>
<tr><td rowspan="6">Preis-
beeinflussung</td><td colspan="3">Der Staat versucht
▷ entweder die Anbieter über die Kostenseite oder
▷ die Nachfrager über das Einkommen
in ihrem Marktverhalten zu beeinflussen.</td></tr>
<tr><td></td><td>Angebot</td><td>Nachfrage</td></tr>
<tr><td>Ziel</td><td>Sicherung der Existenz der Anbieter und der damit verbundenen Arbeitsplätze durch Einkommensschutz</td><td>Sicherstellung der Versorgung mit lebensnotwendigen Gütern bzw. Aufrechterhaltung einer bestimmten Lebensqualität</td></tr>
<tr><td>Maßnahmen</td><td>▷ Steuersenkungen oder Steuervergünstigungen
▷ Subventionen
▷ Exportförderung
▷ Investitionsprämien
▷ Einführung oder Erhöhung von Einfuhrzöllen</td><td>▷ Senkung der Einkommensteuer zugunsten einkommensschwacher Haushalte
▷ Gewährung oder Erhöhung von Transferzahlungen wie Wohngeld, Sozialhilfe, Kindergeld</td></tr>
<tr><td>Wirkung</td><td>Beeinflussung der Kosten- und Erlössituation der Anbieter</td><td>Beeinflussung des verfügbaren Einkommens der Haushalte</td></tr>
<tr><td>Beispiele:</td><td>Um die Textilwirtschaft eines Landes zu schützen wird auf die eingeführten Textilerzeugnisse ein Einfuhrzoll erhoben. Die niedrigeren Preise ausländischer Anbieter werden damit künstlich erhöht, die inländische Ware bleibt „konkurrenzfähig“.</td><td>Aufgrund des starken Anstiegs der Nachfrage nach Wohnraum sind die Mieten für viele Haushalte unbezahlbar geworden. Hier kann der Staat marktkonform durch die Zahlung von Wohngeld eingreifen.</td></tr>
<tr><td>Mengen-
beeinflussung</td><td colspan="3">Durch die Veränderung der Angebots- bzw. Nachfragemengen kann der Staat das Marktgeschehen ebenfalls beeinflussen. Folgende Maßnahmen sind insbesondere möglich:
▷ Erhöhung der Nachfrage bei zu niedrigem Preis (Anbieterschutz) durch staatliche Käufe und Vorratshaltung;
▷ Erhöhung des Angebotes bei zu hohen Preisen (Nachfragerschutz) durch Verkauf aus staatlichen Beständen;
▷ Eingriffe der Zentralbank durch Kauf oder Verkauf von Devisen am Devisenmarkt um volkswirtschaftlich bedrohliche Wechselkursveränderungen zu beheben.</td></tr>
</table>

2 Nicht marktkonforme Eingriffe

Begriff	***Bei nicht marktkonformen Eingriffen diktiert der Staat dem Markt einen Preis oder eine Menge, die vom Marktgleichgewicht abweicht. Sein Ziel ist es, die Anbieter vor zu niedrigen oder die Nachfrager vor zu hohen Preisen zu schützen.***
Höchstpreise	Der Staat legt einen Preis fest, der unterhalb des Gleichgewichtspreises liegt um die Nachfrager vor zu hohen Preisen zu schützen. Dieser Preis darf von den Anbietern nicht überschritten werden, er ist also eine Preisobergrenze. Höchstpreise können dann angewendet werden, wenn die Bedarfsdeckung der privaten Haushalte mit lebensnotwendigen Gütern gefährdet ist. *Beispiel: Zu hohe Mieten würden bedeuten, dass einkommenschwache Haushalte sich keinen oder nicht ausreichenden Wohnraum leisten könnten. Durch eine Mietpreisobergrenze könnte der Staat hier die Anbieter an eine Höchstmiete je m² Wohnfläche binden. Im folgenden Beispiel wird ein Höchstmietpreis von 4,– €/m² angenommen.*

Angebots-/Nachfrage-Tabelle

Preis/m² in €	*Angebot in 1 000 m²*	*Nachfrage in 1 000 m²*
2,00 €	*40*	*640*
2,50 €	*80*	*580*
3,00 €	*120*	*520*
3,50 €	*160*	*460*
4,00 €	*200*	*400*
4,50 €	*240*	*340*
5,00 €	*280*	*280*
5,50 €	*320*	*220*

grafische Darstellung

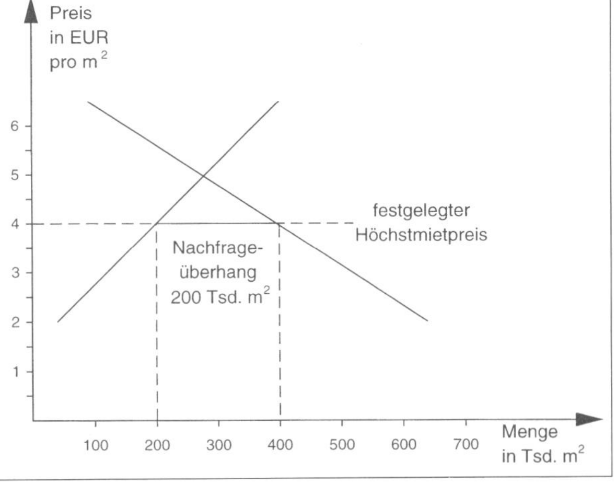

<table>
<tr><td rowspan="1">Höchstpreise</td><td>Folgen von Höchstpreisen</td><td>Es entsteht ein Nachfrageüberhang, da der Höchstpreis stets unter dem Gleichgewichtspreis liegt. Der Preis verliert seine Ausschaltungs- bzw. seine Markträumungsfunktion. Dieser Nachfrageüberhang zwingt den Staat zu einer Mengenregulierung.
Folgende mengenregulierende Maßnahmen sind denkbar:

1. Der Staat überlässt die Mengenregulierung dem Markt nach dem Prinzip: „Wer zuerst kommt, mahlt zuerst".

Folge: Dieses Vorgehen würde zu Warteschlangen und Schwarzmärkten führen. Es wäre sozial ungerecht, da vor allem die sozial schwachen Personen leer ausgingen. Diese Art der Mengenregulierung ist also ungeeignet.

2. Der Staat überlässt es den Anbietern, die Mengenregulierung vorzunehmen.

Folge: Diese Form der Regulierung führt zu einem „Verkauf unter der Hand". Die Anbieter bevorzugen bestimmte Personen oder verlangen von den Nachfragern verdeckte Sonderleistungen. Auch diese Art der Mengenregulierung ist daher ungeeignet.

3. Der Staat kann durch Ausgabe von Berechtigungsscheinen, wie z. B. Lebensmittelkarten oder aber mithilfe von Wartelisten eine sozial gerechte Verteilung des knappen Angebotes vornehmen.

Folge: Durch diese Maßnahme würde ein gewaltiger Verwaltungs- und Kontrollapparat entstehen, der mit enormen Kosten für die Allgemeinheit verbunden ist. Außerdem besteht die Gefahr, dass durch die zunehmende Bindung von Personal im öffentlichen Dienst „immer mehr Personen immer weniger verteilen".</td></tr>
<tr><td>Allgemeiner Preisstopp</td><td colspan="2">Eine besondere Form der Höchstpreise zur Bekämpfung einer anhaltend hohen Inflation ist, dass der Staat sämtliche Preise einfriert bzw. unter dem Gleichgewichtspreis festsetzt. Es werden hierbei nur die Folgen der relativen Knappheit der Güter bekämpft, nicht aber deren Ursachen.

Folgen: Die Anbieter umgehen den Preisstopp, z. B. durch Veränderung der Produkte oder durch Angebote auf Schwarzmärkten. Die Maßnahme ist damit wirkungslos. Aus diesen Gründen wird ein Preisstopp in den westlichen Industrieländern kaum angewendet.</td></tr>
</table>

▶

Mindest-preise	Zum Schutz der Anbieter kann der Staat einen Preis oberhalb des Gleichgewichtspreises festsetzen, d. h. der Mindestpreis entspricht einer Preisuntergrenze. *Beispiele: Märkte für landwirtschaftliche Erzeugnisse oder Kohle*	
	grafische Darstellung	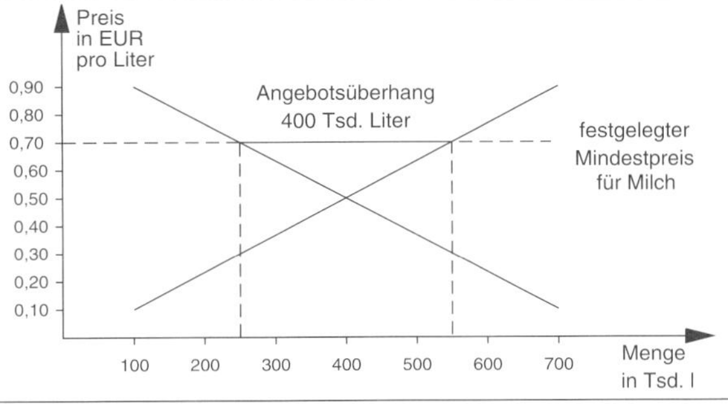
	Folgen von Mindestpreisen	Der Preis verliert seine Ausschaltungsfunktion, sodass der Markt nicht geräumt wird und ein Angebotsüberhang entsteht. Dieser zwingt den Staat, die Nachfragelücke zu schließen. Folgende Maßnahmen sind möglich: 1. Der Staat begrenzt das Angebot durch Quotierung der Angebotsmenge (Milchquote) oder Zahlung von Prämien für freiwillige Angebotseinschränkung durch die Anbieter (Schlachtprämien, Flächenstilllegungsprämie). *Folge: Es besteht die Gefahr, dass die Anbieter ihre Überproduktion illegal zu einem niedrigeren Preis verkaufen. Dies führt zu einem weiteren Nachfragerückgang auf dem legalen Markt, weil ein Teil der Nachfrage bereits befriedigt ist (grauer Markt).* 2. Der Staat versucht, die Nachfrage durch Abnahmezwang oder staatliche Werbemaßnahmen zu erhöhen. 3. Der Staat kauft den Überschuss zu garantierten Festpreisen auf (subventionierte Preise) und lagert ihn ein. *Folge: Der Staat kann die Waren im Inland nicht verkaufen. Es entstehen die bekannten Überschüsse („Milchsee“, „Butterberg“). Die gelagerten Güter werden u. U. vernichtet oder zu einem extrem niedrigen Preis auf dem Weltmarkt verkauft. Dies beeinflusst die Weltmarktpreise, worunter vor allem die Entwicklungsländer zu leiden haben.*

Preisbildung bei vollständiger Konkurrenz
→ S. 99

1. Welche Bedingungen muss ein vollkommener Markt erfüllen?
2. Beschreiben Sie, wie sich bei vollständiger Konkurrenz der Preis bildet.
3. Ermitteln Sie den Gleichgewichtspreis, die Gleichgewichtsmenge und den Marktumsatz, wenn folgende Angaben vorliegen:

Preis in €	Kaufoptionen		Verkaufsoptionen	
	Käufer	Stück	Verkäufer	Stück
8,–	A	200	F	100
9,–	B	150	G	100
10,–	C	150	H	200
11,–	D	200	I	200
12,–	E	50	J	50

4. Unterscheiden Sie zwischen Käufer- und Verkäufermarkt.
5. Erklären Sie die Begriffe „Konsumentenrente“ und „Produzentenrente“.
6. Auf dem Markt für DVD-Player existieren 4 Anbieter (A–D) und 50 Einzelhändler, die jeweils 500 DVD-Player zu folgenden Bedingungen kaufen:

Anbieter	A	B	C	D
Preis in €	250,–	300,–	350,–	400,–

Anzahl Nachfrager	15	15	10	10
Preis in €	200,–	250,–	300,–	350,–

Ermitteln Sie für dieses Beispiel folgende Größen:
a. den Gleichgewichtspreis und die Gleichgewichtsmenge;
b. die Nachfragelücke, wenn sich der teuerste Anbieter durchsetzt;
c. die Konsumentenrente je Stück für diejenigen Nachfrager, die ursprünglich bereit waren den höchsten Preis zu zahlen;
d. die gesamte Produzentenrente, die die Anbieter erzielen, die am günstigsten anbieten könnten.

7. Erklären Sie anhand von Beispielen, wie es zu einer Preissenkung bzw. zu einer Preiserhöhung auf vollkommenen Märkten kommt.
8. Was besagt das Spinnweb-Theorem?

Funktionen des Gleichgewichtspreises
→ S. 107

9. Erläutern Sie die Funktionen des Gleichgewichtpreises.
10. Finden Sie Beispiele für die Funktionen des Gleichgewichtpreises.
11. Welche gesamtwirtschaftlichen Folgen hat ein Fehlen dieser Funktionen?
12. Unter welchen Umständen verliert der Preis diese Funktionen?

Preisbildung auf dem unvollkommenen Markt
→ S. 108

13. Was ist ein unvollkommener Markt?
14. Welche Konsequenzen bringt ein unvollkommener Markt im Vergleich zum vollkommenen Markt mit sich?
15. Durch welche betriebswirtschaftlichen Maßnahmen wird der vollkommene Markt zerstört?
16. Welche Vorteile könnte ein Anbieter durch den unvollkommenen Markt erlangen?
17. Was versteht man unter Preisdifferenzierung? Unter welchen Bedingungen ist dieses Instrument einsetzbar und welche Ziele verfolgen die Anbieter damit?
18. Unterscheiden Sie anhand geeigneter Beispiele die verschiedenen Arten der Preisdifferenzierung.
19. Was ist unter einem unvollkommenen Polypol zu verstehen?
20. Beschreiben Sie die Preisbildung in einem unvollkommenen Polypol.
21. Beschreiben Sie die zweifach geknickte Preis-Absatzfunktion im unvollkommenen Polypol. Gehen Sie dabei insbesondere auf den monopolistischen Absatzbereich ein.
22. In welcher preispolitischen Situation befindet sich ein Anbieter in einem unvollkommenen Oligopol?
23. Welche preispolitischen Strategien sind in einem unvollkommenen Oligopol denkbar?
24. Warum ist auf den meisten unvollkommenen Oligopolmärkten eine relative Preisstarrheit zu beobachten?
25. Nach welchen Kriterien können Monopole unterschieden werden?
26. Was muss ein Monopolist bei der Preisfestsetzung beachten?
27. Wie wird in Gewinnmaximierungsmonopolen der Preis festgesetzt?
28. Gegeben sind folgende Daten eines Monopolisten:

Preis in €	Absatzmenge in Stück
3,10	12 000
3,20	11 000
3,30	10 000
3,40	9 000
3,50	8 000
3,60	7 000

Variable Kosten/Stück: 2,50 €

Fixe Kosten: 3 000,00 €

a. Welche Gesamtkosten hätte der Monopolist bei einer Absatzmenge von 12 000 Stück?
b. Wie hoch wären die Gesamtkosten, der Gesamterlös und der Gewinn bei einer Absatzmenge von 7 000 Stück?
c. Ermitteln Sie die Menge, bei der der Monopolist den größten Gewinn erzielt.

29. Was ist der Cournot'sche Punkt? Wie wird er grafisch ermittelt?

▶

Staatliche Eingriffe in den Marktmechanismus
→ *S. 117*

30. Unterscheiden Sie zwischen marktkonfomen und nicht marktkonformen Eingriffen des Staates in den Preismechanismus.
31. Warum greift der Staat in den Preismechanismus ein?
32. Was ist ein Höchstpreis und welche Folgen hat es, wenn er durch staatliche Stellen festgelegt wird?
33. Welche Nachteile hat ein Höchstpreis?
34. Ermitteln Sie den Umfang des entstehenden Marktungleichgewichtes, wenn der Staat in der nebenstehenden Situation einen um 2,– € vom Gleichgewichtspreis abweichenden Höchstpreis festsetzt.

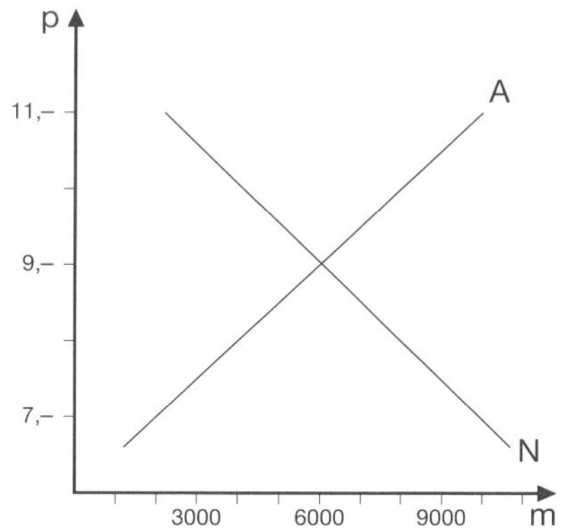

35. Was ist ein allgemeiner Preisstopp?
36. Erklären Sie, warum durch staatliche Mindestpreise die so genannten Milchseen, Butterberge etc. in der EG entstehen.
37. Warum setzt der Staat Mindestpreise fest?
38. Welche Probleme entstehen durch die staatlichen Mindestpreise?
39. In der folgenden Situation setzt der Staat einen um 4,– € vom Gleichgewichtspreis abweichenden Mindestpreis fest.
    a. Wie hoch ist das Marktungleichgewicht?
    b. Wie viel € muss der Staat aufwenden, um den Angebotsüberhang aufzukaufen?
    c. Wie hoch ist der Mehrerlös der Anbieter durch diesen staatlichen Mindestpreis?
    d. Wie hoch wäre der Aufwand für den Staat, wenn er den aufgekauften Überhang zum Gleichgewichtspreis auf dem Weltmarkt verkaufen würde?

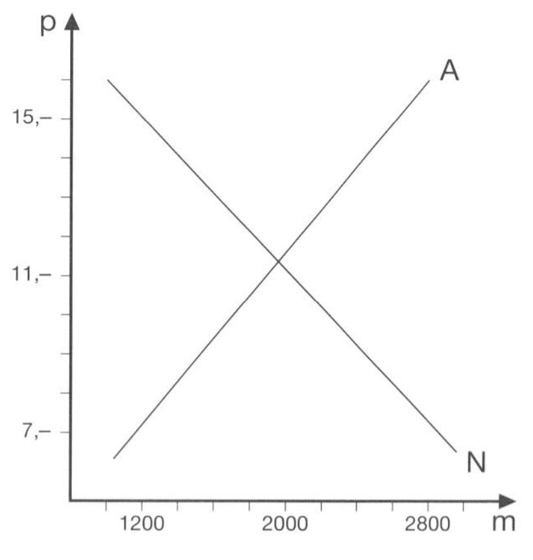

1 Zusammenschlüsse von Unternehmen

KAPITEL 10

1 Gründe und Formen von Zusammenschlüssen

Gründe	Einzelne, insbesondere kleinere Unternehmen, können häufig die gesteckten Ziele alleine nicht erreichen. Aus diesem Grund schließen sich immer mehr Unternehmen mit anderen zusammen, um ▷ ihre Wettbewerbsposition durch gemeinsamen Bezug oder Absatz von Waren, Werbung, Forschung und Entwicklung oder Rationalisierung zu verbessern; ▷ das unternehmerische Risiko durch Bildung größerer Unternehmenseinheiten und Stärkung der Finanzkraft zu mindern; ▷ die vorhandenen Arbeitsplätze durch Übernahme von Aufträgen aus anderen Unternehmen zu sichern.
Richtung des Zusammenschlusses	Unternehmen können sich zusammenschließen ▷ **horizontal,** d. h. auf der gleichen Produktionsstufe; *Beispiel: Automobilhersteller A – B – C* ▷ **vertikal,** d. h. auf nach- oder vorgelagerten Produktionsstufen; *Beispiel: Forstbetrieb – Sägewerk – Möbelfabrik – Möbelhandel* ▷ **diagonal,** d. h. über unterschiedliche, nicht zusammenhängende Produktions- und Dienstleistungsbereiche hinweg (diagonal). *Beispiel: Metallfabrik – Gebäudereinigung – Möbelfabrik – Spedition*
Begründung der Zusammenschlüsse	Die Zusammenschlüsse können begründet werden durch ▷ vertragliche Vereinbarungen; ▷ Gründung einer Arbeitsgemeinschaft, auch Konsortium genannt (BGB-Gesellschaft); ▷ Kapitalbeteiligungen (verbundene Unternehmen); ▷ Verschmelzung mehrerer Unternehmen (Fusion).
Formen des Zusammenschlusses	In welcher Form die Zusammenschlüsse erfolgen, ist abhängig von den verfolgten Zielen. Im Wesentlichen lassen sich zwei grundsätzlich verschiedene Formen unterscheiden:

Kooperation	**Konzentration**
liegt vor, wenn Unternehmen sich durch Verträge zur Zusammenarbeit verpflichten, dabei aber zu einem Teil ihre wirtschaftliche Selbstständigkeit aufgeben. ▷ Arbeitsgemeinschaft ▷ Konsortium ▷ Kartell ▷ Interessengemeinschaft	liegt vor, wenn Unternehmen ihre rechtliche und/oder wirtschaftliche Selbstständigkeit aufgeben um einer zentralen Leitung unterstellt zu werden. ▷ Konzern ▷ Fusion

2 Arten von Zusammenschlüssen

Arbeitsgemeinschaft	***Die Arbeitsgemeinschaft ist eine lose Form der Zusammenarbeit, die zumeist durch eine vertragliche Vereinbarung zustande kommt.*** Die Unternehmen behalten weit gehend ihre wirtschaftliche Selbstständigkeit und leisten lediglich die im Vertrag fixierten Beiträge. *Beispiel: Werbegemeinschaft von Kaufleuten eines Stadtteiles*
Konsortium	***Eine rein wirtschaftliche Verbindung gehen Unternehmen ein, die sich – häufig in Form einer Gesellschaft des bürgerlichen Rechts – zur Verfolgung einer zeitlich begrenzten Aufgabe in einem Konsortium zusammenschließen.*** Eines der Unternehmen – zumeist das mit dem größten Anteil am Auftragsvolumen – wird von allen beteiligten Unternehmen als Konsortialführer gewählt. *Beispiel: An der Projektierung und dem Bau von großen industriellen Anlagen sind Hoch- und Tiefbaufirmen, Stahlbauunternehmen, Hersteller von Maschinen, Transport- und Verpackungsanlagen sowie Elektro- und Elektronikfirmen beteiligt.*
Kartell	***Ein Kartell ist ein vertraglicher Zusammenschluss von Unternehmen des gleichen Wirtschaftszweiges, die rechtlich selbstständig bleiben, aber einen Teil ihrer wirtschaftlichen Selbstständigkeit aufgeben.*** Ziel des Kartells ist zumeist die Erhöhung der Wettbewerbsfähigkeit bis hin zum Ausschluss des Wettbewerbes im Markt. Im Vertrag verpflichten sich die Mitglieder deshalb, auf den Gebieten, auf denen Wettbewerb wirksam werden kann, gemeinsam zu handeln und bei Verstoß gegen Bestimmungen des Vertrages Vertragsstrafen zu zahlen. Folgende Kartelle sind u. a. denkbar: ▷ *Preiskartelle* vereinbaren einheitliche Preise. ▷ *Konditionskartelle* vereinbaren einheitliche Geschäfts-, Liefer- und Zahlungsbedingungen. ▷ *Rabattkartelle* vereinbaren einheitliche Rabattsätze gegenüber den Kunden der Teilnehmer des Kartells. ▷ *Rationalisierungskartelle* verbessern die Wirtschaftlichkeit der Mitglieder im betriebswirtschaftlichen und technischen Bereich (z. B. durch Normungs- und Typungs- oder Kalkulationskartelle). ▷ *Krisenkartelle* vereinbaren die Anpassung der Kapazitäten der Mitglieder an eine sinkende Nachfrage. ▷ *Kontingentierungskartelle* entstehen um die Absatzmenge eines Marktes auf die Mitglieder im Verhältnis zu der Kapazität aufzuteilen oder um den Absatzmarkt räumlich zu verteilen. ▷ *Einfuhr- und Ausfuhrkartelle* sollen auf den Auslandsmärkten die Ein- und Ausfuhren der Mitglieder absichern. ▷ *Syndikate* stellen gemeinsame Einkaufs- und/oder Verkaufseinrichtungen dar.

Interessengemeinschaft IG	***Die Interessengemeinschaft ist ein horizontaler oder vertikaler Zusammenschluss von rechtlich selbstständigen Unternehmen, die zumeist in der Form einer BGB-Gesellschaft gemeinsame Aktivitäten und Interessen verfolgen.*** Zu den gemeinsamen Aktivitäten kann es z. B. gehören, ▷ Werbe- oder Öffentlichkeitsaktionen durchzuführen, ▷ Rohstoffvorkommen auszubeuten, ▷ Produktions- und Kommunikationseinrichtungen zu nutzen, ▷ betriebliche Erfahrungen auszutauschen, ▷ Verwaltungsarbeiten gemeinsam durchzuführen. Ist von den Aktivitäten der IG der Gewinn der Mitglieder maßgeblich abhängig, wird häufig ein Gewinnpool vereinbart, aus dem die Mitglieder nach einem Schlüssel ihre Erträge erhalten. Die vertraglichen Abmachungen dienen der Förderung der gemeinsamen Interessen. Eine Abgrenzung zum Kartell oder Konzern ist zuweilen schwierig. Die Interessengemeinschaft ist deshalb hinsichtlich der wirtschaftlichen Abhängigkeit der Mitglieder zwischen Kartell und Konzern anzusiedeln.
Konzern	***Der Konzern ist ein Zusammenschluss von Unternehmen, die ihre rechtliche Selbstständigkeit (Unternehmensform) behalten, ihre wirtschaftliche Selbstständigkeit aber zugunsten einer einheitlichen Leitung aufgegeben haben.*** Ziel dieser Verbindung ist die Erhöhung der Finanzkraft und die Verbesserung der Marktsituation durch eine bessere Abstimmung der wirtschaftlichen Interessen der Konzernunternehmen. *Beispiel: Ein Möbelwerk als Konzernobergesellschaft erwirbt mehrheitlich die Anteile an einem Sägewerk, einem Spanplattenwerk, einer Möbelgroßhandlung und einem anderen Möbelhersteller. Die Produktion der beiden Herstellerfirmen kann rationalisiert und aufgeteilt werden. Die Beschaffung ist durch den Einfluss auf das Sägewerk und die Spanplattenherstellung gesichert, der Absatz der Produkte durch die Großhandlung.* Konzerne treten in zwei Formen auf: ▷ Im **Unterordnungskonzern** werden ein herrschendes und ein oder mehrere abhängige Unternehmungen durch die Leitung des herrschenden Unternehmens zusammengefasst. Dies erfolgt entweder durch Beteiligung einer Obergesellschaft an den abhängigen Unternehmen durch Erwerb von mehr als 50 % des Grund- oder Stammkapitals oder durch die Bildung einer **Holding,** die als Dachgesellschaft die Beteiligungen zusammenfasst. ▷ **Gleichordnungskonzerne** bilden Unternehmen, die rechtlich selbstständig bleiben und unter einer einheitlichen Leitung zusammengefasst sind, ohne dass das eine von dem anderen Unternehmen abhängig ist. Die einheitliche Leitung ergibt sich hier vor allem aus der gegenseitigen Abstimmung.

▶

Fusion

Eine Fusion ist ein Zusammenschluss von Unternehmen, die sich unter Aufgabe der rechtlichen und wirtschaftlichen Selbstständigkeit vereinigen.

Nach der Fusion (Verschmelzung) besteht nur noch ein rechtlich selbstständiges Unternehmen. Die Genehmigung der Fusion muss von der Hauptversammlungen beschlossen werden.
Die Fusion kann auf zwei Wegen geschehen:

Aufnahme eines abhängigen Unternehmens in das herrschende Unternehmen. Die abhängige Unternehmung geht dann mit allen Vermögens- und Schuldteilen in der herrschenden Unternehmung auf und erlischt. Voraussetzung dafür ist ein Anteil von mehr als 75 %.

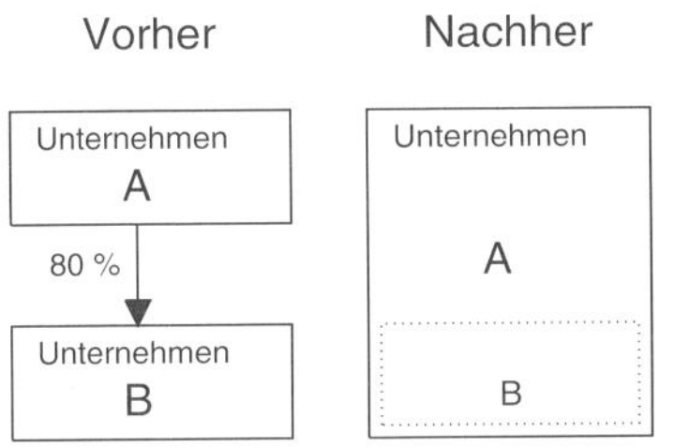

Neubildung durch Übertragung der Vermögens- und Schuldteile der sich verbindenden Unternehmungen auf ein neu gegründetes Unternehmen. Die alten Gesellschaften erlöschen.

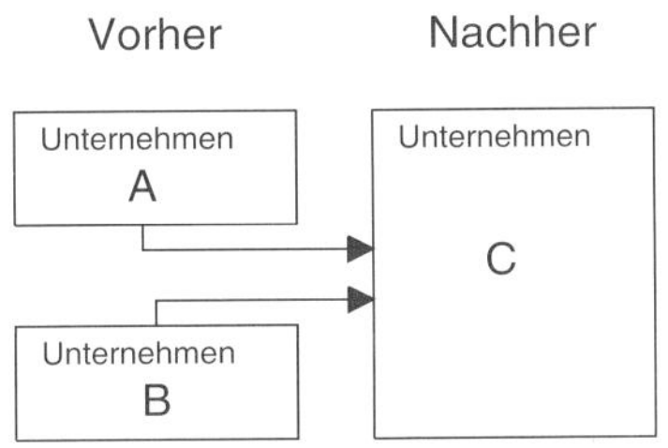

Beurteilung der Zusammenschlüsse von Unternehmen

- Vorteile liegen u. a. in
  - Preissenkungen durch Kosten sparende Verfahren, Rationalisierung und Massenproduktion in Großunternehmen;
  - der Förderung des technischen Fortschritts;
  - der Sicherung der Arbeitsplätze durch Stärkung der Wettbewerbsfähigkeit;
  - der erhöhten Sicherheit bei Machtkämpfen auf internationalen Märkten (z. B. im Bereich der Chip-Produktion).

- Nachteile können sich ergeben durch
  - überhöhte Preise aufgrund von Preisabsprachen;
  - den Schutz leistungsschwacher Unternehmen durch die Beschränkung des Wettbewerbs;
  - die Verminderung der Warenvielfalt;
  - Wegfall von Arbeitsplätzen durch Zusammenlegung von Verwaltungen und Rationalisierung von Fertigungsprozessen;
  - den Missbrauch wirtschaftlicher Macht, der zugleich auch häufig die Entstehung von politischer Macht bedeutet (Lobby).

Wettbewerb	***Der Wettbewerb in einer Marktwirtschaft hat die Aufgabe die persönliche und wirtschaftliche Freiheit zu sichern, die Güterverteilung und Bedarfsdeckung durch den Marktmechanismus abzusichern und die Produktionsfaktoren ökonomisch einzusetzen.***	
Wettbewerbsbeschränkungen	▷ Entstehung von Nachfragemacht gegenüber Zulieferern ▷ Behinderung von Konkurrenten, Preisunterbietungen in Verbindung mit Mischkalkulationen, Liefersperren oder Bezugssperren ▷ Ausbeutung von Verbrauchern durch überhöhte Preise	
Gesetzliche Grundlage	Das **Gesetz gegen Wettbewerbsbeschränkungen (GWB)** von 1957 mit sechs Novellen regelt die staatliche Wettbewerbspolitik. Aufsichtsbehörde ist das **Bundeskartellamt** in Berlin.	
Verhinderung wettbewerbsbeschränkenden Verhaltens	**Kartellverbot**	Kartelle sind grundsätzlich verboten. Dies gilt vor allem für Preis-, Gebiets- und Import-/Exportkartelle. Das GWB sieht jedoch Ausnahmen vor für: **anmeldepflichtige Kartelle,** z. B. Normen-, Typen-, Konditionen- und Spezialisierungskartelle **freistellungspflichtige Kartelle,** z. B. Rationalisierungs- und Strukturkrisenkartelle
	Preisbindungsverbot	Seit 1973 ist die Preisbindung der zweiten Hand verboten (außer Verlagserzeugnissen). Unverbindliche Preisempfehlungen sind nach wie vor erlaubt.
	Missbrauchsaufsicht bei Marktmacht	Der Missbrauch von Marktmacht ist generell verboten. Marktbeherrschend ist ein Unternehmen, wenn es keinem Wettbewerb ausgesetzt ist oder eine überragende Marktstellung hat.
Verhinderung wettbewerbsbeschränkender Marktstrukturen	**vorbeugende Fusionskontrolle**	Das Bundeskartellamt kann Zusammenschlüsse von Unternehmen (Fusionen) untersagen, wenn zu erwarten ist, dass eine marktbeherrschende Stellung begründet oder verstärkt wird. Jedes Fusionsvorhaben von Unternehmen einer bestimmten Größenordnung muss beim Kartellamt angemeldet werden.
	Kooperationserleichterungen für kleinere und mittlere Unternehmen	Der Mittelstand soll u. a. mithilfe verschiedener Instrumente gefördert bzw. geschützt werden, z. B. durch die Zulassung von Mittelstandskartellen, die Erlaubnis zum gemeinsamen Einkauf von Waren oder gewerblichen Leistungen und durch das „Diskriminierungsverbot", nach dem Unternehmen mit überlegener Marktmacht kleine und mittlere Unternehmen nicht behindern dürfen.
Ahndung von Verstößen	Verstöße gegen das Wettbewerbsrecht werden durch Geldbußen (bis zu Millionenbeträgen) bestraft, darüber hinaus bis zur dreifachen Höhe des durch die Marktbeherrschung erzielten Gewinns.	

10 Aufgaben zu Kapitel 10

Zusammenschlüsse von Unternehmen → *S. 125*	1. Nennen Sie Gründe für den Zusammenschluss von Unternehmen. 2. Unterscheiden Sie horizontale, vertikale und diagonale Zusammenschlüsse von Unternehmen. Nennen Sie je ein Beispiel. 3. Geben Sie Gründe dafür an, warum Unternehmen sich auch diagonal zusammenschließen. 4. Grundsätzlich werden die Kooperation und die Konzentration als mögliche Formen des Zusammenschlusses gewählt. Unterscheiden Sie diese Formen anhand von Beispielen. 5. Grenzen Sie die Arbeitsgemeinschaft und das Konsortium voneinander ab. 6. Was ist ein Kartell und zu welchem grundlegenden Zweck wird es gebildet? 7. Was kann Ihrer Meinung nach Unternehmen dazu veranlassen, sich zu einem Konditionenkartell zusammenzuschließen? 8. Welche Ziele werden mit einem Krisenkartell verfolgt? 9. Nennen Sie mögliche Ziele für eine Interessengemeinschaft. 10. Was versteht man unter einem Konzern? 11. Erläutern Sie an einem Beispiel, zu welchem Zweck Konzerne gebildet werden. 12. Unterscheiden Sie Unterordnungs- und Gleichordnungskonzerne. 13. Welche wichtige Voraussetzung muss erfüllt sein, damit von einer Fusion gesprochen werden kann? 14. Nennen Sie die beiden verschiedenen Möglichkeiten im Rahmen einer Fusion. 15. Nennen Sie je drei Vorteile und drei Nachteile der Bildung von Unternehmenszusammenschlüssen.
Staatliche Wettbewerbspolitik → *S. 129*	16. Welche Aufgabe hat der Wettbewerb in der Marktwirtschaft? 17. Welche Aufgabe hat die Wettbewerbspolitik in der sozialen Marktwirtschaft zu lösen? 18. Die 10 größten Industrieunternehmen in der Bundesrepublik Deutschland tätigten 1998 mehr als 450 Mrd. € Umsatz und beschäftigten dabei mehr als zwei Millionen Menschen. Beurteilen Sie diesen Sachverhalt unter Wettbewerbsgesichtspunkten. 19. In welcher Form können Unternehmen versuchen den freien Wettbewerb auszuschalten? 20. Welches Gesetz enthält die wichtigsten Vorschriften zum Wettbewerbsrecht? 21. Jemand sagt: „Kartelle sind grundsätzlich erlaubt, es sind nur bestimmte Arten von Kartellen verboten". Stimmt das? Begründen Sie Ihre Ansicht. 22. Nennen Sie jeweils zwei Beispiele für verbotene, für anmeldepflichtige und für freistellungspflichtige Kartelle. 23. Warum sind nicht alle Kartelle grundsätzlich verboten? 24. Wann kann davon gesprochen werden, dass ein Unternehmen „den Markt beherrscht"? 25. Was ist unter vorbeugender Fusionskontrolle zu verstehen? 26. Warum enthält das GWB Kooperationserleichterungen für den Mittelstand?

1 Aufgaben des Geldes und Geldarten

KAPITEL 11

1 Begriff und Funktionen

Begriff	***Unter Geld versteht man Güter, die die Funktionen des Geldes erfüllen, insbesondere diejenigen Güter, die speziell für diesen Zweck geschaffen worden sind.*** *„Geld ist, was die Aufgaben des Geldes erfüllt."*	
Funktionen des Geldes	**Tauschmittelfunktion**	Hauptaufgabe des Geldes ist es, dem Handel von Waren und Dienstleistungen zu dienen, indem es als Zwischengut den Tausch Ware gegen Ware in die Trennung zweier unabhängig voneinander stattfindender Tauschvorgänge ermöglicht. *Beispiel: Ein Friseur benötigt eine Lieferung Haarwaschmittel. Er bezahlt die Rechnung mit dem Geld, das er für seine Dienstleistung einnimmt.*
	Zahlungsmittelfunktion (Wertübertragungsfunktion)	Bei allen einseitigen Wertübertragungen, d. h. Wertübertragungen ohne direkte Gegenleistung, erfüllt Geld die Zahlungsmittelfunktion. Hierunter fallen z. B. Steuerzahlungen, Bußgeldzahlungen, Kreditgewährung, Schuldentilgungen und Geldgeschenke. Da die Zahlungsmittelfunktion eng mit der Tauschmittelfunktion zusammenhängt, wird diese Unterscheidung der Funktionen des Geldes häufig nicht mehr vorgenommen. *Beispiel: Der Friseur bezahlt die Kraftfahrzeugsteuer per Zahlschein auf das Bankkonto des Finanzamtes.*
	Wertmaßstabfunktion (Rechenmittelfunktion)	Geld dient als Wertmesser, d. h. der Wert von Gütern kann durch Geldeinheiten ausgedrückt werden. Damit lassen sich die Werte verschiedener Güter vergleichen. Außerdem ermöglicht die Bewertung in Geldeinheiten Berechnungen der verschiedenartigsten Leistungen. Es ermöglicht z. B. die Erstellung von Preislisten, Bilanzen und Statistiken. *Beispiel: Der Friseur muss seinen Kunden mitteilen, welche Preise er für seine Arbeit verlangt. Dies erfolgt durch eine Preisliste, die seine Dienstleistungen mit dem jeweiligen Wert ausgedrückt in Geldeinheiten enthält.*
	Wertaufbewahrungsfunktion	Als Wertaufbewahrungsmittel hat Geld die Aufgabe einen Wert zu speichern, bis es wieder für eine andere Funktion des Geldes verwendet wird. Geld ermöglicht es somit seinem Besitzer, die anderweitige Verwendung des Geldes auf einen beliebigen anderen Zeitpunkt zu verlagern. *Beispiel: Der Friseur bringt seine Tageseinnahmen zur Bank. Dort bleibt das Geld so lange, bis er wieder darüber verfügt.*

2 Eigenschaften und Arten des Geldes

Eigenschaften des Geldes	Um die genannten Aufgaben optimal erfüllen zu können muss das Geld folgenden Anforderungen entsprechen: ▷ Es muss allgemein anerkannt sein. ▷ Es muss dauerhaft, leicht übertragbar und teilbar sein. ▷ Es sollte vor Fälschungen sicher sein. ▷ Es sollte wertbeständig sein.	
Geldarten	Im Laufe der Entstehungsgeschichte des Geldes sind unterschiedliche Erscheinungsformen des Geldes entstanden.	
	Warengeld	Dazu zählen Waren, die als Zahlungsmittel die Geldfunktionen übernehmen. Als Warengeld fungierten – historisch betrachtet – eine Vielzahl verschiedener lagerfähiger Güter, z. B. Salz, Getreide, Muscheln, Edelsteine und Edelmetalle.
	Münzgeld	Münzen sind Zahlungsmittel in Form von kleinen Metallscheiben. Sie werden nach ihrem Metallwert in Kurant- und Scheidemünzen unterschieden. ▷ **Kurantmünzen** sind vollwertig geprägte Münzen, d. h. ihr Nennwert ist gleich dem Warenwert. Anders ausgedrückt: Der Metallwert der Münze entspricht dem aufgeprägten Betrag in Geldeinheiten. ▷ **Scheidemünzen** sind Münzen, deren Nennwert höher ist als ihr Waren- oder Metallwert. Die Münzen im Umlauf der Bundesrepublik Deutschland sind Scheidemünzen.
	Papiergeld	Papiergeld besteht aus stoffwertlosen Banknoten, d. h. auf speziellem Papier mit besonderen Druckverfahren bedruckten Scheinen, die von einer staatlichen Institution ausgegeben werden. Papiergeld besitzt keinen Warenwert.
	Buchgeld (Giralgeld)	Buchgeld besteht aus Sichtguthaben von Nichtbanken (z. B. Haushalte, Staat) bei Banken. Über diese Guthaben kann der Inhaber jederzeit mithilfe von Überweisungen, Schecks oder im Wege des „Electronic Cash“ per Kreditkarte oder Euro-Card verfügen. Buchgeld ist kein gesetzliches, aber ein allgemein anerkanntes Zahlungsmittel. Es entsteht durch Einzahlung von Geld eines Bankkunden auf ein Konto oder durch Einräumung eines Kredites durch die Bank. Die Verwendung von Buchgeld nimmt in modernen Volkswirtschaften ständig zu.

3 Geldgeschichte

<table>
<tr><td rowspan="2">Natural-
wirtschaft</td><td>Naturaleigen-
wirtschaft</td><td>In einer Naturaleigenwirtschaft erstellen und konsumieren die Haushalte alle notwendigen Leistungen selbst. Tauschvorgänge sind aufgrund der fehlenden Arbeitsteilung nicht notwendig, somit wird auch kein Geld als Tauschmittel benötigt.</td></tr>
<tr><td>Natural-
tauschwirt-
schaft</td><td>Mit zunehmender Arbeitsteilung werden Tauschvorgänge notwendig. In der Naturaltauschwirtschaft wird zunächst Ware gegen Ware getauscht.
Beispiel: Jemand besitzt eine Axt und benötigt ein Fell. Erst wenn er jemanden findet, der bereit ist ein Fell gegen eine Axt abzugeben, wird der Tausch vollzogen.
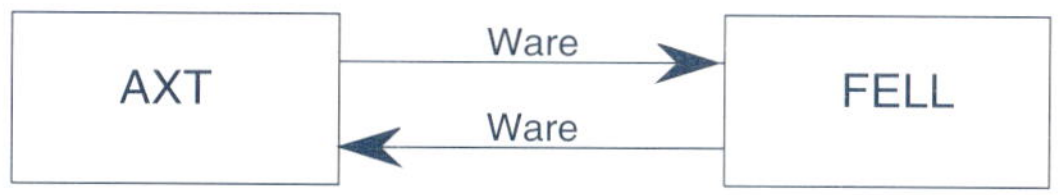

Hierbei ist jedoch eine doppelte Übereinstimmung erforderlich:
1. Die Tauschwilligen müssen das Gut des anderen begehren und bereit sein das Gut, das der andere begehrt, abzugeben.
2. Die Werte, die die Tauschpartner den Tauschobjekten zuordnen, müssen identisch sein, da viele Güter nicht teilbar sind, z. B. ein Pferd.
Die Tauschvorgänge in einer Naturaltauschwirtschaft verursachen hohe Informations- und Transaktionskosten. Aufgrund dieser Problematik kam es mehr und mehr dazu, dass bestimmte Güter wie Salz, Muscheln, Vieh, Silber, Gold und sogar Sklaven als allgemeines Tauschmittel anerkannt wurden (Warengeld). Aber auch dieses Tauschmittel verursachte aufgrund seiner Eigenschaften Probleme bei der Produktion, Lagerung und dem Transport sowie dadurch, dass es ebenfalls oft nicht teilbar war. Es entwickelte sich die heutige Geldwirtschaft.</td></tr>
<tr><td>Geld-
wirtschaft</td><td colspan="2">Durch die Verwendung eines speziell für Tauschvorgänge entwickelten Gutes entsteht die Geldwirtschaft. Tauschvorgänge und andere Aufgaben des Geldes werden vereinfacht. Heutige Volkswirtschaften sind ausschließlich Geldwirtschaften.
Tauschvorgang 1
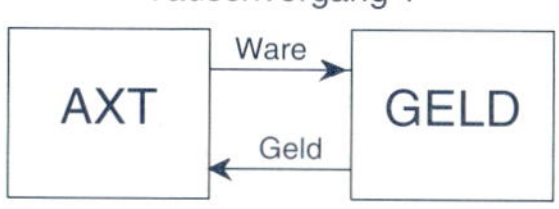

Tauschvorgang 2
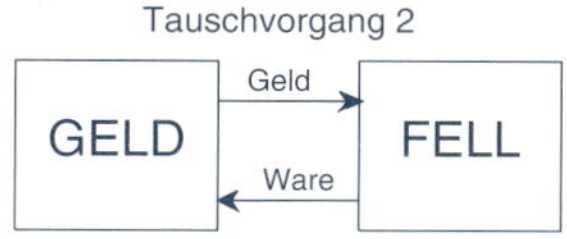
</td></tr>
</table>

<table>
<tr><td>Währung</td><td colspan="2">▷ Die Währung ist die Geldverfassung eines Landes. Damit ist die staatlich festgelegte Ordnung des Geldwesens gemeint.
▷ Die Währung wird auch als Bezeichnung für die Währungseinheit eines Landes (z. B. Deutsche Mark) oder eines Gebietes (z. B. Euro) sowie zur Kennzeichnung des Geldstoffes (z. B. Geldwährung, Papierwährung) verwendet.</td></tr>
<tr><td>Währungs-ordnung</td><td colspan="2">Die Währungsordnung umfasst alle Regelungen des Geldwesens, die notwendig sind um den inländischen Geld- und Zahlungsverkehr und den Zahlungsverkehr mit dem Ausland funktionsfähig zu halten.
Zu diesen Zwecken dienen in den einzelnen Volkswirtschaften Währungs- bzw. Notenbankgesetze sowie internationale Abkommen, z. B. das Europäische Währungsabkommen.</td></tr>
<tr><td rowspan="3">Währungs-systeme</td><td colspan="2">Der Regelung der Geldausgabe (Emmissionsregelung) kommt in jeder Volkswirtschaft eine wesentliche Bedeutung zu um die Knappheit des Geldes sicherzustellen. Die Festlegung dieser Regeln erfolgt durch die Wahl des Währungssystems.</td></tr>
<tr><td>gebundene Währungen</td><td>Der Geldumlauf ist ganz oder zum Teil an ein knappes Gut, z. B. Gold oder Devisen, gebunden.
▷ Goldumlaufwährung
Die gesamte Geldmenge ist durch Gold gedeckt, d. h. Goldmünzen (Kurantmünzen) sind gesetzliches Zahlungsmittel. Existieren Banknoten und Scheidemünzen, so müssen diese von der Notenbank jederzeit in Gold umgetauscht werden.
▷ Goldkernwährung (Goldbarrenwährung)
Als gesetzliche Zahlungsmittel existieren nur Scheidemünzen und Banknoten. Ein festgelegter Teil des Geldumlaufs ist durch Goldbarren gedeckt. Die Wirtschaftssubjekte haben die Möglichkeit bei der Notenbank Goldbarren zum jeweiligen Kurs zu kaufen oder zu verkaufen.
▷ Golddevisenwährung
Zur Deckung des Geldumlaufs dienen Gold- und Devisenbestände, die in einem bestimmten Verhältnis zur umlaufenden Geldmenge von der Notenbank gehalten werden. Eine Einlöseverpflichtung der Notenbank existiert nicht.</td></tr>
<tr><td>Freie (manipulierte) Währungen</td><td>Es existiert keinerlei Bindung des Geldumlaufs an ein knappes Gut. In Deutschland existiert eine solche freie Währung. Der Geldumlauf wird durch die Zentralbank mit den ihr zur Verfügung stehenden geldpolitischen Instrumenten gesteuert. Da bei freien Währungen der Geldumlauf in der Regel überwiegend aus stoffwertlosem Geld, (Papiergeld) besteht, spricht man auch von einer manipulierten Papierwährung.</td></tr>
</table>

Begriff	***Als Geldmenge wird die Gesamtheit aller in einer Volkswirtschaft vorhandenen Zahlungsmittel bezeichnet. Die Geldmenge wird allgemein mit dem Buchstaben M (money) gekennzeichnet. Zahlungsmittel im Besitz der Zentralbank zählen nicht zur Geldmenge.***	
Geldmengenbegriffe	Um die Geldmenge genauer steuern und die Geldmengenziele der EZB präziser bestimmen zu können werden folgende Geldmengenbegriffe unterschieden (s. auch S. 212):	
	M_0 (Zentralbankgeldmenge)	Das Zentralbankgeld umfasst das Mindestreservesoll der Geschäftsbanken für Sicht-, Termin- und Spareinlagen von Inländern sowie den Bargeldumlauf bei Haushalten, Unternehmen und Staat. Die Kassenbestände der Banken zählen nicht dazu.
	M_1 (Geldvolumen im engeren Sinn)	M_1 beinhaltet den Bargeldumlauf bei Nichtbanken und die Sichteinlagen inländischer Nichtbanken bei den Geschäftsbanken, d. h. täglich fällige Gelder. Es handelt sich hier also um sofort verfügbare Zahlungsmittel der Nichtbanken, die uneingeschränkt zum Tausch verwendet werden können. Die Zahlungsmittel der Geldmenge M_1 sind die einzigen, die alle Geldfunktionen erfüllen.
	M_2 (Geldvolumen im weiteren Sinn)	M_2 setzt sich zusammen aus M_1 und den Termineinlagen inländischer Nichtbanken bei den Geschäftsbanken mit einer maximalen Laufzeit von zwei Jahren sowie Einlagen mit einer Kündigungsfrist bis zu drei Monaten. Termineinlagen (z. B. Festgelder) können vor Ablauf der Festlegungsfrist nicht als Tausch- bzw. Zahlungsmittel dienen.
	M_3	M_3 setzt sich zusammen aus M_2 zuzüglich der Geldmarktfondsanteile und Geldmarktpapiere sowie Schuldverschreibungen mit einer Laufzeit bis zu 2 Jahren. Die Geldmenge M_3 ist die Zielgröße der EZB zur Steuerung der Geldmenge.
	Bargeld der Nichtbanken + Sichteinlagen $= M_1$ + Termineinlagen $= M_2$ + Geldmarktpapiere $= M_3$	

1 Geldschöpfung durch die Zentralbank

primäre Geldschöpfung

Jede Geldschöpfung stellt eine Erweiterung der Geldmenge dar. Eine primäre Geldschöpfung liegt vor, wenn die Zentralbank Geld in den Umlauf bringt. Diese Erhöhung der Geldmenge geschieht grundsätzlich durch den Ankauf von Aktiva (z. B. Wechsel, Wertpapiere, Immobilien oder Devisen) durch die Zentralbank.

Aktiva	Bilanz der Zentralbank Passiva
1. Währungsreserven 2. Kredite an – Geschäftsbanken und IWF – öffentliche Stellen 3. Wertpapiere (ohne Aktien) 4. Geldmarktpapiere (z. B. kurzfristige Schuldverschreibungen) 5. Aktien 6. Sachanlagen 7. sonstige Aktiva	1. Banknotenumlauf 2. Einlagen – täglich fällig – vereinbarte Laufzeit – mit Kündigungsfrist 3. Geldmarktfondanteile 4. ausgegebene Schuldverschreibungen 5. Geldmarktpapiere 6. Eigenkapital 7. sonstige Passiva

Bargeldschöpfung

Durch Kauf von Wertpapieren, Devisen oder Kauf von Münzen von der Bundesregierung gegen Bargeld erhöht die Zentralbank die Geldmenge. Sie zahlt praktisch mit einer Forderung gegen sich selbst.

Kreditschöpfung

Die Bundesbank räumt den Geschäftsbanken oder dem Staat Kredite ein. Die Vergabe an Geschäftsbanken erfolgt zumeist durch den Ankauf von kurz- und mittelfristigen Wertpapieren.

Geldvernichtung

Geldvernichtung führt zu einer Senkung der Geldmenge. Sie entsteht durch Verkauf eines Aktivums durch die Bundesbank, beispielsweise durch Verkauf von Wertpapieren durch die Geschäftsbanken. Dabei fließen ihr wieder Bargeld (Bargeldvernichtung) oder Sichtguthaben zu (Kreditvernichtung).

2 Geldschöpfung durch die Geschäftsbanken

Buchgeld-schöpfung (Giralgeld-schöpfung)	Durch die Buchgeldschöpfung entsteht so genanntes derivates (abgeleitetes) Geld in Form von Sichteinlagen bei Banken, über das jederzeit z. B. per Scheck oder Überweisung verfügt werden kann. Diese sekundäre Buchgeldschöpfung kann passiv oder aktiv durchgeführt werden.	
	passive Buchgeld-schöpfung	Durch die passive Buchgeldschöpfung entsteht zwar Giralgeld, die Geldmenge insgesamt bleibt jedoch unverändert. Das Buchgeld wird dadurch geschaffen, dass ein Kunde bei seiner Geschäftsbank eine Bareinzahlung leistet und diese seinem Konto als Sichtguthaben gutgeschrieben wird. Das eingezahlte Bargeld befindet sich in den Kassenbeständen der Bank und ist dem Nichtbankensektor entzogen.
	aktive Buchgeld-schöpfung	Durch die aktive Buchgeldschöpfung schaffen die Geschäftsbanken zusätzliches Geld in Form von Buchgeld (Giralgeld). Die Geldmenge wird also ausgeweitet. Diese Erhöhung der Geldmenge entsteht dadurch, dass die Geschäftsbanken Kredite (z. B. Wechselkredite, Hypothekenkredite oder Dispositionskredite) vergeben. Voraussetzung für diese Kreditvergaben ist es jedoch, dass die Geschäftsbanken über eine ausreichende Liquidität verfügen. Diese beschaffen sie sich z. B. durch Einlagen der Kunden oder durch eine Refinanzierung bei der Zentralbank. Vergebene Kredite gelangen nun zu einem Teil oder sogar gänzlich in das Bankensystem als Einlage zurück, z. B. wenn ein Kreditnehmer für die Kreditsumme einen Gebrauchtwagen kauft und der Verkäufer den Verkaufserlös wiederum bei der Bank einzahlt.
Grundbegriffe der Buchgeld-schöpfung	Da die Geschäftsbanken die aktive Buchgeldschöpfung nur in einem bestimmten Rahmen vollziehen können, müssen folgende Rahmenbedingungen berücksichtigt werden:	
	Barreserve	Die Barreserve ist der Betrag, den die Banken als Kassenbestand zurückhalten um die Bargeldwünsche der Kunden zu befriedigen. Der Prozentsatz ergibt sich aus Erfahrungswerten der Banken.
	Mindest-reserve	Die Mindestreserve ist der Teil der Einlagen, den die Geschäftsbanken bei der Zentralbank hinterlegen müssen. Der Mindestreservesatz wird von der EZB festgelegt.
	Überschuss-reserve	Die Überschussreserve ist der Betrag, der den Banken für die Kreditvergabe verbleibt.

▶

Umfang der aktiven Buchgeldschöpfung

Die Geschäftsbanken sind nicht in der Lage unbegrenzt die Geldmenge zu erhöhen, denn die Buchgeldschöpfung ist abhängig

- ▷ vom Rückfluss der vergebenen Kredite in das Bankensystem,
- ▷ von der Höhe der Barreserve und der Mindestreserve.

Unter der Annahme, dass die vergebenen Kredite im vollen Umfang in das Bankensystem zurückfließen, kann die Geschäftsbank von einer Einlage nur die Überschussreserve als Kredit vergeben. Das ist die Einlage, vermindert um die Barreserve und die Mindestreserve. Dies setzt sich bei vollem Rückfluss der Kredite solange fort, bis die Überschussreserve gleich null ist.

Beispiel: Angenommen, ein Kunde A tätigt eine Bareinzahlung in Höhe von 10 000,– € auf sein Konto bei der Bank A.

- ▷ *Bei einem Barreservesatz von 15 % und einem Mindestreservesatz von 10 % bleibt der Bank eine Überschussreserve von 7 500,– €, die sie einem anderen Kunden in Form eines Kredites zur Verfügung stellt. Dieser bezahlt mithilfe des Kredites mittels Scheck einen von ihm gekauften Gebrauchtwagen. Der Händler lässt den Scheck auf seinem Konto bei der Bank B gutschreiben.*
- ▷ *Nach Abzug der Barreserve und der Mindestreserve verbleibt der Bank B eine Überschussreserve von 5 625,– €, die die Bank wiederum als Kredit an einen Kunden vergibt. Dieser Kunde tätigt damit eine Überweisung um eine fällige Rechnung zu bezahlen. Der Lieferant hat sein Konto bei der Bank C.*
- ▷ *Bank C kann diese Einzahlung ebenfalls wieder unter Berücksichtigung der Barreserve und der Überschussreserve weiterverwenden usw.*

Dieser Prozess setzt sich entsprechend fort, bis die Überschussreserve gleich null ist. Insgesamt sind dann rein rechnerisch im gesamten Bankensystem 30 000,– € an zusätzlichem Geld in Form von Buchgeld entstanden.

Bank	Einlagen	Barreserven	Mindestreserve	Überschussreserve
A	10.000,00	1.500,00	1.000,00	7.500,00
		1. Kredit		
B	7.500,00	1.125,00	750,00	5.625,00
		2. Kredit		
C	5.625,00	843,75	562,50	4.218,75
		3. Kredit		
D	4.218,75			
	↓	↓	↓	↓
	0,00	0,00	0,00	0,00
Summe des Bankensystems	40.000,00	6.000,00	4.000,00	30.000,00

▶

Geld-schöpfungs-multiplikator	Die maximale ausleihbare Kreditsumme des gesamten Bankensystems lässt sich durch den Geldschöpfungsmultiplikator errechnen. Dabei handelt es sich um die Summenformel einer geometrischen Reihe. Unter der Bedingung des jeweiligen vollständigen Kreditrückflusses lässt sich der Geldschöpfungsmultiplikator wie folgt berechnen: $\textbf{Geldschöpfungsmultiplikator} = \dfrac{\textbf{1}}{\textbf{Barreservesatz + Mindestreservesatz}}$ Für das beschriebene Beispiel ergibt sich daraus: $\text{Geldschöpfungsmultiplikator} = \dfrac{1}{\frac{15}{100} + \frac{10}{100}} = \dfrac{100}{25} = 4$
maximale Buchgeld-schöpfung	▷ Die Höhe der maximalen Buchgeldschöpfung (Kreditschöpfung) ergibt sich wie folgt: **Kreditschöpfung** (gesamte Überschussreserve aus allen Vorgängen) **= erste Überschussreserve · Geldschöpfungsmultiplikator** *Zahlen aus dem Beispiel: 7 500,– € · 4 = 30 000,– €* ▷ Die Höhe der nun entstandenen Geldmenge berechnet sich wie folgt: **entstandene Geldmenge** **= erste Bareinlage · Geldschöpfungsmultiplikator** *Zahlen aus dem Beispiel: 10 000,– € · 4 = 40 000,– €* Die Geldmenge ist somit von ursprünglich 10 000,– € durch die Buchgeldschöpfung der Banken auf 40 000,– € angewachsen. In der Realität finden jedoch Bargeldabflüsse statt, d. h. die vergebenen Kredite gelangen nur zum Teil in das Bankensystem zurück. Auch hierbei lässt sich ein Geldschöpfungsmultiplikator bestimmen, der in der Praxis etwa bei 2 liegt. Im Bezug auf die Geldschöpfungsmöglichkeiten der Geschäftsbanken lässt sich Folgendes festhalten:

Geldschöpfungsmöglichkeit steigt	Geldschöpfungsmöglichkeit sinkt
▷ Mindestreservesätze sinken ▷ Barreservesätze sinken ▷ Umfang der Einlagen steigt	▷ Mindestreservesätze steigen ▷ Barreservesätze steigen ▷ Umfang der Einlagen sinkt

5 Geldwert

Begriff	***Der Geldwert ist die für eine Geldeinheit käufliche Gütermenge. Er wird auch als die Kaufkraft des Geldes bezeichnet.*** ***Da das heute verwendete Geld nur einen geringen bzw. keinen Stoffwert mehr besitzt, ist die Unterscheidung zwischen dem Nominalwert (bzw. Nennwert) und dem realem Wert von wesentlicher Bedeutung.***	
	Nennwert des Geldes	Der Nennwert des Geldes ist der vom Staat festgesetzte Wert eines Zahlungsmittels, d. h. der auf Münzen oder Banknoten geschriebene Betrag. Der Nennwert gibt jedoch keine Auskunft darüber, wie viel Gütereinheiten man dafür erwerben kann.
	Kaufkraft des Geldes	Die Kaufkraft des Geldes gibt Auskunft darüber, welchen Tauschwert das Geld besitzt. Es ist der wertmäßige Ausdruck für die Gütermenge, die man für eine Geldeinheit erwerben kann. Es wird deshalb in diesem Zusammenhang auch von dem „Güterpreis des Geldes“ gesprochen. Die Kaufkraft des Geldes bezeichnet also den realen Wert des Geldes. Sie ist von der durchschnittlichen Preisentwicklung der Güter abhängig. *Beispiel: Beträgt der Preis für ein Brötchen in einer Bäckerei in einem Jahr 0,20 €, so erhält ein Käufer für eine Mark fünf Brötchen. Steigt der Preis für ein Brötchen auf 0,25 €, also um 25 %, so erhält der Käufer für eine Mark nun nicht mehr fünf, sondern vier Brötchen. Die Kaufkraft (in Bezug auf die Brötchen) ist um 20 % auf 80 % gesunken.*
Binnenwert des Geldes	Der Binnenwert des Geldes bezeichnet den realen Wert einer Währung in dem Gebiet, in dem es als offizielles Zahlungsmittel anerkannt ist. Er entspricht der Kaufkraft des Geldes im Inland und ist abhängig von der inländischen Preisentwicklung.	
Außenwert des Geldes	Der Außenwert des Geldes gibt die Kaufkraft einer Währung im Ausland unter Berücksichtigung der jeweiligen Wechselkurse an *(siehe Kapitel 17)*.	
Geldwertstabilität	Geldwertstabilität ist eines der Ziele der Wirtschaftspolitik, die im Stabilitätsgesetz genannt sind. Die Geldwertstabilität ist gesichert, wenn mit einem bestimmten Geldbetrag am Ende eines Jahres die gleiche Menge an Gütern gekauft werden kann wie am Anfang des Jahres. Die Kaufkraft hat dann ihren Wert behalten. Die durchschnittlichen Preise der Güter sind unverändert geblieben. Den Wert des Geldes zu erhalten, ist die Hauptaufgabe der Zentralbank.	

►

Preisniveau

Das Preisniveau kennzeichnet den Durchschnitt aller für die Haushalte wichtigen Güter einer Volkswirtschaft. Das Preisniveau wird durch Indexzahlen angegeben, die auf eine festgelegte Basis bezogen sind.

Geldwert und Preisniveau

Geldwert und Preisniveau stehen in einem umgekehrten Verhältnis zueinander. Die Kaufkraft des Geldes wird wie folgt berechnet:

$$\text{Kaufkraft} = \frac{100}{\text{Preisniveau}}$$

Beispiel: Steigt das Preisniveau von 100 auf 120, (die Preise sind durchschnittlich um 20 % gestiegen), dann sinkt die Kaufkraft um $16\frac{2}{3}$ % auf $83\frac{1}{3}$ %.

$$\text{Kaufkraft} = \frac{100}{\frac{120}{100}} = \frac{100 \cdot 100}{120} = 83\tfrac{1}{3}$$

Kaufkraftveränderung in Prozent

$$= 83\tfrac{1}{3} - 100 = -16\tfrac{2}{3}\ \%$$

Da der Geldwert und damit die Kaufkraft stets in einem umgekehrtem Verhältnis zum Preisniveau steht, lässt sich allgemein sagen:

Steigt das Preisniveau, so sinkt der Geldwert. Die Wirtschaftssubjekte können sich für ihr Geld weniger Güter kaufen als vor der Preisniveauerhöhung.

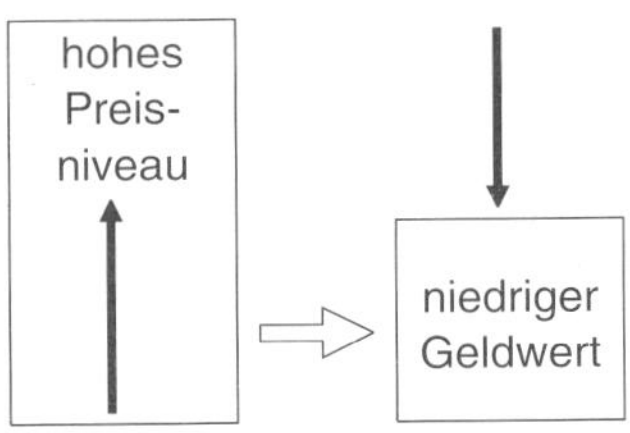

Sinkt das Preisniveau, so steigt der Geldwert. Die Menge an Gütern, die die Wirtschaftssubjekte mit einem bestimmten Geldbetrag kaufen können, nimmt zu.

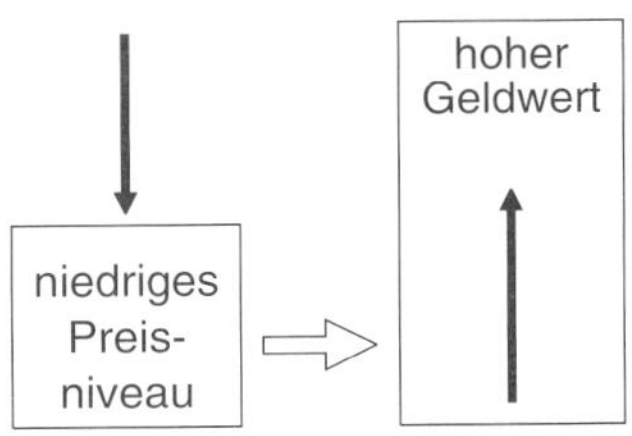

Preisindex für die Lebenshaltung der privaten Haushalte				Kaufkraftentwicklung der privaten Haushalte		
Jahr	Index	Veränderung gegenüber dem Basisjahr in %	Veränderung gegenüber dem Vorjahr in %	Index	Veränderung gegenüber dem Basisjahr in %	Veränderung gegenüber dem Vorjahr in %
1995	100,0	–	–	100,00	–	–
1996	101,3	1,30	1,30	98,72	– 1,28	– 1,28
1997	103,2	3,20	1,88	96,90	– 3,10	– 1,84
1998	104,1	4,10	0,87	96,06	– 3,94	– 0,86
1999	104,8	4,80	0,67	95,42	– 4,58	– 0,67

▶

Geldwert und Einkommen

Preisniveauveränderungen bedeuten, dass die Einkommensbezieher bei unverändertem Einkommen mehr oder weniger Güter kaufen können.

Nominal-einkommen	Das Nominaleinkommen ist das in Geld ausgedrückte Einkommen eines Wirtschaftssubjektes oder der gesamten Volkswirtschaft, d. h., es ist der €-Betrag aller Bezüge. Das Nominaleinkommen berücksichtigt nicht die Kaufkraftveränderungen.
Real-einkommen	Das Realeinkommen ist das Nominaleinkommen unter Berücksichtigung der Kaufkraft, d. h., es entspricht dem Einkommen eines Wirtschaftssubjektes oder der gesamten Volkswirtschaft unter dem Aspekt, wie viele Güter man dafür kaufen kann.

$$\textbf{Realeinkommen} = \frac{\textbf{Nominaleinkommen}}{\textbf{Preisniveau}}$$

Beispiel

Ein Arbeitnehmer erhielt zu Beginn des Jahres einen Nettolohn von 3 600,– €. Im Oktober des Jahres wird sein Nettolohn auf 3 800,– € angehoben. Im gleichen Zeitraum stieg das Preisniveau um 3 %.

Veränderung des Nominaleinkommens

in € = 3 800,– € – 3 600,– € = 200,– €

$$\text{in \%} = \frac{200 \cdot 100}{3\,600} = 5{,}56\ \%$$

Veränderung des Realeinkommens

$$\text{in €: } \frac{3\,800}{\frac{103}{100}} = 3\,689{,}32\ €$$

Der Kaufkraftgewinn beträgt:
3 689,32 € – 3 600,– € = 89,32 €

$$\text{in \%: } \frac{105{,}56}{\frac{103}{100}} = 102{,}48\ \%$$

Der Kaufkraftgewinn beträgt 2,48 %.

Bedeutung des Realeinkommens

Das Einkommen einer Volkswirtschaft entsteht bei der Güterproduktion durch Entlohnung der Produktionfaktoren. Das verteilte Einkommen dient den Wirtschaftsobjekten zum Kauf der erstellten Güter. So betrachtet müssen bei Preisniveauerhöhungen auch die Nominaleinkommen steigen, damit die Wirtschaftssubjekte die erstellten Leistungen auch kaufen können.

Kaufkraft des Lohns

Für einen Bruttostundenlohn erhielt ein Industriearbeiter:

	1905	**1950**	**1998**
Milch (Liter)	2,6	3,8	20,8
Bier (Liter)	1,4	1,1	11,7
Kotelett (kg)	0,2	0,3	2,1
Kaffee (kg)	0,1	0,1	1,4

6 Bestimmung von Preisniveauveränderungen

1 Theoretische Betrachtung

<table>
<tr><td>Verkehrsgleichung des Geldes (Quantitätsgleichung)</td><td colspan="2">Die Verkehrsgleichung des Geldes ist ein vereinfachter, theoretischer Ansatz um die Beziehung zwischen der nachfragewirksamen Geldmenge und den Güterumsätzen zu beschreiben. Sie geht zurück auf den amerikanischen Nationalökonom Irving Fisher.

Angebotsseite (Güterstrom) — Nachfrageseite (Geldstrom)

$$H \cdot P = M \cdot U$$
Handelsvolumen · Preisniveau = Geldmenge · Umlaufgeschwindigkeit</td></tr>
<tr><td>Begriffe der Verkehrsgleichung</td><td>Handelsvolumen</td><td>Das Handelsvolumen ist die Gesamtheit aller Waren- und Dienstleistungen, die in einer Wirtschaftsperiode umgesetzt werden. Es enthält
▷ sämtliche Umsätze auf jeder Produktionsstufe;
▷ nur die verkauften Güter, also nicht den Eigenverbrauch und die Vorratsinvestitionen.</td></tr>
<tr><td></td><td>Preisniveau</td><td>Das Preisniveau bezeichnet den Durchschnitt der Marktpreise, die für die Waren- und Dienstleistungen des Handelsvolumens gezahlt wurden.
Multipliziert man das Handelsvolumen mit dem Preisniveau, so erhält man den wertmäßigen Ausdruck der volkswirtschaftlichen Güterseite.</td></tr>
<tr><td></td><td>Geldmenge</td><td>Hierzu gehört nur nachfragewirksames Geld, denn nur dieses dient zum Kauf der angebotenen Waren- und Dienstleistungen. Gehortetes Geld (z. B. im Sparschwein oder im Banksafe) gehört in diesem Zusammenhang nicht zur Geldmenge.</td></tr>
<tr><td></td><td>Umlaufgeschwindigkeit des Geldes</td><td>Die Umlaufgeschwindigkeit des Geldes gibt die Häufigkeit an, in der innerhalb einer Wirtschaftsperiode das Geld zum Kauf von Gütern verwendet wird.
Die Umlaufgeschwindigkeit hängt ab von
▷ den Zahlungsgewohnheiten (z. B. für Mieten),
▷ den Kaufgewohnheiten (z. B. Weihnachten),
▷ den subjektiven Zukunftserwartungen.</td></tr>
<tr><td>Beispiel</td><td>Beispiel zur Angebotsseite:
Ein Bäcker verkauft an einem Tag 200 Brötchen zu einem Preis von 0,30 €. Das Handelsvolumen zu Marktpreisen bewertet ist in diesem Fall 200 Brötchen · 0,30 € pro Stück = 60,– €.</td><td>Beispiel zur Nachfrageseite:
Wenn ein 10-€-Schein in einer Wirtschaftsperiode fünfmal zum Kauf von Gütern dient, geht von ihm eine Kaufkraft von 50,– € aus, da er eine Umlaufgeschwindigkeit von fünf besitzt.</td></tr>
</table>

▶

Umformung der Verkehrsgleichung	Durch die Umformung der Verkehrsgleichung erhält man einen Ausdruck zur Erklärung von Preisniveauveränderungen in Abhängigkeit von der nachfragewirksamen Geldmenge und dem Handelsvolumen. $$P = \frac{M \cdot U}{H}$$
Beispiel	*In einer Volkswirtschaft sei das Handelsvolumen gleich 100 ME und das Preisniveau gleich 5. Die nachfragewirksame Geldmenge betrage 125 GE bei einer Umlaufgeschwindigkeit von 4.* *Nach der Verkehrsgleichung des Geldes ergibt sich:* $100 \cdot 5 = 125 \cdot 4$ *Steigt in der folgenden Wirtschaftsperiode die Gütermenge um 20 % von 100 ME auf 120 ME an und die Geldmenge um 10 % von 125 GE auf 137,5 GE bei konstanter Umlaufgeschwindigkeit, dann ergibt sich nach den Werten der Verkehrsgleichung:* $p = \frac{137{,}5 \cdot 4}{120} = 4{,}58$ *Das Preisniveau ist gesunken bzw. die Kaufkraft ist gestiegen.*
Bedeutung der Verkehrsgleichung des Geldes	Die Verkehrsgleichung ist ein einfaches Modell um den Zusammenhang von Preisniveau, Handelsvolumen und Geldmenge zu beschreiben. In der wirtschaftspolitischen Realität ist sie aus folgenden Gründen nahezu bedeutungslos: ▷ Die in der Gleichung genutzten Größen lassen sich in der Realität nicht genau bestimmen, insbesondere nicht im Voraus berechnen. Die Formel kann damit nicht für die wirtschaftspolitische Steuerung oder für Preisniveauprognosen verwendet werden. ▷ Für die Wirtschaftspolitik ist das Handelsvolumen bedeutungslos, da es nicht die Gesamtproduktion (inklusive der Vorräte), sondern nur die verkauften Güter berücksichtigt. Ebenso wird bei der Geldmenge nur Geld berücksichtigt, das der Tauschmittelfunktion dient (Naturaltauschhypothese). Eine Differenzierung zwischen Einkommensentstehung und Einkommensverwendung findet nicht statt. ▷ Die Verkehrsgleichung des Geldes betrachtet die Güterseite und die Geldseite als zwei getrennte Bereiche der Wirtschaft, zwischen denen keine wechselseitigen Beziehungen bestehen. ▷ Die Annahme, dass sich Märkte durch den Preismechanismus stets im Gleichgewicht halten, ist in der Realität nicht gegeben.

<table>
<tr><th colspan="3">Übersicht über den Zusammenhang von Preisniveau, Geldmenge und Handelsvolumen</th></tr>
<tr>
<td>Das Preisniveau (P) steigt (die Kaufkraft sinkt) bei konstanter Umlaufgeschwindigkeit (U), wenn</td>
<td>Das Preisniveau (P) und Kaufkraft bleiben konstant bei konstanter Umlaufgeschwindigkeit (U), wenn</td>
<td>Das Preisniveau (P) fällt (die Kaufkraft steigt) bei konstanter Umlaufgeschwindigkeit (U), wenn</td>
</tr>
<tr>
<td>1. die nachfragewirksame Geldmenge (M) stärker steigt als das Handelsvolumen (H);</td>
<td>1. das Handelsvolumen (H) und die nachfragewirksame Geldmenge (M) unverändert bleiben;</td>
<td>1. das Handelsvolumen (H) stärker steigt als die nachfragewirksame Geldmenge (M);</td>
</tr>
<tr>
<td>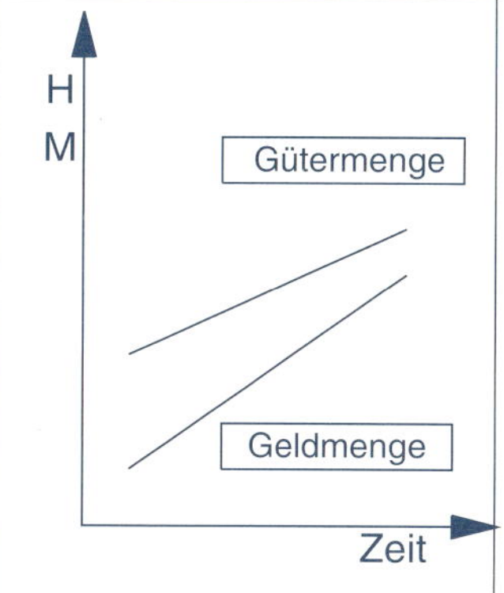
</td>
<td>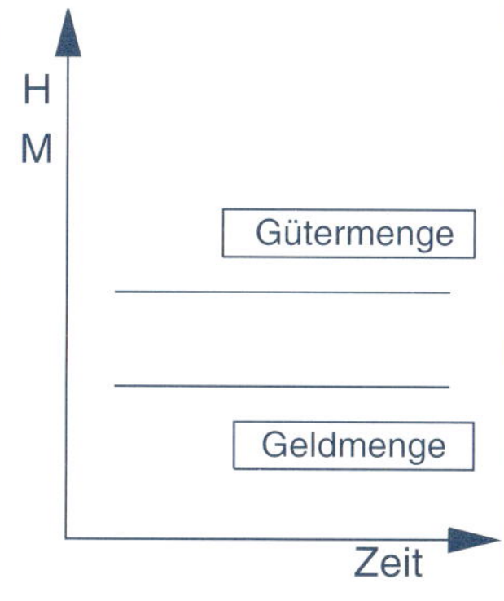
</td>
<td>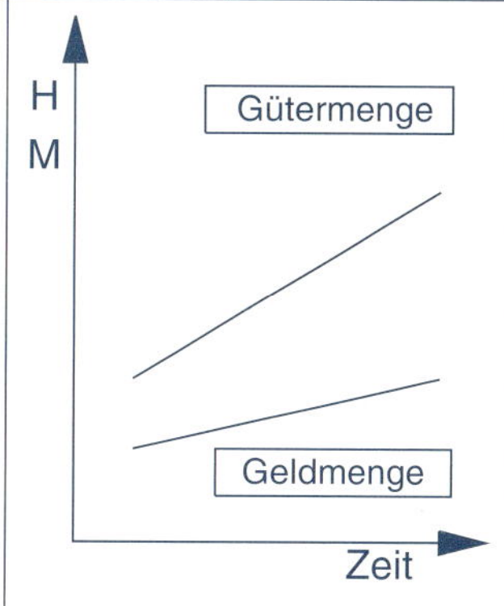
</td>
</tr>
<tr>
<td>2. das Handelsvolumen (H) stärker sinkt als die nachfragewirksame Geldmenge (M).</td>
<td>2. das Handelsvolumen (H) und die nachfragewirksame Geldmenge (M) sich im gleichen Umfang und in die gleiche Richtung verändern.</td>
<td>2. die nachfragewirksame Geldmenge (M) stärker sinkt als das Handelsvolumen (H).</td>
</tr>
<tr>
<td>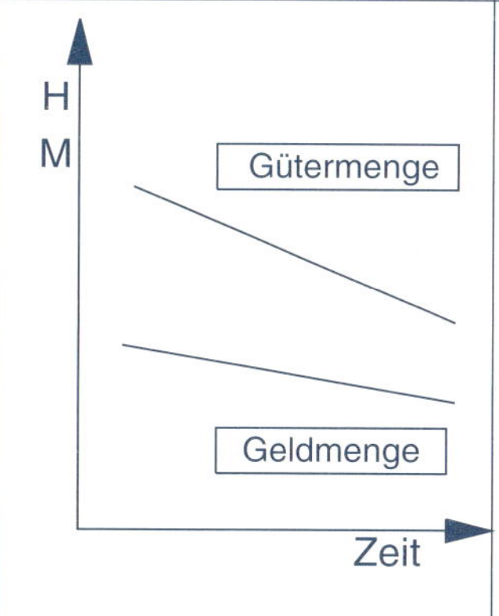
</td>
<td>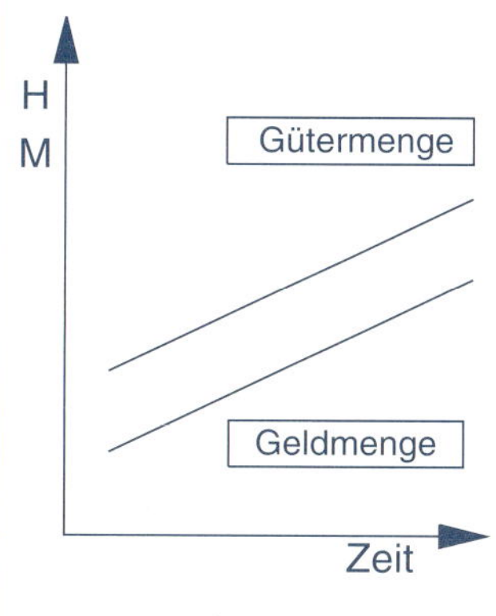
</td>
<td>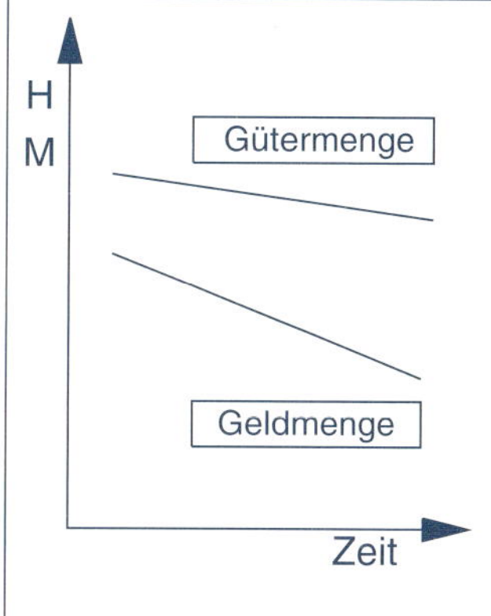
</td>
</tr>
</table>

2 Preisniveaubestimmung mithilfe des Warenkorbes

Warenkorb

Das Statistische Bundesamt in Wiesbaden ermittelt seit 1962 Preisniveauveränderungen der privaten Lebenshaltung mithilfe verschiedener Warenkörbe für vier verschiedene Haushaltstypen.

Dabei handelt es sich um einzelne Preisindizes der privaten Lebenshaltung für:

1. alle privaten Haushalte;
2. 4-Personen-Haushalte von Angestellten und Beamten mit höherem Einkommen;
3. 4-Personen-Arbeitnehmer-Haushalte mit mittlerem Einkommen;
4. 2-Personen-Haushalte von Renten- und Sozialhilfeempfängern.

Jeder dieser Warenkörbe enthält die typische Güterkombination, die den Konsumgewohnheiten des jeweiligen Haushaltstyps entspricht.

Beispiel: Der Warenkorb zur Ermittlung des allgemeinen Preisindex aller Haushalte enthält 751 Waren- und Dienstleistungen, die in neun Gütergruppen eingeteilt werden. Diesem Warenkorb liegt als Grundlage eine Familie mit 2,3 Personen (darunter 0,7 Kinder unter 18 Jahren) zugrunde. Diese Indexfamilie ist der repräsentative Durchschnitt aller Haushalte und existiert nur statistisch.

Haushaltstypen

Haushalte / Merkmale	alle privaten Haushalte	Haushalte von Angestellten und Beamten mit höherem Einkommen	städtische Arbeitnehmerhaushalte mit mittlerem Einkommen	Haushalte von Renten- und Sozialhilfeempfängern
Anzahl der Haushaltsmitglieder	2,3	4	4	2
Personenstruktur des Haushaltes	1,6 Erwachsene, 0,7 Kinder unter 18 Jahren	2 Erwachsene, 2 Kinder (mindestens ein Kind unter 15 Jahren)	2 Erwachsene, 2 Kinder (mindestens ein Kind unter 15 Jahren)	2 Erwachsene

Veränderungen des Warenkorbes	Damit der Warenkorb den tatsächlichen Verbrauchsgewohnheiten der Haushalte entspricht und ein aussagekräftiger Preisindex ermittelt werden kann, muss der Warenkorb nach einigen Jahren neu zusammengestellt werden (Empfehlung: alle fünf Jahre). Einige Güter werden dabei ganz aus dem alten Warenkorb entfernt, andere kommen neu hinzu, einige Güter werden durch neue ersetzt. Um festzustellen welche Veränderungen vorgenommen werden müssen, befragte das Statistische Bundesamt etwa 60 000 Haushalte nach ihren Einkommens- und Verbrauchsgewohnheiten. Aufgrund dieser Befragung werden z. B. folgende Veränderungen vorgenommen:

Neu hinzugekommen sind in den Warenkorb bei den letzten beiden Neuzusammenstellungen z. B.:	*Gestrichen wurden im Warenkorb bei den letzten beiden Neuzusammenstellungen z. B.:*
bleifreies Benzin	*bleihaltiges Benzin*
Expander	*Skateroller*
Walkman	*Kassettenrekorder*
Aktenkoffer	*Kollegmappe*
Tennisschläger	*Herrenschlafanzüge*
Diätmargarine	*Haarwasser*
neue Zahnersatzleistungen	*Schwarzweiß-Fernsehgeräte*
Waschmaschinenreparatur	*Leuchtstoffröhre*
Energiesparlampe	*Bettfedern*
Kantinenessen	

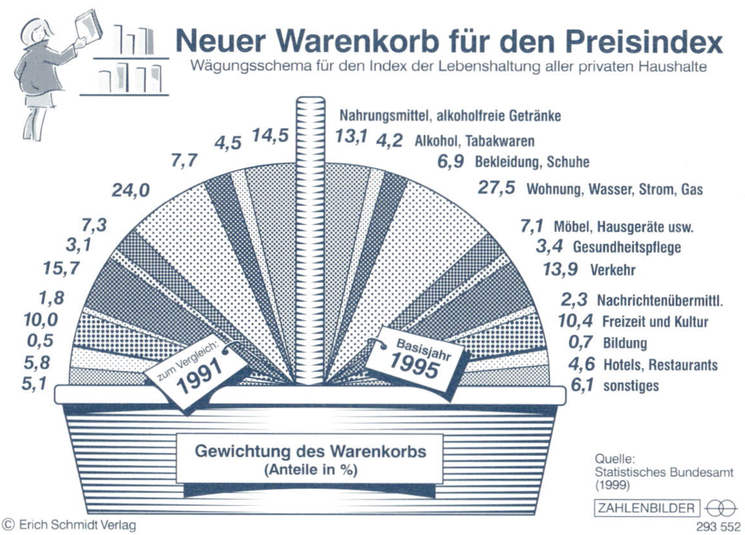

Basisjahr	Das Basisjahr ist das Jahr, in dem ein neuer Warenkorb zusammengestellt wird. Es erhält den Preisindex 100. Als Basisjahr gilt z. Zt. noch das Jahr 1995. Ein neuer Warenkorb wird im Jahr 2003 gültig.
Wägungsschema	Um zu gewährleisten, dass die einzelnen Waren- und Dienstleistungen ihrer Bedeutung für den Haushalt entsprechend eingerechnet werden, wird ein Wägungsschema aufgestellt. Die ermittelten Preise für die einzelnen Güter werden mit ihrer Gewichtung nach dem Wägungsschema multipliziert.
Indexfamilie	Die Indexfamilie für den monatlich veröffentlichten Preisindex ist eine statistische Durchschnittsfamilie, die der Bemessung des Preisindex der Lebenshaltung aller privaten Haushalte entspricht. Sie umfasst 2,3 Haushaltsmitglieder, darunter 0,7 Kinder unter 18 Jahren.
Berechnung des Preisindex	Das Statistische Bundesamt ermittelt in rund 200 Orten bei rund 22 000 Geschäften ständig etwa 200 000 Preise und erhält so den aktuellen Wert des Warenkorbes. Dieser ermittelte Wert wird zum Wert des Warenkorbes im Basisjahr in Bezug gesetzt. Die Güterzusammenstellung und das Wägungsschema bleiben unverändert. Somit ist eine Veränderung des Wertes des Warenkorbes im Berichtsjahr ausschließlich auf eine Preisniveauveränderung zurückzuführen. *Beispiel:*

Waren- und Dienstleistungen	Menge pro Jahr (q_0) (Wägungsanteil)	Preis/Einheit in € (p_0) (Basisjahr)	Wert des Warenkorbes in € ($p_0 \cdot q_0$) (Basisjahr)	Menge pro Jahr (q_0)	Preis/Einheit in € (p_0) (Berichtsjahr)	Wert des Warenkorbes in € ($p_0 \cdot q_0$) (Berichtsjahr)
Butter	78 Pakete (250g)	1,00	78,00	78 Pakete (250g)	0,95	74,10
CD-Player	1/5 Stück	245,50	49,10	1/5 Stück	199,00	39,80
Brot	104 KG	2,10	218,40	104 KG	2,25	234,00
Wohnungsmiete	960 m² (880 m² im Monat)	6,25	6.000,00	960 m² (880 m² im Monat)	6,40	6.144,00
		Summe:	6.345,50		Summe:	6.491,90

Das Preisniveau des Berichtsjahres lässt sich wie folgt berechnen:

$$P = \frac{\text{Wert des Warenkorbes (Berichtsjahr)} \cdot 100}{\text{Wert des Warenkorbes (Basisjahr)}}$$

$$P = \frac{6\,551{,}60\ € \cdot 100}{6\,345{,}50\ €} = 102{,}31$$

Die Preisniveauveränderung gegenüber dem Basisjahr beträgt damit 2,31 %.
Die Kaufkraftveränderung beträgt in diesem Berichtszeitraum minus 2,26 %.

Indexformel	Der Preisindex wird analog zum Beispiel mit der so genannten Laspeyres-Indexformel berechnet. Dabei wird der Wert des Warenkorbes im Berichtsjahr ins Verhältnis gesetzt zum Wert des Warenkorbes im Basisjahr und mit 100 multipliziert. Der jeweilige Wert des Warenkorbes ergibt sich aus der Summe der Preise für die einzelnen Güter, multipliziert mit ihrer konstanten Gewichtung.
Veröffentlichung	Die ermittelten Preisindizes werden im Bundesanzeiger, in allen größeren Tageszeitungen, im Statistischen Wochendienst des Statistischen Bundesamtes („Wirtschaft und Statistik") sowie in den Monatsberichten der Deutschen Bundesbank veröffentlicht. Im Allgemeinen wird jedoch in den Medien nicht der Index, sondern die prozentuale Veränderung der Preise für die private Lebenshaltung gegenüber dem Vorjahr bekannt gegeben, da dieser Wert z. B. für die Tarifpartner bedeutsam ist. 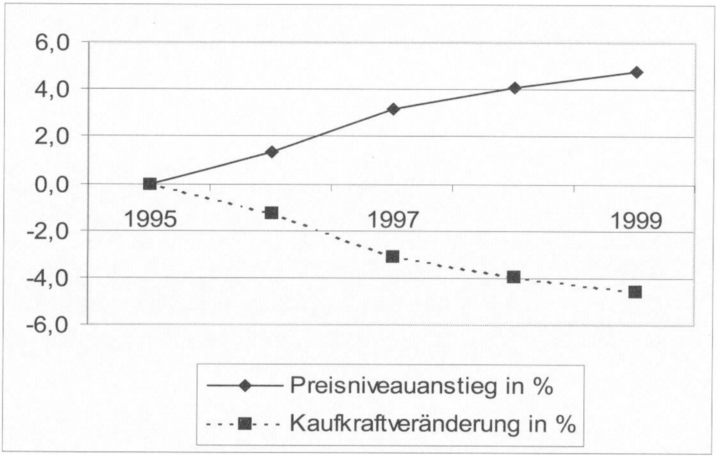
Kritik	Der Preisindex für die private Lebenshaltung bzw. die daraus berechneten prozentualen Preisniveauveränderungen werden unter folgenden Aspekten kritisiert: ▷ Die im Warenkorb enthaltenen Waren- und Dienstleistungen sind aufgrund der Schnelllebigkeit unserer heutigen Gesellschaft rasch veraltet und nicht mehr repräsentativ für die Konsumgewohnheiten der Haushalte. Dasselbe gilt für die Wägungsanteile. ▷ Qualitätsverbesserungen der Waren- und Dienstleistungen bleiben unberücksichtigt. ▷ Die zugrunde gelegten Haushalte entsprechen nur zu einem sehr geringen Teil den tatsächlich existierenden Haushalten. Diese weichen z. T. erheblich von der Personenzahl, dem Einkommen und den Verbrauchsgewohnheiten des statistischen Durchschnitts ab.

1 Inflation

Begriff	***Inflation ist der Prozess anhaltender Preisniveauanstiege bzw. ein anhaltendes Sinken der Kaufkraft des Geldes. Es liegt eine Überversorgung der Wirtschaft mit Geld vor.***	
Inflationsarten	Unterscheidung nach der Erkennbarkeit	Diese Unterscheidung will deutlich machen, ob eine Inflation für die Wirtschaftssubjekte erkennbar ist oder nicht. ▷ **Offene Inflation** Die Wirtschaftssubjekte können die Preissteigerungen wahrnehmen und so den Kaufkraftverlust des Geldes erkennen. ▷ **Verdeckte (zurückgestaute) Inflation** Die Preise werden durch staatliche Eingriffe in die Preisbildung konstant gehalten. Dies geschieht z. B. durch die Festsetzung von Höchstpreisen oder durch einen allgemeinen Preisstopp. Ohne diese Maßnahmen würden die Preise aufgrund der Marktverhältnisse steigen. Die Inflation ist somit zurückgestaut und für die Wirtschaftssubjekte nicht erkennbar. Dabei entstehen häufig Schwarzmärkte, auf denen die Güter illegal zu überhöhten Preisen verkauft werden oder aber die Qualität der angebotenen Güter sich verschlechtert.
	Unterscheidung nach dem Umfang und der Geschwindigkeit	Je nach Umfang des Preisniveauanstieges innerhalb eines bestimmten Zeitraumes unterscheidet man zwischen der schleichenden, trabenden und galoppierenden Inflation. Die Übergänge dieser Inflationsarten sind jedoch fließend. ▷ **Schleichende Inflation** Diese Inflation ist gekennzeichnet durch einen geringen Anstieg des Preisniveaus. Hierzu wird im Allgemeinen ein jährlicher prozentualer Anstieg des Preisniveaus von unter 10 % gerechnet. Bis auf die Jahre ohne Preisniveauanstieg hatte die Bundesrepublik Deutschland stets eine schleichende Inflation. ▷ **Trabende Inflation** Sie gilt, wenn sich der Preisniveauanstieg schneller vollzieht und im Jahr etwa zwischen 10 % und 50 % liegt. ▷ **Galoppierende Inflation (Hyperinflation)** Diese Art der Inflation ist gegeben, wenn der Preisniveauanstieg über 50 % pro Jahr liegt. Selbst in heutigen Volkswirtschaften wurden schon Inflationsraten von 1 000 % und mehr gemessen.

2 Ursachen und Folgen der Inflation

Inflationstheorien

Inflatorische Entwicklungen haben zumeist eine Vielzahl unterschiedlicher Ursachen. Es existieren verschiedene Inflationstheorien, die jeweils bestimmte Ursachen in den Vordergrund stellen.

Übersicht

nachfragebedingte Inflation	angebotsbedingte Inflation	geldmengenbedingte Inflation
1. Konsuminflation 2. Investitionsinflation 3. Fiskalinflation 4. importierte Inflation	1. Kostendruckinflation (cost-push inflation) 2. Gewinndruckinflation (profit-push inflation)	H · P = M · U

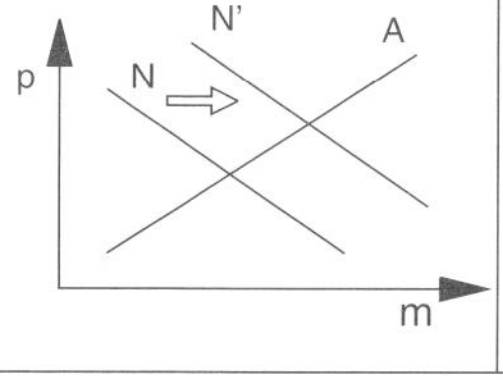

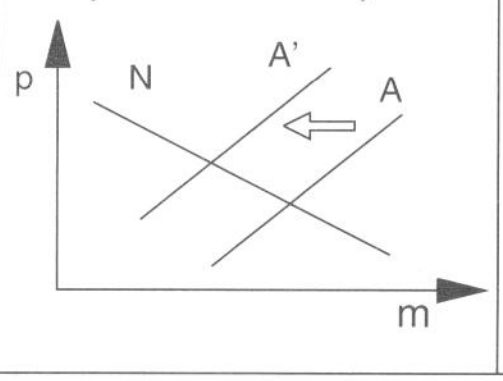

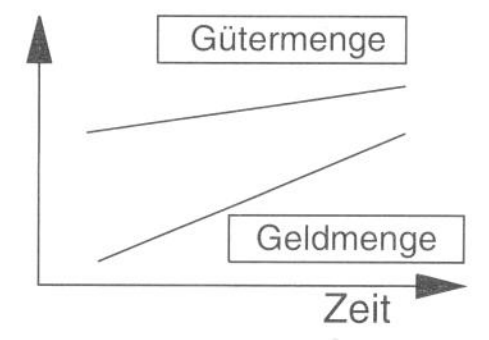

nachfragebedingte Inflation

Bei einem funktionierenden Preismechanismus entsteht bei einer Zunahme der gesamtwirtschaftlichen Nachfrage und einem gleich bleibenden Angebot ein **Nachfragesog.** Dieser veranlasst die Unternehmer dazu, die Preise zu erhöhen, sofern das Angebot nicht vollkommen elastisch reagieren kann, z. B. aufgrund unausgelasteter Kapazitäten. Inflatorische Entwicklungen aufgrund steigender Nachfrage sind also nur denkbar bei einem elastischen, unelastischen oder vollkommen unelastischen Angebot. Die zusätzliche Nachfrage muss ferner durch eine entsprechende Geldschöpfung finanziert werden.

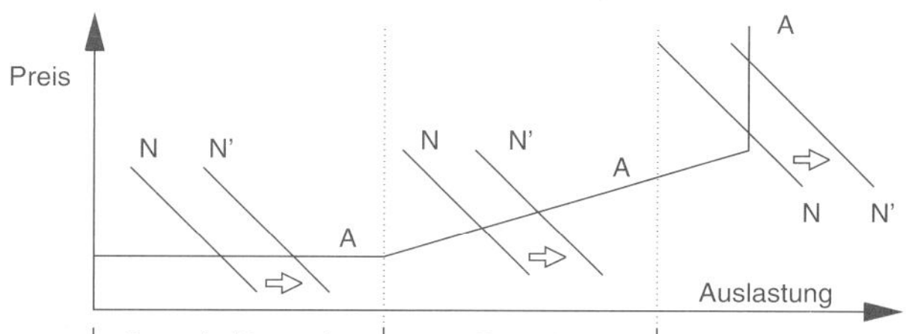

	Rezession/Depression	Expansion	Boom
Angebotselastizität	vollkommen elastisch	elastisch - unelast.	unelastisch
Auslastungsgrad	unausgelastet	hohe Auslastung	Vollauslastung
Folge	Mengeneffekte	Mengen-/Preiseff.	Preiseffekte
Preise	bleiben konstant	steigen	steigen
Angebotsmenge	passt sich an	steigt	steigt

▶

Arten der nachfragebedingten Inflation	**Konsuminflation**	Die Erhöhung der Gesamtnachfrage geht hierbei von den privaten Haushalten aus, die ihre erhöhte Nachfrage nach Konsumgütern durch Auflösen von Ersparnissen, Abbau von Vermögen oder durch Kreditaufnahme finanzieren, wobei es zu einer zusätzlichen Geldschöpfung kommt.
	Investitionsinflation	Eine kreditfinanzierte Erhöhung der Unternehmensnachfrage nach Investitionsgütern, die eine zusätzliche Geldschöpfung verursacht, führt ebenfalls zur Inflation. Verursacht werden diese erhöhten Investitionen meist durch technische Neuerungen, Konkurrenzdruck oder optimistische Absatzerwartungen der Unternehmen.
	Fiskalinflation	Aus konjunkturpolitischen Erfordernissen erhöht der Staat seine Nachfrage, die er durch zusätzliche Verschuldung bei der Zentralbank oder durch die Ausgabe von Obligationen bei den Bürgern finanziert. Dies kann sich preistreibend auswirken, sofern damit ebenfalls eine erhöhte Geldschöpfung verbunden ist.
	importierte Inflation	Nimmt bei festen Wechselkursen die Auslandsnachfrage zu, so entsteht ein Exportüberschuss. In diesem Fall verknappen sich im inländischen Wirtschaftskreislauf die Güter bei gleichzeitiger Erhöhung der Geldmenge durch die Zahlungen aus dem Ausland. Diese Situation tritt insbesondere dann auf, wenn die ausländische Inflation höher ist als die inländische. Bei flexiblen Wechselkursen unterstellt man, dass durch Wechselkursanpassungen die importierte Inflation vermieden wird.
angebotsbedingte Inflation	Die Unternehmen werden bei einer Verschlechterung ihrer Kostensituation versuchen, diese über eine Anhebung der Preise auszugleichen oder aber sie führen Preiserhöhungen durch um ihre Gewinnsituation zu verbessern. Dies ist allerdings nur möglich, wenn die Unternehmen über die notwendige Marktmacht verfügen um die Preissteigerungen auch durchzusetzen wie z. B. im Angebotsoligopol oder -monopol.	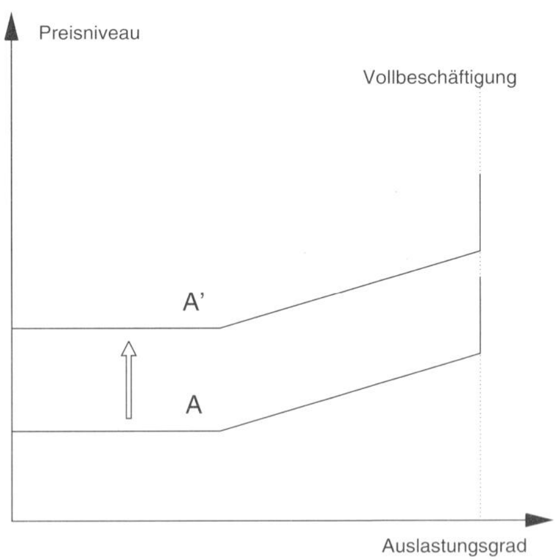

Arten der angebotsbedingten Inflation	**Kostendruckinflation**	Erhöhen sich die Kosten für die Unternehmen, müssen diese mit Preiserhöhungen reagieren, sofern sie keine Gewinneinbußen hinnehmen wollen. Insbesondere spielen die folgenden Kosten eine Rolle: ▷ Die Kosten für Roh-, Hilfs- und Betriebsstoffe, die aus dem Ausland importiert werden müssen, da sie durch inländische Erzeugnisse nicht substituiert werden können, steigen an, da sie auf dem Weltmarkt zu höheren Preisen gehandelt werden. Auch in diesem Fall spricht man von einer importierten Inflation. ▷ Steigen Löhne und Gehälter über den Produktivitätszuwachs hinaus an, werden die Unternehmen versuchen, diese Kostensteigerung auf die Preise abzuwälzen. Das Gleiche gilt für einen Anstieg der Lohnnebenkosten wie z. B. die Arbeitgeberanteile zur gesetzlichen Sozialversicherung oder die Lohnfortzahlung im Krankheitsfall. Die steigenden Preise sind dann oft Anlass für die Gewerkschaften ihrerseits in den Tarifverhandlungen höhere Lohn- und Gehaltszuwächse zu fordern. Man spricht in diesem Zusammenhang auch häufig von der **„Lohn-Preis-Spirale“.** ▷ Inflationsverursachende Kostenerhöhungen können auch Folge einer höheren Besteuerung der Unternehmen oder Folge höherer Kreditkosten für die Unternehmen sein.
	Gewinndruckinflation	Auf oligopolistischen Märkten, die durch ein Parallelverhalten der Anbieter gekennzeichnet sind oder auf monopolistischen Märkten, also auf Märkten, auf denen die Marktmacht auf Anbieterseite liegt, werden diese den Preis anheben, wenn dies ihre Gewinnsituation verbessert. Dieses Verhalten führt dann zu einer Gewinninflation.
geldmengenbedingte Inflation	Letztlich, so werden Anhänger dieser Inflationstheorie behaupten, ist eine Inflation nur dann möglich, wenn die nachfragewirksame Geldmenge größer ist als das wertmäßige Güterangebot. Diese Annahme lässt sich anhand der Quantitätsgleichung des Geldes verdeutlichen ($H \cdot P = M \cdot U$). Danach ist eine Inflation nur die Folge einer falsch angepassten Geldmenge. Es ist also Aufgabe der Geldpolitik, die Geldmenge so zu steuern, dass eine Preisniveauveränderung verhindert wird.	

▶

Inflationsfolgen	Benachteiligt werden durch eine Inflation	Begünstigt werden durch eine Inflation
	▷ die Bezieher fester Einkommen (z. B. Arbeitnehmer und Rentner), weil ihre Bezüge zumeist erst später angepasst werden; ▷ die Gläubiger vor allem von langfristigen Forderungen; ▷ die Sparer und Geldanleger von langfristigen Geldern. Es kommt zu einer *„Flucht in die Sachwerte"* (z. B. Grundstücke). Die Sparneigung nimmt ab.	▷ die Schuldner von langfristigen Schulden (z. B. Bauherren); ▷ der Staat, da er durch steigende Einkommen auch steigende Steuereinnahmen hat und andererseits der größte Schuldner ist; ▷ die Selbstständigen und Unternehmer, da ihr Vermögen meist in Sachwerten angelegt ist.

Außerdem ist durch Inflation und deren negative Folgen die soziale Gerechtigkeit, die soziale Sicherheit und der Wohlstand der Bevölkerung gefährdet.
Allgemein ist man sich jedoch darüber einig, dass die Auswirkungen einer schleichenden Inflation bzw. geringen Inflation nicht so bedeutsam sind, sondern dass vielmehr die Vorteile überwiegen. Dies gilt z. B. für die durch die geringe Sparneigung und die hohe Nachfrage ausgelösten positiven Impulse für den Beschäftigungsstand.

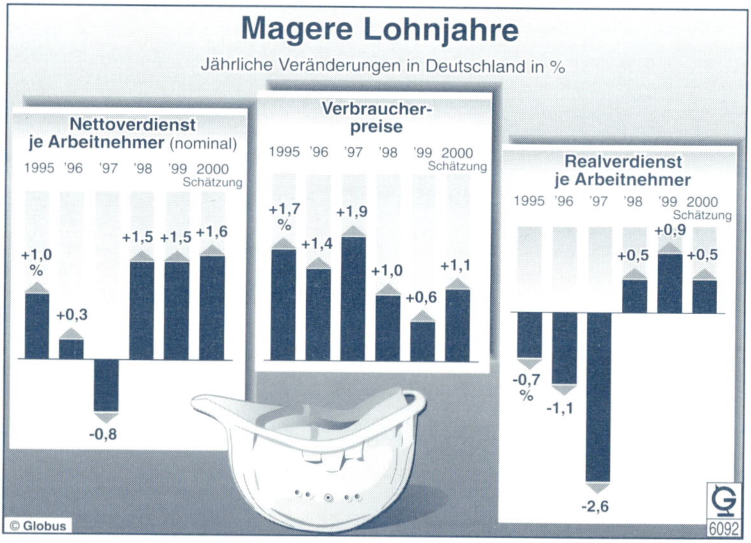

3 Stagflation

Begriff	***Die Stagflation kennzeichnet eine volkswirtschaftliche Fehlentwicklung, bei der eine Inflation einhergeht mit einem Stillstand des Wachstums (Stagnation) und Arbeitslosigkeit.*** Zum ersten Mal stellte man dieses Phänomen während der Rezessionen 1957/58 und 1969/70 in den USA fest. Bis dahin kannte man in der Volkswirtschaftslehre nur den Sachverhalt, dass eine Inflation vor allem in der Expansions- und Boomphase einer Wirtschaft auftritt, d. h., dass damit eine steigendes Wachstum und eine Zunahme der Beschäftigung einhergeht. Die Bezeichnung *„englische Krankheit"* entstand, als die Stagflationsmerkmale besonders heftig in Großbritannien auftraten. In der Bundesrepublik Deutschland ließ sich dieses Phänomen in der Rezession 1973–75 und 1980–82 feststellen.
Ursachen der Stagflation	Die Ursachen der Stagflation sind bis heute nicht einwandfrei erforscht. Man geht jedoch davon aus, dass folgende Ursachen eine Rolle spielen: ▷ Das Besitzstandsdenken der am Wirtschaftsprozess Beteiligten führt dazu, dass bei einem Sinken der Wachstumsraten des realen Bruttosozialproduktes niemand bei sich selbst eine Reduzierung des Wohlstands hinnehmen will: es kommt zum Verteilungskampf, der die Preise in die Höhe treibt (Anspruchsinflation). ▷ Die zunehmende Konzentration der Angebotsseite führt auf den Märkten dazu, dass trotz des allgemeinen Produktions- und Nachfragevolumens die Anbieter ihre Preise anheben, sofern dadurch eine Gewinnzunahme zu erwarten ist. Die Inflationsursache wäre dann eine Gewinninflation. ▷ Ein falsches Einsetzen und Dosieren fiskalpolitischer Maßnahmen (z. B. Steuererhöhungen in einer Rezession) und geldpolitischer Instrumente (z. B. eine falsch gesteuerte Geldmenge) kann ebenfalls Ursache einer Stagflation sein. ▷ Zum Teil sind auch außenwirtschaftliche Einflüsse verantwortlich zu machen. Dies galt z. B. für die Zeit der Ölkrise 1973–1975. Die hohen Preissteigerungen, die durch den Zusammenschluss der Ölförderländer (OPEC-Kartell) am Weltmarkt durchgesetzt wurden, führten zu starken Preissteigerungen auf den verschiedenen Gütermärkten.
Probleme	Wirksame Mittel zur Bekämpfung der Stagflation durch die existierenden Instrumente der Geld- und Fiskalpolitik konnten bisher nicht gefunden werden. Die Wirtschaftspolitik befindet sich in einem Dilemma: Eine Bekämpfung der Inflation durch die Geldpolitik würde eine Verknappung und Verteuerung des Geldes erfordern, was aber den negativen Trend des Wirtschaftswachstums und der Beschäftigung nur verstärken würde. Ebenso würden fiskalpolitische Maßnahmen zur Belebung der Nachfrage und damit des Wachstums und der Beschäftigung die Inflation fördern.

4 Deflation

Begriff	***Als Deflation bezeichnet man die anhaltende Senkung der Preise eines Teiles oder aller angebotenen Güter einer Volkswirtschaft.*** Eine Deflation ist zumeist durch eine sinkende Kapazitätsauslastung der Unternehmen gekennzeichnet. Es kommt zu Einschränkungen der Produktion und zu Entlassungen.	
Arten	▷ **Offene Deflation** liegt vor, wenn die Preise der Güter sich für jeden sichtbar verringern. Diesen Zustand gab es in der Bundesrepublik Deutschland nur einmal (1986 = – 0,1 %). ▷ **Verdeckte Deflation** liegt vor, wenn bei gleich bleibenden Preisen die Qualität und andere wertsteigernde Faktoren verbessert werden. Dieser Zustand kann eintreten, wenn in einem Markt eine Preiskonkurrenz nicht mehr möglich ist.	
Ursachen	**nachfragebedingte Deflation**	Die Gesamtnachfrage durch Haushalte und Staat lässt stark nach. Ausgelöst werden kann dies durch ▷ eine stark nachlassende Investitionstätigkeit des Staates; ▷ eine sehr pessimistische Einschätzung der Zukunft durch die privaten Haushalte. Sie werden ihr Geld nicht ausgeben, sondern für schlechte Zeiten zurücklegen.
	angebotsbedingte Deflation	Die Unternehmer senken die Preise ▷ aufgrund starker Konkurrenz auf den Gütermärkten, ausgelöst durch nicht ausgelastete Kapazitäten; ▷ aufgrund der Sättigung bestimmter Märkte.
	geldmengenbedingte Deflation	Die Geldmenge ist wesentlich niedriger als das Handelsvolumen. Nach der Verkehrsgleichung kann das zwei Ursachen haben: ▷ Die Umlaufgeschwindigkeit des Geldes geht drastisch zurück. Dies kann der Fall sein, wenn die Wirtschaftssubjekte aus Vorsichtsgründen aufgrund einer schlechten Wirtschaftslage ihre Gelder zurückhalten. ▷ Die Bundesbank hat durch entsprechende restriktive Maßnahmen das Geldvolumen gedrosselt.
Folgen	▷ Die Folgen einer Deflation trifft die Schuldner langfristiger Schulden und den Staat. Andererseits gewinnen die Bezieher fester Einkommen, die Gläubiger und die Geldanleger. ▷ Zumeist ist die Deflation mit einem starkem Beschäftigungsabbau verbunden, da die Unternehmer aufgrund der nachlassenden Nachfrage ihre Produktion drastisch drosseln müssen.	

Aufgaben des Geldes und Geldarten → *S. 131*	1. Als Geld wird alles bezeichnet, was die Geldfunktionen erfüllt. Erläutern Sie die Funktionen des Geldes. 2. Entscheiden Sie, welche Funktion des Geldes in den folgenden Beispielen angesprochen wird: a. Abbuchung der Hundesteuer vom Girokonto; b. Kauf eines Computers mit Scheck; c. Bareinzahlung auf das Sparbuch; d. Angabe einer Verhandlungsbasis beim Verkauf eines Pkw. 3. Welche Eigenschaften muss Geld erfüllen? 4. Unterscheiden Sie Kurant- und Scheidemünzen. 5. Erklären Sie, was man unter Papiergeld und Giralgeld versteht. 6. Unterscheiden Sie die verschiedenen Formen der Naturalwirtschaft. 7. Beschreiben Sie die Entstehung des Geldes. 8. Was ist unter dem Begriff „Warengeld“ zu verstehen? 9. Welche Vorteile hat unser heutiges Geld gegenüber dem Warengeld?
Währungsordnung → *S. 134*	10. Was bezeichnet der Begriff „Währung“? 11. Welche Funktion erfüllt das Notenbankgesetz eines Landes oder eines Währungsgebietes? 12. Erläutern Sie die beiden wesentlichen Währungssysteme. 13. Unterscheiden Sie die drei Arten der gebundenen Währungen. 14. Beschreiben Sie die möglichen Gefahren der gebundenen bzw. der freien Währungen.
Geldmenge → *S. 135*	15. Erklären Sie, was unter dem Begriff „Geldmenge“ zu verstehen ist. 16. Warum unterteilt man die Geldmenge in verschiedene Geldmengenbegriffe? 17. Unterscheiden Sie die verschiedenen Geldmengenbegriffe. 18. Welche Geldmenge dient der EZB als Zielgröße zur Steuerung der Geldmenge?
Geldschöpfung → *S. 136*	19. Worin unterscheiden sich die beiden Arten der Geldschöpfung? 20. Warum handelt es sich bei der primären Geldschöpfung um originäres und bei der sekundären Geldschöpfung um derivates Geld? 21. Welche Möglichkeiten hat die Zentralbank Geld zu schöpfen? 22. Erklären Sie den Begriff der Geldvernichtung. 23. Beurteilen Sie die folgenden Fälle hinsichtlich der Veränderung der Geldmenge. a. Die Zentralbank kauft Wertpapiere. b. Die Zentralbank gewährt dem Staat einen Kredit. c. Eine Geschäftsbank löst fällige Wechsel bei der Zentralbank ein. d. Eine Bank refinanziert sich bei der Zentralbank, indem sie Wertpapiere verkauft. e. Eine Bank tauscht Sichtguthaben bei der Zentralbank gegen Bargeld ein.

▶

Geld-schöpfung → S. 136	24. Ist die Zentralbank in der Lage, beliebig viel Geld zu schöpfen? Begründen Sie Ihre Aussage. 25. Unterscheiden Sie aktive und passive Buchgeldschöpfung. 26. Erklären Sie den Begriff „Mindestreserve". 27. Unterscheiden Sie Barreserve und Überschussreserve. 28. Wovon ist der Umfang der aktiven Buchgeldschöpfung abhängig? 29. In einem Bankensystem beträgt die Einlage 40 000,– GE, der Mindestreservesatz liegt bei 7,5 %, und als Barreserve werden 8,5 % gehalten. Ermitteln Sie unter der Bedingung, dass die gesamte Überschussreserve als Kredit vergeben wird: a. den Geldschöpfungsmultiplikator; b. die maximal mögliche Kreditvergabe; c. die Geldschöpfung nach drei Kreditvergaben; d. die maximale Geldmenge; e. die Werte aus a. bis d., wenn die Mindestreserve und die Barreserve auf 10 % ansteigen. 30. Wie verändert sich die Geldschöpfungsmöglichkeit der Geschäftsbanken in den folgenden Fällen? Begründen Sie Ihre Antwort und überlegen Sie, wie sich die Kreditzinsen verändern könnten: a. Die Einlagen im Bankensystem sinken. b. Der Mindestreservesatz wird gesenkt. c. Der Barreservesatz wird angehoben.
Geldwert → S. 140	31. Erklären Sie die Begriffe „Nennwert" und „realer Wert" des Geldes. 32. Unterscheiden Sie zwischen Binnen- und Außenwert des Geldes. 33. Welches Verhältnis besteht zwischen Kaufkraft und Preisniveau? 34. Wann spricht man von Geldwertstabilität, und warum ist dies ein wesentliches Ziel der Wirtschaftspolitik? 35. Berechnen Sie die Preisniveauveränderung und die Kaufkraftveränderung, wenn das Preisniveau von 100 a. auf 125 steigt; b. auf 90 sinkt; c. auf 110 steigt. 36. Worin unterscheiden sich Nominal- und Realeinkommen? 37. Ein Arbeitnehmer erhielt zu Beginn des Jahres einen Nettolohn von 3 600,– €. Im Oktober des gleichen Jahres steigt sein Nettolohn auf 3 800,– €. Im gleichen Zeitraum stieg der Preisindex für die private Lebenshaltung um 3 %. a. Wie viel Prozent beträgt die Reallohnsteigerung? b. Wie viel € beträgt die Reallohnsteigerung? 38. Berechnen Sie die prozentuale Veränderung des Preisindex gegenüber dem Vorjahr, den Kaufkraftindex und die prozentuale Veränderung der Kaufkraft, wenn folgende Preisindexentwicklung gegeben ist: Jahr 0 (Basisjahr) Jahr 1 106,2 Jahr 2 109,3 Jahr 3 110,9

Bestimmung von Preisniveauveränderungen
→ *S. 143*

39. Wodurch unterscheiden sich die beiden verschiedenen Möglichkeiten zur Bestimmung des Preisniveaus?
40. Erläutern Sie die Quantitätsgleichung des Geldes.
41. Wie verändert sich das Preisniveau, wenn
    a. bei konstanter Umlaufgeschwindigkeit das Handelsvolumen stärker steigt als die Geldmenge;
    b. Handelsvolumen und Geldmenge im gleichen Umfang sinken und die Umlaufgeschwindigkeit steigt?
42. Wie verändert sich die Kaufkraft, wenn
    a. bei konstanter Umlaufgeschwindigkeit und konstantem Handelsvolumen die Geldmenge steigt;
    b. das Handelsvolumen nicht so stark abnimmt wie die Geldmenge?
43. Wodurch unterscheiden sich das Handelsvolumen, das Bruttoinlandspodukt und der Güterberg einer Volkswirtschaft?
44. Begründen Sie, warum die Verkehrsgleichung des Geldes in der wirtschaftspolitischen Praxis nahezu bedeutungslos ist.
45. Was versteht man unter einem Warenkorb und wie ermittelt man damit Preisniveauveränderungen?
46. Warum werden die Güter- und Dienstleistungen des Warenkorbes mithilfe eines Wägungsschemas gewichtet?
47. Berechnen Sie die Preisniveauveränderung zwischen den Basis- und dem Berichtsjahr, wenn folgender Warenkorb angenommen wird.

Waren und Dienstleistungen	Menge pro Jahr	Preis im Basisjahr pro Mengeneinheit	Preise im Berichtsjahr pro Mengeneinheit
Brot	52 kg	2,10 €	2,40 €
Wurst	26 kg	1,55 €	1,70 €
Margarine	20 kg	0,70 €	0,75 €
Kaffee	10 kg	4,00 €	4,50 €

48. Was versteht man unter einer Indexfamilie?
49. Warum wird der Warenkorb nicht ständig verändert?
50. Wie beurteilen Sie die Ermittlung der Preisniveauveränderungen bzw. Kaufkraftveränderungen mithilfe des Warenkorbes?

Geldwertveränderungen
→ *S. 150*

51. Erklären Sie die Begriffe „Inflation“ und „Deflation“.
52. Unterscheiden Sie die Inflationsarten nach der Geschwindigkeit, d. h. nach Umfang des Preisniveauanstieges.
53. Wodurch unterscheidet sich die offene von der verdeckten Inflation?
54. Bei den verschiedenen Inflationsursachen kann man ganz allgemein zwischen nachfragebedingter, angebotsbedingter und geldmengenbedingter Inflation unterscheiden. Erklären Sie die Unterschiede.
55. Erläutern Sie, wann eine Nachfrageerhöhung zu Preisanstiegen führt und wann nicht.

▶

11 Aufgaben zu Kapitel 11

Geldwertveränderungen → *S. 150*	56. Erklären Sie für die folgenden Fälle, welche nachfragebedingte Inflationsursache vorliegt. a. Die Erhöhung der Staatsausgaben wird durch Kredite finanziert. b. Während der Hochkonjunktur steigt der Export bei konstantem Import stark an. c. In einer Volkswirtschaft nimmt die Kreditaufnahme der Wirtschaftssubjekte zur Finanzierung der Konsumausgaben stark zu. d. In einer Volkswirtschaft wird mehr investiert als gespart. 57. Inwiefern kann das Preisniveau des Auslandes Ursache für eine importierte Inflation sein? 58. Welche angebotsbedingten Inflationsursachen sind denkbar? 59. Nennen Sie Beispiele für angebotsbedingte Inflationen. 60. Inwiefern wirkt sich das Verhältnis von Lohnzuwachs und Produktivitätszuwachs auf das Preisniveau aus? 61. Warum ist eine Gewinninflation von der Marktform abhängig? 62. Erläutern Sie die geldmengenbedingte Inflation und nennen Sie mögliche Maßnahmen zur Bekämpfung dieser Inflation. 63. Stellen Sie in einer Tabelle die Folgen einer Inflation und einer Deflation gegenüber. 64. Eine der gravierenden volkswirtschaftlichen Probleme ist das Auftreten einer Stagflation. Was ist darunter zu verstehen? 65. Welche Ursachen für eine Stagflation sind denkbar? 66. Warum ist die Bekämpfung der Stagflation so problematisch? 67. Warum spricht man bei nachfragebedingten Inflationen von einer „Soginflation“ und bei angebotsbedingten Inflationen von einer „Druckinflation“? 68. Nennen Sie mögliche Ursachen einer Deflation.

1 Grundlagen der volkswirtschaftlichen Gesamtrechnung

Begriff	***Die volkswirtschaftliche Gesamtrechnung erfasst alle wirtschaftlichen Transaktionen, die in einer Wirtschaftsperiode einer Volkswirtschaft innerhalb des Wirtschaftkreislaufes stattfinden. In Deutschland wird sie vom Statistischen Bundesamt in Wiesbaden durchgeführt.***
Aufgaben	Die volkswirtschaftliche Gesamtrechnung ist die Grundlage zur Kennzeichnung der gegenwärtigen wirtschaftlichen Situation, zur Beurteilung vorangegangener und zur Vorhersage zukünftiger Entwicklungen der Wirtschaft. Zu diesem Zweck ermittelt sie volkswirtschaftliche Kennziffern wie das Bruttoinlandsprodukt, das Volkseinkommen, die Lohn- und Gewinnquote, die Investitionsquote, den Außenbeitrag u.a.
Aufbau	▷ Die Erfassung der Transaktionen (wirtschaftlich bedeutsame Geschäftsvorgänge) erfolgt in Deutscher Mark nach dem Prinzip der doppelten Buchführung. ▷ Jeder Wirtschaftssektor des Wirtschaftskreislaufes (Unternehmen, Haushalte, Staat) besitzt verschiedene Konten (siehe unten), auf denen die entsprechenden Transaktionen verbucht werden. ▷ Die Sollseiten enthalten die der Kontenbezeichnung entsprechenden Ausgaben, die Habenseiten enthalten die Einnahmen.
Kontenplan	Die Wirtschaftssektoren Unternehmen, Haushalte und Staat besitzen folgende Konten: ▷ Kontengruppe 1: Produktionskonten ▷ Kontengruppe 2: Entstehung von Erwerbs- und Vermögenseinkommen ▷ Kontengruppe 3: Verteilung von Erwerbs- und Vermögenseinkommen ▷ Kontengruppe 4: Umverteilung von Einkommen ▷ Kontengruppe 5: Einkommensverwendungskonten (Verbrauch und Ersparnis) ▷ Kontengruppe 6: Veränderungen des Reinvermögens ▷ Kontengruppe 7: Sachvermögensbildungskonten Alle Transaktionen zwischen den inländischen Wirtschaftssubjekten und dem Ausland werden auf dem Konto 8: Übrige Welt (Auslandskonto) erfasst.
Quellen	Das Statistische Bundesamt nutzt eine Vielzahl von Quellen um die notwendigen Informationen für die volkswirtschaftliche Gesamtrechnung zu erhalten. Zu den wichtigsten Quellen gehören unter anderem ▷ die Einkommens- und Lohnsteuerstatistik, ▷ die Umsatzsteuerstatistik, ▷ die Einfuhr- und Ausfuhrerklärungen, ▷ die Ernteberichterstattung, ▷ die Erhebungen und Unterlagen privater und öffentlicher Versicherungsträger sowie der Arbeitsämter.

▶

grafische Darstellung des Kontensystems

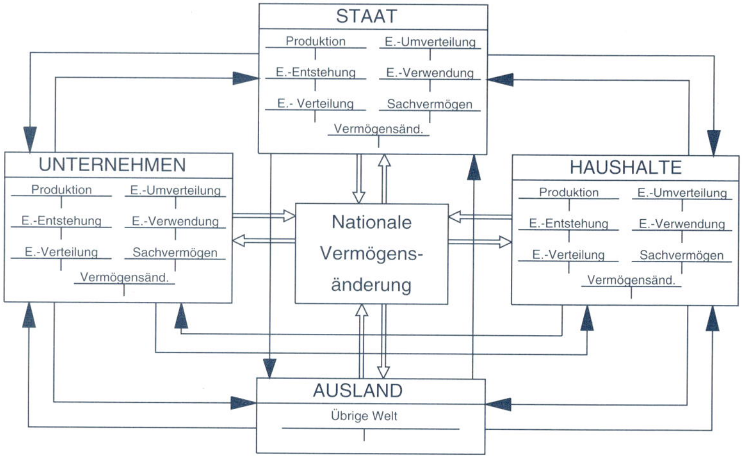

Buchungen

Die Buchungen auf den Konten erfolgen nach dem Prinzip der doppelten Buchführung. Jeder wirtschaftliche Vorgang löst jeweils mindestens zwei Buchungen aus: eine im Soll, eine im Haben.

Beispiel 1: Ein Arbeitnehmer erhält für seine Arbeit in einem Unternehmen 3 000,00 GE Lohn. Davon überweist das Unternehmen 1000,00 GE Lohnsteuer an das Finanzamt (Sozialversicherung wird in diesem Beispiel nicht berücksichtigt).
Dieser Vorgang stellt für das Unternehmen eine Ausgabe für die Inanspruchnahme des Produktionsfaktors Arbeit dar (Buchung auf dem Produktionskonto der Unternehmen im Soll: 3 000,00 GE). Für den Haushalt stellt die Lohnzahlung eine Einnahme dar (Buchung auf dem Einkommenskonto der Haushalte im Haben: 2 000,00 GE). Für den Staat stellt die Lohnsteuer eine Einnahme dar (Buchung auf dem Einkommenskonto des Staates im Haben: 1000,00 GE).

Beispiel 2: Ein Heimwerker kauft in einer Holzhandlung Leimholz im Gesamtwert von netto 1 000,00 GE (Umsatzsteuer wird in diesem Beispiel nicht berücksichtigt).
Dieser Vorgang stellt für den Haushalt des Heimwerkers eine Ausgabe für Konsum dar (Buchung auf dem Einkommenskonto der Haushalte im Soll: 1 000,00 GE). Für das Unternehmen stellt diese Zahlung eine Einnahme für Verkäufe an Haushalte dar (Buchung auf dem Produktionskonto der Unternehmen im Haben: 1 000,00 GE).

Beispiel 3: Der Staat zahlt einem Haushalt ein Wohngeld in Höhe von 250,– GE.
Dieser Vorgang stellt für den Staat eine Ausgabe dar (Buchung auf dem Einkommenskonto des Staates im Soll: 250,00 GE). Für den Haushalt stellt diese Zahlung eine Einnahme dar (Buchung auf dem Einkommenskonto der Haushalte im Haben: 250,00 GE).

▶

Abschluss-konten

Nationales Produktionskonto

Fasst man die Kontengruppen 1 und 2 zusammen, so ergibt sich das Nationale Produktionskonto. Es enthält die Werte des Bruttoinlandsproduktes.

Nationales Produktionskonto

Soll	Haben
▷ Vorleistungen ▷ Löhne, Gehälter ▷ Pachten, Mieten ▷ Zinsen ▷ Produktions- und Importabgaben (abzüglich Subventionen) ▷ verteilte Gewinne der Unternehmen ▷ unverteilte Gewinne der Unternehmen ▷ Gewinne des Staates ▷ Abschreibungen	▷ Verkäufe an Haushalte = privater Konsum ▷ Verkäufe an den Staat = staatlicher Konsum ▷ Verkäufe von Investitionsgütern an Unternehmen = Bruttoinvestitionen ▷ Verkäufe an das Ausland (Exporte) abzüglich der Käufe aus dem Ausland (Importe) ――――― = Bruttoproduktionswert ./. Vorleistungen ――――― = Bruttoinlandsprodukt zu Marktpreisen

Nationales Einkommenskonto

Durch Zusammenfügung der Kontengruppen 3, 4 und 5 ergibt sich das Nationale Einkommenskonto.

Nationales Einkommenskonto

Soll	Haben
▷ Konsumausgaben der Haushalte ▷ Ausgaben des Staates für Güter ▷ Ersparnisse von Unternehmen, Staat und Haushalten	▷ Faktoreinkommen ▷ Produktions- und Importabgaben (abzüglich Subventionen) ▷ Saldo der Übertragungen vom und in das Ausland

Nationales Vermögensänderungskonto

Dieses Konto enthält die Veränderungen im nationalen Vermögensbestand. Es werden die Salden der Konten Kontengruppen 6 und 7 zusammengeführt.

Nationales Vermögensänderungskonto

Soll	Haben
▷ Nettoinvestitionen ▷ Vermögensübertragungen zwischen In- und Ausland	▷ Ersparnisse von Staat und Haushalten ▷ Vermögensübertragungen zwischen In- und Ausland

Sozialprodukt

- **Bruttoinlandsprodukt**
- **Bruttonationaleinkommen**
- **Nettonationaleinkommen**
- **Volkseinkommen**

Brutto-inlands-produkt (BIP)	Begriff	***Das Bruttoinlandsprodukt enthält den Wert der im Inland erbrachten Leistungen einer Rechnungsperiode, unabhängig davon, ob Inländer oder Ausländer daran beteiligt waren. Die Berechnung erfolgt somit nach dem so genannten Inlandskonzept.*** Das Bruttoinlandsprodukt entspricht der Bruttowertschöpfung (bereinigt) einer Volkswirtschaft zuzüglich der Gütersteuern und abzüglich der Gütersubventionen. Diese Berechnung ist notwendig, da als Berechnungsbasis bei der Erfassung der Bruttowertschöpfung die Herstellpreise zugrunde gelegt werden und das Bruttoinlandsprodukt zu Marktpreisen ausgewiesen wird. Dies gilt seit April 1999 durch Anpassung an das Europäische System volkswirtschaftlicher Gesamtrechnung (ESVG).
	Bedeutung	Das Bruttoinlandsprodukt ist die zentrale Messgröße für die wirtschaftliche Gesamtleistung einer Volkswirtschaft. Die Entwicklung des realen Bruttoinlandsproduktes gibt Aufschluss über die Veränderung der Leistungsfähigkeit einer Volkswirtschaft.
	Inlands-konzept	Beim Inlandskonzept werden die Einkommen und Ausgaben nach dem Ort der Produktion, d. h. der Bundesrepublik Deutschland erfasst, unabhängig von der Nationalität der Person, die die Transaktion tätigt. *Beispiel: Wenn die Deutsche Claudia Schiffer in Paris 20.000 € bei einer Modenschau verdient, wird diese Summe zwar dem Bruttoinlandsprodukt von Frankreich zugerechnet, nicht aber dem von Deutschland.*
	Nominales Brutto-inlands-produkt	Wird der Wert des Bruttoinlandsproduktes zu den jeweiligen Preisen der entsprechenden Rechnungsperiode ermittelt, spricht man vom nominalem Bruttoinlandsprodukt. Preissteigerungen wirken sich unmittelbar auf die Höhe des nominalen Bruttoinlandsproduktes aus.
	Reales Brutto-inlands-produkt	Das reale Bruttoinlandsprodukt wird mit konstanten Preisen eines Basisjahres ermittelt. Dieses gibt, da Preissteigerungen unberücksichtigt bleiben, ein genaueres Abbild über die tatsächliche Entwicklung der gesamtwirtschaftlichen Leistung.

Bruttonationaleinkommen (früher: Bruttosozialprodukt)	Begriff	***Das Bruttonationaleinkommen erfasst den Geldwert aller Waren und Dienstleistungen, die innerhalb einer Volkswirtschaft in einer Rechnungsperiode von Inländern erbracht wurden. Die Berechnung erfolgt somit nach den so genannten Inländerkonzept.*** Es unterscheidet sich vom Bruttoinlandsprodukt durch die Differenz der Erwerbs- und Vermögenseinkommen zwischen Inländern und der übrigen Welt. *Beispiel: Zahlen in einem Jahr sämtliche Inländer an Ausländer aus der übrigen Welt 40 Mio. € Einkommen, erhalten aber dagegen insgesamt aus dem Ausland 60 Mio. €, so ergibt sich eine Differenz von 20 Mio. €, um die das Bruttoinlandsprodukt niedriger ist als das Bruttonationaleinkommen.*
	Bedeutung	Bis 1990 galt das Bruttosozialprodukt, heute Bruttonationaleinkommen, als wichtigste Kennziffer zur Beurteilung der volkswirtschaftlichen Entwicklung. Heute sieht man das Bruttoinlandsprodukt als geeignetere Größe, sodass auch Deutschland als eines der letzten Länder seine Statistik auf diese Kennziffer ausgerichtet hat. In den statistischen Veröffentlichungen werden jedoch beide Werte angegeben.
	Inländerkonzept	Beim Inländerkonzept werden alle Transaktionen von Personen erfasst, die ihren ständigen Sitz bzw. Wohnsitz in Deutschland haben. Sie gelten steuerrechtlich als Deutsche. Unerheblich ist, wo sie diese Leistungen erbringen.
Nettonationaleinkommen (Primäreinkommen)	**Begriff**	***Das Nettonationaleinkommen ist der Wert des Bruttonationaleinkommens vermindert um die Abschreibungen.*** Es umfasst somit den Wert der innerhalb einer Volkswirtschaft tatsächlich neu geschaffenen Güter, bewertet zu Marktpreisen.
	Abschreibungen	Abschreibungen sind Wertminderungen des Vermögens einer Volkswirtschaft, die von den Unternehmen in den Marktpreis einkalkuliert werden.
	Bedeutung	Das Nettonationaleinkommen spiegelt die wirkliche Produktionsleistung innerhalb einer Wirtschaftsperiode einer Volkswirtschaft wider.

grafische Darstellung	Bruttonationaleinkommen 1999: 3839,53 Mrd. DM	Saldo der Primäreinkommen aus der übrigen Welt 1999: -37,57 Mrd. DM	
		Bruttoinlandsprodukt 1999: 3877,10 Mrd. DM	Nettogütersteuern 1999: 397,04 Mrd. DM
			Bruttowertschöpfung (bereinigt) 1999: 3480,06 Mrd. DM

Volkseinkommen	Begriff	***Das Volkseinkommen, früher auch Nettosozialprodukt zu Faktorpreisen genannt, umfasst den Wert aller Erwerbs- und Vermögenseinkommen, die in einer Wirtschaftsperiode für die am Produktionsprozess beteiligten Produktionsfaktoren geflossen sind.*** Die Berechnung erfolgt zu so genannten Faktorpreisen, sodass alle in den Marktpreisen enthaltenen Werte, die keine Entlohnung der Produktionsfaktoren darstellen, saldiert werden müssen. *Beispiel: Erhöht der Staat die Benzinsteuer, erhöhen sich dadurch zwar die Preise, nicht aber die Einkommen der Wirtschaftssubjekte.*
	Faktorpreis	Der Faktorpreis ist die Summe der Kosten, die durch die am Produktionsprozess beteiligten Produktionsfaktoren Arbeit, Boden und Kapital entstanden sind (Faktorkosten beim Unternehmen; Faktoreinkommen beim Faktorbesitzer).
	Produktions- und Importabgaben	Die Produktions- und Importabgaben umfassen die Gütersteuern und die sonstigen Produktionsabgaben. Sie sind identisch mit den früheren indirekten Steuern. Zu den Gütersteuern zählen alle Steuern und ähnliche Abgaben, die pro Einheit einer verkauften Ware oder Dienstleistung zu entrichten sind. Hierzu zählen die nicht abziehbare Umsatzsteuer, Importabgaben (z. B. Zölle) und sonstige Gütersteuern (z. B. Verbrauchssteuern, Versicherungssteuer).
	Bedeutung	Das Volkseinkommen stellt die wichtigste Grundlage zur Beurteilung der Einkommensverteilung bzw. Einkommensumverteilung dar.

Jahr	Bruttoinlandsprodukt	Bruttonationaleinkommen	Abschreibungen	Produktions- und Importabgaben abzgl. Subventionen	Nettosozialprodukt zu Faktorkosten (Volkseinkommen)	Bruttoinlandsprodukt zu Marktpreisen	Bruttoinlandsprodukt je Einwohner in DM	
	in jeweiligen Preisen					in Preisen von 1995	in jeweiligen Preisen	in Preisen von 1995
	in Mrd. DM							
1991	2938,0	2955,7	411,4	261,5	2282,8	3346,0	36700	41800
1995	3523,0	3504,4	521,2	326,0	2657,3	3523,0	43100	43100
1996	3586,0	3570,1	532,6	335,9	2701,6	3549,6	43800	43300
1997	3666,6	3649,4	546,4	351,4	2751,5	3601,1	44700	43900
1998	3784,2	3754,1	546,4	369,3	2823,2	3678,6	46100	44800
1999	3877,1	3839,5	561,5	401,6	2863,3	3732,3	47200	45500

Übersicht über die Berechnungsmethoden des Bruttoinlandsproduktes und der verschiedenen volkswirtschaftlichen Einkommensbegriffe

Entstehungsrechnung

Bei der Ermittlung des Bruttoinlandsproduktes bzw. der verschiedenen Nationaleinkommen mit Hilfe der Entstehungsrechnung werden zunächst die Werte der Produktionsergebnisse aus sechs verschiedenen Wirtschaftsbereichen erfasst, zu denen Fischerei, Land- und Forstwirtschaft, Produzierendes Gewerbe, Baugewerbe, Handel, Gastgewerbe und Verkehr, Finanzierung, Vermietung und Unternehmensdienstleister, öffentliche und private Dienstleister gehören. Die Summe ergibt den Bruttoproduktionswert.

= Bruttoproduktionswert
– Vorleistungen

= Bruttowertschöpfung (unbereinigt)
– Unterstellte Bankgebühr

= Bruttowertschöpfung (bereinigt)
+ Nettogütersteuern

Verwendungsrechnung

Bei der Verwendungsrechnung wird das Bruttoinlandsprodukt von der Verbrauchsseite her ermittelt, d. h. man geht von der Überlegung aus, dass die produzierten Werte einer bestimmten Verwendung zugeführt wurden. Zu diesem Zweck ermittelt man mit Hilfe der Einkommensverwendungskonten der volkswirtschaftlichen Gesamtrechnung den Wert der Güter- und Dienstleistungen, die zu den einzelnen Wirtschaftssektoren zur endgültigen Verwendung gelangten. Demzufolge ist das Bruttoinlandsprodukt die Summe aus folgenden Größen:

Private Konsumausgaben
+ Konsumausgaben des Staates
+ Bruttoinvestionen
+ Außenbeitrag

= Bruttoinlandsprodukt
+ Saldo der Primäreinkommen aus der übrigen Welt

= Bruttonationaleinkommen
– Abschreibungen

= Nettonationaleinkommen
– Produktions- und Importabgaben
+ Subventionen

= Volkseinkommen

= Arbeitnehmerentgelt (Lohn und Gehalt)

= Unternehmens- und Vermögenseinkommen (Mieten, Pachten, Dividenden, Zinsen und Gewinne)

Ansatz der Verteilungsrechnung ist die Summe der bei der Produktion der Güter- und Dienstleistungen innerhalb einer Wirtschaftsperiode entstandenen Faktoreinkommen deutscher Bundesbürger.

Verteilungsrechnung

Ansatz	Bei der Ermittlung des Bruttoinlandsproduktes bzw. der verschiedenen Nationaleinkommenbegriffe mithilfe der Entstehungsrechnung werden zunächst die Werte der Produktionsergebnisse (Bruttoproduktionswerte) aus sechs verschiedenen Wirtschaftsbereichen erfasst. Diese Bereiche sind: ▷ Land- und Forstwirtschaft, Fischerei; ▷ Produzierendes Gewerbe ohne Baugewerbe; ▷ Baugewerbe; ▷ Handel, Gastgewerbe und Verkehr; ▷ Finanzierung, Vermietung und Unternehmensdienstleister; ▷ Öffentliche und private Dienstleister.
Bruttowertschöpfung	Der Bruttoproduktionswert misst das Ergebnis der erbrachten Leistungen der einzelnen Wirtschaftsbereiche. Werden von den Erträgen der Wirtschaftsbereiche die Vorleistungen saldiert, erhält man die unbereinigte Bruttowertschöpfung. Subtrahiert man davon die unterstellte Bankgebühr (= Zinsspanne der Kreditinstitute) so erhält man die bereinigte Bruttowertschöpfung.
Berechnung des Bruttoinlandsproduktes	Beim Übergang von der Bruttowertschöpfung zu Herstellpreisen zum Bruttoinlandsprodukt zu Marktpreisen sind zum Ausgleich der Bewertungsdifferenzen die Nettogütersteuern (Saldo zwischen Gütersteuern und Gütersubventionen) hinzuzufügen. Bruttowertschöpfung (bereinigt) + Nettogütersteuern ――――――――――― = Bruttoinlandsprodukt
Vorleistungen	Die Vorleistungen entsprechen dem Wert der während der Wirtschaftsperiode verkauften nicht dauerhaften Produktionsgüter, die im gleichen Zeitraum im Produktionsprozess eingesetzt wurden und dabei verbraucht wurden, z. B. Roh-, Hilfs-, Betriebsstoffe, Leistungen für laufende Reparaturen, Postgebühren oder Anwaltskosten.

Entstehung des BIP *(Quelle: StBA)*	1995	1996	1997	1998	1999
	in jeweiligen Preisen (in Mrd. DM)				
Land-, Forstwirtschaft, Fischerei	42,2	44,1	44,3	43,9	42,2
Produzierendes Gewerbe	837,8	842,3	861,6	903,4	909,6
Baugewerbe	223,0	213,0	204,8	193,4	189,8
Handel, Gastgewerbe, Verkehr	585,8	584,8	602,9	622,2	628,4
Finanzierung, Vermietung, Unternehmensdienstleister	911,4	958,6	994,8	1035,0	1077,3
Öffentliche und private Dienstleister	713,6	731,4	741,5	755,9	770,6
Bruttowertschöpfung	3313,8	3374,2	3449,9	3553,8	3617,9

▶

Beispiel

Beispiel der Ermittlung des Bruttoinlandsproduktes anhand des Modells eines einfachen Wirtschaftskreislaufes:

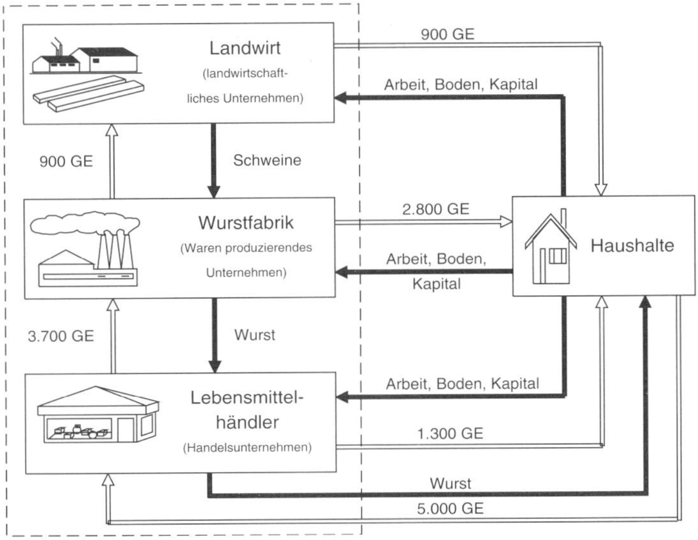

Wirtschaftssektor Unternehmen

in Kontenform

Produktionskonto 1

Löhne	300	Verkaufserlöse	900
Pachten	300		
Zinsen	200		
Gewinn	100		

In einem einfachen Wirtschaftskreislauf entspricht das Bruttoinlandsprodukt zu Marktpreisen dem Volkseinkommen zu Faktorpreisen.

Produktionskonto 2

Vorleist.	900	Verkaufserlöse	3 700
Löhne	800		
Pachten	600		
Zinsen	400		
Gewinn	1 000		

Nationales Produktionskonto

Vorleist.	4 600	Verkaufserlöse (Bruttoproduktionswert)	9 600
Löhne	1 400		
Pachten	1 200		
Zinsen	700		
Gewinne	1 700		

Produktionskonto 3

Vorleist.	3 700	Verkaufserlöse	5 000
Löhne	300		
Pachten	300		
Zinsen	100		
Gewinn	600		

Einkommenskonto Haushalte

Löhne	1 400	Konsumausgaben (Privater Verbrauch)	5 000
Pachten	1 200		
Zinsen	600		
Gewinne	1 800		

Ansatz	Bei der Verwendungsrechnung wird das Bruttoinlandsprodukt von der Verbrauchsseite her ermittelt. Zu diesem Zweck wird mithilfe der Einkommensverwendungskonten der Wert der Güter- und Dienstleistungen ermittelt, die in den einzelnen Wirtschaftssektoren verbraucht wurden. Demzufolge ist das Bruttoinlandsprodukt die Summe aus ▷ privaten Konsumausgaben, ▷ Konsumausgaben des Staates ▷ Bruttoinvestitionen, ▷ Außenbeitrag.
Private Konsumausgaben	Die Summe der Güter- und Dienstleistungen, die von inländischen privaten Haushalten konsumiert werden oder die Eigenverbrauch von privaten Organisationen ohne Erwerbscharakter darstellen, werden als private Konsumausgaben bezeichnet. Dazu gehören auch die Werte für langlebige Gebrauchsgüter im Jahr der Anschaffung in voller Höhe, obwohl in diesem Wirtschaftssektor keine Abschreibungen geltend gemacht werden. *Beispiele: Kauf von Lebensmitteln und Bekleidung, Theaterbesuch, Kauf eines Pkw oder einer Wohnungseinrichtung*
Konsumausgaben des Staates	Unter den Konsumausgaben des Staates versteht man den Wert der der Allgemeinheit ohne spezielles Entgelt zur Verfügung gestellten Dienstleistungen des Staates (einschließlich der Sozialversicherungsträger) zuzüglich der Einkommen der Beschäftigten des Staates, z. B. Beamte, Angestellte, Soldaten und Wehrpflichtige, der vom Staat geleisteten Produktionssteuern sowie der Abschreibungen auf Anlagevermögen des Staates und sämtliche Käufe des Staates von Gütern und Dienstleistungen. *Beispiele: Benzin für die städtische Müllabfuhr, Gehalt eines Polizisten, Abschreibung eines Dienstfahrzeuges*
Tabelle	

Verwendung des Bruttoinlandsproduktes
in Mrd.DM in jeweiligen Preisen *(Quelle: Statistisches Bundesamt)*

Jahr	Private Konsumausgaben	Konsumausgaben des Staates	Ausrüstungsinvestitionen	Bauinvestitionen	Sonstige Anlagen	Vorratsveränderungen	Außenbeitrag
1993	1.857,5	643,0	254,8	462,8	27,6	-17,3	7,0
1994	1.925,1	669,2	250,9	505,1	29,3	1,9	13,0
1995	2.001,6	697,8	253,9	506,0	30,6	8,1	25,0
1996	2.055,4	717,5	258,5	488,0	32,9	-5,6	39,3
1997	2.106,8	714,2	270,0	479,8	35,2	7,1	53,6
1998	2.174,7	719,4	297,0	460,7	39,5	29,6	63,3
1999	2.238,8	736,2	310,7	458,2	42,8	47,1	43,3

▶

Brutto-investitionen

Als Bruttoinvestitionen bezeichnet man die Summe aller Investitionen ohne Berücksichtigung von Abschreibungen.
Die Bruttoinvestitionen setzen sich zusammen aus den Käufen von Investitionsgütern, dem Wert der selbst erstellten Anlagen und den Veränderungen im Bestand des Vorratsvermögens.

Bruttoinvestitionen

Bruttoanlageinvestitionen – Abschreibungen auf Anlagevermögen	Bruttovorratsinvestitionen – Abschreibungen auf Vorratsvermögen

Nettoinvestitionen (= Neuinvestitionen)

Veränderung des Kapitalstocks

Tabelle

Bruttoinvestitionen der Unternehmen und ihre Finanzierung
in Mrd. DM *(Quelle: Statistisches Bundesamt)*

Jahr	Bruttoinvestitionen	Abschreibungen	Nettoinvestitionen	Nicht entnommene Gewinne	Saldo der Vermögensübertragungen	Fremde Mittel
1993	356,6	282,6	74,0	-38,5	29,3	83,2
1994	384,1	291,9	92,2	-22,0	22,1	92,1
1995	402,1	300,1	102,0	25,1	23,8	53,1
1996	387,8	306,3	81,5	33,0	19,9	28,6
1997	405,8	311,6	94,2	24,9	19,6	49,7
1998	442,1	320,5	121,6	4,4	23,1	94,1

Außenbeitrag

Der Außenbeitrag errechnet sich aus dem Wert aller exportierten Güter- und Dienstleistungen und dem Wert aller importierten Güter- und Dienstleistungen. Diese Werte lassen sich aus der Leistungsbilanz ermitteln.

Tabelle

Außenbeitrag in Mrd. DM in Preisen von 1995
(Quelle: Deutsche Bundesbank)

Jahr	Exporte	Importe	Außenbeitrag
1993	758,0	739,4	18,6
1994	815,7	793,0	22,7
1995	862,3	837,4	24,9
1996	906,4	863,8	42,6
1997	1.005,3	935,6	69,7
1998	1.075,6	1.015,0	60,6
1999	1.116,7	1.074,1	42,6

Ansatz	Ansatz der Verteilungsrechnung ist die Summe der bei der Produktion der Güter und Dienstleistungen innerhalb einer Wirtschaftsperiode entstandenen inländischen Faktoreinkommen. Diese entspricht dem Volkseinkommen.
Arbeitnehmerentgelt (Erwerbseinkommen)	Das (Brutto-)Einkommen aus unselbstständiger Arbeit umfasst ▷ die Bruttolöhne und -gehälter einschließlich Urlaubsgeld, ▷ die Arbeitgeberbeiträge zur Sozialversicherung, ▷ zusätzliche Sozialaufwendungen der Arbeitgeber wie z. B. Vermögenswirksame Leistungen oder Fahrtkostenerstattungen. Diese werden an die abhängig Beschäftigten gezahlt, z. B. Arbeiter, Angestellte, Beamte, Auszubildende und Soldaten.
Unternehmens- und Vermögenseinkommen	Das Bruttoeinkommen aus Unternehmertätigkeit umfasst die ausgeschütteten Gewinne der Unternehmer und Freiberufler sowie die nicht ausgeschütteten Gewinne der Kapitalgesellschaften. Zu den Bruttoeinkommen aus Vermögen rechnet man Zinseinnahmen verringert um die Zinsaufwendungen, Pacht- bzw. Miet- und Dividendeneinnahmen der privaten Haushalte und des Staates.
Berechnung des Bruttoinlandsproduktes	Durch den Ansatz der Verteilungsrechnung erhält man zunächst das Volkseinkommen. Um von diesem zum Bruttoinlandsprodukt zu kommen müssen der Saldo aus Produktions- und Importabgaben und den Subventionen sowie die Abschreibungen addiert werden.
Bedeutung	Die Verteilungsrechnung ist die entscheidende Grundlage zur Analyse und Beurteilung der Einkommensverteilung einer Volkswirtschaft. Sie zeigt, welcher Anteil des Volkseinkommens auf die jeweiligen am Produktionsprozess beteiligten Produktionsfaktoren entfallen ist. Häufig liefert die unterschiedliche Beurteilung der Einkommensverteilung Anlass zu Konflikten zwischen den verschiedenen Einkommensbeziehern.

Verteilung des Volkseinkommens
in Mrd. DM, in jeweiliger Preisen *(Quelle: Statistisches Bundesamt)*

Jahr	Unternehmens- und Vermögenseink.	darunter: Kalkulatorischer Unternehmerlohn	Arbeitnehmerentgelt	Volkseinkommen
1993	626,7	205,0	1.829,5	2.456,2
1994	673,2	217,3	1.874,7	2.547,9
1995	715,9	228,4	1.941,4	2.657,3
1996	735,9	233,8	1.965,7	2.701,6
1997	780,3	241,7	1.971,2	2.751,5
1998	821,4	250,1	2.001,8	2.823,2
1999	818,6	255,9	2.044,6	2.863,2

Begriff	***Als Wachstum wird die Veränderung des Bruttoinlandsproduktes zwischen zwei Wirtschaftsperioden bezeichnet. Die Wachstumsrate ist die prozentuale Veränderung in der Regel zwischen dem Berichtsjahr und dem Vorjahr.*** $$\text{Wachstumsrate} = \frac{\text{BIP (Jahr 2)} - \text{BIP (Jahr 1)}}{\text{BIP (Jahr 1)}} \cdot 100$$
nominales Wachstum	Wird das Bruttoinlandsprodukt zu Marktpreisen der jeweiligen Wirtschaftsperioden, also das nominale Bruttoinlandsprodukt, zur Berechnung des Wachstums herangezogen, so spricht man vom nominalem Wachstum. Diese Kennziffer ist jedoch unbrauchbar, da das Wachstum durch Preisveränderungen beeinflusst sein kann.
reales Wachstum	Um eine aussagekräftige Kennziffer zu erhalten wird das reale Wachstum ermittelt, indem man die Veränderung des realen Bruttoinlandsproduktes, d. h. zu Preisen eines Basisjahres, misst.
Bedeutung	Das Wachstum ist eine häufig angewendete Kennziffer, um die wirtschaftliche Leistungsfähigkeit und den Wohlstandszuwachs einer Volkswirtschaft zu beurteilen. Dabei geht man davon aus, dass bei konstanter Bevölkerungszahl eine Erhöhung des realen Bruttoinlandsproduktes, d. h. genauer eine Erhöhung des realen Bruttoinlandsproduktes pro Kopf, nicht nur eine Erhöhung der wirtschaftlichen Leistung, sondern auch eine Wohlstandsmehrung bedeutet. Denn durch den Zuwachs an bereitgestellten Sachgütern und Dienstleistungen konnten mehr Bedürfnisse befriedigt werden.
Ziel	Im *Gesetz zur Förderung der Stabilität und des Wachstums* wird im § 1 ein stetig angemessenes Wirtschaftswachstum als Ziel der Wirtschaftspolitik vorgegeben. Dies soll eine Erhöhung der Beschäftigung, die internationale Konkurrenzfähigkeit, den sozialen Frieden und eine gerechtere Einkommens- und Vermögensverteilung ermöglichen. Heute orientiert man sich dabei allerdings nicht mehr nur an der quantitativen Erhöhung des Bruttoinlandsproduktes, sondern versucht vielmehr, es qualitativ zu erhöhen.
Tabelle	siehe unten

Tabelle

BIP-Veränderung in Deutschland in Prozent
(im Jahresdurchschnittt)

Jahr	in jeweiligen Preisen	reales Wachstum
West		
1951/1960	11,9	7,5
1961/1970	8,4	4,4
1971/1980	8,1	2,7
1981/1990	5,1	2,1
Gesamt		
1991/1999	3,6	1,3

Arten des Wachstums	**Quantitatives Wachstum**	Quantitatives Wachstum bedeutet eine rein mengenmäßige Steigerung der Produktion und dadurch Steigerung des realen Bruttoinlandsproduktes ohne Berücksichtigung der Umweltfaktoren.
	Qualitatives Wachstum	Qualitative Wachstumskonzepte betonen neben der mengenmäßigen Erhöhung der Leistung einer Volkswirtschaft auch Umweltaspekte, d. h. es wird auch Wert auf die Art und Weise des Zustandekommens des Wachstums gelegt. *Beispiel: Die Steigerung des realen Bruttoinlandsproduktes durch Investitionen im Umwelt- und Bildungsbereich (z. B. durch die Einrichtung neuer Kindergärten) ist unter Gesichtspunkten der Lebensqualität sinnvoller als die Erhöhung der Produktion von Personenkraftwagen.*
Wachstumsfaktoren	Menge und Produktivität der im Produktionsprozess eingesetzten Produktionsfaktoren bestimmen das quantitative und das qualitative wirtschaftliche Wachstum.	
	Boden	Der Produktionsfaktor Boden leistet seinen Beitrag zum Wirtschaftswachstum vor allem durch das Vorkommen an Bodenschätzen, durch klimatische Bedingungen und den Anteil der Naturkräfte an der Energiegewinnung. ▷ Boden ist quantitativ nicht veränderbar. ▷ Die qualitative Verbesserung stößt durch zunehmende Umweltbelastungen auf Probleme. Die Grenzen des Wachstums sind nach Ansicht vieler Experten längst gegeben.
	Arbeit	▷ Eine quantitative Erhöhung erfolgt durch eine mengenmäßige Erhöhung des im Produktionsprozess eingesetzten Faktors Arbeit (Bevölkerungszuwachs oder Erhöhung der Erwerbsquote bei konstanter Bevölkerungszahl). Eine Produktivitätssteigerung des Faktors Arbeit kann durch die beruflich-gesellschaftliche Arbeitsteilung oder durch eine verbesserte Arbeitsmoral erreicht werden. ▷ In qualitativer Hinsicht kann der Faktor Arbeit durch einen verbesserten Bildungsstand, erhöhtes Know-How und Zunahme der Arbeitszufriedenheit verändert werden.
	Kapital	▷ Quantitativ ist bei diesem Produktionsfaktor die Erhöhung des Kapitalstocks durch Nettoinvestitionen anzuführen. Wesentliche Voraussetzung ist jedoch, dass ausreichende Ersparnisse zur Verfügung stehen um die notwendigen Investitionen zu tätigen. ▷ Die qualitative Komponente stellt der technische Fortschritt dar, der den Einsatz neuer Verfahren ermöglicht, die produktiver, kapazitätsausweitend und umweltverträglich wirken. Gleichzeitig besteht jedoch das Problem, dass Rationalisierungsinvestitionen zu einer verstärkten Substitution von Arbeit durch Kapital führen, was Arbeitslosigkeit zur Folge hat.

Wohlstand	***Der volkswirtschaftliche Wohlstand kann als die Gesamtheit der Nutzen verstanden werden, die in einer Volkswirtschaft von den Wirtschaftssubjekten verwirklicht wurden.***
Wachstum und Wohlstand	Da sich der Nutzen aus dem Grad der Bedürfnisbefriedigung eines Wirtschaftssubjektes durch Konsumtion einer bestimmten Menge von Gütern ergibt, bedeutet eine erhöhte Bereitstellung dieser Menge an Gütern eine Wohlstandsmehrung. Aus dieser Überlegung ergibt sich, dass das reale Wachstum als Wohlstandsindikator gilt.
Kritik	▷ In die Berechnung des realen Bruttoinlandsproduktes und damit des realen Wachstums fließen wohlstandsmindernde Leistungen ein und erhöhen das Wachstum, da sie über den Markt gegen Geld abgegeben werden. Zu diesen Leistungen gehören z. B. die „social costs", d. h. die Kosten, die durch die Beseitigung der Schäden der Umweltbelastung entstehen. ▷ Eine Vielzahl wohlstandsmehrender Leistungen sind nicht in der Berechnung enthalten, da sie nicht über den Markt gegen Geld abgegeben werden, z. B. Arbeiten im Haushalt, Nachbarschaftshilfe, Heimwerkertätigkeiten, Schwarzarbeit. ▷ Wachstum an sich macht keine Aussage über die Verteilung der erbrachten Leistungen. So kann z. B. ein gesamtwirtschaftliches Wachstum bei gleichzeitiger Verarmung bestimmter Personengruppen oder Regionen einer Volkswirtschaft möglich sein. ▷ Langlebige Gebrauchsgüter der privaten Haushalte fließen in der Wirtschaftsperiode, in der sie angeschafft wurden, in vollem Umfang in die Berechnung ein, obwohl sie über mehrere Wirtschaftsperioden Nutzen stiften. ▷ Eine Erhöhung der Bevölkerungszahl wird nur dann berücksichtigt, wenn man das Wachstum pro Kopf berechnet.
Alternative Indikatoren	Eine Reihe von alternativen Wohlstandsindikatoren versuchen diese Kritikpunkte durch Korrekturen zu beseitigen. Ein wesentliches Problem hierbei ist die Bewertung der durchgeführten Korrekturen, da der Umfang und/oder der anzusetzende Preis nur geschätzt werden kann. Der bekannteste dieser Indikatoren ist der Net Economic Welfare NEW. Wie sollen z. B. die Aufwendungen für die Beseitigung der Umweltbelastungen umfangmäßig bestimmt werden? In welchem Umfang und zu welchem Preis sollen Arbeiten im Haushalt berücksichtigt werden? Wie beurteilt man die Verteidigungsausgaben?
NEW (Net Economic Welfare)	Bruttoinlandsprodukt – soziale Kosten, z. B. Umweltverschmutzung – Ausgaben für staatliche Verwaltung, z. B. Verteidigung + private Dienste ohne Marktpreis, z. B. Hausarbeit + immaterielle Werte, z. B. verlängerte Freizeit = Net Economic Welfare (NEW)

<table>
<tr>
<td>Einkommen</td>
<td>Als Einkommen wird allgemein das auf das einzelne Wirtschaftssubjekt oder auf die gesamte Volkswirtschaft entfallende Entgelt aufgrund von Arbeitsleistung (Arbeitseinkommen) oder aufgrund von Vermögen verstanden (Besitzeinkommen).
Da das Volkseinkommen nicht dem Einkommen entspricht, über das z. B. die privaten Haushalte verfügen können, werden weitere Berechnungen mit verschiedenen Einkommensbegriffen durchgeführt.

<table>
<tr><td>Staat | U | HH</td><td></td><td>Volkseinkommen</td></tr>
<tr><td></td><td>–</td><td>Vermögens- und Unternehmereinkommen des Staates</td></tr>
<tr><td></td><td>+</td><td>Einkommensübertragungen des Staates</td></tr>
<tr><td>U | HH</td><td>=</td><td>Privates Einkommen</td></tr>
<tr><td></td><td>–</td><td>direkte Steuern und nicht ausgeschüttete Gewinne der privaten Kapitalgesellschaften</td></tr>
<tr><td></td><td>–</td><td>Arbeitgeberbeiträge zur Sozialversicherung</td></tr>
<tr><td>HH</td><td>=</td><td>Persönliches Einkommen</td></tr>
<tr><td></td><td>–</td><td>direkte Steuern der privaten Haushalte</td></tr>
<tr><td></td><td>–</td><td>Arbeitnehmerbeiträge zur Sozialversicherung</td></tr>
<tr><td></td><td>=</td><td>verfügbares Einkommen der priv. Haushalte</td></tr>
</table>
</td>
</tr>
<tr>
<td>Privates Einkommen</td>
<td>Das private Einkommen entspricht den Bruttoeinkommen der privaten Wirtschaftssubjekte. Zur Ermittlung werden die Gewinne von staatlichen Unternehmen herausgerechnet und die staatlichen Transferzahlungen (z. B. Rente, Sozialhilfe, Subventionen) hinzuaddiert.</td>
</tr>
<tr>
<td>Persönliches Einkommen</td>
<td>Das persönliche Einkommen enthält die Summe der Bruttoeinkommen der privaten Haushalte. Zur Ermittlung werden die Anteile der Kapitalgesellschaften am Volkseinkommen sowie die Arbeitgeberbeiträge zur Sozialversicherung subtrahiert.</td>
</tr>
<tr>
<td>Verfügbares Einkommen</td>
<td>Das verfügbare Einkommen enthält die Summe aller Nettoeinkommen der privaten Haushalte. Es setzt sich zusammen aus der Nettolohn- und -gehaltssumme, den entnommenen Gewinnen und Vermögenseinkommen sowie den netto empfangenen Transferzahlungen des Staates.

Verfügbares Einkommen
<table>
<tr><td>Konsum</td><td>Sparen</td></tr>
<tr><td>Konsum wird verstanden als der Ver- oder Gebrauch von Gütern durch die Letztverwender.
Die Konsumquote ist der prozentuale Anteil des Konsums am Volkseinkommen.</td><td>Sparen ist der Verzicht auf die konsumtive Verwendung eines Teiles des verfügbaren Einkommens.
Die Sparquote zeigt den prozentualen Anteil der Ersparnisse am Volkseinkommen.</td></tr>
</table>
</td>
</tr>
</table>

9 Einkommensverteilung

1 Übersicht

<table>
<tr><td>Begriff</td><td colspan="4">Einkommensverteilung ist die Bezeichnung für die Verteilung des Volkseinkommens auf die Produktionsfaktoren Arbeit, Boden und Kapital (funktionale Einkommensverteilung) bzw. auf die einzelnen Haushalte (personelle Einkommensverteilung).</td></tr>
<tr><td>Ziel</td><td colspan="4">Ziel der Wirtschaftspolitik ist es, eine gerechte Einkommens- und Vermögensverteilung zu erreichen. Um dieses Ziel zu erreichen greift der Staat mit marktkonformen Mitteln korrigierend ein.</td></tr>
<tr><td rowspan="4">Prinzipien</td><td colspan="4">Eine gerechte Einkommensverteilung kann durch die Prinzipien Leistung, Bedarf oder Gleichheit verwirklicht werden.</td></tr>
<tr><td>Leistungsprinzip</td><td colspan="3">Die Verteilung des Volkseinkommens soll sich an der von den Wirtschaftssubjekten eingesetzten Leistung zur Erzielung des Sozialprodukts orientieren.
Beispiel: Frauen, die die gleiche Arbeit wie Männer verrichten, sollen dafür auch den gleichen Lohn erhalten.</td></tr>
<tr><td>Bedarfsprinzip</td><td colspan="3">Das Volkseinkommen gilt dann als gerecht verteilt, wenn es sich an dem Bedarf der Wirtschaftssubjekte orientiert, d. h., wenn es nach sozialen Gesichtspunkten verteilt wird.
Beispiel: Menschen, die keine Leistungen erbringen können, sollen dennoch so viel Einkommen erhalten, wie sie zum Leben benötigen.</td></tr>
<tr><td>Gleichheitsprinzip</td><td colspan="3">Das Volkseinkommen gilt dann als gerecht verteilt, wenn jedes Wirtschaftssubjekt den gleichen Anteil erhält (Nivellierungsprinzip).
Beispiel: Ein Vorstandsmitglied soll den gleichen Lohn erhalten wie ein Arbeiter.</td></tr>
<tr><td>Problem</td><td colspan="4">Eine für alle gerechte Einkommensverteilung existiert nicht, da je nach Standpunkt bzw. persönlicher Betroffenheit andere Vorstellungen bestehen von dem, was als gerecht anzusehen ist. Der Begriff der gerechten Verteilung des Einkommens ist deshalb subjektiv. In der Bundesrepublik Deutschland vollzieht sich die Einkommensverteilung im Sinne der sozialen Marktwirtschaft nach dem Leistungsprinzip und – durch die Umverteilung des Staates – nach dem Bedarfsprinzip.</td></tr>
<tr><td rowspan="2">Übersicht</td><td colspan="2">Primärverteilung</td><td colspan="2">Sekundärverteilung</td></tr>
<tr><td>funktionale Einkommensverteilung</td><td>personelle Einkommensverteilung</td><td>ursprüngliches Einkommen</td><td>abgeleitetes Einkommen</td></tr>
</table>

2 Primäre Einkommensverteilung

Begriff	***Die primäre Verteilung des Volkseinkommens vollzieht sich über den Markt, d. h. sie orientiert sich an dem Anteil der Leistung der Wirtschaftssubjekte zur Erzielung des Bruttoinlandsprodukts.***
Funktionale Einkommensverteilung	Bei der funktionalen Einkommensverteilung wird gefragt, welcher Anteil den Produktionsfaktoren jeweils am Volkseinkommen zugeflossen ist, unabhängig von den Einkommensbeziehern.

Produktionsfaktor:	Einkommensart:
▷ Arbeit	▷ Lohn, Gehalt
▷ Boden	▷ Pacht, Miete
▷ Kapital	▷ Zins, Gewinn

Das Statistische Bundesamt in Wiesbaden gliedert in diesem Zusammenhang das Volkseinkommen in Arbeitnehmerentgelt (Erwerbseinkommen) und Unternehmens- und Vermögenseinkommen.

Arbeitnehmerentgelt	Unter dieser Bezeichnung werden die Bruttolöhne und -gehälter der privaten Haushalte zuzüglich der Arbeitgeberanteile zur Sozialversicherung und die sonstigen Sozialaufwendungen der Arbeitgeber verstanden.
Lohnquote	Der Anteil des Arbeitnehmerentgelts am Volkseinkommen wird durch die tatsächliche Lohnquote ausgedrückt.
tatsächliche Lohnquote	$\frac{\textbf{Arbeitnehmerentgelt} \cdot \textbf{100}}{\textbf{Volkseinkommen}}$
Tabelle	**Lohnquote in % vom Volkseinkommen** (Quelle: Statistisches Bundesamt)

Jahr	tatsächliche Lohnquote	bereinigte Lohnquote
1950	58,2	71,0
1960	60,1	65,0
1970	68,0	68,0
1980	75,8	71,6
1990	69,9	65,2
1999	71,4	66,4

▶

Funktionale Einkommensverteilung	**bereinigte Lohnquote**	Die bereinigte Lohnquote ermittelt den Anteil des Arbeitnehmerentgelts am Volkseinkommen mit einem konstant gehaltenen Anteil der Arbeitnehmer an den Erwerbstätigen (Basisjahr: 1970). $$\frac{\textbf{tatsächliche Lohnquote (Berichtsjahr) mal Anteil der Arbeitnehmer (Basisjahr)}}{\textbf{Anteil der Arbeitnehmer (Berichtsjahr)}}$$ Die bereinigte Lohnquote ist zur Beurteilung der Veränderung der Einkommensverteilungen zwischen den einzelnen Wirtschaftsperioden besser geeignet, da sie Verzerrungen durch Verschiebung der Erwerbsstruktur ausschließt.
	Tabelle	**Struktur der Erwerbstätigen** (Quelle: Statistisches Bundesamt)
	Unternehmens- und Vermögenseinkommen	In diese Gruppe fallen die Summe der Zinserträge, Pachten und Mieten, Dividenden sowie die Unternehmergewinne und die nicht ausgeschütteten Gewinne der Unternehmen mit eigener Rechtspersönlichkeit. Empfänger dieser Einkommen sind neben den privaten Haushalten auch die juristischen Personen und der Staat.
	Gewinnquote	Der Anteil der Unternehmens- und Vermögenseinkommen am Volkseinkommen wird als Gewinnquote bezeichnet. $$\frac{\textbf{Unternehmens- und Vermögenseinkommen} \cdot \textbf{100}}{\textbf{Volkseinkommen}}$$

Struktur der Erwerbstätigen (Quelle: Statistisches Bundesamt)

Jahr	Erwerbstätige (in Tsd.)	davon Selbstständige in %	davon Arbeitnehmer in %
West			
1950	23 489	28,3	71,7
1960	26 194	22,5	77,5
1970	26 343	17,5	82,5
1980	26 875	12,1	87,9
1990	29 334	10,8	89,2
1999	29 729	11,3	88,7
Ost			
1990	7 612	3,2	96,8
1999	6 673	8,6	91,4

▶

Personelle Einkommensverteilung

Die Verteilung des Volkseinkommens auf die einzelnen Haushalte – unabhängig von der Einkommensquelle – wird als personelle Einkommensverteilung bezeichnet. Dabei ist zu berücksichtigen, dass der einzelne Haushalt mehrere Einkommensquellen besitzen kann, z. B. Einkommen aus unselbstständiger Arbeit bzw. selbstständiger Arbeit, aus Vermietung und Verpachtung und aus Kapitalvermögen.

Lorenzkurve

Die Lorenzkurve ist die grafische Darstellung der personellen Einkommensverteilung. Dabei werden die Einkommensbezieher zunächst nach der Höhe ihres Einkommens geordnet und prozentual, beginnend mit den unteren Einkommensbeziehern, kumuliert (waagerechte Achse). Dann wird ermittelt, wie viel Prozent des Volkseinkommens auf die einzelnen Gruppen entfallen (senkrechte Achse).
Durch Eintragung der auf dieser Weise ermittelten Koordinaten erhält man die Lorenzkurve. Die 45-Grad-Linie gibt die Gleichverteilung wieder, die bestehen würde, wenn alle Haushalte ein gleich hohes Einkommen beziehen würden (Nivellierungsprinzip).

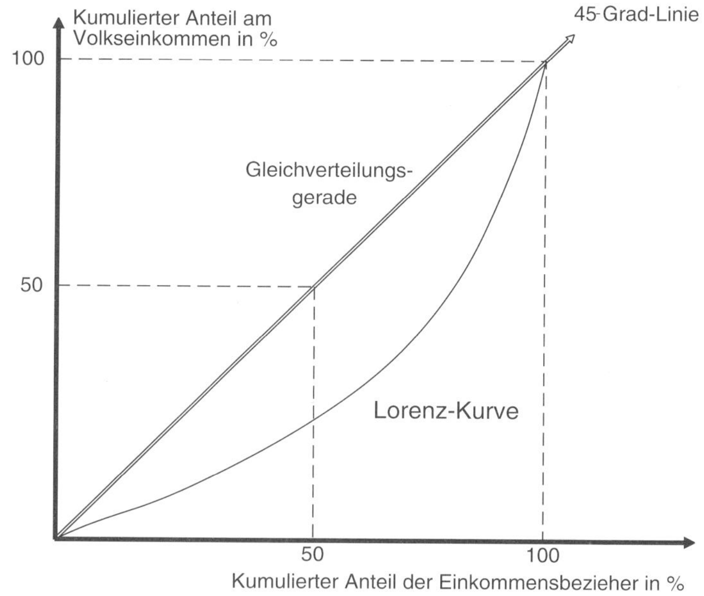

Aussage

Je kleiner die Fläche zwischen der 45-Grad-Linie und der Lorenzkurve ist, desto gleichmäßiger ist das Volkseinkommen verteilt.

3 Sekundäre Einkommensverteilung

<table>
<tr><td rowspan="3">Begriff</td><td colspan="2">Als Sekundärverteilung wird die Umverteilung des Primäreinkommens durch den Staat verstanden. Der Staat greift hierbei korrigierend in die Einkommensverteilung ein.
Weniger Leistungsfähige, die nach dem Leistungsprinzip kein bedarfsgerechtes Einkommen beziehen würden, erhalten vom Staat Transferzahlungen, wie z. B. Renten, Krankengeld, Sozialhilfe, Kindergeld u. a., damit deren physische und kulturelle Existenz sichergestellt wird. Finanziert wird diese Umverteilung durch Steuern und Abgaben an die Sozialversicherungsträger.</td></tr>
<tr><td>Ursprüngliches Einkommen</td><td>Abgeleitetes Einkommen</td></tr>
<tr><td>Das ursprüngliche Einkommen entspricht dem Einkommen der Wirtschaftsubjekte vor der Umverteilung durch den Staat.</td><td>Das abgeleitete Einkommen entspricht dem Einkommen der Wirtschaftssubjekte nach der Umverteilung durch den Staat.</td></tr>
<tr><td>Verteilungs-politik</td><td colspan="2">Zur Verteilungspolitik gehören alle Maßnahmen, die auf die Verteilung von Einkommen und Vermögen Einfluss nehmen. Träger der Verteilungspolitik sind neben dem Staat einschließlich der Sozialversicherungsträger auch die Wirtschaftsverbände, also die Gewerkschaften und die Arbeitgeberverbände, die aufgrund der Tarifautonomie die Grundlage für die primäre Einkommensverteilung legen.</td></tr>
<tr><td>Maßnahmen</td><td colspan="2">▷ Tarifabschlüsse der Gewerkschaften
Beispiel: bevorzugte Erhöhung der unteren Lohngruppen
▷ Vermögensförderung durch den Staat
Beispiele: Sparförderung, Investivlohn
▷ steuerpolitische Maßnahmen
Beispiele: Steuerfreibeträge, Steuerprogression
▷ preispolitische Maßnahmen
Beispiele: Luxussteuer, Preissubventionen</td></tr>
<tr><td rowspan="2">Übersicht Primärverteilung und Sekundärverteilung des Volkseinkommens</td><td>Primäre Einkommensverteilung</td><td>Sekundäre Einkommensverteilung</td></tr>
<tr><td colspan="2">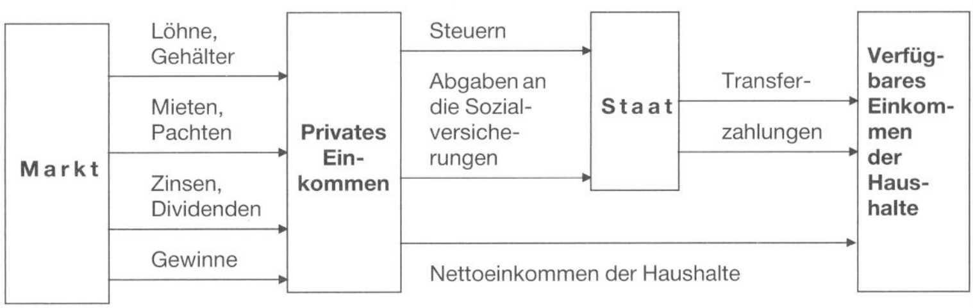
</td></tr>
</table>

12 Aufgaben zu Kapitel 12

Grundlagen der volkswirtschaftlichen Gesamtrechnung
→ *S. 161*

1. Was versteht man unter der volkswirtschaftlichen Gesamtrechnung? Welche Aufgaben hat sie zu erfüllen?
2. Beschreiben Sie den Aufbau der volkswirtschaftlichen Gesamtrechnung.
3. Aus welchen Quellen bezieht das Statistische Bundesamt die notwendigen Informationen für seine Berechnungen?
4. Wie erfolgen die Buchungen innerhalb der nationalen Buchführung? Geben Sie ein Beispiel.
5. Nennen Sie die drei Abschlusskonten der volkswirtschaftlichen Gesamtrechnung.

Bruttoinlandsprodukt und Nationaleinkommen
→ *S. 164*

6. Unterscheiden Sie zwischen dem nominalen und dem realen Bruttoinlandsprodukt. Wofür ist diese Unterscheidung wichtig?
7. Wodurch unterscheiden sich das Bruttoinlandsprodukt und das Bruttoinlandsprodukt?
8. Worüber gibt das Bruttoinlandsprodukt als volkswirtschaftliche Kennziffer Auskunft?
9. Beschreiben Sie den Unterschied zwischen dem Marktpreis und dem Faktorpreis.
10. Erklären Sie die Begriffe Abschreibungen, Produktions- und Importabgaben und Subventionen.
11. Erläutern Sie die drei Berechnungsmethoden zur Ermittlung des Bruttoinlandsproduktes.

Entstehungsrechnung
→ *S. 169*

12. Wie wird das Bruttoinlandsprodukt mithilfe der Entstehungsrechnung ermittelt?
13. Was versteht man unter der Bruttowertschöpfung?
14. Die folgende Darstellung spiegelt den Wirtschaftskreislauf einer Volkswirtschaft wider.

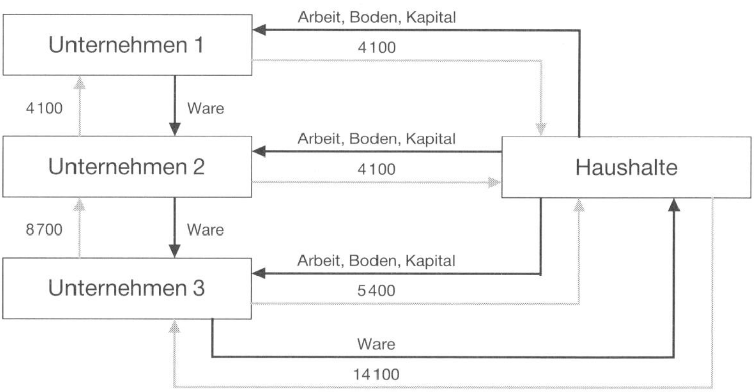

a. Stellen Sie diesen Wirtschaftskreislauf in Kontenform dar.
b. Ermitteln Sie das Bruttoinlandsprodukt dieser Volkswirtschaft.

Entstehungsrechnung
→ S. 169

15. Warum werden bei der Entstehungsrechnung zunächst die Bruttoproduktionswerte verschiedener Wirtschaftsbereiche zusammengefasst? Ordnen Sie die Wirtschaftsbereiche den drei Wirtschaftssektoren der volkswirtschaftlichen Arbeitsteilung zu.
16. Erklären Sie, warum man bei der Berechnung des Volkseinkommens mithilfe der Entstehungsrechnung die Vorleistungen, die Abschreibungen und die Produktions- und Importabgaben vom Bruttoproduktionswert subtrahiert.

Verwendungsrechnung
→ S. 170

17. Erläutern Sie die Ermittlung der verschiedenen volkswirtschaftlichen Einkommensbegriffe mithilfe der Verwendungsrechnung.
18. Unterscheiden Sie die Begriffe private Konsumausgaben, Konsumausgaben des Staates, Bruttoinvestitionen und Außenbeitrag.
19. Erläutern Sie den Zusammenhang der Begriffe Bruttoinvestitionen, Nettoinvestitionen, Abschreibungen und Kapitalstock.
20. Ermitteln Sie die Veränderung des Kapitalstocks, wenn der Gesamtbetrag aller Investitionen 550 Mrd. € beträgt, die Abschreibungen auf Anlagevermögen 200 Mrd. € und die Abschreibungen auf Vorratsvermögen 75 Mrd. €.
21. Handelt es sich bei der Bundesrepublik Deutschland um eine wachsende oder eine schrumpfende Volkswirtschaft? Begründen Sie.
22. Erklären Sie, wie der Außenbeitrag einer Volkswirtschaft errechnet wird. Welches Konto der volkswirtschaftlichen Gesamtrechnung wird dabei zugrunde gelegt?

Verteilungsrechnung
→ S. 172

23. Erläutern Sie die Berechnung des Volkseinkommens mithilfe der Verteilungsrechnung.
24. Differenzieren Sie zwischen Arbeitnehmerentgelt und Unternehmens- und Vermögenseinkommen und geben Sie jeweils zwei Beispiele.
25. Erläutern Sie die Bedeutung der Verteilungsrechnung.
26. Ermitteln Sie auf Basis folgender Zahlen die drei verschiedenen Sozialproduktbegriffe durch Entstehungs-, Verwendungs- oder Verteilungsrechnung:

a.

▷ Arbeitnehmerentgelt	800	▷ Direkte Steuern	600
▷ Vorleistungen	150	▷ Subventionen	400
▷ Abschreibungen	250	▷ Unternehmens- und Vermögenseinkommen	500
▷ Bruttoinvestitionen	200		
▷ Produktions- und Importabgaben	500		

Berechnen Sie auch die Lohnquote!

b.

▷ Export	740	▷ Import	910
▷ Produktions- und Importabgaben	160	▷ Konsumausgaben des Staates	1 200
▷ private Konsumausgaben	1 430	▷ Abschreibungen	230
▷ Bruttoinvestitionen	550		
▷ Subventionen	170		

Berechnen Sie auch die Nettoinvestitionen!

▶

Verteilungsrechnung → *S. 172*	c. ▷ Gewinne, Mieten, Zinsen 1 120 ▷ Subventionen 610 ▷ Nettonationaleinkommen 2 990 ▷ Löhne, Gehälter 1 590 520 ▷ Abschreibungen Berechnen Sie auch die Höhe der Produktions- und Importabgaben.
Volkswirtschaftliches Wachstum → *S. 173*	27. Was ist volkswirtschaftlich mit dem Begriff des Wachstums gemeint? 28. Unterscheiden Sie zwischen nominalem und realem Wirtschaftswachstum. 29. Warum wird das reale Wirtschaftswachstum als Wohlstandsindikator verstanden? 30. Welches Wachstumsziel wird nach dem Gesetz zur Förderung der Stabilität und des Wachstums angestrebt? 31. Berechnen Sie das nominale und reale Wirtschaftswachstum, wenn Folgendes gilt: 1. Nominales Bruttoinlandsprodukt 1997: 3 666,6 Mrd. DM 2. Nominales Bruttoinlandsprodukt 1998: 3 784,2 Mrd. DM 3. Preisniveauanstieg 1998: 0,9 % 32. Unterscheiden Sie quantitatives und qualitatives Wirtschaftswachstum. 33. In welcher Weise haben die Produktionsfaktoren Arbeit, Boden und Kapital sowohl quantitativ als auch qualitativ Einfluss auf das Wirtschaftswachstum? Erläutern Sie dies bitte anhand von geeigneten Beispielen.
Wachstum als Wohlstandsindikator → *S. 175*	34. Erklären Sie den Begriff „Wohlstand". Geben Sie Beispiele dafür, wie sich Ihr persönlicher Wohlstand verändert. 35. In welchem Zusammenhang stehen Wohlstand und Wirtschaftswachstum? 36. In einer Volkswirtschaft ist das Wirtschaftswachstum im Wesentlichen auf einen gestiegenen Außenbeitrag zurückzuführen. Nehmen Sie in Bezug auf das Wirtschaftswachstum als Wohlstandsindikator kritisch Stellung zu diesem Sachverhalt. 37. Jemand sagt: „Je mehr Wirtschaftswachstum erwirtschaftet wird, desto größer wird der Wohlstand aller." Nehmen Sie Stellung zu dieser Aussage. 38. Nennen Sie Kritikpunkte am Wachstum als Wohlstandsindikator und geben Sie jeweils Beispiele dafür. 39. Nehmen Sie Stellung zu folgender Aussage des Wissenschaftlers Samuelson: „Es ist besser, eine ungenaue Vorstellung von dem zu haben, was man will (Net Economic Welfare), als eine genaue Vorstellung von dem, was man nicht will (jetzige BIP-Statistik)."
Volkswirtschaftliches Einkommen → *S. 176*	40. Unterscheiden Sie die verschiedenen Einkommensbegriffe. 41. Erklären Sie die Begriffe Konsumquote und Sparquote. 42. Warum ist die Summe aus Konsum- und Sparquote gleich 100 %?

▶

Einkommensverteilung → *S. 177*	43. Welches Ziel wird mit einer gerechten Einkommensverteilung angestrebt? 44. Erläutern Sie die drei wesentlichen Prinzipien für eine gerechte Einkommensverteilung. 45. Wann ist Ihrer Meinung nach das volkswirtschaftliche Einkommen gerecht verteilt? 46. Erläutern Sie den Begriff der primären Einkommensverteilung. 47. Unterscheiden Sie zwischen funktionaler und persönlicher Einkommensverteilung. 48. Wie werden die Produktionsfaktoren Arbeit, Boden und Kapital entlohnt? 49. Was sagt die Lohnquote bzw. die Gewinnquote aus? 50. Warum ist die bereinigte Lohnquote im Vergleich mit vorangegangenen Wirtschaftsperioden für die Beurteilung der funktionalen Einkommensverteilung aussagekräftiger als die tatsächliche Lohnquote? 51. Berechnen Sie die tatsächliche und die bereinigte Lohnquote sowie die Gewinnquote für 1999: Volkseinkommen: 2 863,3 Mrd. DM Arbeitnehmerentgelt: 2 044,6 Mrd. DM; Anteil der abhängig Beschäftigten an den Erwerbstätigen 1999: 89,2 %; Anteil der abhängig Beschäftigten an den Erwerbstätigen 1970: 82,5 % 52. Erläutern Sie, was die Lorenzkurve darstellt. Zu welcher Art der Einkommensverteilung lässt sie eine Beurteilung zu? 53. Was besagt es, wenn die Fläche zwischen der Lorenzkurve und der 45-Grad-Linie besonders groß ist? 54. Beschreiben Sie die sekundäre Einkommensverteilung. 55. Unterscheiden Sie die Begriffe ursprüngliches und abgeleitetes Einkommen. 56. Erklären Sie, was unter dem Begriff Verteilungspolitik zu verstehen ist. Welche Institutionen sind für die Verteilungspolitik verantwortlich und welche Maßnahmen können getroffen werden?

KAPITEL 13

1 Wirtschaftliche Schwankungen

Begriff

Marktwirtschaftlich orientierte Volkswirtschaften sind einem ständigen Auf und Ab wirtschaftlicher Aktivitäten unterworfen, die man als Wirtschaftsschwankungen bezeichnet. Entstehung und Verbrauch des Bruttoinlandsproduktes erfolgen nicht stets gleichmäßig, sondern vollziehen sich ungleichmäßig. Die Schwankungen werden ausgedrückt in unterschiedlichen Wachstumsraten pro beobachtetem Zeitraum.

Beispiele: Haushalte verbrauchen nicht in jeder Periode (Monat, Jahr) den gleichen Betrag zum Leben. Unternehmen erhalten nicht gleichmäßig ihre Aufträge. Das führt zu schwankenden Absatzzahlen und damit schwankenden Auslastungen der Kapazitäten.

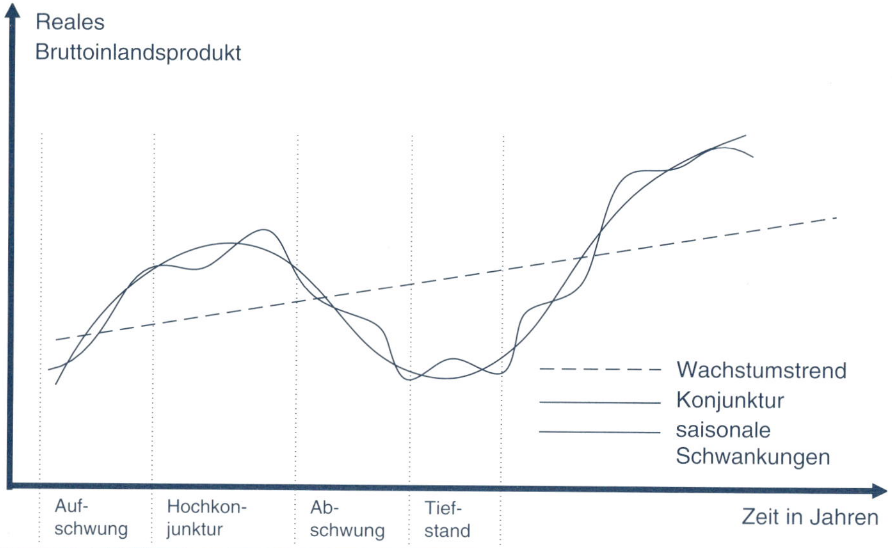

Arten von Wirtschaftsschwankungen

saisonale Schwankungen

Saisonale Schwankungen entstehen durch jahreszeitlich bedingte Zu- und Abnahme wirtschaftlicher Aktivitäten. Sie sind gekennzeichnet durch kurzfristige Veränderungen von Angebot und Nachfrage in bestimmten Wirtschaftsbereichen, hervorgerufen z. B. durch klimatische Gegebenheiten, durch Sitten und Gebräuche. Sie verlaufen wellenförmig um die mittelfristigen Konjunkturschwankungen und betreffen nicht alle Wirtschaftsbereiche.

Beispiele: Die Grundnahrungsmittel-Branche unterliegt kaum saisonalen Schankungen. Hersteller von Skibekleidung, Weihnachtsschmuck oder Süßwaren sind dagegen von Jahreszeiten oder periodisch wiederkehrenden Anlässen abhängig.

▶

<table>
<tr>
<td rowspan="2">Arten von Wirtschaftsschwankungen</td>
<td>Konjunkturschwankungen</td>
<td>Auch mittelfristig, d. h. über einen Zeitraum von 3 bis 10 Jahren, lassen sich wellenförmige Schwankungen der gesamtwirtschaftlichen Entwicklung feststellen. Diese werden als Konjunkturschwankungen oder auch Konjunkturwellen bezeichnet. Sie verlaufen wellenförmig um den Wachstumstrend. Ihnen gilt das Hauptinteresse in der Wirtschaftspolitik.</td>
</tr>
<tr>
<td>langfristige Schwankungen</td>
<td>Einige Ökonomen versuchen nachzuweisen, dass über einen Zeitraum von Jahrzehnten Schwankungen der Weltkonjunktur festzustellen sind, die durch bahnbrechende technische Erfindungen (Innovationen) und die daraus entstehenden neuen Märkte ausgelöst werden. Diese Schwankungen, die nach ihrem Entdecker benannten Kondratieff-Wellen, besitzen eine Dauer von 50 bis 60 Jahren.
Beispiele: Sowohl nach der Erfindung der Dampfmaschine, der Nutzbarmachung elektrischer Energie als auch der Erfindung der Mikroelektronik ließen sich nachhaltig hohe Wachstumsraten messen.

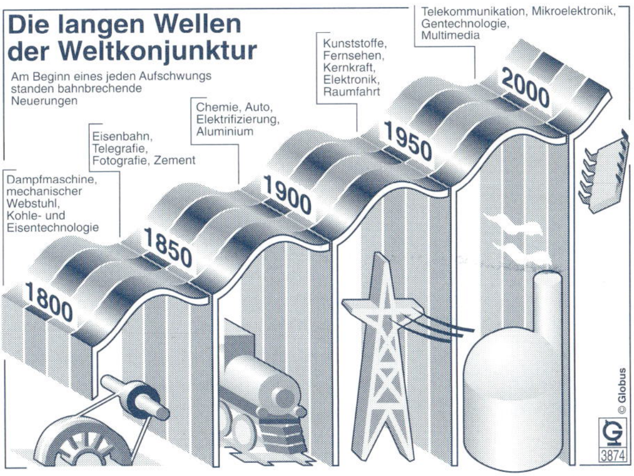

</td>
</tr>
<tr>
<td>Wachstumstrend</td>
<td colspan="2">Langfristige Betrachtungen ergeben, dass in marktwirtschaftlichen Systemen trotz unterschiedlicher Wachstumsraten das reale Bruttoinlandsprodukt stetig zunimmt. Diese langfristig steigende Tendenz des realen Bruttoinlandsproduktes stellt den Mittelwert der gesamtwirtschaftlichen Schwankungen dar und wird als Wachstumstrend oder Wachstumspfad bezeichnet.</td>
</tr>
</table>

▶

Begriff	***Als Konjunktur bezeichnet man die in eine bestimmte Richtung, in einem bestimmten Umfang tendierende wirtschaftliche Gesamtlage einer Volkswirtschaft. Dabei kann man in marktwirtschaftlichen Systemen einen periodisch wiederkehrenden Gesamtzustand beobachten. Diese regelmäßig wiederkehrenden mittelfristigen Schwankungen des realen Wirtschaftswachstums werden als Konjunkturzyklus bezeichnet.***
Konjunkturphasen	Der Konjunkturzyklus verläuft zumeist in vier Phasen. Darunter sind markante Abschnitte zu verstehen, die durch gesamtwirtschaftliche Daten beschrieben werden können.

Aufschwung (Expansion)	**Hochkonjunktur (Boom)**	**Abschwung (Rezession)**	**Tiefstand (Depression)**
Im Aufschwung kommt es zu einer Zunahme der wirtschaftlichen Aktivitäten. Die optimistischen Zukunftserwartungen der Wirtschaftssubjekte, die niedrigen Preise und Zinsen führen zu einer Zunahme der Produktion. Diese Produktionsausweitung macht steigende Investitionen und eine Zunahme der Beschäftigung erforderlich. Diese wiederum führt zu steigenden Einkommen. Gegen Ende der Aufschwungphase trifft die steigende Nachfrage nicht mehr auf ein elastisches Angebot, was Preiserhöhungen zur Folge hat, zunächst in der Investitionsgüter-, später in der Konsumgüterindustrie.	In der Hochkonjunktur kommt es zu einer Überhitzung der wirtschaftlichen Aktivitäten. Die Unternehmen haben ihre Kapazitätsgrenzen erreicht. Das Angebot ist daher unelastisch und die überhöhte Nachfrage hat nur noch Preissteigerungen zur Folge. Diese führen in Verbindung mit einer hohen Beschäftigung zu gesteigerten Lohn- und Gehaltsforderungen und einer erhöhten Bereitschaft zu Arbeitskämpfen. Da die Lohnsteigerungen jedoch zeitlich hinter den Preissteigerungen zurückbleiben, sinkt aufgrund fehlender Kaufkraft die Nachfrage. Die skeptische Stimmung der Wirtschaftssubjekte leitet den Abschwung ein.	Die zunächst in der Investitionsgüterindustrie zurückgehende Nachfrage führt zu Kurzarbeit und Entlassungen. Die Folge ist eine Verringerung der Einkommen. Durch die damit einhergehende Schwächung der Nachfrage setzt sich die Entwicklung auch auf dem Konsumgütermarkt fort. Die Unterauslastung der Unternehmen führt zu einem Anstieg der Arbeitslosenquote. Niedrige Lohn- und Gehaltszuwächse, sinkende Gewinne sowie eine Senkung oder gar ein Stillstand der Preise sind weitere Kennzeichen der zunehmenden Absatzschwierigkeiten der Unternehmen. Die Stimmung der Wirtschaftssubjekte wird pessimistisch.	Der Tiefstand ist gekennzeichnet durch hohe Arbeitslosenquoten und ein niedriges Volkseinkommen. Durch die zu geringe Nachfrage sind die Produktionskapazitäten nicht ausgelastet und die Läger überfüllt. Dadurch geraten die Preise und die Löhne unter Druck. Die Zahl der Konkurse ist hoch. Die geringen Gewinnerwartungen führen dazu, dass kaum investiert wird, obwohl die Zinsen sinken. Die Stimmung in der Wirtschaft ist depressiv. Schließlich schaffen jedoch die niedrigen Zinsen, Lohn- und Rohstoffkosten wieder günstige Voraussetzungen für die Produktion, was dann schließlich einen erneuten Aufschwung einleitet.

▶

Dauer eines Konjunkturzyklus

Die Dauer eines Konjunkturzyklus ergibt sich aus der Zeitspanne von Wellental zu Wellental. Diese kann unterschiedlich lang sein. Der in der Literatur am häufigsten besprochene Zyklus ist der mit einer Dauer von 7–11 Jahren nach seinem Entdecker benannte *Jugglar-Zyklus.* Er lässt sich besonders an den statistischen Zahlen der Nachkriegszeit belegen.
Eine wesentlich kürzere Zyklusspanne gibt der so genannte *Kitchin-Zyklus* mit einer Dauer von 3–4 Jahren an.

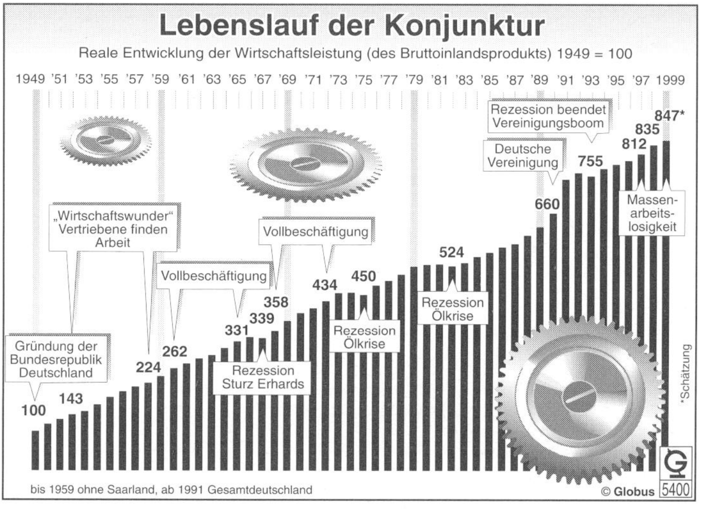

Konjunkturforschung

Die Konjunkturforschung versucht die wirtschaftlichen Schwankungen und ihre Ursachen wissenschaftlich zu analysieren und vorherzusagen. Dabei widmet sie sich auch den inneren Abhängigkeiten. *Beispiel: Welche Auswirkungen hat es, wenn die Menschen aufgrund von Unsicherheit über die zukünftige wirtschaftliche Entwicklung beginnen, verstärkt zu sparen? Welche Auswirkungen haben Rationalisierungen oder Investitionen in Zukunftstechnologien auf den Konjunkturverlauf der Zukunft?*

Das hierzu benötigte Datenmaterial wird von Konjunkturforschungsinstituten ermittelt und dient neben der Konjunkturprognose und -diagnose der wirtschaftlichen Steuerung. In der Bundesrepublik Deutschland befassen sich damit neben den zahlreichen Forschungsinstituten auch der Sachverständigenrat zur Begutachtung der gesamtwirtschaftlichen Entwicklung, die Bundesregierung und die Bundesbank.

Konjunkturdiagnose

Die Konjunkturdiagnose ist die Beschreibung der gegenwärtigen wirtschaftlichen Lage mithilfe dazu geeigneter statistischer Kennziffern wie dem realen Wachstum, dem Preisniveau, der Arbeitslosenquote und dem Außenbeitrag.

Wirtschaftswachstum
(Steigerungsraten des realen BIP in %)

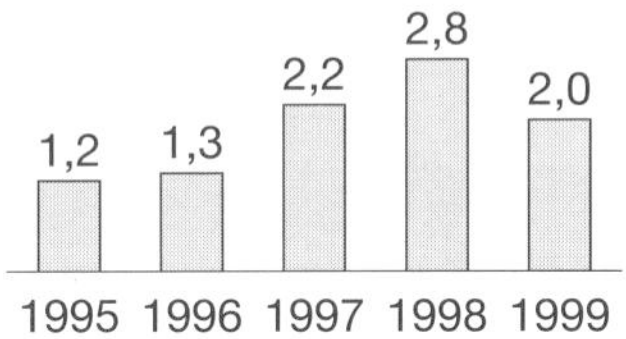

Verbraucherpreisanstieg (in %)

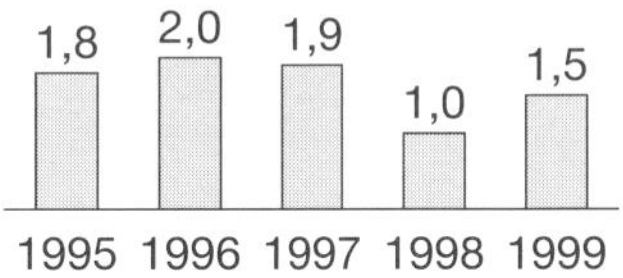

Arbeitslosigkeit
(in % der abhängig zivilen Erwerbspersonen)

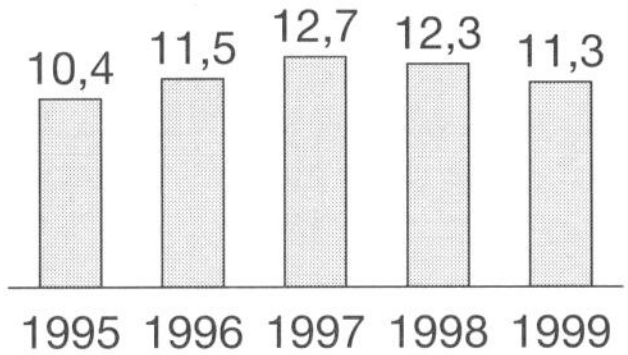

Außenbeitrag
(in % des realen BIP)

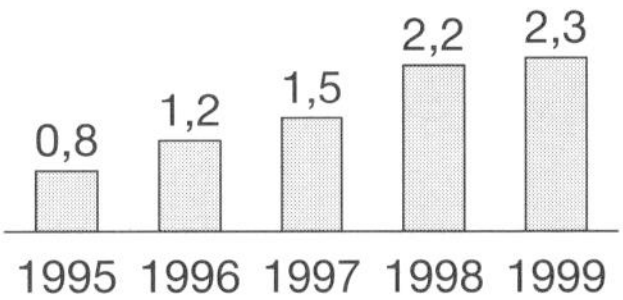

Konjunkturprognose

Die Vorhersage möglicher konjunktureller Entwicklungen für einen bestimmten Zeitraum wird als Konjunkturprognose bezeichnet. Sie ist besonders wichtig für die Planung von Gegenmaßnahmen gegen unerwünschte zukünftige wirtschaftliche Entwicklungen.
Beispiel: Wenn heute eine Rezession vorhergesagt wird, welche Maßnahmen müssen dann eingeleitet werden, damit dieser Abschwung abgemildert wird und nicht in die Depression führt?

Konjunkturpolitik

Als Konjunkturpolitik werden alle Maßnahmen bezeichnet, die die Vermeidung von erheblichen konjunkturellen Schwankungen zur Aufgabe haben. Sie gehört im weiteren Sinn zur Stabilitätspolitik.

Die **Fiskalpolitik** beinhaltet alle nicht-monetären Maßnahmen des Staates zur Steuerung der Konjunktur *(s. S. 224 ff.)*.

Die **Geldpolitik** beinhaltet alle Maßnahmen zur monetären Konjunktursteuerung durch die EZB und die Deutsche Bundesbank *(s. S. 211 ff.)*.

Sonstige Einwirkungsmöglichkeiten haben Tarifpartner über die Lohnpolitik sowie die Medien und Verbände

<table>
<tr><td rowspan="4">Konjunktur-indikatoren</td><td colspan="2">Konjunkturindikatoren sind Kennzahlen zur Beurteilung der wirtschaftlichen Lage einer Volkswirtschaft. Sie dienen sowohl der Vorhersage zukünftiger wirtschaftlicher Entwicklungen als auch der Beurteilung der gegenwärtigen Situation.</td></tr>
<tr><td>Früh-indikatoren</td><td>Sie kündigen sehr früh kommende Veränderung der wirtschaftlichen Situation an und ermöglichen Konjunkturprognosen sowie das Einleiten geeigneter Gegenmaßnahmen.
Beispiele: Auftragslage der Unternehmen, Einschätzungen der Zukunft durch Unternehmerbefragungen, Lagerbestandsveränderungen, Spartätigkeit der privaten Haushalte, Geldmengenveränderungen</td></tr>
<tr><td>Präsens-indikatoren</td><td>Sie kennzeichnen den gegenwärtigen Zustand der wirtschaftlichen Aktivitäten, d. h. sie ermöglichen die Konjunkturdiagnose.
Beispiele: Arbeitslosenquote, Zahl der offenen Stellen, Preisentwicklung, Produktionszahlen, Investitionsvolumen</td></tr>
<tr><td>Spät-indikatoren</td><td>Spätindikatoren zeigen erst mit zeitlicher Verzögerung die konjunkturelle Entwicklung an und sind für Konjunkturprognose und -diagnose daher ungeeignet.
Beispiele: Lohnstückkosten, Tariflohn- und Gehaltsniveau je Stunde, Preisindex für Wohngebäude</td></tr>
<tr><td>Gesamt-indikator</td><td colspan="2">Der Sachverständigenrat der Bundesregierung nutzt zur Beurteilung der wirtschaftlichen Entwicklung einen Gesamtindikator, der sich aus folgenden 12 Einzelindikatoren zusammensetzt:
1. Auftragseingang aus dem Inland (Verbrauchsgüter),
2. Auftragseingang aus dem Inland (Investitionsgüter),
3. Auftragseingang Maschinenbau (Inland und Ausland),
4. Fertigwarenlagerbestände der verarbeitenden Industrie,
5. Fertigwarenlagerbestände der Investitionsgüterindustrie,
6. Lohnsumme je geleisteter Arbeitsstunde (Industrie ohne Energie und Bau),
7. Industrielle Nettoproduktion (= Saldo zwischen wertmäßigem Produktionsausstoß und dem zugehörigen Wert der verbrauchten Vorleistungen) der verarbeitenden Industrie,
8. Industrielle Nettoproduktion der Investitionsgüterindustrie),
9. Geldvolumen (Bargeld und Sichteinlagen),
10. Kurzfristige Kredite der Kreditinstitute an inländische Unternehmen und Privatpersonen,
11. Zahl der Arbeitslosen,
12. Tariflohn und Gehaltsniveau je Stunde (Gesamtwirtschaft).
Im Boom liegt der Wert des Gesamtindikators bei 4, d. h. der obere Gefährdungsbereich ist erreicht. Liegt der Wert bei 1, so ist der untere Gefährdungsbereich erreicht. Die Werte 2 und 3 stellen so genannte Schwellenwerte dar.</td></tr>
</table>

▶

Aussagefähigkeit der Indikatoren

- ▷ Zur Darstellung vergangener Konjunkturverläufe sind Konjunkturindikatoren unumstritten.
- ▷ Einige der Indikatoren sind jedoch hinsichtlich ihrer Erhebung oder ihrer Aussagekraft umstritten.
  Beispiel: Starke Preissenkungen eines wichtigen volkswirtschaftlichen Gutes können den Preisindex drücken, obwohl die anderen Güter im Preis gestiegen sind.
- ▷ Bei der Beschreibung und Analyse der gegenwärtigen konjunkturellen Lage sind Zweifel an den Indikatoren angebracht, denn auch andere unerwartete Einflüsse können die gesamtwirtschaftliche Entwicklung beeinflussen.
  Beispiel: Unerwartete Ölpreisanhebung der Ölförderländer.
- ▷ Bei der Vorhersage zukünftiger Entwicklungen muss schließlich auch berücksichtigt werden, dass einige im volkswirtschaftlichen Modell unterstellte theoretische Gesetzmäßigkeiten nicht als gesichert anzusehen sind.
  Beispiel: Anhaltender Konsum der Konsumenten oder hohe Investitionen der Unternehmer trotz steigender Zinsen.
  Niemand kann somit sicher wissen, was in der Zukunft passieren wird, deshalb wird es immer Prognosefehler geben.

Konjunkturindikatoren

		Aufschwung	Hochkonjunktur	Abschwung	Tiefstand
gesamtwirtschaftl.	Wachstum real. BIP	↗	⤒	↘	⤓
	Auslastungsgrad	↗	⤒	↘	⤓
Unternehmenssektor	Produktion	↗	⤒	↘	⤓
	Lagerbestände	↘	⤓	↗	⤒
	Investitionen	↗	⤒	↘	⤓
	Gewinne	↗	⤒	↘	⤓
	Auftragseingänge	↗	⤒	↘	⤓
Haushaltssektor	Konsumquote	↗	⤒	↘	⤓
	Sparquote	↘	⤓	↗	⤒
Staatssektor	Steueraufkommen	↗	⤒	↘	⤓
Konsumgütermarkt	Preise	↗	⤒	↘	⤓
	Nachfrage	↑	⤒	↓	⤓
Investitionsgütermarkt	Preise	↑	⤒	↘	⤓
	Nachfrage	↑	⤒	↓	⤓
Arbeitsmarkt	Lohnzuwächse	↗	⤒	↘	⤓
	Arbeitslosenquote	↘	⤓	↗	⤒
	Offene Stellen	↗	⤒	↘	⤓
Kapitalmarkt	Zinsen	↗	⤒	↘	⤓
	Aktienkurse	⤒	↘	⤓	↗
Stimmung		optimist.	skept.	pessim.	depress.

Zeichen:
↑ stark steigend — ↓ stark fallend
↗ steigend — ↘ fallend
⤒ oberer Wendepunkt — ⤓ unterer Wendepunkt

Begriff

Konjunkturtheorien versuchen die Ursachen für konjunkturelle Schwankungen zu beschreiben. Man unterscheidet die Vielzahl dieser Theorien nach ihrem Erklärungsansatz.

Exogene Theorien

Diese Theorien machen äußere, d. h. nicht im marktwirtschaftlichen System verankerte Gründe für konjunkturelle Schwankungen verantwortlich. Vertreter dieser Theorien halten das System an sich für stabil. Als Ursachen unterschiedlicher wirtschaftlicher Zustände einer Volkswirtschaft werden Kriege, Naturkatastrophen, Entdeckungen neuer Rohstoffquellen, bedeutende technische Erfindungen, Veränderungen der Bevölkerungszahl oder Zukunftserwartungen der Wirtschaftssubjekte angeführt. Exogene Theorien sind allgemein nicht sehr anerkannt, da sie die heute tatsächlich vorhandenen Konjunkturschwankungen nicht ausreichend erklären können.

Endogene Theorien

Endogene Erklärungsansätze sehen die Schwankungen ökonomischer Aktivitäten durch innerökonomische Gesetzmäßigkeiten verursacht, d. h. durch den Aufbau und die Wirkungsweise des marktwirtschaftlichen Systems. Vertreter dieser Theorien halten das System an sich für nicht stabil. Der überwiegende Teil der über 200 Theorien kann in 3 Gruppen eingeteilt werden: **Monetäre Konjunkturtheorien, Unterkonsumtheorien und Überinvestitionstheorien.**

Monetäre Konjunkturtheorien

Monetäre Konjunkturtheorien führen den Konjunkturzyklus auf Geldmengenveränderungen zurück. So führt z. B. eine Senkung des Diskontsatzes zu erhöhtem Auftragseingang und Produktionsausweitung, da die Kredite günstiger werden. Die Geldmenge steigt an, der Aufschwung ist eingeleitet. Die Zunahme des Kreditvolumens führt im Boom zwangsläufig zu Kreditbeschränkungen, da das Geld knapper wird. Dies schränkt die Nachfrage wieder ein, was in der Rezession zu Preissenkungen und zum Rückgang der Produktion führt. Im Tiefstand ist die Bankenliquidität wieder so angewachsen, dass die Zinssätze fallen. Die Konsequenz ist dann ein neuer Aufschwung. In der Konsequenz müsste also eine geeignete Geldpolitik die wirtschaftliche Stabilität garantieren.

Tiefstand
- ▷ Zinssätze fallen
- ▷ hohe Bankenliquidität

Abschwung
- ▷ Bankenliquidität steigt
- ▷ Geldmenge sinkt

Aufschwung
- ▷ Kreditnachfrage steigt
- ▷ Investitionen steigen
- ▷ Geldmenge steigt

Boom
- ▷ fehlende Bankenliquidität
- ▷ Zinsen steigen
- ▷ Investitionen sinken

▶

Unterkonsumtheorien

Als Grund für konjunkturelle Schwankungen wird bei diesen Theorien angeführt, dass im Boom die Nachfrage nach Konsumgütern hinter der Produktion zurückbleibt, da Löhne und Gehälter nicht im gleichem Maße steigen wie die Güterpreise. Die Folge ist ein Rückgang der Kaufkraft und damit eine sinkende Nachfrage. Ungleiche Einkommensverteilung kann diesen Effekt noch verstärken, wenn diejenigen, die konsumieren wollen, zu wenig Einkommen beziehen und diejenigen mit hohem Einkommen zu vermehrtem Sparen neigen.

Boom

- Güterpreise steigen schneller als Einkommen
- Nachfrage sinkt aufgrund zu geringer Kaufkraft
- Sparquote steigt

Abschwung

- Güterpreise sinken wegen schwacher Nachfrage
- sinkende Investitionen
- sinkende Sparquote

Tiefstand

- geringe Güterproduktion
- niedriges Einkommen
- niedrige Sparquote

Aufschwung

- Güterproduktion nimmt zu
- Einkommen steigen durch steuerliche Maßnahmen
- Nachfrage steigt
- Sparquote nimmt zu

Überinvestitionstheorien

Diese Theorien sehen den Ansatz im Ungleichgewicht zwischen Investitions- und Konsumgütermarkt. Als Auslöser werden entweder monetäre Gründe, d. h. die Zinsentwicklung oder nicht-monetäre Gründe, z. B. Erfindungen, Zukunftserwartungen der Wirtschaftssubjekte oder Erschließung neuer Märkte gesehen.

Aufschwung

Kapazitäten der Investionsgüterindustrie wachsen schneller als die Konsumgüterproduktion erfordert.

Boom

Hohe Kapazitäten in der Investitionsgüterindustrie führen zu sinkenden Investitionen.

Abschwung

Verringerte Einkommen in der Investitionsgüterindustrie führen zu sinkender Konsumgüternachfrage.

Tiefstand

Wende kann durch Zinssenkung oder die Erschließung neuer Märkte bzw. Erfindungen eingeleitet werden.

Aussagefähigkeit

Keine der genannten Konjunkturtheorien konnte bis heute eine eindeutige Erklärung für konjunkturelle Schwankungen liefern, die jeder Kritik standhält bzw. die die tatsächlichen Veränderungen des Wirtschaftsgeschehens erklärt.

Wirtschaftliche Schwankungen → *S. 186*	1. Was sind wirtschaftliche Schwankungen und wodurch entstehen sie? 2. Unterscheiden Sie zwischen kurzfristigen, mittelfristigen und langfristigen Wirtschaftsschwankungen. 3. Erklären Sie den Begriff „Wachstumstrend". 4. Was bezeichnet man als „Kondratieff-Wellen"?
Konjunkturzyklus → *S. 188*	5. Erläutern Sie den Begriff „Konjunkturschwankung". 6. Skizzieren Sie einen Konjunkturzyklus, benennen Sie die Koordinatenachsen und kennzeichnen Sie die einzelnen Konjunkturphasen. 7. Welche Kennziffer dient zur Beschreibung der konjunkturellen Situation? 8. Ordnen Sie den folgenden Wirtschaftsdaten eines Landes die einzelnen Konjunkturphasen zu.

Jahr	Reales BIP in Mrd. GE	Jahr	Reales BIP in Mrd. GE
1980	1 733,8	1985	1 834,5
1981	1 735,7	1986	1 874,4
1982	1 716,5	1987	1 902,3
1983	1 748,4	1988	1 971,8
1984	1 802,0		

	9. Geben Sie kurz die wesentlichen Kennzeichen der vier Konjunkturphasen an. 10. Was ist ein Jugglar-Zyklus? 11. Welche Aufgaben hat die Konjunkturforschung? 12. Erklären Sie den Begriff „Konjunkturdiagnose". 13. Was wird als Konjunkturpolitik bezeichnet? Welche Maßnahmenbereiche umfasst sie? 14. Nehmen Sie Stellung zur Genauigkeit von Konjunkturprognosen.
Kennziffern zur Messung der Konjunkturentwicklung → *S. 191*	15. Wozu dienen Konjunkturindikatoren? 16. Unterscheiden Sie Konjunkturindikatoren nach ihrer zeitlichen Erkennbarkeit. 17. Welche Aussagekraft besitzen Frühindikatoren? 18. Welche Kritik lässt sich an den Konjunkturindikatoren vorbringen? 19. Beschreiben Sie die Veränderung der folgenden Konjunkturindikatoren in den einzelnen Phasen des Konjunkturzyklus. a. Auslastungsgrad – b. Preise – c. Private Nachfrage – d. Beschäftigung – e. Zinsen – f. Produktion – g. Löhne und Gehälter – h. Investitionen
Konjunkturtheorien → *S. 193*	20. Worin unterscheiden sich exogene und endogene Konjunkturtheorien? 21. Skizzieren Sie kurz die drei Gruppen endogener Konjunkturtheorien. 22. Welchen der Theoriegruppen stimmen sie am ehesten zu? Begründen Sie ihre Aussage.

KAPITEL 14

1 Überblick

Die Wirtschaftspolitik ist die Gesamtheit aller Aktivitäten und Maßnahmen zur Gestaltung, Beeinflussung und Stabilisierung eines Wirtschaftsprozesses unter Berücksichtigung der allgemeinen politischen Ziele.

Die **Ordnungspolitik** befasst sich mit den wirtschaftlichen und rechtlichen Rahmenbedingungen für das wirtschaftliche Handeln der einzelnen Wirtschaftssubjekte. Damit ist die Gestaltung der Wirtschaftsordnung gemeint *(s. S. 252 ff.)*.

Die **Konjunkturpolitik** befasst sich mit den Maßnahmen, die ergriffen werden müssen, um bei bestimmten Problemsituationen (z. B. Inflation, Arbeitslosigkeit, Rezession) steuernd in den Wirtschaftsprozess einzugreifen *(s. S. 186 ff.)*.

Der Wirtschaftsprozess ist die Summe der wirtschaftlichen Abläufe in einem Land. Dazu zählen die Bewegungen auf den Märkten für Konsumgüter und Investitionsgüter, dem Kapitalmarkt und dem Arbeitsmarkt sowie die Verbindungen der Volkswirtschaft mit ausländischen Wirtschaftssubjekten.
Der Wirtschaftsprozess umfasst alle Aktivitäten der einzelnen Wirtschaftssubjekte bei der Herstellung von Gütern und Dienstleistungen, deren Verteilung und deren Konsum. Jeder Wirtschaftsprozess vollzieht sich in einem bestimmten Rahmen, der als Wirtschaftsordnung bezeichnet wird.

Die Träger der Wirtschaftspolitik formulieren die Ziele, fällen die notwendigen Entscheidungen und legen damit die Maßnahmen fest, um die wirtschaftspolitischen Ziele zu erreichen.

Die **Regierungen des Bundes und der Länder** mit den jeweils für die Wirtschaftspolitik verantwortlichen Ministerien für Wirtschaft, Finanzen, Arbeit und Soziales sowie die Verwaltungen der Kommunen.

Die **EZB** und die **Deutsche Bundesbank** sind für die Geld- und Währungspolitik zuständig, wirken jedoch darüber hinaus auch durch Stellungnahmen und Analysen auf das aktuelle Wirtschaftsgeschehen ein.

Im Rahmen der Legislative sind die **Parlamente** des Bundes, der Länder und der Kreise sowie die Gemeinderäte Träger der Wirtschaftspolitik. Dies gilt dann, wenn Gesetze oder Verordnungen zu entscheiden sind.

Neben den institutionalisierten Trägern der Wirtschaftspolitik wirken Vereinigungen der Arbeitgeber und der Arbeitnehmer sowie andere Interessenvertretungen und die Medien auf die Wirtschaftspolitik ein.

▶

Globalsteuerung der Wirtschaft

Die Globalsteuerung strebt ein **gesamtwirtschaftliches Gleichgewicht** in der deutschen Volkswirtschaft an. Die Träger der Wirtschaftspolitik haben sich dabei nach dem *„Gesetz zur Förderung der Stabilität und des Wachstums der Wirtschaft (Stabilitätsgesetz)“* zu richten:
„Bund und Länder haben bei ihren wirtschafts- und finanzpolitischen Maßnahmen die Erfordernisse des gesamtwirtschaftlichen Gleichgewichts zu beachten.“ (§ 1)

Stabilität des Preisniveaus: Damit ist das Bemühen gemeint Preissteigerungen zu verhindern oder zu vermeiden bzw. Preissenkungen zu ermöglichen *(s. S. 200)*.

Hoher Beschäftigungsstand: Inhalt dieses Zieles ist es, Arbeitslosigkeit zu vermeiden und eine vorhandene Arbeitslosigkeit zu senken *(s. S. 201)*.

Die Ziele unterstützen sich zum Teil gegenseitig (Vereinbarkeit der Ziele) und verhalten sich zum Teil konkurrierend zueinander (Zielkonflikt).
Es ist in jedem Fall unmöglich, alle Ziele gleichzeitig zu verwirklichen *(s. S. 204 f.)*. Aus diesen Gründen spricht man bei den Zielen des Stabilitätsgesetzes von einem **„magischen Viereck“.** Ein oder zwei Ziele haben deshalb zumeist Vorrang (Priorität) vor den anderen.

Außenwirtschaftliches Gleichgewicht: Dieses Ziel verfolgt einen ausgeglichenen Austausch von Leistungen mit dem Ausland ohne Störung der Binnenkonjunktur *(s. S. 202)*.

Stetiges, angemessenes Wirtschaftswachstum: Dieses Ziel ist erreicht, wenn das reale Bruttoinlandsprodukt stetig ansteigt und damit auch der Wohlstand der Bevölkerung *(s. S. 203)*.

Zusätzliche Ziele: Neben den gesetzlich fixierten Zielen haben sich in der politischen Diskussion weitere Ziele entwickelt. Dazu zählen

- ein ökologisches Gleichgewicht zur Sicherung und Erhaltung der natürlichen Ressourcen und damit unserer Lebensräume *(s. S. 278)*;
- ein qualitatives Wachstum in Abwandlung des Zieles „mengenmäßiges Wachstum“, das Aspekte der Lebensqualität beachten soll *(s. S. 174)*;
- eine gerechte Einkommens- und Vermögensverteilung, die die Zuwächse des Wohlstandes möglichst gerecht unter den Personen aufteilen soll, die am Zustandekommen des Bruttosozialproduktes beteiligt sind (Arbeitnehmer, Unternehmer) *(s. S. 177 f.)*.

Entstehung	Das Stabilitätsgesetz ist in der Folge starker Preissteigerungen geschaffen worden, die aufgrund der überhitzten Konjunktur der Jahre 1965 und 1966 in der Bundesrepublik Deutschland existierten. Von der damaligen CDU/CSU- und FDP-geführten Regierung wurde eine aktive Wirtschaftspolitik im keynesianischen Stil gefordert. *John Maynard Keynes* hatte bereits in den 30er-Jahren – nach der damaligen Weltwirtschaftskrise – darauf hingewiesen, dass die Volkswirtschaft konjunkturellen Schwankungen unterliegt und der Staat die Verantwortung für die gesamtwirtschaftliche Entwicklung tragen und sie durch gezielte Eingriffe antizyklisch beeinflussen muss. In den Jahren 1966 und 1967 befand sich die Bundesrepublik Deutschland in einer tiefen Rezession, die durch gezielte Maßnahmen im keynesianischen Sinne abgewendet werden konnte. *Beispiele: erhöhte Investitionen des Staates; Stärkung der Nachfrage der privaten Haushalte durch Steuererleichterungen*
Eingriffs-instrumente	Diese Instrumente ermöglichen ein aktives Eingreifen in den Wirtschaftskreislauf zur Schaffung eines volkswirtschaftlichen Gleichgewichts. 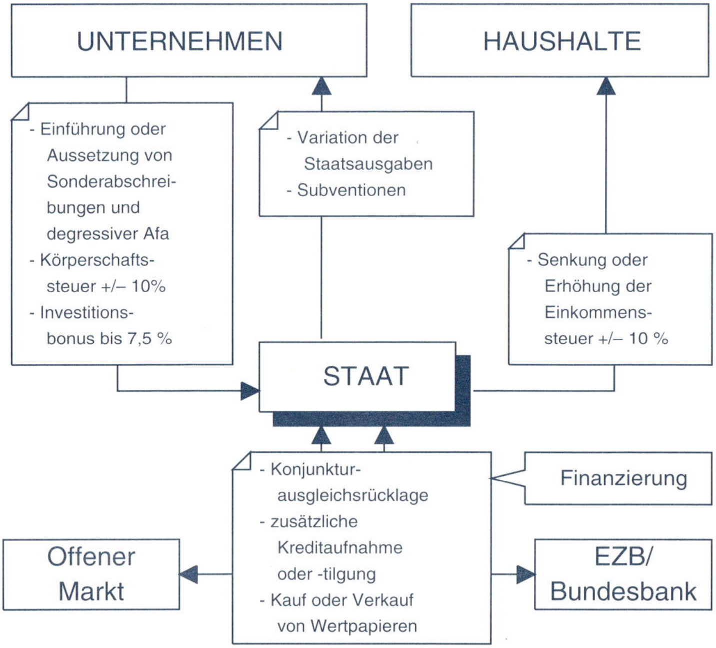

Informations-instrumente	Informationsinstrumente dienen der schnellen und gründlichen Information aller am Wirtschaftsprozess Beteiligten über die gesamtwirtschaftliche Entwicklung.	
	Jahres-wirtschafts-bericht	Die Bundesregierung ist verpflichtet dem Bundestag und dem Bundesrat im Januar eines jeden Jahres einen Bericht über die gegenwärtige wirtschaftliche Lage sowie über die konjunkturpolitischen Ziele und Maßnahmen vorzulegen.
	Gutachten des Sach-verständi-genrates	Fünf von der Bundesregierung beauftragte Sachverständige Wirtschaftswissenschaftler („Fünf Weise") legen jedes Jahr einen Bericht zur gesamtwirtschaftlichen Lage vor. Darin gehen Sie auf die aktuelle Situation ein und geben eine Vorhersage für das kommende Jahr ab. Die Bundesregierung muss zu diesem Gutachten Stellung nehmen.
	Subventions-bericht	Die Bundesregierung legt dem Bundesrat und dem Bundesrat alle zwei Jahre eine Aufstellung über den Umfang, die Zielsetzung und den geplanten Abbau der laufenden Subventionen vor.
Koordinations-instrumente	Im Stabilitätsgesetz sind eine Reihe von Gremien vorgesehen, die eine Abstimmung der Wirtschaftspolitik auf verschiedenen Ebenen (z. B. Bund, Länder und Kommunen = Gebietskörperschaften) ermöglichen sollen.	
	Konjunkturrat	Der Konjunkturrat setzt sich zusammen aus den Bundesministern für Wirtschaft (Vorsitz) und Finanzen, je einem Vertreter der Länder und vier Vertretern der Gemeinden und Gemeindeverbände. Die Deutsche Bundesbank hat das Recht an den Sitzungen teilzunehmen. Der Konjunkturrat soll eine abgestimmte Konjunkturpolitik auf allen Ebenen von Bund, Ländern und Gemeinden ermöglichen, z. B. eine Senkung der Staatsnachfrage durch verminderte Ausgaben zur Dämpfung der Konjunktur. Der Konjunkturrat ist vor allem bei einer Begrenzung der öffentlichen Kreditaufnahme zu hören.
	Konzertierte Aktion	Die Konzertierte Aktion ist ein Gesprächskreis, an dem im Allgemeinen Vertreter der Gebietskörperschaften, Gewerkschaften, Unternehmerverbände und Banken teilnehmen. In dieser Runde soll die Konjunkturpolitik mit den Tarifpartnern abgestimmt werden. Ziel ist es, schädliche Einflüsse auf die Wirtschaftspolitik zu verhindern. *Beispiel: Absprachen zwischen den Tarifpartnern über konjunkturell vertretbare Tarifabschlüsse.* Nach anfänglichen Erfolgen der Konzertierten Aktion wurde sie faktisch aufgelöst, jedoch seit 1999 durch das Bündnis für Arbeit wieder aktiviert.

1 Stabilität des Preisniveaus

Erläuterung	***Das Preisniveau in einer Volkswirtschaft bleibt stabil, wenn sich der Durchschnitt aller Preise in einer Periode nicht verändert.*** Steigen also die Preise für einige Güter oder Dienstleistungen an, so müssen bei anderen Gütern Preissenkungen eintreten um den Durchschnitt zu halten. Da es nahezu unmöglich ist, das Preisniveau einer Volkswirtschaft absolut stabil zu halten, wird heute von einer *relativen Preisniveaustabilität* gesprochen.
Maßgröße	▷ Die Preise aller Güter werden anhand eines so genannten „Warenkorbes“ einer für die Gesamtgesellschaft repräsentativen Familie gemessen. In diesem Korb sind alle Güter und Leistungen mit den Anteilen enthalten, wie dies dem durchschnittlichen Konsumverhalten der Bevölkerung entspricht. Die Preise dieser Güter des Warenkorbs werden monatlich in den Geschäften erfasst und daraus ein **Preisindex für die Lebenshaltung** ermittelt. *Beispiel: Ist der Wert aller Güter eines Warenkorbes von Juli 2000 bis Juli 2001 von 2 000,– € auf 2 100,– € gestiegen, so ist der Preisindex für die Lebenshaltung um 5 % gestiegen.* ▷ Der umgekehrte Wert des Preisniveaus drückt die Kaufkraft des Geldes aus. In diesem Fall spricht man vom **Geldwert.** *Beispiel: Angenommen, das Preisniveau einer Volkswirtschaft ist in 10 Jahren von 100 auf 125 gestiegen, so ist die Kaufkraft des Geldes in diesem Zeitraum von 100 auf 80 gesunken.* Steigen die Preise über einen längeren Zeitraum nachhaltig, spricht man von *Inflation.*
Zielvorgabe	Die Zielvorgaben der Bundesregierung in den vergangenen 20 Jahren schwankten zwischen 1 % für 1986 und 8 % bis 9 % für 1974. Die Stabilität der Preise gilt bereits als erreicht, wenn das Preisniveau um nicht mehr als 2 % ansteigt.
Ziel-begründung	Bei stark steigenden Preisen ▷ sind die Wirtschaftssubjekte verunsichert; ▷ sinken die Reallöhne, sofern die Lohnerhöhungen nicht mit den Preissteigerungen Schritt halten; ▷ sinkt das Vertrauen in die Wirtschaft.
Realität in der Vergangenheit	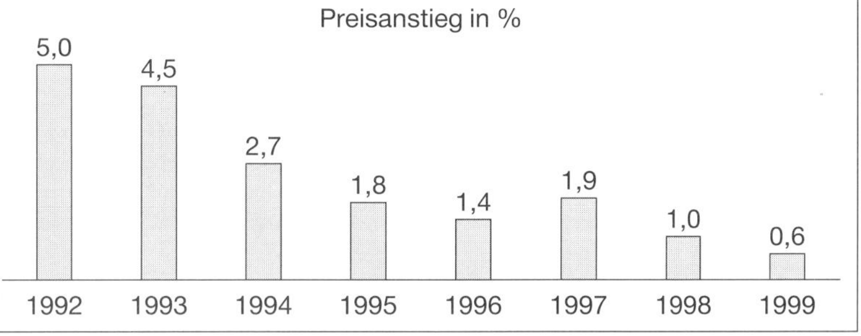

2 Hoher Beschäftigungsstand

Erläuterung	***Ein hoher Beschäftigungsstand gilt dann als erreicht, wenn in einer Volkswirtschaft nahezu jeder, der für eine Tätigkeit geeignet und ausgebildet ist, auch eine entsprechende Beschäftigung zu einem angemessenen Lohn findet und bekommt.*** Theoretisch ist Vollbeschäftigung erreicht, wenn es keine erwerbsfähige Person mehr gibt, die arbeitslos ist. Dieses Ziel ist jedoch utopisch, da es immer wieder Personen geben wird, die aus verschiedenen Gründen arbeitslos werden.
Maßgröße	▷ Die Arbeitslosenquote in Prozent wird berechnet, indem die Anzahl der gemeldeteten Personen ohne Beschäftigung zu der Anzahl der abhängig zivilen Erwerbspersonen in Beziehung gesetzt wird. *Beispiel: 1999 gab es in der Bundesrepublik Deutschland im Durchschnitt des Jahres 4,1 Mio. gemeldete Arbeitslose. Die Anzahl der abhängig zivilen Erwerbspersonen betrug 36,2 Mio. Die Arbeitslosenquote betrug mithin im Durchschnitt des Jahres 1999 11,3 %. Eine andere oft verwendete Arbeitslosenquote berücksichtigt alle zivilen Erwerbspersonen (1999: 10,5 %).* ▷ Eine weitere Vergleichsgröße ist die Gegenüberstellung von offenen Stellen zu der Anzahl der Arbeitslosen. Diese Maßgröße ist umstritten, weil nicht alle Unternehmen alle offenen Stellen dem Arbeitsamt melden. Hinzu kommt, dass die offenen Stellen (z. B. Köche) nicht immer von den vorhandenen Arbeitslosen (z. B. technische Zeichner) besetzt werden können.
Zielvorgabe	▷ Die Bandbreite der Arbeitslosigkeit in der Bundesrepublik Deutschland liegt zwischen 0,7 % in 1970 und 12,7 % in 1997. ▷ In den vergangenen 10 Jahren ist aufgrund einer dauerhaft hohen Arbeitslosigkeit von über 7 % das Anspruchsniveau gesunken.
Ziel- begründung	▷ Arbeitslosigkeit verhindert, dass erwerbsfähige Menschen sich in ihrer Arbeit selbstverwirklichen. Sie hat aufgrund abnehmender sozialer Kontakte und mangelnder gesellschaftlicher Anerkennung negative persönliche Auswirkungen auf die Betroffenen. ▷ Arbeitslose erbringen keinen Beitrag zum Bruttoinlandsprodukt, erhalten aber Transferzahlungen der Bundesanstalt für Arbeit. Zusätzlich fallen Beiträge zur Sozialversicherung aus.
Realität in der Vergangenheit	Arbeitslosenquote (in % der abhängig zivilen Erwerbspersonen) 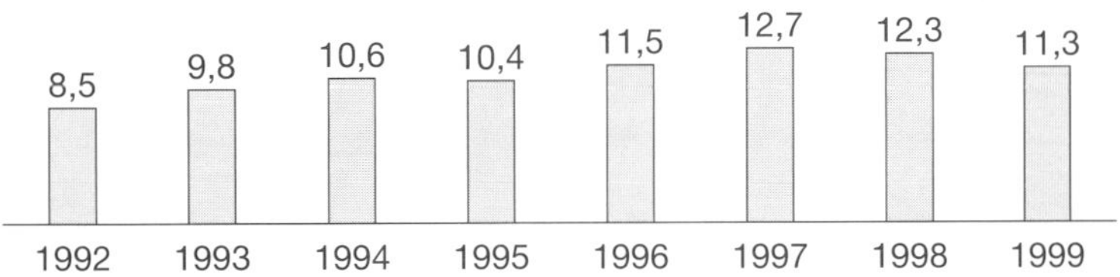

3 Außenwirtschaftliches Gleichgewicht

Erläuterung	***Das außenwirtschaftliche Gleichgewicht ist dann erreicht, wenn der Außenbeitrag gerade so hoch ist, dass er die binnenwirtschaftliche Lage nicht stört bzw. ihr nach Möglichkeit sogar positive Impulse gibt.*** Angestrebt wird deshalb ein ausgeglichenes Verhältnis zwischen den Ausfuhren und Einfuhren von Gütern und Dienstleistungen.
Maßgröße	Der **Außenbeitrag** ist die Differenz zwischen den Ausfuhren und den Einfuhren von Gütern und Dienstleistungen einer Volkswirtschaft. Ermittelt wird diese Größe als Saldo aus Handels- und Dienstleistungsbilanz. Diese beiden Bilanzen bilden die Leistungsbilanz im engeren Sinne *(s. S. 236)*. ▷ Ein *positiver Außenbeitrag* ergibt sich, wenn in einer Periode mehr Güter ausgeführt als eingeführt werden. Man spricht dann von einem **Netto-Güterexport** (Ausfuhrüberschuss). ▷ Ein *negativer Außenbeitrag* ergibt sich, wenn in der Periode mehr Güter eingeführt als ausgeführt werden. Es liegt dann ein **Netto-Güterimport** vor (Einfuhrüberschuss).
Zielvorgabe	Als Beitrag zum gesamtwirtschaftlichen Gleichgewicht wird ein Außenbeitrag angesehen, der 1 – 2 % des Bruttoinlandsproduktes nicht überschreitet. Tatsächlich schwankten die Zielprojektionen der Bundesregierung in den vergangenen Jahren zwischen 0 % und 4 %.
Zielbegründung	▷ Ein neutraler Außenbeitrag (+/– 0) wird von der Wirtschaftspolitik als Beitrag zur Preisniveaustabilität angesehen. ▷ Ein positiver Außenbeitrag wird als ein Beitrag zum Wachstum des Sozialprodukts und zur Verbesserung der Beschäftigung gewertet. Außerdem ist er dann notwendig, wenn Devisenverbindlichkeiten aus Übertragungen an das Ausland entstehen, denen keine Warenlieferungen gegenüberstehen (z. B. Transferzahlungen gegenüber der Europäischen Union oder Zahlungen von ausländischen Arbeitnehmern an ihre Familien im Ausland).
Realität in der Vergangenheit	Außenbeitrag in Mrd. DM 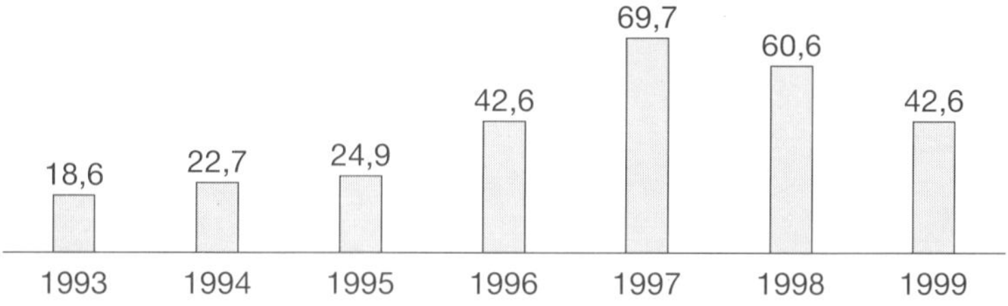

4 Angemessenes und stetiges Wirtschaftswachstum

Erläuterung	***Ein Wachstum der Wirtschaft liegt immer dann vor, wenn pro Kopf der Bevölkerung das Angebot an Waren und Dienstleistungen gegenüber der Vorperiode steigt.*** Gesamtwirtschaftliches Wachstum ist damit auch ein Ausdruck für die Steigerung des Wohlstandes einer Nation.
Maßgröße	Indikator für dieses Ziel ist die Wachstumsrate des realen Bruttoinlandsproduktes. Darunter ist die Steigerung der Produktion von Waren und Dienstleistungen einer Volkswirtschaft und damit auch die Erhöhung des Einkommens der Bevölkerung gegenüber der Vorperiode zu verstehen. *Beispiel: Das reale Bruttoinlandsprodukt betrug 1998 3 678,6 Mrd. DM, 1999 dagegen 3 732,3 Mrd. DM. Das ergibt eine Steigerung von 1,5 %.*
Zielvorgabe	▷ In der Vergangenheit wurde von der Bundesregierung eine Wachstumsrate von bis zu 4 % als angemessen angesehen. Tatsächlich schwankten die Wachstumsraten seit der Einführung des Stabilitätsgesetzes zwischen Werten von 7,5 % (1969) und 0,1 % (1981). ▷ Die Vorgaben sind abhängig von der aktuellen Konjunktur und den anderen Zielgrößen der Globalsteuerung. ▷ Seit 1989 werden in den neuen Bundesländern höhere Wachstumsraten registriert als in den alten Bundesländern, weil in den östlichen Bundesländern die Wirtschaft weit gehend noch im Aufbau ist und dort gewaltige Investitionen getätigt werden müssen.
Zielbegründung	Zunächst ging man in der Volkswirtschaftslehre davon aus, dass eine kontinuierliche Steigerung des Wachstums den Wohlstand einer Nation erhöht. Dagegen ist Folgendes einzuwenden: ▷ Als außerökonomische Begründung wird eingewendet, dass eher darauf zu achten ist, ein qualitatives Wachstum zu fördern und damit eine Erhöhung der Lebensqualität zu bewirken. ▷ Ökonomisch lässt sich einwenden, dass die anderen drei Ziele der Wirtschaftspolitik darauf gerichtet sind, die zyklischen Ausschläge des Wachstums möglichst zu begrenzen *(Zielkonflikt)*.
Realität in der Vergangenheit	Wachstum des realen Bruttoinlandsproduktes in % 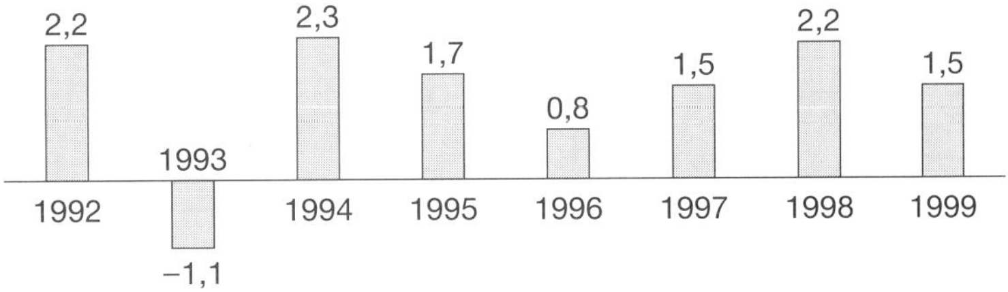

Magisches Viereck

- Die Ziele der Wirtschaftspolitik sind eng miteinander verknüpft. Die Verfolgung eines Zieles kann die Erreichung eines anderen Zieles unterstützen *(Zielkomplementarität)*, andere Ziele können bei ihrer Durchsetzung die Erreichung anderer Ziele gefährden *(Zielkonkurrenz)*.
- Die gleichgerichtete Verfolgung aller Ziele ist unmöglich bzw. unvereinbar. Deshalb spricht man bei diesen Zielen von einem *magischen Viereck* oder bei weiteren Zielen von einem *magischen Fünfeck* usw.
- Die Wirtschaftspolitik hat deshalb im Rahmen ihrer Globalsteuerung entweder einen Kompromiss zwischen den einzelnen Zielen anzustreben oder aber einem Ziel besondere Priorität (Bedeutung) beizumessen und dabei einzukalkulieren, dass andere Ziele nicht oder nicht im gewünschten Ausmaß erreicht werden.

Beispiel 1: Mögliche Auswirkungen der Förderung der Vollbeschäftigung

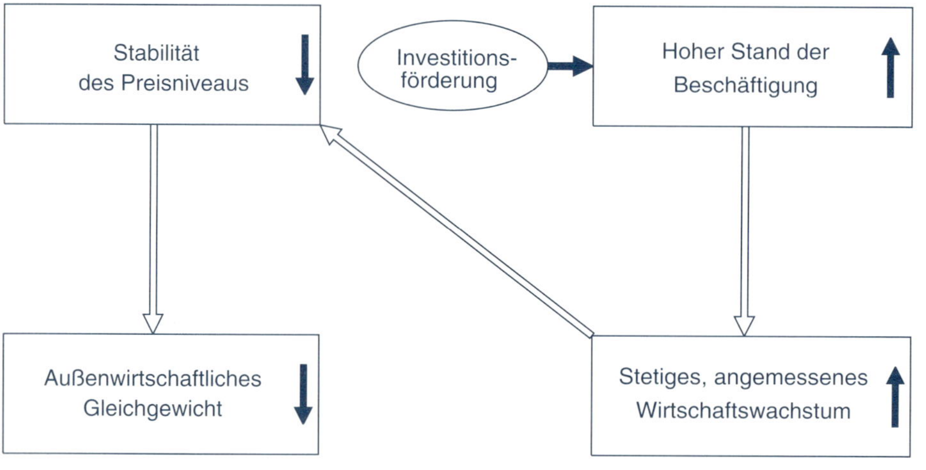

1. Die Vollbeschäftigung wird durch geeignete Maßnahmen gefördert (z. B. durch Investitionsbeihilfen).
2. Das führt zwar zu einer Erhöhung des Wachstums, gleichermaßen aber zu einer Erhöhung der Nachfrage.
3. Die erhöhte Nachfrage führt zu einer Erhöhung des Preisniveaus und damit zu einer Verringerung der Kaufkraft.
4. Gleichzeitig verschlechtern sich die Exportchancen, weil ausländische Käufer durch die überhöhten Preise abgeschreckt werden. Damit verringert sich der Außenbeitrag, es kommt u. U. zu einem außenwirtschaftlichen Ungleichgewicht.

Beispiel 2: Mögliche Auswirkungen der Förderung des Wirtschaftswachstums

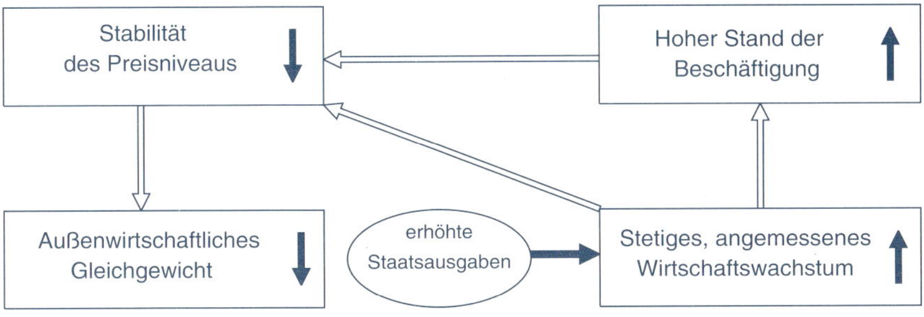

1. Durch erhöhte Staatsausgaben wird das Wirtschaftswachstum angekurbelt (z. B. durch den Bau öffentlicher Gebäude und den Bau von Straßen).
2. Die Nachfrageerhöhung führt zu einem Preisanstieg und einer Geldwertverschlechterung.
3. Gleichzeitig werden Arbeitskräfte eingestellt um die gestiegene Nachfrage zu befriedigen. Die Beschäftigung nimmt zu.
4. Durch das damit erhöhte Volkseinkommen kommt es zu weiteren Preissteigerungen (Inflation).
5. Die Exportchancen verschlechtern sich, der Außenbeitrag nimmt ab.

Beispiel 3: Mögliche Auswirkungen der Förderung eines stabilen Preisniveaus

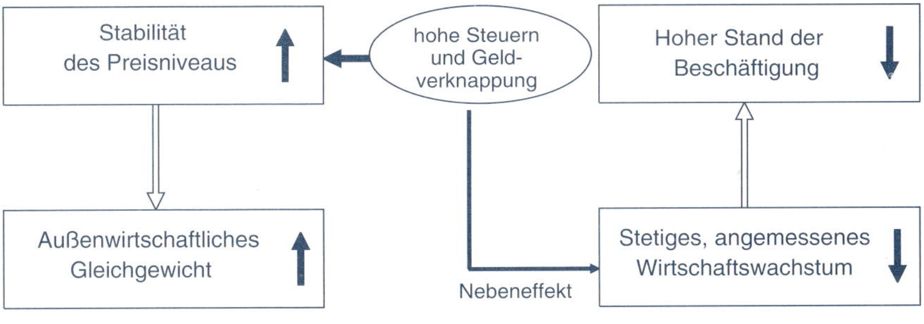

1. Aufgrund eines hohen Preisniveaus setzt die Bundesbank mit geldpolitischen Maßnahmen die Geldmenge herunter (z. B. durch die Erhöhung der Mindestreserven). Die Bundesregierung schöpft parallel Einkommen durch erhöhte Steuern ab.
2. Die Wirtschaftssubjekte haben weniger Geld zur Verfügung, die Nachfrage sinkt und mit ihr das Wirtschaftswachstum.
3. Aufgrund der sinkenden Güterproduktion entlassen die Unternehmer Arbeitskräfte. Es kommt zu einer Senkung der Beschäftigung.
4. Die nachlassenden Preise führen zu einer erhöhten Nachfrage aus dem Ausland. Der Außenbeitrag nimmt zu.

Phillips-Kurve	Die ursprüngliche Phillips-Kurve des Briten *A. W. Phillips* verdeutlicht den Zusammenhang zwischen der Arbeitslosenquote und der Nominallohnsteigerung. Phillips untersuchte diese Beziehung für einen Zeitraum von 100 Jahren. Die Wirtschaftsforscher *P. A. Samuelson* und *R. M. Solow* modifizierten diese Kurve und stellten den Zusammenhang zwischen Preisniveaustabilität und Arbeitslosigkeit dar.	
	Aussage	▷ Je niedriger die Preisentwicklung ist, desto größer ist die Arbeitslosigkeit; ▷ je höher die Preisentwicklung, desto niedriger ist die Arbeitslosigkeit. Samuelson und Solow unterstellen bei dieser Aussage eine feststehende Beziehung zwischen der Nominallohnsteigerung und dem Preisniveauanstieg.
	grafische Darstellung	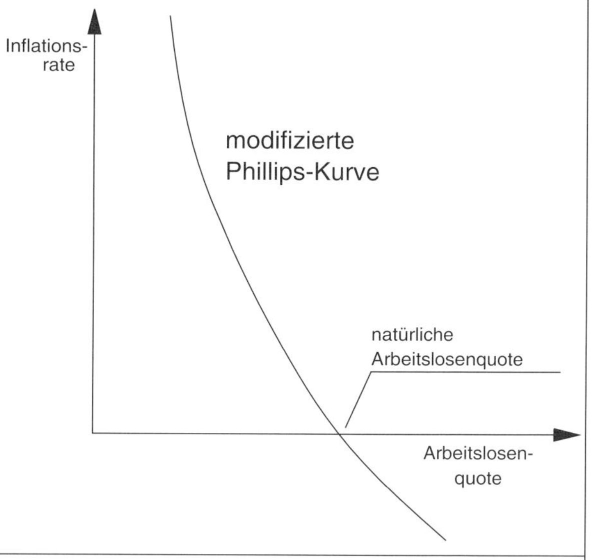
	Bedeutung	Die Bedeutung der Phillips-Kurve als Grundlage für wirtschaftspolitische Entscheidungen ist sehr problematisch, da sich die Lage der Kurve aufgrund anderer Einflussfaktoren ständig ändert und somit keine feste eindeutige Beziehung zwischen Preisniveau und Beschäftigungsstand erkennbar ist. Dennoch lässt sich anhand von Vergangenheitswerten erkennen, dass eine Abnahme der Arbeitslosigkeit häufig mit einem Anstieg der Preise verbunden ist. Man spricht dann gelegentlich davon, dass eine zunehmende Beschäftigung durch Inflation erkauft werden muss.

- Die Gesamtwirtschaft einer hoch entwickelten Volkswirtschaft ist ein kompliziertes Geflecht von Faktoren, die insgesamt leider nicht dazu neigen, gleichgerichtet zu wirken, sondern vielmehr tendenziell dahin wirken, das Gesamtsystem oder Teile davon in ein Ungleichgewicht zu bringen.
- Die häufigsten und zugleich problematischen Ungleichgewichte ergeben sich
  - bei der Entwicklung des Geldwertes (Inflation/Deflation);
  - bei der Beschäftigung (Arbeitslosigkeit/Überbeschäftigung);
  - bei der Entwicklung der außenwirtschaftlichen Beziehungen (Exportüberschuss/Importüberschuss).

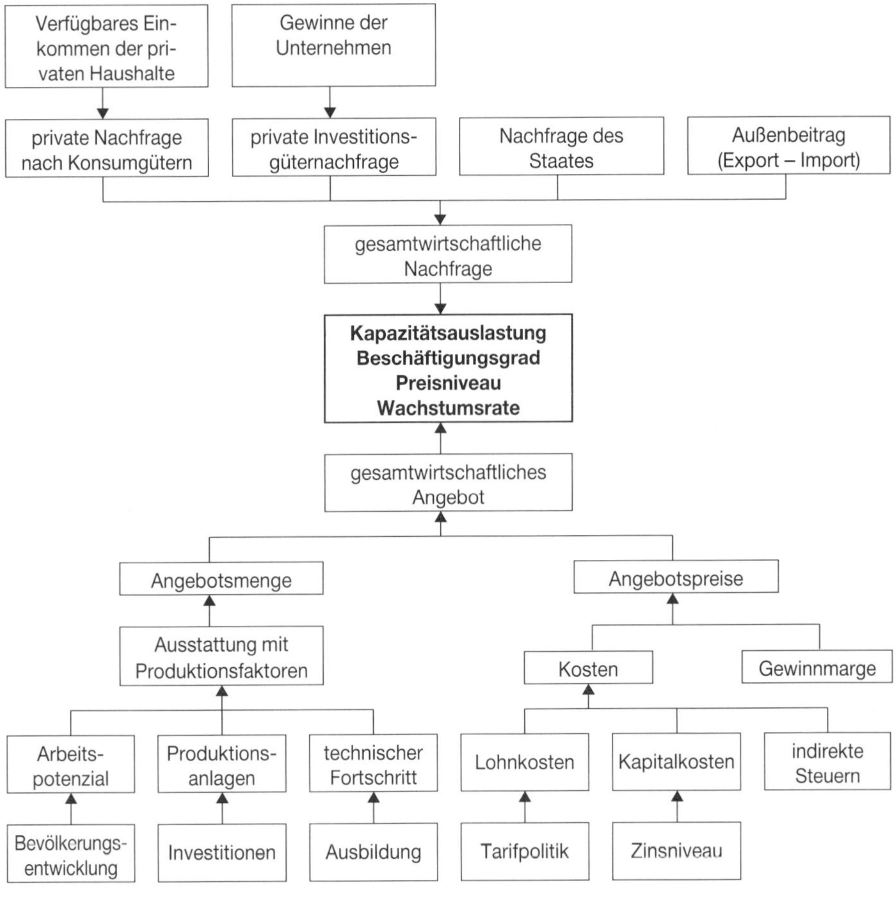

Bestimmungsfaktoren der gesamtwirtschaftlichen Entwicklung

Begriff	Die im § 1 des Stabilitätsgesetzes genannten Ziele sollen durch das Prinzip der Globalsteuerung erreicht werden. Globalsteuerung bedeutet, dass sich die Maßnahmen staatlicher Wirtschaftspolitik auf die Beeinflussung des gesamtwirtschaftlichen Verhaltens ganzer Wirtschaftbereiche beschränken. *Beispiele: Investition, Konsum, Sparen, Geldmenge* In der Bundesrepublik Deutschland lässt sich insbesondere eine Beeinflussung der Gesamtnachfrage in Form einer diskretionären bzw. antizyklischen Wirtschaftspolititk vorfinden.	
Arten	**Diskretionäre Wirtschaftspolitik**	Die wirtschaftspolititischen Maßnahmen sollen *von Fall zu Fall* (= diskretionär), je nach Wirtschaftslage ausgewählt und dosiert werden. *Beispiel: In einer Depression erhöht der Staat seine Nachfrage um die Konjunktur wieder in Gang zu bringen. In einem Boom legt der Staat Einnahmen fest um die Konjunktur zu dämpfen.*
	Antizyklische Wirtschaftspolitik	Antizyklische Steuerung der Wirtschaft heißt die wirtschaftspolitischen Instrumente so zu ergreifen, dass sie die konjunkturellen Schwankungen dämpfen. Die Wirtschaftspolitik ist entgegen dem Konjunkturverlauf (= antizyklisch) ausgerichtet. *Beispiel: Bereits im Aufschwung wird durch Steuererhöhungen die Nachfrage eingeschränkt um einen Boom abzumildern. Eine bevorstehende Depression soll bereits in der Phase des Abschwungs durch Steuererleichterungen gedämpft werden.*

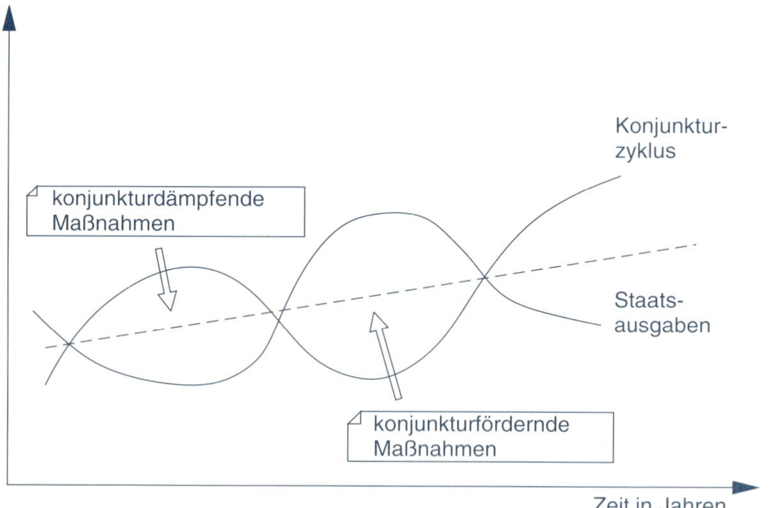

Antizyklische Wirtschaftspolitik

Überblick → *S. 196*	1. Was wird allgemein unter dem Begriff „Wirtschaftspolitik“ verstanden? 2. Aus welchen Teilbereichen besteht die Wirtschaftspolitik? 3. Nennen Sie die Gruppierungen und Einrichtungen, die in der Bundesrepublik Deutschland als die Träger der Wirtschaftspolitik bezeichnet werden. 4. Nennen Sie die vier Hauptziele, die das Stabilitätsgesetz Bund und Ländern als Aufgabe stellt. 5. Die politische Diskussion der vergangenen Jahre hat dazu geführt, dass weitere Ziele in den Katalog der politischen Bestrebungen aufgenommen worden sind. Welche gehören dazu?
Stabilitätsgesetz → *S. 198*	6. Welche Gründe führten zur Verabschiedung des Stabilitätsgesetzes im Jahre 1967? 7. Geben Sie eine Übersicht über die Instrumente des Stabilitätsgesetzes. 8. Durch welche Informationsinstrumente wird die Bundesregierung, das Parlament und die Öffentlichkeit über die gesamtwirtschaftliche Entwicklung aufgeklärt? Beschreiben Sie das Ziel und die Inhalte dieser Instrumente. 9. Welche Aufgaben hat der Konjunkturrat? Wie setzt er sich zusammen?
Hauptziele der Wirtschaftspolitik → *S. 200*	10. Eines der Ziele des Stabilitätsgesetzes ist die Stabilität des Preisniveaus. a. Ist es realistisch, anzunehmen, dass das Preisniveau einer Volkswirtschaft über einen längeren Zeitraum stabil gehalten werden kann? – Begründen Sie ihre Aussage. b. Wie wird dieses Ziel politisch begründet? c. Welche Aussagen macht der Preisindex für die Lebenshaltung? 11. Wann kann man in einer Volkswirtschaft von einem hohen Beschäftigungsstand sprechen? 12. Wie wird die Arbeitslosenquote berechnet? 13. Warum ist die Statistik der offenen Stellen als Beurteilungsgrundlage für die Beschäftigungssituation problematisch? 14. Welche Zielvorgabe wird bei der Arbeitslosenquote angestrebt? 15. Mit welcher Begründung wird das Ziel der Bekämpfung der Arbeitslosigkeit untermauert? 16. Wann spricht man in einer Volkswirtschaft von einem außenwirtschaftlichen Gleichgewicht? 17. Definieren Sie den Begriff „Außenbeitrag“. 18. Wie wird das Ziel „außenwirtschaftliches Gleichgewicht“ begründet? 19. Wie wird das Wachstum einer Volkswirtschaft gemessen? 20. Welches Ziel strebt die Bundesregierung an und wovon ist dieses Ziel abhängig? 21. Welche Argumente können gegen das Ziel eines kontinuierlichen mengenmäßigen Wachstums angeführt werden?

▶

Zielkonflikte → *S. 204*	22. Warum spricht man bei den vier Hauptzielen der Wirtschaftspolitik von einem „magischen Viereck“? 23. Wann verhalten sich wirtschaftspolitische Ziele zueinander komplementär, wann besteht zwischen ihnen eine Zielkonkurrenz? 24. Zwischen welchen Zielen der Wirtschaftspolitik bestehen vor allem Zielkonflikte? Begründen Sie diese Zielkonflikte. 25. Beschreiben Sie, welche Entwicklung eintreten kann, wenn das wirtschaftspolitische Ziel „Stabilität des Preisniveaus“ durch Geldverknappung gefördert werden soll. 26. Welcher Zielkonflikt tritt ein, wenn das Ziel der Förderung des Wirtschaftswachstums durch erhöhte Staatsausgaben gefördert werden soll? 27. Erläutern Sie den Zusammenhang, der durch die Phillips-Kurve verdeutlicht wird. 28. Welche Bedeutung hat die Phillips-Kurve für aktuelle wirtschaftspolitische Entscheidungen?
Globalsteuerung der Wirtschaft → *S. 207*	29. Die Gesamtwirtschaft einer entwickelten Volkswirtschaft tendiert aufgrund unterschiedlicher Einflussfaktoren zu Ungleichgewichten. a. Nennen Sie die wesentlichen Einflussfaktoren, die sich auf das gesamtwirtschaftliche Angebot und auf die gesamtwirtschaftliche Nachfrage auswirken, und stellen Sie mögliche Zusammenhänge grafisch dar. b. Welche dieser Einflussfaktoren unterstützen sich gegenseitig, welche verhalten sich in ihrer Wirkung auf das wirtschaftliche Gleichgewicht gegenläufig? 30. Welche Aufgabe hat die Globalsteuerung der Wirtschaft? 31. Beschreiben Sie die Vorgehensweise einer diskretionären Wirtschaftspolitik. 32. Was wird mit einer antizyklischen Wirtschaftspolitik vor allem angestrebt?

KAPITEL 15

1 Träger und Ziele der Geldpolitik

Begriff

Zur Geldpolitik gehören alle Maßnahmen, die der Steuerung der Geldmenge einer Volkswirtschaft dienen.

Träger

Träger der Geldpolitik für die Mitglieder der europäischen Wirtschafts- und Währungsunion (EWWS) ist seit dem 1.1.1999 die **Europäische Zentralbank (EZB)** mit Sitz in Frankfurt. Sie ist eine autonome Zentralbank, d. h. sie ist an keinerlei Weisungen der einzelnen Regierungen der Mitgliedsländer gebunden.

Instrumente

Instrumente der Geldpolitik

- **Ständige Fazilitäten**
- **Offenmarktgeschäfte**
- **Mindestreserven**

→ Diese Instrumente beziehen sich auf den Wirtschaftsraum des EWWS und werden von der EZB als binnenwirtschaftlich (im Euroland) orientierte Instrumente eingesetzt.

- **Sonstige Instrumente** *(s. S. 220)*

→ Diese Instrumente wurden bis zum 1.1.99 von der Deutschen Bundesbank eingesetzt und sind in anderen Ländern z. T. heute noch Bestandteil der Geldpolitik.

Aufgaben der EZB

Die Aufgaben und Befugnisse der EZB sind in den Satzungen des **Europäischen Systems der Zentralbanken (ESZB)** geregelt und dazu gehören:

- ▷ Die Geldpolitik der Gemeinschaft festzulegen und auszuführen, Devisengeschäfte durchzuführen und die offiziellen Währungsreserven der teilnehmenden Mitgliedsstaaten zu halten und zu verwalten.
- ▷ Die bankmäßige Abwicklung des Zahlungsverkehrs im Bereich der Gemeinschaft **(Euroland)** und mit dem außereuropäischen Ausland.
- ▷ Die Unterstützung der nationalen Aufsichten über die Kreditinstitute und die Förderung der Stabilität des Finanzsystems.

Ziele

Ihre Aufgaben hat die Zentralbank so zu erfüllen, dass die Währung der Gemeinschaft – der EURO – gesichert wird. Unter Währungssicherung ist dabei im weiteren Sinn zu verstehen:

- ▷ Stabilität des Preisniveaus, d. h. innergemeinschaftliche Geldwerterhaltung;
- ▷ Stabilisierung der Wechselkurse, d. h. außenwirtschaftliche Geldwerterhaltung;
- ▷ Unterstützung der allgemeinen Wirtschaftspolitik der nationalen Regierungen, soweit es ihr in der Erfüllung ihrer Aufgaben und Ziele möglich ist.

Geldmengenziele

Die Bekanntgabe des Geldmengenzieles soll eine Signalfunktion für die Wirtschaft erfüllen, d. h. vor allem Unternehmer und Gewerkschaften sollen mehr Sicherheit für ihre Zukunftserwartungen und Pläne erhalten. Seit 1974 gibt die Deutsche Bundesbank jeweils am Jahresende bekannt, in welchem Umfang sie beabsichtigt die Geldmenge im folgendem Jahr zu verändern.

Grundlage für die Zielbestimmung sind das zu erwartende Wachstum, der zu erwartende Auslastungsgrad des Produktionspotenzials, der unvermeidliche Preisniveauanstieg und die zu erwartende Veränderung der Umlaufgeschwindigkeit des Geldes.

- ▷ Bis 1987 galt die Zentralbankmenge M_0 als Indikator.
- ▷ Seit 1988 verwendete die Bundesbank die Geldmenge M_3 *(s. S. 135)*. Dazu zählen das umlaufende Bargeld, die von inländischen Nichtbanken bei den inländischen Kreditinstituten deponierten Sichteinlagen, Termingelder mit einer Laufzeit unter 2 Jahren sowie Spareinlagen mit einer 3-monatigen Kündigungsfrist und Geldmarktpapiere mit einer Laufzeit von bis zu 2 Jahren.
- ▷ Außerdem gab die Bundesbank seit 1978 das Geldmengenziel in Bandbreiten an, z. B. für 1991 4–6 %. Durch die Zielbestimmung in Bandbreiten entsteht der so genannte Zielkorridor. Die bis einschließlich 1977 durchgeführte Vorgabe eines Punktzieles wurde aufgrund der Abweichungen der tatsächlichen Entwicklungen von den Vorgaben aufgegeben.

Geldmengenziele

Die EZB wählt für ihr Geldmengenziel keinen Korridor, sondern wieder eine einzige Rate, ein so genanntes Punktziel. Dies betrug 1999 4,5 %. Die EZB begründet diese Zielbestimmung damit, dass die Öffentlichkeit einen Zielkorridor in der Weise missverstehen könnte, dass Ausbrüche der Geldmenge aus dem Korridor unweigerlich zu Zinsänderungen führen würden.

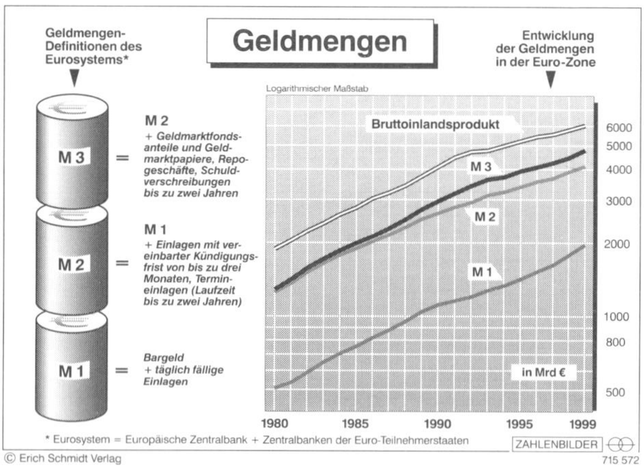

2 Ständige Fazilitäten

<table>
<tr><td>Begriff</td><td colspan="3">Bei den Geschäftsbanken kommt es aus verschiedenen Gründen zu Liquiditätsüberschüssen oder -engpässen. Um solche Situationen sowohl von der Anbieter- als auch von der Nachfragerseite her zu überbrücken, bietet die EZB das Instrument der ständigen Fazilitäten an. Dabei wird über Nacht Liquidität bereitgestellt oder absorbiert.
Der Begriff Faziliät stammt ursprünglich aus der Bankenwelt. Er bezeichnet die Gesamtheit der Kreditmöglichkeiten, die einem Kunden zur Deckung eines Kreditbedarfs zur Verfügung stehen. Dabei ist es unerheblich, ob er die bereitgestellten Mittel in Anspruch nimmt oder nicht.</td></tr>
<tr><td rowspan="2">Arten</td><td>Spitzenrefinanzierungsfazilität</td><td colspan="2">Den zugelassenen Kreditinstituten (Geschäftspartnern) wird die Möglichkeit gegeben bei der Zentralbank Gelder über Nacht gegen Verpfändung von Sicherheiten in Anspruch zu nehmen.
Der von der EZB festgelegte Zinssatz für die Inanspruchnahme dieser Mittel bildet im Allgemeinen die Obergrenze des Tagesgeldsatzes.
Dieses Instrument ersetzt die frühere Lombardpolitik der Deutschen Bundesbank.</td></tr>
<tr><td>Einlagefazilität</td><td colspan="2">Die Geschäftsbanken können überschüssige Liquidität bei der Zentralbank über Nacht deponieren. Diese Mittel werden dezentral von den nationalen Zentralbanken verwaltet.
Der von der EZB festgelegte Zinssatz für die Einlagefazilität bildet im Allgemeinen die Untergrenze des Tagesgeldsatzes.</td></tr>
<tr><td rowspan="5">Wirkung</td><td colspan="3">Die ständigen Fazilitäten haben eine Signalwirkung in Bezug auf die Ober- und Untergrenze der Zinssätze für Tagesgelder und somit auch auf den allgemeinen Trend der Geldpolitik. Außerdem sollen sie den Geschäftsbanken Liquidität über Nacht aus den überschüssigen Mitteln anderer Geschäftbanken zur Verfügung stellen. Dieses Instrument hat damit auch eine Liquiditätausgleichsfunktion.</td></tr>
<tr><td></td><td>Restriktive Maßnahmen</td><td>Expansive Maßnahmen</td></tr>
<tr><td>Aktionen der EZB</td><td>Anhebung des Spitzenrefinanzierungssatzes bzw. Senkung des Zinssatzes für die Einlagen</td><td>Senkung des Spitzenrefinanzierungssatzes bzw. Erhöhung des Zinssatzes für die Einlagen</td></tr>
<tr><td>Wirkung auf die Kreditinstitute</td><td>Verteuerung der Refinanzierung bzw. Verschlechterung der Guthabenzinssituation</td><td>Verbilligung der Refinanzierung bzw. Verbesserung der Guthabenzinssituation</td></tr>
<tr><td>Wirkung auf die Gesamtwirtschaft</td><td>Dämpfung der gesamtwirtschaftlichen Nachfrage</td><td>Belebung der gesamtwirtschaftlichen Nachfrage</td></tr>
</table>

15 2 Offenmarktpolitik

1 Überblick

Begriff	***Zu den Maßnahmen der Offenmarktpolitik („open market operations“) gehören der An- und Verkauf von festverzinslichen Wertpapieren auf eigene Rechnung am offenen Markt.*** Als offener Markt ist der Geld- bzw. Kapitalmarkt zu verstehen. ▷ Durch Verkauf von festverzinslichen Wertpapieren oder Devisen entzieht die Zentralbank der Wirtschaft Geld (Geldvernichtung). ▷ Durch Kauf von festverzinslichen Wertpapieren oder Devisen erweitert sie die Geldmenge (Geldschöpfung).		
Arten	Die Offenmarktpolitik zählt zum wichtigsten Instrument der Geldpolitik und kann mit folgenden Teilinstrumenten auf den Geldmarkt einwirken: ▷ befristete Transaktionen in Form von Hauptrefinanzierungsgeschäften und langfristigen Refinanzierungsgeschäften; ▷ definitive Käufe und Verkäufe von Geldmarktpapieren und Aktien am offenen Markt; ▷ Emission von Zentralbankschuldverschreibungen; ▷ Devisenswapgeschäfte; ▷ Hereinnahme von Terminanlagen.		
Abwicklung	**Tenderverfahren** sind Ausschreibungsverfahren, bei denen die EZB den Kauf bzw. Verkauf von Wertpapieren ankündigt und die Banken daraufhin ihre Gebote zwecks Refinanzierung bzw. Geldanlage abgeben können. Hierzu zählen der Standardtender und der Schnelltender. **Bilaterale Geschäfte** werden zwischen der EZB und anderen Banken oder Geschäftspartnern abgewickelt (bilateral = zweiseitig). Geschäftspartner der EZB können sowohl Banken als auch Regierungen sein.		
Wirkung		**Restriktive Maßnahmen**	**Expansive Maßnahmen**
	Aktionen der EZB	Verkäufe von Wertpapieren bzw. Verringerung des Ankaufvolumens	Käufe von Wertpapieren bzw. Erhöhung des Ankaufvolumens
	Wirkung auf die Kreditinstitute	Verringerung der Liquidität der Geschäftsbanken sowie Erhöhung des Marktzinses	Erhöhung der Liquidität der Geschäftsbanken sowie Senkung des Marktzinses
	Wirkung auf die Gesamtwirtschaft	Verringerung der Gesamtnachfrage und eine damit verbundene Dämpfung des Preisanstiegs	Erhöhung der Gesamtnachfrage und eine damit verbundene Erhöhung der Produktion und Beschäftigung

2 Befristete Transaktionen

Begriff	***Zu den befristeten Transaktionen gehören Geschäfte der EZB mit den Geschäftsbanken, bei denen sie den Kreditinstituten Geld durch den Kauf von refinanzierungsfähigen Sicherheiten zur Verfügung stellt. Die Befristung derartiger Geschäfte erfolgt durch eine Rückkaufvereinbarung, z. B. über 14 Tage oder 3 Monate.*** Je nach Rhythmus dieser Geschäfte unterscheidet man Hauptrefinanzierungsgeschäfte und langfristige Refinanzierungsgeschäfte. In der Regel handelt es sich bei den Sicherheiten um Wertpapiere. Man spricht deshalb auch von Wertpapierpensionsgeschäften. Über diese Transaktionen wird weit mehr als die Hälfte der Zentralbankgeldmenge der Wirtschaft zur Verfügung gestellt. Die EZB wickelt diese Geschäfte nicht selbst ab, sondern lässt sie von den nationalen Zentralbanken (NZB), also in Deutschland der Deutschen Bundesbank durchführen.
Hauptrefinanzierungsgeschäfte	Ein wesentliches Instrument im Rahmen der Offenmarktpolitik stellen die Hauptrefinanzierungsgeschäfte dar. Im Rahmen dieser Geschäfte stellt die EZB den Geschäftsbanken Liquidität zur Verfügung. Jede Woche startet ein solches Geschäft mit einer Laufzeit von 14 Tagen. Je nach angewendetem Tenderverfahren (s. S. 216 f.) geben die Banken ihre Gebote mit oder ohne Zinsangabe ab. Die EZB reguliert mit diesen Geschäften unmittelbar die Geldmenge, indem sie das Volumen der Geschäfte variiert. *Beispiel: Am 3. März startet die EZB ein Geschäft mit einem Volumen von 62 Mrd. €, das am 17. März ausläuft. An diesem Tage wird ein neues Geschäft mit einem Volumen von 60 Mrd. € gestartet, das am 31. März ausläuft. Das bedeutet, das am 17. März die EZB die Geldmenge aus diesen Geschäften um 2 Mrd. € verringert hat.* Das Zinsniveau dieser Geschäfte wird je nach Tenderverfahren entweder von der EZB vorgegeben oder ergibt sich aus den Geboten der Banken.
langfristige Refinanzierungsgeschäfte	Diese Geschäfte starten i.d.R. monatlich mit einer Laufzeit von 3 Monaten. Auch hier wird den Geschäftsbanken Liquidität zugeführt, indem im Wege des Bietungsverfahrens den Banken Geld gegen Wertpapiere zur Verfügung gestellt wird. Ziel dieser Geschäfte ist es, den Banken längerfristige Refinanzierungsmittel zur Verfügung zu stellen. Da die EZB durch langfristige Geschäfte keine marktpolitischen Signale setzen will, führt sie diese Geschäfte üblicherweise in Form von Zinstendern durch, bei denen sie keinen Zinssatz vorgibt, sondern den Zinssatz akzeptiert, der sich aus den Geboten ergibt.

Tenderverfahren

Im Rahmen der Offenmarktgeschäft wendet die EZB im Wesentlichen das Tenderverfahren an. Dabei handelt es sich um Ausschreibungen, bei denen die Notenbank Zentralbankgeld gegen Gebot anbietet.
Tenderverfahren werden nach zwei Kriterien unterschieden:

- ▷ Nach Fristsetzung bei der Abgabe der Gebote unterscheidet man zwischen Standard- und Schnelltender.
- ▷ Nach den Vorgaben der EZB bei den Bietungsbedingungen unterscheidet man zwischen Mengen- und Zinstender.

Standardtender

Im Wesentlichen werden im Rahmen der Offenmarktoperationen der EZB die Standardtender verwendet. Zwischen der Ankündigung eines Geschäftes mit allen Bedingungen und der Bekanntgabe der Zuteilung an die Banken liegt hierbei eine Frist von 24 Stunden.

Schnelltender

Beim Schnelltender beträgt die Zeit zwischen Ankündigung des Geschäftes mit allen Bedingungen und Bekanntgabe der Zuteilungsergebnisse meist nur eine Stunde. Dieses Verfahren wird üblicherweise nur bei Geschäften eingesetzt, die kurzfristig von der EZB zur raschen Beeinflussung der Liquiditätssituation am Markt aufgelegt werden.

Mengentender

Beim Mengentender legt die Zentralbank den Zinssatz, das Gesamtvolumen und die Laufzeit des Pensionsgeschäftes fest. Die Kreditinstitute bieten daraufhin ihre Beträge an. Übersteigen die gebotenen Beträge der Kreditinstitute das angegebene Gesamtvolumen, erhält jedes Institut denselben Prozentsatz (Zuteilquote) des gebotenen Betrages.

Beispiel: Gesamtvolumen des Pensionsgeschäftes: 72 Mio. €, Zinssatz 5 %, Laufzeit 14 Tage

Banken	Bietungsbetrag	Zuteilquote	Zuteilung in Mio. €
Bank A	20 Mio. €	80 %	16 Mio. €
Bank B	40 Mio. €	80 %	32 Mio. €
Bank C	30 Mio. €	80 %	24 Mio. €
Gesamt	90 Mio €	80 %	72 Mio. €

Sind die Gebote der Banken höher als das ausgeschriebene Gesamtvolumen des Geschäftes, wird ein Prozentsatz für die Zuteilquote ermittelt (Repartierungssatz). Dieser wird für alle Gebote zugrunde gelegt. Dieser Satz ergibt sich wie folgt:

$$\textbf{Zuteilquote} = \frac{\text{Summe der Bietungsbeträge} \cdot 100}{\text{ausgeschriebenes Gesamtvolumen des Pensionsgeschäftes}}$$

Zinstender

Beim Zinstender gibt die Zentralbank neben dem Gesamtvolumen und der Laufzeit nur einen Mindestzinssatz an. Die Kreditinstitute geben nun ihre Beträge und den Zinssatz an, zu dem sie bereit sind, das Pensionsgeschäft durchzuführen. Die Banken können bei diesem Verfahren auch mehrere Gebote zu unterschiedlichen Zinssätzen abgeben. Die anschließende Zuteilung erfolgt dann nach dem amerikanischen oder dem holländischen Zuteilungsverfahren.

amerikanisches Zuteilverfahren

Bei dem amerikanischen Zuteilverfahren erfolgt die Zuteilung nur nach dem gebotenen Zinssatz, bis das Gesamtvolumen des Geschäftes erreicht ist. Bleibt ein Restbetrag, der unter den Banken zu verteilen ist, die einen gleichen Zinssatz geboten haben, so erhalten diese denselben Prozentsatz (Zuteilquote) ihres Bietungsbetrages.

Beispiel: Gesamtvolumen 70 Mio. €, Mindestzinssatz 3,1 %, Laufzeit 90 Tage

Bank	*Bietungssatz*	*Bietungsbetrag*	*Zuteilung*	*Zuteilquote*
A	*3,4 %*	*10 Mio. €*	*10 Mio. € zu 3,4 %*	*100 %*
B	*3,3 %*	*20 Mio. €*	*20 Mio. € zu 3,3 %*	*100 %*
C	*3,2 %*	*20 Mio. €*	*16 Mio. € zu 3,2 %*	*80 %*
D	*3,2 %*	*30 Mio. €*	*24 Mio. € zu 3,2 %*	*80 %*
E	*3,1 %*	*60 Mio. €*	–	–

holländisches Zuteilverfahren

Beim holländischen Zuteilverfahren wird von der EZB auf Basis der Bietungen ein Gleichgewichtszinssatz ermittelt. Das ist der Zinssatz, den die Bank geboten hat, die bei der Verteilung als letzte zum Zuge kommt. Alle Banken, die diesen oder einen höheren Zinssatz geboten haben, erhalten ihre nachgefragte Geldmenge.

Beispiel: Gesamtvolumen 70 Mio. €, Mindestzinssatz 3,1 %, Laufzeit 90 Tage

Banken	*Bietungssatz*	*Bietungsbetrag*	*Zuteilung zu 3,2 %*	*Zuteilungsquote*
A	*3,4 %*	*10 Mio. €*	*10 Mio. €*	*100 %*
B	*3,3 %*	*20 Mio. €*	*20 Mio. €*	*100 %*
C	*3,2 %*	*20 Mio. €*	*16 Mio. €*	*80 %*
D	*3,2 %*	*30 Mio. €*	24 Mio. €	*80 %*
E	*3,1 %*	*60 Mio. €*	–	

3 Sonstige Instrumente der Offenmarktpolitik

definitive Käufe/Verkäufe	Die EZB kauft oder verkauft in diesem Maßnahmebereich auf bilateralem Wege ohne Ankündigung festverzinsliche Wertpapiere. Dazu gehören u. a. öffentliche Anleihen und Schatzanweisungen (Anleihen von Bund, Ländern und Gemeinden) sowie Industrieobligationen (Schuldverschreibungen von Industrieunternehmen). Die geldmarktpolitische Wirkung wird durch folgende Maßnahmen erzielt: Durch den Verkauf von festverzinslichen Wertpapieren entzieht die EZB der Wirtschaft Geld. Durch den Kauf solcher Papiere erweitert die EZB die Geldmenge.
Emission von Schuldverschreibungen	Die EZB gibt Schuldverschreibungen heraus, die sie unter Nennwert abgibt und bei Fälligkeit zum angegebenen Nennwert wieder einlöst. Solche Emissionen dienen der Feinsteuerung und sollen einen kurzfristigen Liquiditätsbedarf bei den Geschäftsbanken herbeiführen. Diese Maßnahme wird u. a. von den jeweiligen nationalen Zentralbanken durchgeführt um die Liquidität der nationalen Finanzmärkte dem europäischen Gesamtmarkt anzupassen.
Devisenswapgeschäfte	Hierbei handelt es sich um den Kauf von Devisen durch die EZB von Geschäftsbanken per Kasse bei gleichzeitigem Verkauf per Termin an diese zur Erhöhung der Liquidität der Geschäftsbanken. Im umgekehrten Fall wird durch Verkauf von Devisen per Kasse an die Geschäftsbanken bei gleichzeitigem Kauf per Termin von diesen deren Liquidität gesenkt. Der Swapsatz ist die bei einem Devisentermingeschäft in Prozent ausgedrückte Differenz zwischen dem Devisenterminkurs und dem Devisenkassakurs. *Beispiel: Die EZB kauft am 1. 6. (Kassakurs: 1,10 €/1 US-$) von einer Geschäftsbank Devisen im Umfang von 1 Mio. US $. Gleichzeitig verpflichtet sich die EZB in einem Termingeschäft, zum 1. 9. diese Devisen zu einem Terminkurs von 1,15 €/1 US-$ wieder zu verkaufen. Der Swapsatz beträgt bei diesem Geschäft 4,45 %.*
Hereinnahme von Termineinlagen	Vergleichbar der Emission von Schuldverschreibungen bietet die EZB den Geschäftsbanken an, für einen bestimmten Zeitraum zu einem vorgegebenen Zinssatz bei ihr Geld festzulegen (Termineinlage). Die Geschäftsbank reduziert mit dieser Aktion ihre Liquidität. Die Geldmenge insgesamt verringert sich. Nach Ablauf des Termins und Auflösung der Termineinlage erhöht sich die Liquidität der Geschäftsbanken wieder. Auch dieses Instrument dient – ebenso wie die oben genannten Instrumente – nur der Feinsteuerung der Geldmenge und der Abstimmung von strukturellen Differenzen auf den nationalen Finanzmärkten.

4 Mindestreservepolitik

Begriff	***Die EZB kann innerhalb bestimmter Grenzen bestimmen, welcher Prozentsatz (Mindestreservesatz) der Einlagen der Kreditinstitute als Mindestreserve zu leisten ist.***
grafische Darstellung	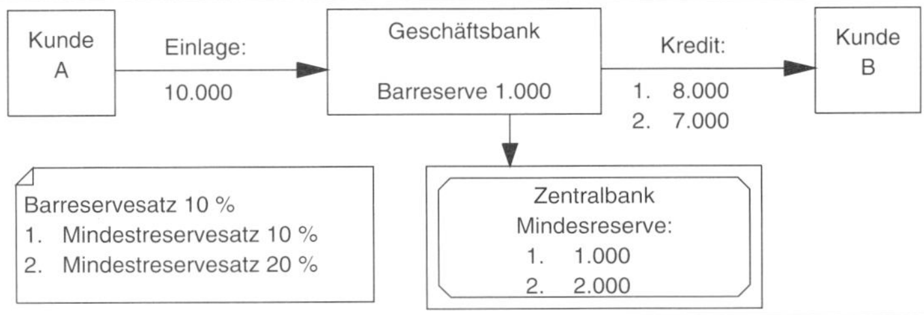
Mindestreserve	Als Mindestreserve bezeichnet man die Guthaben der Kreditinstitute, die diese auf Girokonten bei der EZB unterhalten müssen. Sie erhalten dafür eine Verzinsung in Höhe des Zinssatzes für 2-wöchige Tendergeschäfte. Die EZB legt fest, wie viel Prozent der Einlagen von Nichtbanken bei den Geschäftsbanken als Mindestreserven hinterlegt werden müssen. Ursprünglich sollten die Mindestreserven die Liquidität der Kreditinstitute sichern und damit die Kunden schützen. Heute dienen sie ausschließlich als geldpolitisches Steuerungsinstrument.
Mindestreservesatz	Durch Veränderung der Mindestreservesätze kann die EZB direkt auf die Liquidität der Banken Einfluss nehmen und damit auch auf deren Kreditschöpfungsspielraum. Reservesatzpflichtig sind (Mindestreservebasis) ▷ Sichteinlagen; ▷ Termineinlagen mit einer Laufzeit bis zu 2 Jahren; ▷ Schuldverschreibungen mit einer Laufzeit bis zu 2 Jahren; ▷ Geldmarktpapiere. Bei der Aufnahme ihrer Tätigkeit im Januar 1999 betrug der Mindestreservesatz hierfür 2 %, für Einlagen mit gesetzlicher Kündigungsfrist und Termineinlagen über 2 Jahren Laufzeit betrug er 0 %.

Wirkung

	Restriktive Maßnahmen	**Expansive Maßnahmen**
Aktionen der EZB	Erhöhung der Mindestreservesätze	Senkung der Mindestreservesätze
Wirkung auf Kreditinstitute	▷ Verringerung der Liquidität (Geldschöpfungsmöglichkeit sinkt) ▷ Zinsen steigen, da die Liquidität sinkt und Mindestreserve zinslos zu leisten ist	▷ Erhöhung der Liquidität (Geldschöpfungsmöglichkeit steigt) ▷ Zinsen sinken, da die Liquidität steigt
Wirkung auf die Gesamtwirtschaft	▷ Kreditnachfrage sinkt ▷ Geldmenge sinkt ▷ Druck auf die Preise	▷ Kreditnachfrage steigt ▷ Geldmenge steigt ▷ Nachfrage steigt

Diskontpolitik	Bis 1999 existierte in Deutschland als wichtigste Maßnahme im Rahmen der Refinanzierungspolitik der Deutschen Bundesbank die Diskontpolitik. Bei diesem Instrument konnten die Geschäftsbanken sich durch Diskontierung von Handelswechseln mit Geld versorgen. Der Umfang dieser Transaktionen wurde durch die Deutsche Bundesbank mithilfe des Zinssatzes (Diskontsatz), des Volumens (Diskontkontingent) und durch die qualitativen Anforderungen an die Handelswechsel beeinflusst. Zur Überleitung dieser alten geldpolitischen Maßnahme hat der deutsche Gesetzgeber ein Diskontüberleitungsgesetz (DÜG) verabschiedet, welches bis zum 31.12.2001 gültig ist. Danach tritt an die Stelle des bisherigen Diskontsatzes der so genannte **Basiszinssatz.** Dieser richtet sich nach dem Tender mit dreimonatiger Laufzeit. Zu diesem Basiszinssatz kann die Deutsche Bundesbank Handelswechsel der Kreditinstitute als Sicherheit in Zahlung nehmen. Der Basiszinssatz wird in viermonatigen Abständen überprüft und gegebenenfalls neu festgelegt, vorausgesetzt, dass die Abweichung zum Zinssatz für 3-monatige Tender mehr als 0,5 % beträgt.
Lombard-politik	Ein zweites Refinanzierungsinstrument der Geschäftsbanken war ebenfalls bis zum 1.1.1999 die Lombardpolitik. Dazu gehörten alle Maßnahmen, die die Aufnahme von Krediten bei der Bundesbank beeinflussten, deren Sicherheit durch die Hinterlegung von Faustpfändern (z. B. von Wertpapieren) gewährleistet war. Auch hier fand die Beeinflussung durch den Zinssatz der Kredite (Lombardsatz), die Festlegung des Volumens (Lombardkontingente) sowie die qualitativen Anforderungen an die Faustpfänder statt. Der bisherige Lombardsatz wird laut Lombardsatz -Überleitungsverordnung (Lombard V) ersetzt durch den Zinssatz für die Spitzenrefinanzierungsfazilität.
Devisenmarkt-politik	Die planmäßige Beeinflussung der Kurse am Devisenmarkt gehört zur Devisenmarktpolitik der EZB. Die EZB kauft oder verkauft ausländische Währungen um den Euro bzw. ausländische Währungen zu stützen. Innerhalb des Europäischen Währungssystems besteht für einen Teil der Währungen die Verpflichtung bei bestimmten Währungsschwankungen am Devisenmarkt zu intervenieren. Aber auch gegenüber Währungen, bei denen flexible Wechselkurse existieren, kann die EZB aus geldpolitischen oder konjunkturpolitischen Gründen eingreifen. Kauft die EZB große Mengen einer ausländischen Währung, so führt dies aufgrund der vermehrten Nachfrage zu einem Anstieg des Wechselkurses.

6 Beurteilung der Geldpolitik

Wirksamkeit	▷ Aufgrund ihrer umfangreichen Erhebungen bei allen Kreditinstituten sind EZB und Bundesbank in der Lage die Situation relativ schnell zu erkennen und geeignete Maßnahmen zu ergreifen. ▷ In den Sitzungen des EZB-Rates sind keine tagespolitischen Einflüsse maßgebend, z. B. aktuelles Ansehen im Ausland. ▷ Im Allgemeinen greifen restriktive Maßnahmen besser als expansive Maßnahmen, da die Kreditinstitute eine Verschlechterung ihrer Kreditsituation sofort an ihre Kunden weitergeben, eine Verbesserung jedoch nicht oder nicht in so kurzer Zeit.
Wirkungs- hemmnisse	▷ Wenn die Kreditinstitute die veränderten Zinssätze nicht oder nur sehr zögernd an ihre Kunden weitergeben, können die Maßnahmen wirkungslos bleiben oder nur sehr langsam greifen. ▷ Restriktive Maßnahmen können ihre Wirkung verlieren, wenn die Geschäftsbanken in ausreichendem Maße liquide Mittel besitzen. ▷ Die private Kreditnachfrage hängt im starkem Maße auch von der Einstellung der Wirtschaftssubjekte ab. *Beispiel: Trotz niedrigerer Zinsen steigt die Kreditnachfrage nicht an, da die Unternehmer pessimistisch bezüglich der zukünftigen Absatzlage sind.* ▷ Die Wirkung der geldpolitischen Instrumente kann allenfalls die kreditfinanzierte Nachfrage beeinflussen. 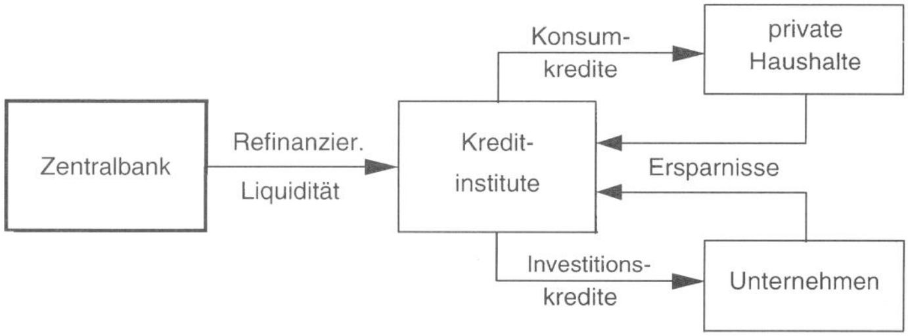
Konflikte	▷ Die EZB ist zur Zusammenarbeit mit den nationalen Regierungen und der EU-Kommission verpflichtet. Dennoch kommt es gelegentlich zu Konflikten. *Beispiel: Die EZB verfolgt zur Verhinderung eines Preisniveauanstieges eine restriktive Geldpolitik. Die Bundesregierung will aber aufgrund eines zu niedrigen Beschäftigungsstandes die private Nachfrage erhöhen.* ▷ Die hauptsächlich binnenwirtschaftlich orientierte Geldpolitik steht gelegentlich im Gegensatz zu außenwirtschaftlichen Zielen. – *Beispiel 1: Ist die Inflation in den USA höher als im Euroland, kann dies zu einem Exportanstieg bei gleichzeitigem Importrückgang führen. Die inländische Geldmenge erhöht sich bei einem gesunkenen Handelsvolumen. Die Folge ist ein Preisniveauanstieg.* – *Beispiel 2: Ausländische Geldanleger werden durch hohe Leitzinsen veranlasst ihr Geld im Euroland anzulegen. Dies führt zur Erhöhung der Geldmenge im Euroland und u. U. zur Inflation.*

15 Aufgaben zum Kapitel 15

Träger und Ziele der Geldpolitik → *S. 211*	1. Was versteht man unter Geldpolitik und welche Maßnahmen gehören dazu? 2. Wer ist für die Geldpolitik in der Bundesrepublik Deutschland verantwortlich? 3. Was bedeuten die beiden Kürzel ESZB und EZB? 4. Welche Aufgaben erfüllt die EZB mithilfe der geldpolitischen Instrumente? 5. Was versteht man unter einem Geldmengenziel und welche Bedeutung hat es? 6. Geldmengenziele können in Bandbreiten oder als Punktziel dargestellt werden. Worin unterscheiden sich diese beiden Angaben?
Ständige Fazilitäten → *S. 213*	7. Was ist – ganz allgemein in der Bankensprache – unter dem Begriff „Fazilität" zu verstehen? 8. Das Instrument der „Ständigen Fazilitäten" der EZB bezieht sich auf die Steuerung kurzfristiger Liquidität der Geschäftsbanken. An welcher Frist wird dies deutlich? 9. Die ständigen Fazilitäten haben eine Signalwirkung in Bezug auf die Ober- und Untergrenze der Zinssätze für Tagesgelder. Begründen Sie diese Aussage. 10. Grenzen Sie die Instrumente „Spitzenrefinanzierungsfazilität" und „Einlagefazilität" voneinander ab. 11. Wie würde restriktive Maßnahmen im Rahmen der Einlagenfazilität von der EZB durchgeführt? 12. Erläutern Sie, wie sich eine Senkung des Spitzenrefinanzierungszinssatzes auf die Kreditinstitute und die Gesamtwirtschaft auswirkt.
Offenmarktpolitik → *S. 214*	13. Was ist im Rahmen der Offenmarktpolitik mit einem „offenen Markt" gemeint? 14. Legen Sie grundsätzlich dar, wie das Instrument der Offenmarktpolitik funktioniert. 15. Nennen Sie einige Teilinstrumente, mit denen die EZB im Rahmen der Offenmarktpolitik operieren kann. 16. Wie wickelt die EZB grundsätzlich ihre Geschäfte im Rahmen der Offenmarktpolitik ab? 17. Erläutern Sie den Begriff der „befristeten Transaktionen" im Rahmen der Offenmarktpolitik. Welche Fristen werden grundsätzlich unterschieden? 18. Wodurch unterscheiden sich grundsätzlich die Hauptrefinanzierungsgeschäfte und die langfristigen Refinanzierungsgeschäfte? 19. Erläutern Sie an einem Beispiel, wie die EZB durch das Instrument der Hauptrefinanzierungsgeschäfte die Geldmenge steuern kann. 20. Mit welchem Tenderverfahren werden üblicherweise die langfristigen Refinanzierungsgeschäfte von der EZB durchgeführt? Begründen Sie diese Vorgehensweise.

Offenmarkt-politik → *S. 217*	21. Erläutern Sie allgemein, was im Zusammenhang mit der Offenmarktpolitik unter einem Tenderverfahren zu verstehen ist? 22. Welche Fristen spielen beim Standardtender und beim Schnelltender eine wesentliche Rolle? 23. Erläutern Sie die Vorgehensweise bei einem Mengentender. Was ist in diesem Zusammenhang unter „Repartierung" zu verstehen? 24. Angenommen die EZB startet ein neues Wertpapierpensionsgeschäft mit einem Volumen von 90 Mio. € zu einem Zinssatz von 3,3 % bei einer Laufzeit von 14 Tagen. Nehmen Sie die Verteilung vor, wenn Bank A 30 Mio. €, Bank B 35 Mio. €, Bank C 45 Mio. € und Bank D 10 Mio. € bietet. Wie lautet der Repartierungssatz? 25. Erläutern Sie grundsätzlich das Zinstenderverfahren bei der Verteilung von Wertpapierpensiongeschäften. 26. Die EZB startet ein langfristiges Wertpapierpensionsgeschäft mit folgenden Konditionen: Volumen 150 Mio. €, Mindestzinssatz 4 %, Laufzeit 90 Tage. Welche Banken erhalten zu welchen Konditionen welche Beträge, wenn folgende Bietungen vorliegen: Bank A 15 Mio. € zu 4,15 %, Bank B 30 Mio. € zu 4,10 %, Bank C 35 Mio. € zu 4,05 %, Bank D 40 Mio. € zu 4,05 % und Bank E 50 Mio. € zu 4,0 %. Ermitteln Sie die Zuteilung sowohl nach dem amerikanischen als auch nach dem holländischen Zuteilverfahren. 27. Was versteht man im Rahmen der Offenmarktpolitik unter den Begriffen „definitive Käufe" und „definitive Verkäufe". Welche geldpolitischen Wirkungen können mit diesem Instrument erreicht werden? 28. Vergleichen Sie die Emission von Schuldverschreibungen und die Hereinnahme von Terminanlagen als geldpolitische Instrumente im Rahmen der Offenmarktpolitik.
Mindestre-servepolitik → *S. 219*	29. Erklären Sie den Begriff der „Mindestreserve". 30. Wie wirken sich Veränderungen der Mindestreserve auf die Geldmenge aus? 31. Erläutern Sie den Zusammenhang zwischen einer Erhöhung der Mindestreservesätze und einer Zinserhöhung.
Sonstige geldpoliti-sche Instru-mente → *S. 220*	32. Bis zum 1.1.1999 hatten in Deutschland die geldpolitischen Instrumente Diskontpolitik und Lombardpolitik eine große Bedeutung. Erklären Sie diese Instrumente in ihrer Wirkungsweise. 33. Was verstehen man unter Devisenmarktpolitik? Beschreiben Sie, aus welchen Gründen und mit welchen Mitteln die EZB auf dem Devisenmarkt eingreifen könnte.
Beurteilung der Geldpoli-tik → *S. 221*	34. Nennen Sie Stärken und Schwächen der Geldpolitik. 35. Erläutern Sie mögliche Konflikte in der Zusammenarbeit zwischen der EZB und den nationalen Regierungen.

KAPITEL 16

1 Begriff, Träger und Ziele der Fiskalpolitik

Begriff	***Die Fiskalpolitik ist der Bereich der Wirtschaftspolitik, der durch die Variation (Anpassung) der Staatseinnahmen (Einnahmenpolitik) und Staatsausgaben (Ausgabenpolitik) versucht, den Konjunkturverlauf zur Erreichung gesamtwirtschaftlicher Ziele zu beeinflussen.***
Träger	▷ Träger der Fiskalpolitik ist der Bund. Bundestag und Bundesregierung sind die wesentlichen Institutionen fiskalpolitischer Entscheidungen. ▷ Da die gesamtwirtschaftlichen Ziele nur dann realisiert werden können, wenn auch Länder und Gemeinden die allgemeine Wirtschaftspolitik des Bundes tragen, können diese über den Bundesrat zu einem entsprechenden wirtschaftspolitischen Verhalten veranlasst werden (Art. 109 (3) GG).
Ziele	Ziel der Fiskalpolitik ist das im Stabilitätsgesetz genannte gesamtwirtschaftliche Gleichgewicht bzw. die dort genannten Teilziele des magischen Vierecks. Das Stabilitätsgesetz enthält ebenfalls einen fiskalpolitischen Maßnahmenkatalog zur Erreichung dieser Ziele. Die Fiskalpolitik erfolgt durch antizyklische Beeinflussung der Gesamtnachfrage nach dem Prinzip der Globalsteuerung.
Globalsteuerung	Das Prinzip der Globalsteuerung sieht die Beeinflussung so genannter makroökonomischer Aggregatgrößen vor. Damit sind gesamtwirtschaftlicher Größen gemeint, die aufgrund eines bestimmten Merkmals zusammengefasst werden. *Beispiele: Investitionen, Konsum, Spartätigkeit, Geldmenge*
Antizyklische Fiskalpolitik	Durch die antizyklische Steuerung der Wirtschaft sollen die volkswirtschaftlichen Schwankungen mit geeigneten Maßnahmen gedämpft bzw ausgeschaltet werden. Wie im Stabilitätsgesetz vorgesehen, erfolgt die antizyklische Steuerung deshalb über die Gesamtnachfrage: ▷ Im Boom wird eine Senkung der Gesamtnachfrage angestrebt. ▷ In der Rezession wird eine Erhöhung der Gesamtnachfrage angestrebt. *Beispiel: Im Boom werden die Staatseinnahmen erhöht und die Staatsausgaben verringert, in der Rezession werden die Staatseinnahmen entsprechend verringert und die Staatsausgaben erhöht.*
Theoretische Grundlagen	Die theoretische Grundlage einer fiskalpolitischen Steuerung des Wirtschaftsverlaufs wurde durch *John Maynard Keynes* geschaffen. In seinem Buch der *„Allgemeinen Theorie der Beschäftigung, des Zinses und des Geldes“* weist er nach, dass es in marktwirtschaftlichen Systemen zu Ungleichgewichten auf den Faktormärkten, z. B. dem Arbeitsmarkt kommt, da bestimmte Preismechanismen wie z. B. der Arbeitslohn oder der Zins nach unten nicht flexibel genug sind. *Beispiel: Die Löhne und Gehälter können aufgrund von Tarifverträgen nicht sinken, obwohl das Angebot an Arbeitskräften größer ist als die Nachfrage.*

Begriff

Zur Beeinflussung der volkswirtschaftlichen Nachfrage variiert der Staat seine Einnahmen.

Zu den Einnahmen des Staates zählen Steuern, Gebühren und Beiträge sowie staatliche Erwerbseinkünfte. Insbesondere die steuerpolitischen Maßnahmen dienen der Steuerung des Konjunkturverlaufs. Daneben spielt auch die staatliche Schuldenpolitik eine besondere Rolle in der Einnahmenpolitik.

Staatseinnahmen

▷ **Steuern** sind Geldleistungen, die natürliche und juristische Personen an die öffentliche Hand leisten müssen ohne Anspruch auf eine direkte Gegenleistung zu besitzen. Zu den wichtigsten Steuern gehören nach dem Gegenstand der Besteuerung:
- Steuern vom Einkommen wie Lohn- und Einkommensteuer, Körperschaftsteuer, Kapitalertragsteuer;
- Steuern vom Vermögen wie Vermögensteuer, Grundsteuer, Erbschaftsteuer;
- Verkehrsteuern wie Umsatzsteuer, Kraftfahrzeugsteuer, Versicherungssteuer;
- Verbrauchsteuern wie Mineralölsteuer, Tabaksteuer, Teesteuer.

▷ **Zölle** werden vom Staat auf Waren erhoben, die importiert oder exportiert werden. Dazu gehören Finanzzölle und Schutzzölle.

▷ **Beiträge** sind Abgaben an die öffentliche Hand, denen eine Gegenleistung durch das Gemeinwesen gegenübersteht. Hierzu sind insbesondere die Abgaben an die Renten-, Kranken- und Arbeitslosenversicherung zu zählen.

▷ **Gebühren** entrichtet der Einzelne für die Inanspruchnahme von staatlichen Leistungen. Zu den Gebühren gehören z. B. Gebühren für die Müllabfuhr oder die Ausstellung eines Personalausweises usw.

▷ **Staatliche Erwerbseinkünfte:** Der Staat bezieht Einnahmen aus Unternehmertätigkeit und Vermögen, z. B. als Eigentümer oder Teilhaber an Unternehmen (Volkswagen AG) oder aus Vermietung und Verpachtung von staatlichen Grundstücken und Gebäuden.

grafische Darstellung

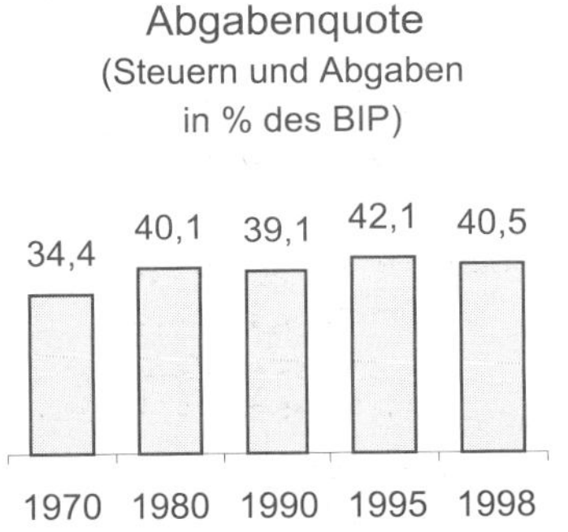

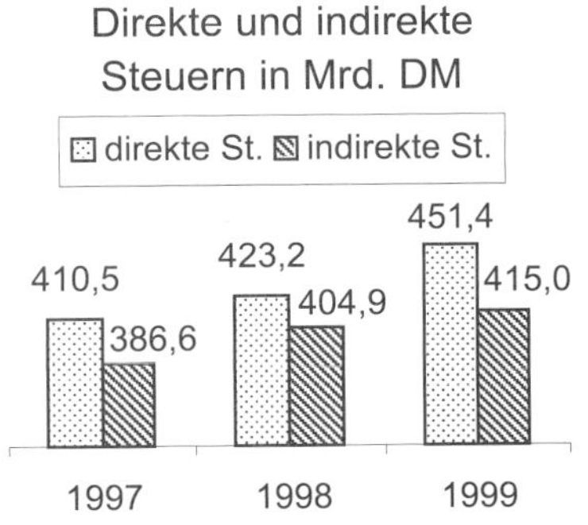

▶

Wirkung der Einnahmenpolitik	▷ Im Boom werden die Abgaben der privaten Haushalte erhöht um deren Kaufkraft zu senken. Das hat eine Verringerung der Nachfrage nach Konsumgütern zur Folge. *Beispiel: Eine Erhöhung der Einkommensteuer führt zu einer Senkung des verfügbaren Einkommens der privaten Haushalte.* Eine Erhöhung der Abgaben der Unternehmen verschlechtert deren Kostensituation, führt zur Senkung der Rentabilität von Neuinvestitionen, was eine Senkung der Nachfrage nach Investitionsgütern zur Folge hat. *Beispiel: Die Verringerung der Abschreibungsmöglichkeiten erhöht die gewinnabhängigen Steuern der Unternehmen.* ▷ In der Rezession soll eine Erhöhung der Gesamtnachfrage durch gegensätzliche Aktionen erreicht werden.	
Beispiel	Konjunkturlage:	Rezession
	Ziel:	Erhöhung der Gesamtnachfrage durch Anregung der Neuinvestitionen um den Beschäftigungsstand zu halten.
	Maßnahme:	Gewährung eines Investitionsbonus von 7,5 % der Anschaffungs- oder Herstellungskosten, die von der Steuerschuld abgesetzt werden können.
	Erhoffter Wirkungsmechanismus:	Die Einnahmen des Staates sinken, da das Steueraufkommen sinkt. ↓ Die Rentabilität von Investitionen steigt. ↓ Die Gesamtnachfrage steigt, da zunächst die Nachfrage nach Investitionsgütern steigt, später aufgrund steigender Einkommen die Konsumnachfrage. ↓ Die Beschäftigung nimmt zu, da die Produktion der Investitionsgüterindustrie, später die Produktion der Konsumgüterindustrie, steigt.
Abgabenquote	Die Abgabenquote drückt den Anteil der gesamten Abgaben am Bruttoinlandsprodukt aus: $\textbf{Abgabenquote} = \frac{\textbf{Steueraufkommen + Beiträge zur Sozialversicherung} \cdot 100}{\textbf{Bruttoinlandsprodukt}}$	
Steuerquote	Die Steuerquote nennt den Anteil der Steuern am Bruttoinlandsprodukt: $\textbf{Steuerquote} = \frac{\textbf{Steueraufkommen} \cdot 100}{\textbf{Bruttoinlandsprodukt}}$	

Begriff	***Der Staat variiert seine Ausgaben für Sach- und Personalaufwendungen sowie Transferzahlungen einschließlich der Subventionen im Sinne einer antizyklischen Steuerung der Wirtschaft.***	
Staats-ausgaben	▷ Öffentliche Ausgaben für Güter und Dienste, dazu gehören Sachausgaben, z. B. im Bereich Verkehr, Energie und Gesundheit; Ausgaben zur Erzeugung immateriellen Kapitals, z. B. für Erziehung und Forschung; Ausgaben für institutionelle Infrastruktur, z. B. für Verwaltung, Recht und Sicherheit; Militärausgaben; Ausgaben für den öffentlichen Verbrauch; ▷ Transferausgaben, dazu gehören Sozialtransfers wie Sozialhilfe, Wohngeld und Kindergeld sowie Subventionen; ▷ Zinszahlungen für staatliche Kreditaufnahmen; ▷ Finanzinvestitionen.	
grafische Darstellung	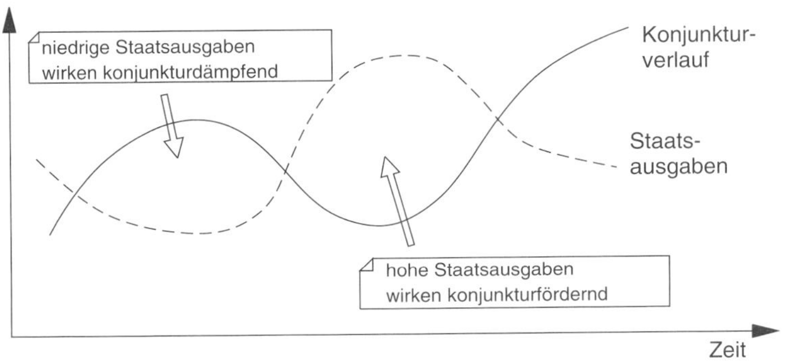	
Vorgehens-weise	Im Boom werden die Staatsausgaben gesenkt um die volkswirtschaftliche Nachfrage zu dämpfen. Dies führt durch gleichzeitige Erhöhung der Staatseinnahmen zu frei werdenden Haushaltsmitteln. *Beispiele für die Senkung der Staatsausgaben:* ▷ *Kürzung von öffentlichen Investitionen* ▷ *Streckung von öffentlichen Baumaßnahmen* Die frei werdenden Mittel (Haushaltsüberschuss) sollen ▷ zur Bildung einer Konjunkturausgleichsrücklage oder ▷ zur zusätzlichen Schuldentilgung verwendet werden	In der Rezession werden die Staatsausgaben erhöht um die volkswirtschaftliche Nachfrage anzukurbeln. Dies führt bei gleichzeitiger Senkung der Staatseinnahmen zu einem Haushaltsdefizit. *Beispiele für die Erhöhung der Staatsausgaben:* ▷ *Erhöhung öffentlicher Investitionen* ▷ *Beschleunigung öffentlicher Baumaßnahmen* Das auftretende Haushaltsdefizit soll finanziert werden ▷ durch Auflösung der Konjunkturausgleichsrücklage bzw. ▷ durch Kreditaufnahme (Deficit Spending).

▶

deficit spending	Als deficit spending bezeichnet man die kreditfinanzierte Erhöhung der Staatsausgaben um die Konjunktur zu beleben. Dem liegt die Annahme zugrunde, dass die kreditfinanzierte Erhöhung der Staatsaugaben im vollem Umfang die Gesamtnachfrage erhöht.	
Wirkung der Ausgabenpolitik	Die binnenwirtschaftliche Gesamtnachfrage setzt sich zusammen aus der Staatsnachfrage, dem privaten Konsum und der Nachfrage nach Investitionsgütern. Eine Variation der Staatsnachfrage hat also einen direkten Einfluss auf die Gesamtnachfrage. ▷ Im Boom soll eine sinkende Staatsnachfrage die Gesamtnachfrage abschwächen um die Preisniveaustabilität wiederherzustellen. ▷ In der Rezession kurbelt der Staat die Gesamtnachfrage an um eine Zunahme der Beschäftigung zu erreichen.	
Beispiel	Konjunkturlage:	Boom
	Ziel:	Senkung der Gesamtnachfrage durch verminderte Staatsausgaben um die Preisniveaustabilität wieder herzustellen.
	Maßnahme:	Streckung von Baumaßnahmen des Staates
	Erhoffter Wirkungsmechanismus:	Die Ausgaben des Staates sinken, da Baumaßnahmen stillgelegt werden. ↓ Die Aufträge der Investitionsgüterindustrie sinken aufgrund der verringerten Staatsnachfrage. ↓ Die Gesamtnachfrage sinkt zunächst auf dem Investitionsgütermarkt, später aufgrund verringerter Einkommen auch auf dem Konsumgütermarkt. ↓ Der Preisanstieg wird gestoppt, da die Gesamtnachfrage nachlässt.
Staatsquote	Die Staatsquote drückt das Verhältnis der öffentlichen Ausgaben einschließlich Sozialleistungen zum Bruttosozialprodukt aus. Sie gibt an, in welchem Umfang der Staat an der Verwendung des BIP beteiligt war. $\text{Staatsquote} = \frac{\text{Staatsausgaben (inkl. Sozialleistungen und Subventionen)} \cdot 100}{\text{Bruttoinlandsprodukt}}$	

Begriff	***Als flankierende Maßnahmen bezeichnet man Instrumente, die ein anderes Instrument in seiner Wirkung unterstützen bzw. dessen Wirkung sicherstellen. So können wirtschaftspolitische Maßnahmen aus den Bereichen der Wettbewerbs-, Struktur-, Umwelt- und Verteilungspolitik als flankierende Maßnahmen in Bezug auf die Konjunkturpolitik (Fiskal- und Geldpolitik) angesehen werden.***
grafische Darstellung	
Wettbewerbspolitik	Die Wettbewerbspolitik umfasst alle Maßnahmen zur Aufrechterhaltung eines funktionsfähigen Wettbewerbs. Sie ist wesentlicher Bestandteil der so genannten Ordnungspolitik, d. h. Teil der rechtlich-organisatorischen Maßnahmen zur Aufrechterhaltung der Wirtschaftsverfassung. *Beispiele: Kartellverbote, Missbrauchsaufsicht marktbeherrschender Unternehmen und Fusionskontrolle*
Strukturpolitik	Maßnahmen, die die branchenorientierte und regionale Zusammensetzung der Wirtschaft und deren Veränderung betreffen, gehören zur Strukturpolitik. *Beispiele: Rationalisierungshilfen durch Steuervergünstigungen oder Subventionen und Verbesserung der Infrastruktur in wirtschaftsschwachen Gebieten*
Umweltpolitik	Die Umweltpolitik hat das Ziel eine lebenswerte Umwelt durch die Verbesserung der Umweltqualität zu sichern. Dies soll durch die Verringerung der Umweltbelastung und die Schonung der natürlichen Ressourcen erfolgen. *Beispiele: Umweltauflagen (Emissionsauflagen), Umweltabgaben (Emissionsabgaben, Abwasserabgabe, Schadstoffabgabe), finanzielle Unterstützung von Umweltschutzmaßnahmen und Förderung des Umweltbewusstseins*
Verteilungspolitik	Um eine angemessene Verteilung von Einkommen und Vermögen zu ermöglichen führt der Staat z. B. eine Umverteilung der Primäreinkommen durch. Er leistet Transferzahlungen, die durch Steuern finanziert werden. *Beispiele: Sozialhilfe, Wohngeld, Kindergeld*

1 Probleme der Fiskalpolitik

Problem der Maßnahmen-kombination	In einer konkreten wirtschaftlichen Situation steht der Staat vor dem Problem, welche Maßnahmen der Einnahmenpolitik oder der Ausgabenpolitik im Einzelnen ergriffen werden sollen. *Beispiel: Soll der Staat zur Dämpfung der Konjunktur die Steuern anheben? Wenn ja, welche Steuern soll er anheben, Einkommenssteuern oder Körperschaftssteuern?* Je nachdem, welche Maßnahmen ergriffen werden, sind unterschiedliche gesellschaftliche Gruppen davon betroffen. Dies kann u. U. zu politischen Auseinandersetzungen führen.
Problem der Maßnahmen-dosierung	Ein weiteres Problem ergibt sich aus der Frage, in welchem Umfang eine Maßnahme zur Beeinflussung des Konjunkturverlaufs durchgeführt werden soll. *Beispiel: Soll die Einkommenssteuer um 4 % oder um 6 % gesenkt werden?* Bei einer Fehleinschätzung kann es zur Über- oder Untersteuerung kommen. Es besteht die Gefahr, dass die Maßnahme eine entgegengesetzte Wirkung erzielt oder dass sich die Nachfrage überhaupt nicht verändert.
Problem des zeitlichen Einsatzes bzw. der zeitlichen Verzögerung (time lags)	Zwischen dem Zeitpunkt, in dem ein konkreter konjunktureller Zustand existiert und dem Zeitpunkt, in dem fiskalpolitische Maßnahmen greifen, liegt zum Teil eine erhebliche Zeitspanne, sodass es sogar aufgrund des zwischenzeitlichen Konjunkturverlaufs zu einer prozyklischen Wirkung kommen kann. Folgende zeitliche Verzögerungen *(time lags)* sind dabei zu unterscheiden: ▷ Diagnoseverzögerung *(diagnostic lag)* Zeitraum zwischen der konjunkturellen Situation bis zur Erkenntnis der Notwendigkeit des fiskalpolitischen Eingriffs ▷ Entscheidungsverzögerung *(decision lag)* Zeitverzögerung bei der Auswahl und Festlegung geeigneter Maßnahmen z. B. durch die parlamentarische Entscheidungsfindung ▷ Durchführungsverzögerung *(instrumental lag)* Zeitraum zwischen der Beschlussfassung und der Umsetzung der Maßnahmen durch die Bürokratie Zusammengefasst bezeichnet man diese Zeitverzögerungen auch als *administrative lag.* Hinzu kommt, dass auch noch eine bestimmte Zeit vergeht, bis die Maßnahmen auf dem Markt wirksam werden. Diese zeitlichen Verzögerungen haben nicht selten eine Dauer von bis zu zwei Jahren. Konsequenz aus dieser Problematik ist die Forderung nach einer Abkehr von der *„Stop-and-go-Politik“* (diskretionäre Wirtschaftspolitik) hin zu einer regelgebundenen Wirtschaftspolitik *(„built-in-flexibility“)*, d. h. nach automatischer Ergreifung von Maßnahmen je nach Konjunkturlage.

▶

Problem der Koordination	Es hat sich in der Vergangenheit gezeigt, dass die Bundesregierung aufgrund des föderativen Charakters der Bundesrepublik Deutschland Probleme hat, Länder und Gemeinden zu einer antizyklischen Ausgabenpolitik zu veranlassen. Diese handeln im eigenen Interesse oft prozyklisch. *Beispiel: In einem Landkreis wird die Errichtung eines Schulzentrums geplant. Die gegenwärtige Konjunkturlage (Aufschwung) würde eine zurückhaltende Ausgabenpolitik erforderlich machen. Der Bau des Schulzentrums wirkt dagegen in der aktuellen Lage und zukünftig (beginnender Boom) prozyklisch.*
Probleme durch politische Einflüsse	Die Rücksicht auf Wählerinteressen führt häufig dazu, dass notwendige Maßnahmen nicht ergriffen werden wie z. B. Steuererhöhungen kurz vor Wahlen oder die Senkung von Staatsausgaben. Dies ist eine Ursache zunehmender Staatsverschuldung.
Problem der Staatsverschuldung	Viele Industrienationen, insbesondere auch Deutschland, stehen vor dem Problem zunehmender Staatsverschuldung. Die Zahlung der Tilgungsraten und der Zinsen führt zur zunehmenden Unflexibilität der Fiskalpolitik. Daneben führt die Kreditaufnahme des Staates bei Geschäftsbanken zu einer Ausweitung der Geldmenge und damit zu einem Handlungsbedarf der Geldpolitik. Die Kreditaufnahme über den Kapitalmarkt hat eine Erhöhung der Kapitalmarktzinsen und damit ein Zurückdrängen privater, kreditfinanzierter Nachfrage, insbesondere der Investitionsgüternachfrage, zur Folge. Aufgrund dieser Tatsache ist der Grundgedanke des deficit spending zu bezweifeln. Danach soll eine kreditfinanzierte Erhöhung der Staatsausgaben zu einer Erhöhung der volkswirtschaftlichen Nachfrage im gleichen Umfang führen. Es besteht jedoch vielmehr die Gefahr, dass private Nachfrage im gleichen Umfang zurückgedrängt wird, wie durch den Staat zusätzlich kreditfinanziert geschaffen wurde („crowding out“).
grafische Darstellung	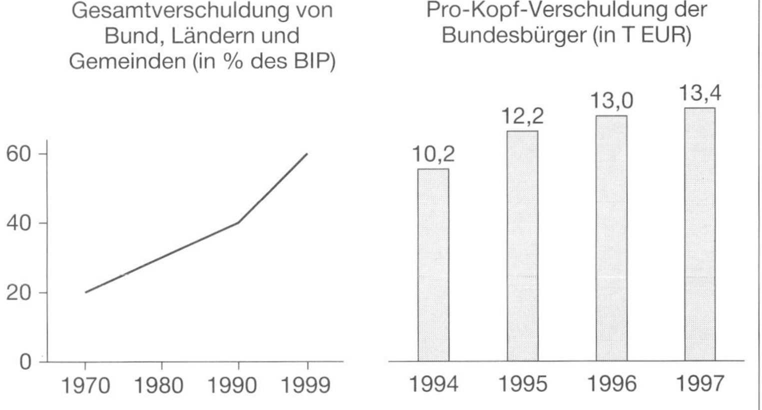

2 Fiskalismus kontra Monetarismus

Politikansatz	Nachfrageorientierte Wirtschaftspolitik	Angebotsorientierte Wirtschaftspolitik
Theoretischer Ansatz	**Fiskalismus** (nach Keynes) ***Fiskalismus ist die wirtschaftliche Theorie, die die antizyklische, diskretionäre Steuerung der volkswirtschaftlichen Nachfrage durch staatliche Maßnahmen im keynsianischen Stil befürwortet. In der Bundesrepublik Deutschland kommt der Fiskalismus im Stabilitätsgesetz zum Ausdruck.***	**Monetarismus** (nach Friedman) ***Der Monetarismus vertraut auf die Selbstheilungskräfte des Marktes. Lediglich eine konjunkturneutrale Geldmengenregulierung, angepasst an das zu erwartende Wachstum und den zu akzeptierenden Preisniveauanstieg sind notwendig um ein volkswirtschaftliches Gleichgewicht zu ermöglichen. Der Monetarismus wird seit 1974 angewendet.***
Grundgedanke	Das marktwirtschaftliche System ist in sich instabil.	Der Markt verfügt über starke Selbstheilungskräfte.
Maßnahmen	Steuerung der gesamtwirtschaftlichen Nachfrage durch eine antizyklische Ein- und Ausgabenpolitik des Staates im Sinne des Stabilitätsgesetzes. *Beispiele: Erhöhung der Staatsausgaben, Investitionsförderung, Subventionen*	Herstellung der Selbstheilungskräfte des Marktes durch verbesserte Rahmenbedingungen für Unternehmen. *Beispiele: Steuersenkungen und mehr leistungsabhängige Steuern, Senkung der Staatsausgaben, Abbau von Belastungen der Angebotsseite*
Träger	Regierung	EZB und Deutsche Bundesbank
grafische Darstellung	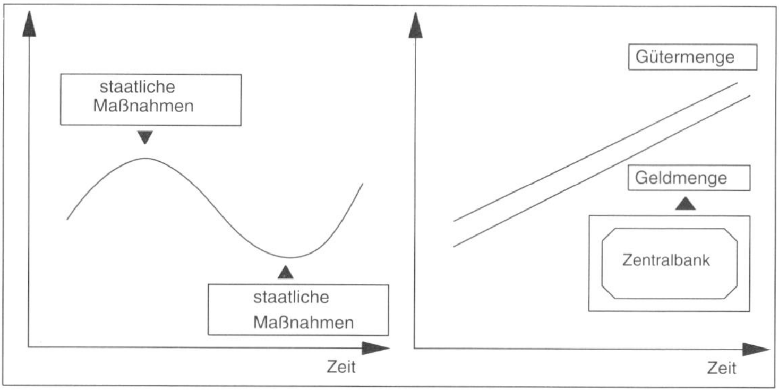	

Aufgaben zu Kapitel 16

Begriff, Träger und Ziele der Fiskalpolitik → *S. 224*	1. Was bedeutet der Begriff „Fiskalpolitik“? 2. Welches Ziel verfolgt die Fiskalpolitk? 3. Erklären Sie, was im Zusammenhang mit der Fiskalpolitik mit dem Begriff „Globalsteuerung“ gemeint ist. 4. Erklären Sie, was mit antizyklischer Fiskalpolitik gemeint ist. 5. Welche Ausgaben hat der Staat? Wie werden diese finanziert?
Einnahmenpolitik → *S. 225*	6. Erläutern Sie den Begriff der Einnahmenpolitik und deren Wirkungsweise. 7. Erläutern Sie den Unterschied zwischen Steuern, Abgaben und Gebühren. 8. Erklären Sie, was Zölle sind. 9. Nennen Sie Beispiele für Erwerbseinkünfte des Staates. 10. Erläutern Sie die gesamtwirtschaftliche Wirkung einer Steuererhöhung. 11. Nennen Sie konjunkturfördernde Maßnahmen der Einnahmenpolitik. 12. Welche Informationen geben Steuerquote und Abgabenquote?
Ausgabenpolitik → *S. 227*	13. Beschreiben Sie die Wirkungsweise der Ausgabenpolitik. 14. Nennen Sie konjunkturfördernde und konjunkturdämpfende Maßnahmen der Ausgabenpolitik. 15. Was ist eine Konjunkturausgleichsrücklage? Wie wird sie gebildet bzw. verwendet? 16. Schildern Sie den Wirkungsablauf einer Erhöhung der öffentlichen Investitionen zur Belebung der Konjunktur. 17. Was drückt die Staatsquote aus? 18. Erklären Sie den Begriff des „deficit-spending“.
Flankierende Maßnahmen der Fiskalpolitik → *S. 229*	19. Was sind flankierende Maßnahmen der Fiskalpolitik? 20. Welche Aufgaben haben die Wettbewerbs-, Struktur-, Umwelt- und Verteilungspolitik? Nennen Sie Beispiele für Maßnahmen.
Wirksamkeit der Fiskalpolitik → *S. 230*	21. Erläutern Sie die Probleme der Kombination fiskalpolitischer Maßnahmen und das Problem der Dosierung von Maßnahmen. 22. Was ist ein „time-lag“? 23. Beschreiben Sie kurz die time-lags der Fiskalpolitik. 24. Welche Folgen können time-lags für die Wirkung fiskalpolitischer Maßnahmen haben und welche Konsequenz wird daraus für die Fiskalpolitik abgeleitet? 25. Zeigen Sie auf, welche Probleme durch das deficit-spending entstehen können. 26. Wie kann die Regierung den Bundeshaushalt gestalten um eine Rezession zu verhindern? 27. Erläutern Sie die theoretischen Unterschiede zwischen Fiskalismus und Monetarismus. 28. Von welchen unterschiedlichen Annahmen über das marktwirtschaftliche System gehen Fiskalisten und Monetaristen aus? 29. Wie beurteilen Sie die Effektivität der Fiskalpolitik?

KAPITEL 17

1 Begriff und Bedeutung der Außenwirtschaft

Begriff	***Außenwirtschaft beinhaltet die Gesamtheit aller wirtschaftlichen Beziehungen zwischen den Wirtschaftssubjekten im Inland und den Wirtschaftssubjekten im Ausland.*** ▷ Im **Außenhandel** werden Güter über die Grenzen eines Landes importiert (Einfuhr) oder exportiert (Ausfuhr). ▷ Im **Dienstleistungsverkehr** werden zwischen in- und ausländischen Wirtschaftssubjekten Dienstleistungen ausgetauscht (z. B. Tourismus, Transport, Lizenzen). ▷ Im **Kapitalverkehr** werden Kredite gewährt und Wertpapiere gehandelt. ▷ Im **Devisenverkehr** werden Zahlungen zwischen den Notenbanken der einzelnen Länder ausgetauscht. ▷ Im **Übertragungsverkehr** werden unentgeltliche Leistungen von einer in die andere Volkswirtschaft übertragen (z. B. Transferzahlungen von ausländischen Arbeitnehmern).
Ursachen des internationalen Handels	▷ Unterschiedliche klimatische Rahmenbedingungen führen zu Anbauschwerpunkten in Land- und Forstwirtschaft. ▷ Die Rohstoffvorkommen und Energievorräte sind ungleich über die Erde verteilt. ▷ Die einzelnen Länder der Erde haben verschiedene Wirtschaftsstrukturen und unterliegen unterschiedlichen technologischen Entwicklungen. Freie außenwirtschaftliche Beziehungen sollen diese Unterschiede ausgleichen, tun dies jedoch nicht immer.
Hemmnisse für den internationalen Handel	▷ Schutz der heimischen Wirtschaft (Protektionismus) ▷ Bestrebung, vom Ausland wirtschaftlich unabhängig zu sein (Autarkiestreben) ▷ Wirtschaftssanktionen gegen ein Land (Boykott)
Träger der Außenwirtschaft	Träger der außenwirtschaftlichen Beziehungen sind ▷ die Außenhandelsunternehmen wie Importeure oder Exporteure; ▷ die Banken für die Abwicklung des Zahlungsverkehrs; ▷ die Deutsche Bundesbank für den Devisenverkehr; ▷ die Ministerien für Wirtschaft und Finanzen für die Überwachung des Außenhandels und die Erhebung von Zöllen; ▷ die Industrie- und Handelskammern als beratende Stellen; ▷ internationale Speditionen, Reedereien und Außenhandelskontore.
Bedeutung des Außenhandels	▷ *Exportabhängigkeit:* Die Exportquote betrug 1999 25,4 %. Das bedeutet, dass bei uns mindestens jeder vierte Arbeitsplatz von der Ausfuhr in andere Länder abhängt. ▷ *Importabhängigkeit:* Die Importquote betrug 1999 22,0 %. Viele Rohstoffe, die hier nicht existieren, müssen eingeführt werden. Dazu zählen z. B. Erdöl, bestimmte Metalle und Nahrungsmittel. Aber auch viele technische Halbteile (z. B. Mikrochips) oder Fertigprodukte werden eingeführt.

1 Grundbegriffe

Zahlungsbilanz

Die Zahlungsbilanz erfasst systematisch alle ökonomischen Transaktionen zwischen dem In- und Ausland innerhalb einer Wirtschaftsperiode. Sie besteht aus mehreren Teilbilanzen. Die Zahlungsbilanz zeigt die internationalen Verflechtungen auf und liefert Informationen für die Finanz-, Geld- und Außenwirtschaftspolitik.

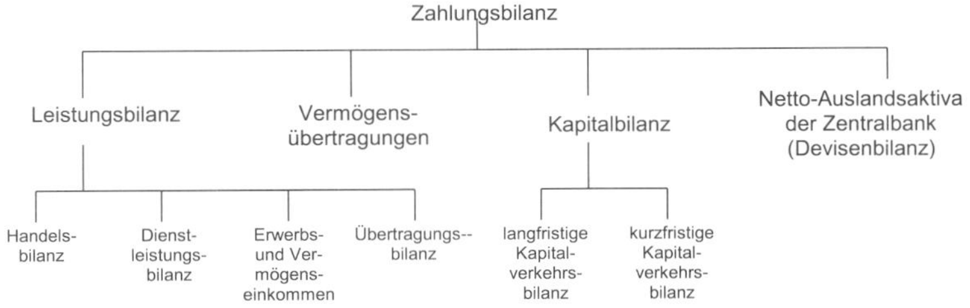

Zahlungsbilanzgleichgewicht

Formal ist die Zahlungsbilanz immer ausgeglichen. Teilbilanzen können jedoch Salden aufweisen. Demzufolge spricht man von einem Zahlungsbilanzausgleich, wenn die Devisenzuflüsse den Devisenabflüssen entsprechen, d. h. wenn der Saldo der Devisenbilanz gleich null ist. Eine ausgeglichene Zahlungsbilanz ist eines der Ziele des magischen Vierecks.

Aktive Zahlungsbilanz	Eine aktive Zahlungsbilanz liegt vor, wenn der Notenbank mehr ausländische Devisen oder Gold zufließen, als sie an andere Notenbanken abgibt. Der Saldo der Devisenbilanz ist dann im Haben. Man spricht von einem Zahlungsbilanzüberschuss. Die Folge ist, dass im inländischen Güterstrom weniger Güter zur Verfügung stehen, aber im inländischen Geldstrom die nachfragewirksame Geldmenge ansteigt. Dies hat eine inflatorische Wirkung (importierte Inflation).
Passive Zahlungsbilanz	Weist die Devisenbilanz einen Saldo im Soll auf, so bedeutet dies einen Abfluss an ausländischen Devisen und Gold. Die Folge ist eine Verringerung der Geldmenge im Inland (deflatorische Entwicklung). Außerdem besteht u. U. die Gefahr der internationalen Zahlungsunfähigkeit.

Zahlungsbilanzpolitik

Alle Maßnahmen, die einen Ausgleich der Zahlungsbilanz zum Ziel haben, gehören zur Zahlungsbilanzpolitik. Hierzu werden binnenwirtschaftliche Maßnahmen gezählt, die der Erhaltung und Sicherung einer leistungsstarken Wirtschaft dienen (Wettbewerbspolitik, Unterstützung von Forschung und Entwicklung), und außenwirtschaftliche Maßnahmen (Exportsubventionen, Zölle, Bürgschaften, Wahl des Wechselkurssystems, Handelsabkommen).

2 Teilbilanzen und Buchungen

<table>
<tr><td>Handels-
bilanz</td><td>Die Handelsbilanz stellt alle Warenexporte den Warenimporten gegenüber. Eine aktive Handelsbilanz liegt vor, wenn der Wert der Warenexporte größer ist als der Warenimporte. Im umgekehrten Fall liegt eine passive Handelsbilanz vor.

<table><tr><td>Aktiva</td><td>Handelsbilanz</td><td>Passiva</td></tr><tr><td>Warenexporte</td><td></td><td>Warenimporte</td></tr></table></td></tr>
<tr><td>Dienst-
leistungsbilanz</td><td>Die Dienstleistungsbilanz erfasst den Wert aller Exporte und Importe von Dienstleistungen. Hier wird auch von den unsichtbaren Ex- bzw. Importen gesprochen. Dazu gehören insbesondere:
▷ Reiseverkehr und Transportleistungen
▷ Bauleistungen, Montagen, Ausbesserungen
▷ Leistungen ausländischer Dienststellen
▷ Provisionen, Werbe- und Messekosten, Gebühren für Lizenzen und Patente
▷ Kommunikationsdienstleistungen

<table><tr><td>Aktiva</td><td>Dienstleistungsbilanz</td><td>Passiva</td></tr><tr><td>Dienstleistungsexporte</td><td></td><td>Dienstleistungsimporte</td></tr></table></td></tr>
<tr><td>Erwerbs- und
Vermögens-
einkommen</td><td>Als Erwerbs- und Vermögenseinkommen werden alle Transaktionen von Faktoreinkommen zwischen In- und Ausland in der Zahlungsbilanz erfasst. Hierzu zählen Arbeitsentgelte, Kapitalerträge, Zinsen, Dividenden, Gewinne, Mieten und Pachten.

<table><tr><td>Aktiva</td><td>Dienstleistungsbilanz</td><td>Passiva</td></tr><tr><td>Erhaltene Erwerbs- und Vermögenseinkommen</td><td></td><td>Geleistete Erwerbs- und Vermögenseinkommen</td></tr></table></td></tr>
<tr><td>Laufende
Über-
tragungen</td><td>Transaktionen an das Ausland oder aus dem Ausland werden als laufende Übertragungen erfasst. Diese Leistungen ohne direkte Gegenleistungen können als private Übertragungen wie z. B. Unterstützungszahlungen, Heimatüberweisungen von Gastarbeitern oder öffentliche Übertragungen wie z. B. Entwicklungshilfe oder Beiträge an internationale Organisationen erfolgen.

<table><tr><td>Aktiva</td><td>Übertragungsbilanz</td><td>Passiva</td></tr><tr><td>Empfangene Übertragungen (Übertragungen vom Ausland)</td><td></td><td>Geleistete Übertragungen (Übertragungen an das Ausland)</td></tr></table></td></tr>
<tr><td>Leistungsbilanz</td><td>Die Zusammenfassung der Handels-, Dienstleistungsbilanz, der Erwerbs- und Vermögenseinkommen und der Laufenden Übertragungen stellt die Leistungsbilanz dar. Sie wird auch „Bilanz der laufenden Posten“ genannt.

<table><tr><td>Aktiva</td><td>Leistungsbilanz</td><td>Passiva</td></tr><tr><td>Leistungen, die zu Einnahmen bzw. Forderungen führen</td><td></td><td>Leistungen, die zu Ausgaben bzw. Verbindlichkeiten führen</td></tr></table></td></tr>
</table>

▶

<table>
<tr><td>Vermögensbilanz</td><td>Die Vermögensbilanz (einmalige Übertragungen) enthält öffentliche Übertragungen wie z. B. Schuldenerlasse und private Übertragungen wie z. B. Erbschaften, Schenkungen, Vermögensmitnahmen von Aus- bzw. Einwanderern an bzw. in das Ausland.

Aktiva — Vermögensbilanz — Passiva
Leistungen an das Ausland | Leistungen aus dem Ausland</td></tr>
<tr><td>Kapitalbilanz</td><td>Zum langfristigen Kapitalverkehr werden autonome Kapitalanlagen wie Direktinvestitionen (Kauf von Unternehmen, Beteiligungen), Erwerb von Immobilien oder langfristige Wertpapiere und Kredite gezählt.
Die Bilanz des kurzfristigen Kapitalverkehrs erfasst zumeist Gegenbuchungen zu Buchungen der Leistungsbilanz. Sie sind Folge von Ex- bzw. Importen mit einem Zahlungsziel unter einem Jahr.

Aktiva — Kapitalbilanz — Passiva
Lang- und kurzfristige Geld- und Kapitalimporte (empfangene Kredite) | Lang- und kurzfristige Geld- und Kapitalexporte (geleistete Kredite)</td></tr>
<tr><td>Devisenbilanz (Netto-Auslandsaktiva der Zentralbank)</td><td>Sie zeigt alle Änderungen der Währungsreserven, Forderungen und Verbindlichkeiten der Zentralbank an. Darunter werden Bestände an Devisen (Buchgeld, Schecks und Wechsel) sowie Sorten und Gold verstanden.

Aktiva — Devisenbilanz — Passiva
Auslandsverbindlichkeiten der Zentral. bank | Auslandsforderungen der Zentralbank</td></tr>
<tr><td>Restposten der Zahlungsbilanz</td><td>Sie fasst alle Transaktionen, die aufgrund statistischer Ermittlungsfehler entstehen, z. B. unbekannte Einnahmen und Ausgaben aus dem Tourismus oder illegale Auslandstransaktionen. Sie ermöglicht damit einen formalen Ausgleich der Zahlungsbilanz.</td></tr>
<tr><td>Zahlungsbilanz</td><td>Sie fasst die Positionen der Teilbilanzen zusammen und ist aufgrund der jeweiligen Gegenbuchung im Rahmen der doppelten Buchführung wie die Bilanzen von Unternehmen stets formal ausgeglichen.

Aktiva — Zahlungsbilanz — Passiva
<table>
<tr><td>▷ Warenexporte
▷ Dienstleistungsexporte
▷ Erhaltene Erwerbs- und Vermögenseinkommen
▷ Empfangene Übertragungen
▷ Vermögensübertragungen an das Ausland
▷ Kapitalimporte
▷ Auslandsverbindlichkeiten der Zentralbank
▷ positiver Restposten aus statistischen Ermittlungsfehlern</td>
<td>▷ Warenimporte
▷ Dienstleistungsimporte
▷ Geleistete Erwerbs- und Vermögenseinkommen
▷ Geleistete Übertragungen
▷ Vermögensübertragungen an das Ausland
▷ Kapitalexporte
▷ Auslandsforderungen der Zentralbank
▷ negativer Restposten aus statistischen Ermittlungsfehlern</td></tr>
</table></td></tr>
</table>

Buchungs-beispiele	*Geschäftsfall*	*Buchung in den Teilbilanzen*
	1. Ein deutsches Unternehmen kauft Waren auf Ziel im Ausland.	*Kurzfristige Kapitalbilanz an Handelsbilanz*
	2. Ein Gastarbeiter überweist Geld an seine Familie im Ausland.	*Devisenbilanz an Laufende Übertragungen*
	3. Ein ausländisches Unternehmen zahlt Lizenzgebühren per Scheck.	*Dienstleistungsbilanz an Kurzfristige Kapitalbilanz*
	4. Ein deutsches Unternehmen beteiligt sich an einem Unternehmen im Ausland.	*Devisenbilanz an Langfristige Kapitalbilanz*
	5. Ausgaben deutscher Touristen im Ausland	*Devisenbilanz an Dienstleistungsbilanz*
	6. Deutschland leistet Entwicklungshilfe auf Kreditbasis.	*Devisenbilanz an Langfristige Kapitalbilanz*
	7. Zinszahlung eines deutschen Kreditnehmers an eine ausländische Bank	*Devisenbilanz an Dienstleistungsbilanz*

Zahlungs-bilanz der Bundesrepublik Deutschland	(Angaben in Mrd. Deutsche Mark)	1990	1999
	Saldo der Handelsbilanz	101,6	115,1
	Saldo der Dienstleistungsbilanz	–19,7	–79,8
	Erwerbs- und Vermögenseinkommen	32,9	–23,4
	Laufende Übertragungen	–35,3	–50,3
	Saldo der Leistungsbilanz	79,5	–38,4
	Vermögensübertragungen	–5,0	–0,3
	Saldo der Kapitalbilanz	–89,5	–40,2
	Restposten der Zahlungsbilanz	26,6	54,4
	Saldo der Zahlungsbilanz	11,6	–24,5

Anmerkungen:
+ = Aktivseite der entsprechenden Bilanz ist größer als Passivseite
– = Passivseite der entsprechenden Bilanz ist größer als Aktivseite

Quelle: Deutsche Bundesbank

1 Grundbegriffe

<table>
<tr><td>Wechselkurs</td><td colspan="5">Der Wechselkurs ist der Preis, der für ausländische Währungseinheiten zu zahlen ist, ausgedrückt in inländischen Währungseinheiten. Er spiegelt das Austauschverhältnis zweier Währungen wieder und stellt damit den Außenwert des inländischen Geldes dar.</td></tr>
<tr><td>Wechselkurs-notierung</td><td colspan="5">Bei den meisten Währungen wird der Kurs als Preis für 100 ausländische Währungseinheiten angegeben. Ausnahmen gelten für $ (Dollar), £ (Pfund) und EUR, die mit einer Einheit notiert werden und italienische Lire, die mit 1 000 notiert wird.</td></tr>
<tr><td rowspan="3">Auszug aus einer Devisenkurstabelle (Notierungen vom 27.06.00 in Frankfurt)</td><td>Land</td><td>Währung</td><td>ISO-Kürzel</td><td>Kursverhältnisse</td><td>Mittelkurs</td></tr>
<tr><td>USA

Großbritannien

Dänemark

Japan</td><td>1 US-Dollar $

1 Brit. Pfund £

100 dän. Kronen

100 jap. Yen</td><td>USD

GBP

DKK

JPY</td><td>EUR/USD
USD/DEM
EUR/GBP
GBP/DEM
EUR/DKK
DKK/DEM
EUR/JPY</td><td>0,9401
2,0805
0,6281
3,1139
7,4575
26,2264
99,1600</td></tr>
<tr><td colspan="5">Beispiel: Beim Kauf von 1000 US-Dollar musste ein Käufer am 27.06.00 am Frankfurter Devisenmarkt 2.080,50 DM aufwenden. Kaufte jemand 1.000 €, so musste er dafür 940,10 US-Dollar aufwenden.</td></tr>
<tr><td rowspan="2">Ausländische Zahlungsmittel</td><td>Devisen</td><td colspan="4">Devisen sind Zahlungsmittel in Form von Buchgeld, die auf ausländische Währungseinheiten lauten, z. B. Guthaben bei ausländischen Banken und auf ausländische Währungseinheiten lautende Schecks und Wechsel.</td></tr>
<tr><td>Sorten</td><td colspan="4">Sorten sind ausländische Banknoten und Münzen. Banken handeln jedoch nur mit Banknoten oder Goldmünzen.</td></tr>
<tr><td>Devisenmarkt</td><td colspan="5">Der Devisenmarkt bzw. die Devisenbörse ist der Ort, an dem das Devisenangebot und die Devisennachfrage zusammentreffen. Hier wird der Wechselkurs für Devisen gebildet.
▷ Der Kassakurs gilt für Devisengeschäfte, deren Erfüllung sofort erfolgt.
▷ Der Terminkurs gilt für Devisengeschäfte, deren Erfüllung erst zu einem späteren, vorher festgelegten Termin stattfindet.
Beispiel: Ein deutsches Unternehmen schließt am 02.12.2000 mit einem amerikanischen Exporteur einen Kaufvertrag über die Lieferung von Baumwolle ab. Der Vertragswert beläuft sich auf 100 000 $. Die Lieferung soll am 10.03.2001 erfolgen. Um die Zahlung zu sichern kann er nun die 100 000 $ entweder am 02.12.2000 kaufen (Kassakursauswirkung) oder zum 10.03.2001 zu einem bestimmten Kurs bestellen (Terminkursauswirkung).</td></tr>
</table>

▶

Devisenmarkt	Devisenangebot	Devisennachfrage
	Es resultiert aus dem Export von Waren- und Dienstleistungen, die in ausländischen Währungseinheiten fakturiert sind, dem Angebot von Devisen zu Spekulations- und Reisezwecken und dem Kapitalimport.	Sie ergibt sich aus dem Import von Waren und Dienstleistungen, deren Kaufpreis auf ausländische Währungseinheiten lauten, der Nachfrage nach Devisen zu Spekulations- bzw. Reisezwecken und dem Kapitalexport.

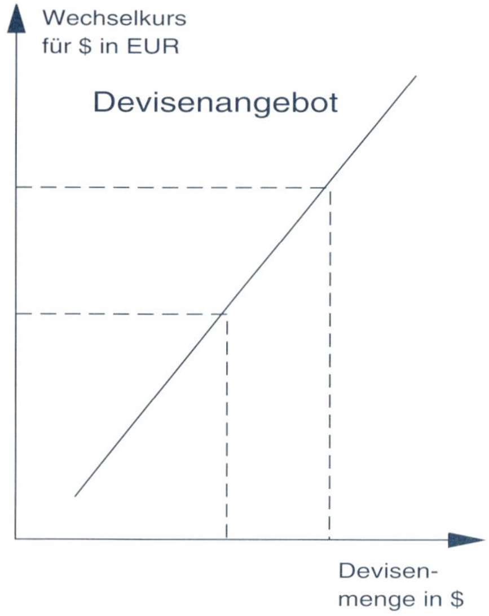

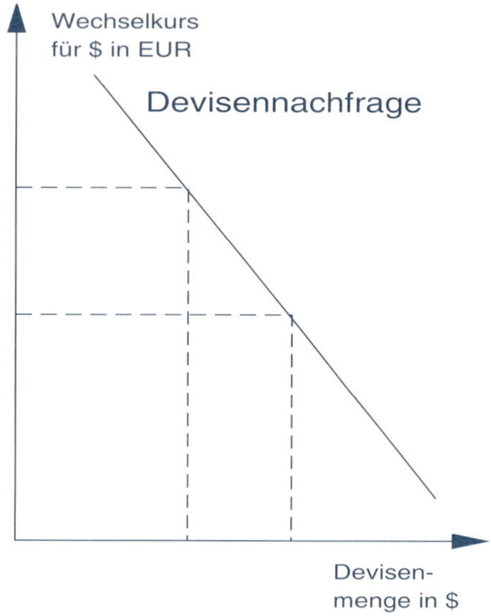

Devisenbewirtschaftung	Unter Devisenbewirtschaftung **(-kontrolle, -zwangswirtschaft)** versteht man eine Politik, bei der der Staat den Devisenhandel zum Teil oder vollkommen reguliert um eine Lenkung des Außenhandels vorzunehmen. Deviseneinnahmen müssen hierbei an den Staat abgegeben werden, der die Devisen dann den Devisennachfragern zuteilt.
Konvertibilität	Konvertibilität ist das Recht einheimische oder fremde Währungen frei und ohne Beschränkungen zu tauschen. Sie ist die Grundlage eines liberalen Außenhandels im Sinne der internationalen Arbeitsteilung und flexibler Wechselkurse.
Wechselkurssysteme	Je nach Art der Bestimmung des Wechselkurses werden folgende Wechselkurssysteme unterschieden: ▷ **Flexible Wechselkurse** *(s. S. 241 f.)*, ▷ **Feste (starre) Wechselkurse** *(s. S. 243)*, ▷ **Feste Wechselkurse mit Bandbreiten** *(s. S. 244)*.

2 Flexible Wechselkurse (Floating)

Begriff	In einem System flexibler Wechselkurse bildet sich der Wechselkurs als Gleichgewichtskurs zwischen Devisenangebot und -nachfrage. Durch Veränderungen des Devisenangebotes oder der Devisennachfrage ist der Wechselkurs ständigen Schwankungen unterworfen. Weder der Staat noch die Zentralbank greifen bei diesem System in die Wechselkursbildung ein, andernfalls spricht man von einem „verschmutzten Floating“. 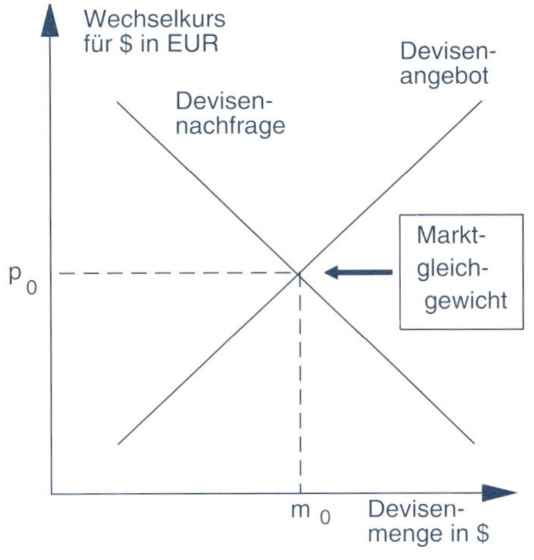
Einflussfaktoren auf den Wechselkurs	Veränderungen des Devisenangebotes bzw. der Devisennachfrage führen zu einem Anstieg des Wechselkurses (Abwertung der inländischen Währung) oder zu einem Sinken des Wechselkurses (Aufwertung der inländischen Währung). Einflussfaktoren dafür sind: ▷ Volumen der Warenimporte und -exporte eines Landes; ▷ Spekulation über künftige Wechselkursentwicklungen; ▷ Inflationsentwicklung der Länder, z. B. führt eine geringere inländische Inflationsrate zu einem Exportanstieg; ▷ Zinsniveau der Länder, z. B. führt ein höheres Zinsniveau im Ausland aufgrund der Kapitalflucht zur vermehrten Nachfrage nach Devisen (Devisenankäufe und -verkäufe der Notenbanken); ▷ zu erwartende politische und wirtschaftliche Krisensituationen.
Aufwertung	Bei einer Aufwertung der heimischen Währung steigt der Außenwert des Geldes, d. h. der Wechselkurs sinkt aufgrund sinkender Devisennachfrage oder steigenden Devisenangebotes. *Beispiel: Ein deutscher Exporteur fakturiert in $. Er kalkuliert für seine Ware einen Preis von 18 000 €. Vor der Aufwertung galt 1 $ = 1,00 €, d.h. er musste 18 000 $ in Rechnung stellen. Nach der Aufwertung gilt 1 $ = 0,90 €, d. h., er muss nun 20 000 $ verlangen.*
Abwertung	Bei einer Abwertung der heimischen Währung sinkt der Außenwert des Geldes, d. h. der Wechselkurs steigt. *Beispiel: Ein Importeur bezieht Rohstoffe aus Amerika für 1 000 $. Vor der Abwertung galt 1 $ = 1,00 €, d. h. der Importeur musste 1 000 € aufwenden. Nach der Abwertung gilt 1 $ = 1,10 €, d. h., dass der Importeur nun 1 100 € aufwenden muss.*

▶

Ursachen einer Abwertung am Beispiel €/$	Devisennachfrage steigt, da	Devisenangebot sinkt, da
	▷ Inflation im Inland > Inflation im Ausland; ▷ Zunahme der Reisetätigkeit von Bundesbürgern im Ausland; ▷ Kapitalanleger ihr Geld vermehrt im Ausland anlegen, weil dort die Zinsen höher sind; ▷ vermehrt staatliche Entwicklungshilfe in das Ausland geleistet wird. 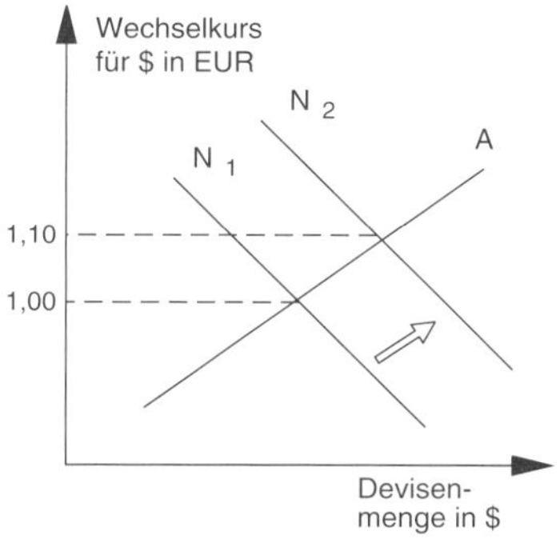	▷ Waren- und Dienstleistungsexport sinkt, weil die Inflation im Inland > als Inflation im Ausland; ▷ Kapitalanleger aus dem Ausland weniger im Inland investieren; ▷ in Erwartung einer Abwertung weniger $-Verkäufe durch Spekulanten erfolgen (Zurückhaltung). 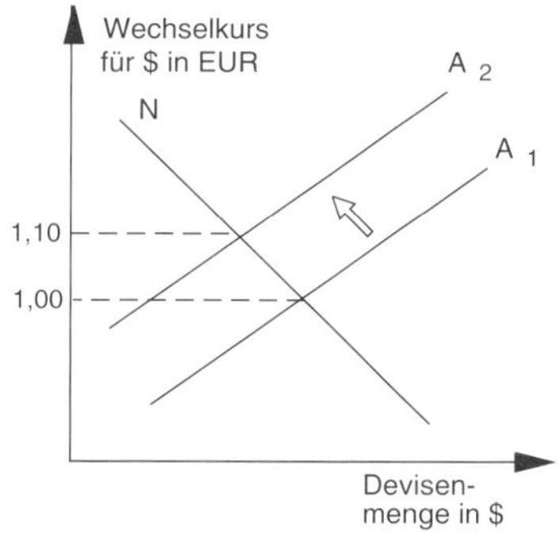
Folge der Abwertung	Die Warenimporte nehmen ab, da sich die Importe verteuern, weil der Preis für ausländische Währungseinheiten gestiegen ist.	Die Exporte nehmen zu, da die Exportpreise sich verringern, sofern sie in ausländischen Währungseinheiten fakturiert werden.
Bewertung des Systems flexibler Wechselkurse	Vorteile	Nachteile
	▷ Der Zahlungsbilanzausgleich erfolgt, da die Notenbank nicht eingreifen muss. ▷ Keine importierte Inflation, da keine Geldmengenausweitung durch Devisenankauf der Notenbank stattfindet. ▷ Das außenwirtschaftliche Ziel ist automatisch erreicht, was die Konzentration auf andere Wirtschaftsziele erleichtert. ▷ Durch ausländische Konkurrenz steigt der Wettbewerb. ▷ Internationale Ungleichgewichte werden verhindert.	▷ Die Unternehmen haben eine unsichere Kalkulationsgrundlage aufgrund ständiger Wechselkursänderungen (Alternativen: Fakturierung in €, Devisentermingeschäfte). ▷ Eine Aufgabe des außenwirtschaftlichen Ziels zugunsten anderer Wirtschaftsziele wie z. B. Vollbeschäftigung ist nicht möglich. ▷ Im Welthandel kann u. U. Unsicherheit durch Zufallsverluste bzw. -gewinne erzeugt werden.

3 Feste Wechselkurse

<table>
<tr><td>Begriff</td><td colspan="2">In einem reinen System fester Wechselkurse wird der Wechselkurs durch den Staat bzw. die Notenbank auf Dauer festgelegt. Dies ist für die Teilnehmerstaaten der 3. Stufe des EWWU seit 1.1.99 der Fall.
Die Notenbank ist im Prinzip verpflichtet, jedes Angebot bzw. jede Nachfrage nach Devisen zu befriedigen.</td></tr>
<tr><td rowspan="2">Wechselkurs-veränderungen</td><td>Aufwertung</td><td>Abwertung</td></tr>
<tr><td>Ist die heimische Währung auf lange Sicht unterbewertet, so liegt ein ständiger Angebotsüberhang nach Devisen vor. Die Nachfragelücke kann auf Dauer durch die Notenbank nicht befriedigt werden, da z. B. die Gefahr der Inflation droht, auch wenn hier ein ständiger Zahlungsüberschuss vorliegt, was positiv für die Beschäftigung ist.
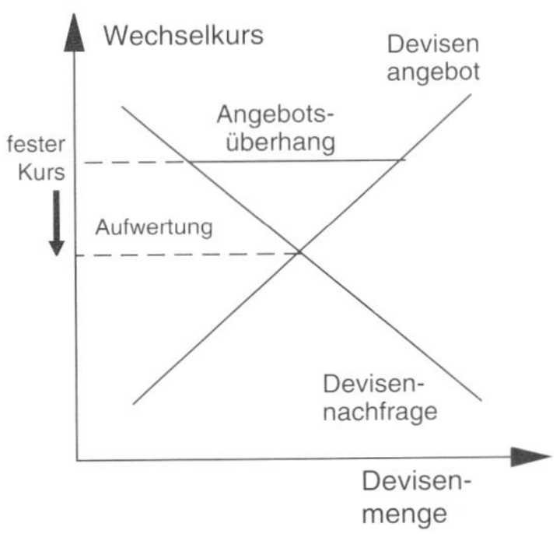
</td><td>Eine langfristige Überbewertung der heimischen Währung hat zur Folge, dass die Währungsreserven der Notenbank aufgezehrt werden, da ein ständiger Nachfrageüberhang existiert. Dies führt zur internationalen Zahlungsunfähigkeit des Landes. Falls das Land keine Devisenbewirtschaftung betreibt, muss eine Abwertung, d. h. Anhebung des Wechselkurses, stattfinden.
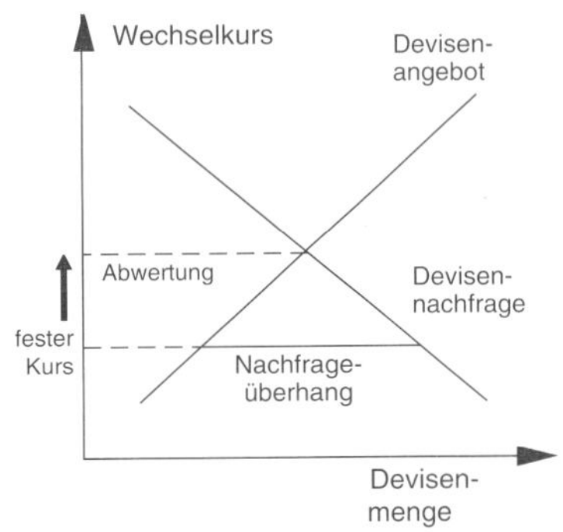
</td></tr>
<tr><td rowspan="2">Bewertung des Systems fester Wechselkurse</td><td>Vorteile</td><td>Nachteile</td></tr>
<tr><td>▷ Die Unternehmen haben eine feste Kalkulationsgrundlage, da keine Wechselkursschwankungen vorliegen.
▷ Die Beeinflussung des Im- und Exportes zugunsten binnenwirtschaftlicher Ziele ist möglich.</td><td>▷ Es besteht die Gefahr der Inflation bei steigenden Preisen im Ausland.
▷ Es erfolgt kein automatischer Zahlungsausgleich.
▷ Ständige Ungleichgewichte auf dem Devisenmarkt führen u. U. zu Inflation oder internationaler Zahlungsunfähigkeit.</td></tr>
</table>

4 Feste Wechselkurse mit Bandbreiten

<table>
<tr><td>Begriff</td><td colspan="2">Das System für feste Wechselkurse mit Bandbreiten ist eine Kombination fester und flexibler Wechselkurse, wie es z. B. innerhalb der Europäischen Union für die Länder existiert, die an der 3. Stufe der EWWU nicht teilnehmen. In diesem System vereinbaren die Länder der entsprechenden Währungen ein festes Verhältnis zu einer Leitwährung, z. B. dem EURO.
Hieraus lassen sich dann Leitkurse der Währungen untereinander ableiten. Innerhalb bestimmter Abweichungen von diesem Leitkurs, d. h. innerhalb bestimmter Bandbreiten, dürfen die Wechselkurse schwanken.</td></tr>
<tr><td>Wirkungsweise</td><td colspan="2">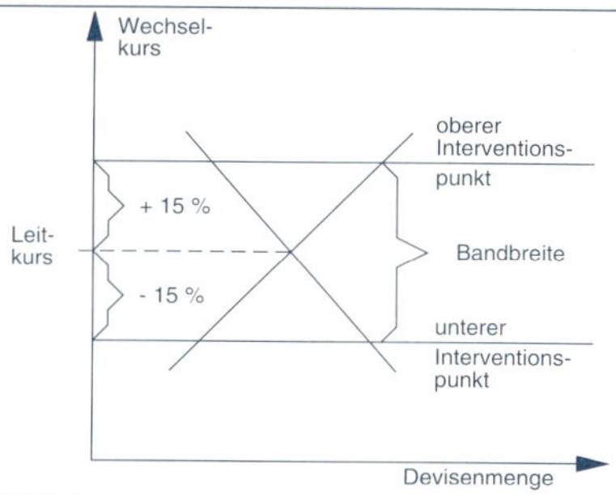

Im europäischen Währungssystem dürfen die Abweichungen maximal +/– 15 % betragen. Liegt der Wechselkurs nicht mehr innerhalb der gewählten Bandbreite, müssen die betreffenden Notenbanken, zum Eingreifen (intervenieren) verpflichtet, durch Kauf oder Verkauf entsprechender Währung den Wechselkurs wieder in den Bereich der Bandbreite bringen.</td></tr>
<tr><td>Interventionspunkte</td><td>Oberer Interventionspunkt
Der obere Interventionspunkt stellt die Abweichungsgrenze der Kurse nach oben dar. Erreicht der Wechselkurs diesen Punkt, muss die Notenbank durch Verkauf der entsprechenden Währung das Angebot erhöhen.
Beispiel: Steigt der Wechselkurs für 100 DKR auf 13,2925 €, (Leitkurs 13 € + Bandbreite 2,25 %), muss die Bundesbank Kronen verkaufen.
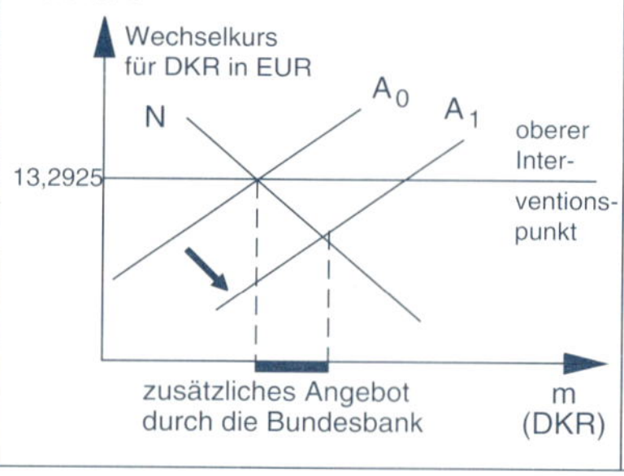
</td><td>Unterer Interventionspunkt
Der untere Interventionspunkt stellt die Abweichungsgrenze nach unten dar. Bildet sich auf dem Devisenmarkt ein Wechselkurs, der diese Abweichungsgrenze erreicht, muss die Notenbank die betreffende Währung kaufen.
Beispiel: Sinkt der Wechselkurs für 100 DKR auf 12,7075 € (Leitkurs 100 DKR = 13 € – Bandbreite 2,25 %), muss die Bundesbank DKR kaufen.
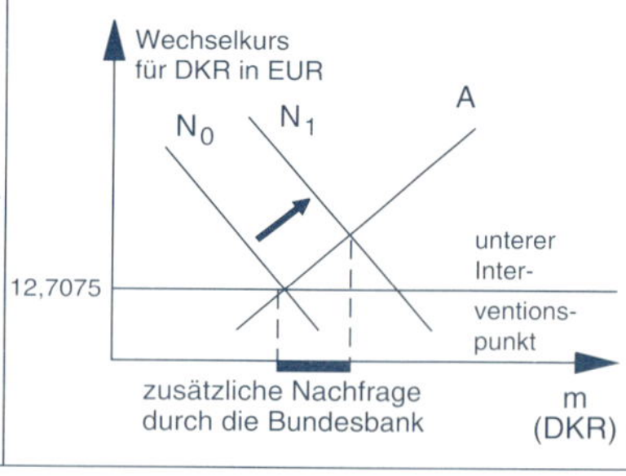
</td></tr>
</table>

1 Grundbegriffe und Überblick

Begriff	***Zur Außenwirtschaftspolitik gehören alle Maßnahmen, die der Beeinflussung der außenwirtschaftlichen Beziehungen dienen.***
Träger	Träger der Außenwirtschaftspolitik ist in erster Linie der Staat. Jedoch besonders bei den geld- und währungspolitischen Maßnahmen ist auch die EZB und die Deutsche Bundesbank Träger der Außenwirtschaftspolitik.
Ziele	Das Stabilitätsgesetz nennt als Ziel ein außenwirtschaftliches Gleichgewicht, d. h. der Außenbeitrag sollte größer oder gleich null sein. Gelegentlich spielen aber auch politische oder militärische Gründe eine Rolle in der Außenwirtschaftspolitik, z. B. wenn es um die wirtschaftlichen Beziehungen zu Krisengebieten geht. Daneben können aber auch binnenwirtschaftliche Ziele, wie ein hoher Beschäftigungsstand, die Außenwirtschaftspolitik beeinflussen.
Freihandel	Freihandel bedeutet vollkommenen Verzicht auf rechtliche oder wirtschaftliche Beschränkungen der Handelsbeziehungen zwischen den verschiedenen Volkswirtschaften. Grundgedanke ist die Theorie der internationalen Arbeitsteilung, d. h. Wohlstandssteigerung durch Freihandel. Der Freihandel ist aus diesem Grund auch vielfach das Ziel internationaler Abkommen und Organisationen wie der Welthandelsorganisation (WTO) oder der Europäischen Union (EU).
Protektionismus	Protektionismus ist der Schutz der Binnenwirtschaft vor negativen außenwirtschaftlichen Einflüssen. *Beispiele:* ▷ *Erschwerung des Imports, z. B. Einfuhrzölle, mengenmäßige Beschränkung der Einfuhr, Einfuhrverbote bestimmter Leistungen;* ▷ *Subventionierung bestimmter binnenwirtschaftlicher Branchen.* Durch diese Maßnahmen wird die Wirtschaft vor Billigimporten und damit vor konjunkturellen (z. B. Arbeitslosigkeit) oder strukturellen Nachteilen geschützt.
Übersicht	Außenwirtschaftliche Instrumente – preispolitische Instrumente – mengenpolitische Instrumente – währungspolitische Instrumente – integrations- und entwicklungspolitische Instrumente

2 Preispolitische Instrumente

<table>
<tr><td>Begriff</td><td colspan="2">Durch preispolitische Instrumente nimmt der Staat Einfluss auf die Preise für Export- und Importgüter im Waren-, Dienstleistungs- und Kapitalverkehr. Diese Instrumente werden als marktkonform bezeichnet, da sie den Preismechanismus und die Entscheidungsfreiheit der Wirtschaftssubjekte zu exportieren oder zu importieren nicht außer Kraft setzen.
Zu diesen Maßnahmen gehören Zölle, Subventionen, Krediterleichterungen sowie Garantien und Bürgschaften.</td></tr>
<tr><td rowspan="5">Arten</td><td rowspan="2">Zölle</td><td>Zölle sind Abgaben, die bei der Grenzüberschreitung einer Ware erhoben werden. Innerhalb der EU existieren keine Zölle mehr und gegenüber Drittländern (Nicht-EU-Staaten) wird eine gemeinsame Zollpolitik betrieben, sodass die Bundesrepublik keine autonome Zollpolitik mehr besitzt.</td></tr>
<tr><td>Zölle werden unterschieden

nach der Richtung des Handelsstroms
▷ Einfuhrzölle
▷ Ausfuhrzölle
▷ Transitzölle

nach den Motiven
▷ Schutzzölle
▷ Finanzzölle
▷ Erziehungszölle

nach der Bemessungsgrundlage
▷ Wertzölle
▷ spezifische Zölle
▷ Mischzölle</td></tr>
<tr><td>Subventionen</td><td>Als Subventionen zählen Transferzahlungen des Staates an Unternehmen. Insbesondere zum Zwecke der Exportförderung verbilligen diese Subventionen die Ausfuhr bestimmter Güter.
Beispiel: Werftenbau, Stahl und landwirtschaftliche Erzeugnisse</td></tr>
<tr><td>Krediterleichterungen</td><td>Der Staat fördert den Export durch Gewährung günstiger Kredite zur Finanzierung von Ausfuhrgeschäften.
Beispiele: ERP-Kredite oder Kredite aus dem Plafond B der Deutschen Bundesbank, deren Zinssatz sich an den Leitzinsen der EZB orientiert.</td></tr>
<tr><td>Garantien und Bürgschaften</td><td>Um die wirtschaftlichen und politischen Risiken eines Außenhandelsgeschäftes zu verringern übernimmt der Staat Bürgschaften bzw. Garantien für den Fall, dass der Handelspartner seine Leistungen nicht erfüllt.
Beispiel: Hermes-Bürgschaften des Bundes</td></tr>
</table>

3 Mengenpolitische Instrumente

<table>
<tr><td>Begriff</td><td colspan="2">Durch mengenpolitische Maßnahmen limitiert der Staat die Einfuhr bzw. die Ausfuhr von Waren. Diese Maßnahmen werden als nicht marktkonform angesehen, da sie die Dispositionsfreiheit der Wirtschaftssubjekte hinsichtlich Export und Import einschränken.
Zu den Maßnahmen gehören Export und Importkontingente sowie Export- und Importverbote. Sie sind nach den Grundsätzen der Welthandelsorganisation (WTO) nicht erlaubt.</td></tr>
<tr><td></td><td>Kontingente</td><td>Durch Kontingente legt der Staat zahlenmäßig fest, wie viel von bestimmten Waren oder Devisen in einem bestimmten Zeitraum ein- bzw. ausgeführt werden dürfen.</td></tr>
<tr><td></td><td>Ein- und Ausfuhrverbote</td><td>Ein- und Ausfuhrverbote sind die schärfste Form der mengenmäßigen Begrenzung von Importen oder Exporten. Diese Maßnahmen werden nur in Ausnahmefällen eingesetzt.
Beispiele: Einfuhrverbot für Rauschgift, bestimmte Tierarten; Ausfuhrverbot für bestimmte Waren in bestimmte Länder aus politischen Gründen (Anhang zum Außenwirtschaftsgesetz) wie Waffenexporte in Krisenländer</td></tr>
</table>

4 Währungspolitische Instrumente

<table>
<tr><td>Begriff</td><td>Die Instrumente zur Währungspolitik umfassen Maßnahmen zur Beeinflussung des Binnen- und des Außenwertes des Geldes.</td></tr>
<tr><td>Wirkungsweise</td><td>Eine starke Inflation führt zu einem Rückgang der Exporte bzw. Anstieg der Importe aus Ländern, deren Inflation geringer ist. Eine Deflation hat umgekehrten Einfluss auf den Außenhandel. Je nach Wahl des Wechselkurssystems bestehen Möglichkeiten den Außenwert des Geldes zu beeinflussen.
Beispiele:
▷ Im System flexibler Wechselkurse führen Interventionen der Notenbank (verschmutztes Floating) zur Auf- oder Abwertung der Währung, was entsprechende Veränderungen im Export und Import zur Folge hat.
▷ Im System fester Wechselkurse stellt die Devisenbewirtschaftung ein wesentliches außenwirtschaftliches Steuerungsinstrument dar.

Währungspolitische Maßnahmen sind immer Bestandteil der staatlichen Wirtschaftspolitik und müssen mit den anderen wirtschaftspolitischen Maßnahmen und Zielen koordiniert werden.</td></tr>
</table>

5 Integrations- und entwicklungspolitische Instrumente

Begriff	Integrations- und entwicklungspolitische Instrumente beinhalten alle staatlichen Maßnahmen, die darauf ausgerichtet sind, Handelshemmnisse abzubauen und eine Liberalisierung des Handels zu ermöglichen.
Wirkungsweise	Durch den Abschluss bilateraler (Abkommen zwischen zwei Staaten) und dem Beitritt zu internationalen Abkommen über wirtschaftliche Beziehungen werden Handelsschranken abgebaut. Dies führt insbesondere bei unterentwickelten Ländern zu einem höheren Wohlstand. *Beispiele:* ▷ *Abkommen über Zölle wie das Internationale Zoll- und Handelsabkommen;* ▷ *Abkommen über Währungen wie das Internationale Währungssystem und das Europäische Währungssystem;* ▷ *Abkommen über gemeinsame Märkte wie die Europäische Union.*

6 Einsatz außenwirtschaftlicher Maßnahmen zur Konjunktursteuerung

Außenwirtschaftliche Maßnahmen	Konjunkturförderung		Konjunkturdämpfung	
	Exportförderung	Importdrosselung	Exportdrosselung	Importförderung
Preispolitische Instrumente	▷ Exportzölle senken ▷ Exportsubventionen anheben ▷ Vermehrte Bürgschaften und Garantien ▷ Verbilligung der Exportkredite und Erhöhung der Exportkreditkontingente	▷ Importzölle anheben	▷ Exportzölle anheben ▷ Exportsubventionen aussetzen oder senken ▷ Verringerung der Bürgschaften und Garantien ▷ Verteuerung oder Verminderung der Exportkredite	▷ Importzölle senken
Mengenpolitische Instrumente	Exportverbote bzw. Exportkontingente aufheben	Importverbote bzw. Importkontingente einführen	Exportverbote bzw. Exportkontingente einführen	Importverbote bzw. Importkontingente aufheben
Währungspolitische Instrumente	Abwertung der Inlandswährung durch Notenbankintervention im System flexibler Wechselkurse		Aufwertung der Inlandswährung durch die Notenbank im System flexibler Wechselkurse	

Begriff und Bedeutung der Außenwirtschaft → *S. 234*	1. Was wird unter der Außenwirtschaft eines Landes verstanden? 2. Nennen Sie Beispiele für außenwirtschaftliche Beziehungen. 3. Begründen Sie die Notwendigkeit außenwirtschaftlicher Beziehungen. 4. Nennen Sie Gründe, die zwangsläufig zum internationalen Austausch von Gütern führen. 5. Welche Institutionen sind die Träger der Außenwirtschaft? Welche Aufgaben erfüllen diese Institutionen? 6. Schildern Sie die Bedeutung des Außenhandels für die Bundesrepublik Deutschland. 7. Welche Hemmnisse können dem internationalen Handel entgegenstehen?
Zahlungsbilanz → *S. 235*	8. Was ist eine Zahlungsbilanz und welche Aufgaben erfüllt sie? 9. Nennen Sie die Teilbilanzen der Zahlungsbilanz. 10. Wann spricht man von einer aktiven Zahlungbilanz? 11. Welche Maßnahmen umfasst die Zahlungsbilanzpolitik? 12. Erläutern Sie, welche außenwirtschaftlichen Transaktionen auf der Handels-, Dienstleistungs- und Übertragungsbilanz erfasst werden. 13. Welche der Teilbilanzen der Zahlungsbilanz wird auch als die „Bilanz der laufenden Posten" bezeichnet? 14. Beschreiben Sie, welche Art von Transaktionen auf der Passivseite bzw. der Aktivseite der Teilbilanzen der Leistungsbilanzen verbucht werden. 15. Erläutern Sie den Aufbau und den Inhalt der Kapitalbilanz. 16. Was wird in der Devisenbilanz erfasst? Gehen Sie insbesondere darauf ein, welche besondere Rolle der Devisenbilanz zukommt. 17. Warum ist die Zahlungsbilanz stets formal ausgeglichen? 18. Folgende Geschäftsfälle sind in der Zahlungsbilanz zu erfassen (GE = Geldeinheiten): 1. Die Bundesrepublik Deutschland leistet Entwicklungshilfe in Höhe von 50 000 GE. 2. Ein deutsches Unternehmen verkauft ein Patent für 150 000 GE gegen Kredit. 3. Ein inländischer Exporteur liefert Waren für 70 000 GE nach Südamerika. 4. Ein ausländischer Arbeitnehmer überweist 5 000 GE in sein Heimatland. 5. Eine internationale Organisation überweist 30 000 GE an ihre deutsche Vertretung. 6. Ein deutsches Unternehmen bezieht Waren aus dem Ausland in Höhe von 15 000 GE. Ein Drittel wird bar bezahlt, der Rest in mehreren Raten zu späteren Zeitpunkten überwiesen. 7. Ein im Ausland aufgenommener Kredit über 50 000 GE wird per Überweisung zuzüglich 3 000 GE Zinsen zurückgezahlt. 8. Ein deutsche Spediteur transportiert für ein Schweizer Unternehmen Waren und erhält dafür 6 000 GE. a. Wie lauten die Buchungen in den Teilbilanzen? b. Ermitteln Sie die Salden der Teilbilanzen. c. Handelt es sich um eine aktive oder passive Zahlungsbilanz?

▶

Wechselkurs-systeme → *S. 239*	19. Was ist ein Wechselkurs? Erklären Sie, wie Wechselkursnotierungen vorgenommen werden. 20. Wann wird der Geld- und wann der Briefkurs verwendet? 21. Unterscheiden Sie die Begriffe „Devisen" und „Sorten". 22. Welcher Unterschied besteht zwischen dem Termin- und dem Kassakurs? 23. Wodurch entsteht eine Nachfrage nach Devisen bzw. wodurch entsteht das Angebot an Devisen? 24. Wann liegt eine Devisenzwangsbewirtschaftung vor? 25. Erklären Sie den Begriff „Konvertibilität". 26. Erklären Sie, wie sich der Wechselkurs bei flexiblen Wechselkursen bildet. 27. Wovon hängt der Wechselkurs ab? 28. Was geschieht bei der Abwertung einer Währung? Wodurch kann sie bei flexiblen Wechselkursen entstehen? 29. Welche Folgen hat die Aufwertung einer Währung für einen Exporteur, der in der Fremdwährung fakturiert? 30. Beschreiben Sie Gründe für ein Sinken des Devisenangebotes. 31. Was kann Ursache für ein Sinken der Devisennachfrage sein? 32. Welche Vor- und Nachteile besitzt das System flexibler Wechselkurse? 33. Wodurch wird der Wechselkurs im System fester Wechselkurse bestimmt? 34. Welche Verpflichtung besteht für die Notenbank bei festen Wechselkursen? 35. In einem System fester Wechselkurse ist die inländische Währung langfristig unterbewertet. a. Nennen Sie mögliche Ursachen einer solchen Unterbewertung. b. Was sind die möglichen binnenwirtschaftlichen Folgen? c. Wie kann der Staat diese Folgen verhindern? 36. Beschreiben Sie die Folgen einer langfristigen Überbewertung der inländischen Währung. 37. Nennen Sie die Vor- und Nachteile fester Wechselkurse. 38. Erläutern Sie den Mechanismus fester Wechselkurse mit Bandbreiten. 39. Um wie viel Prozent darf der Wechselkurs der nicht am EWWS teilnehmenden Länder maximal schwanken, ohne dass die jeweilige Notenbank intervenieren muss? 40. Was ist ein Interventionspunkt? 41. „Wenn der obere Interventionspunkt erreicht ist, muss die Notenbank ..." Vervollständigen Sie diesen Satz. 42. Angenommen, innerhalb des Europäischen Währungssystems sei der Leitkurs mit 100 DKR = 13,00 € festgelegt worden. Ermitteln Sie aufgrund dieser Angabe den oberen und unteren Interventionspunkt für die dänische Notenbank, indem Sie die aktuelle Bandbreite im EWWS unterstellen. 43. Welche Wirkung haben der Kauf oder Verkauf von Devisen durch die EZB auf das Devisenangebot bzw. auf die Devisennachfrage?

Außenwirtschaftspolitik → *S. 245*	44. Welche Maßnahmen umfasst die Außenwirtschaftspolitik? 45. Wer ist Träger der Außenwirtschaftspolitik? Welches Ziel wird vordringlich verfolgt? 46. Erläutern Sie die Begriffe „Freihandel“ und „Protektionismus“. 47. Nennen Sie die verschiedenen Bereiche der außenwirtschaftspolitischen Instrumente. 48. Wie kann der Staat durch preispolitische Instrumente Einfluss auf die Außenwirtschaft nehmen? 49. Was versteht man unter Zöllen? Nennen Sie einige Arten von Zöllen. 50. Erklären Sie, wie durch Zölle eine Beeinflussung des Im- oder Export möglich ist. 51. Was sind Krediterleichterungen, Garantien und Bürgschaften und zu welchem Zweck werden sie vom Staat eingesetzt? 52. Was versteht man unter mengenpolitischen Instrumenten innerhalb der Außenwirtschaftspolitik? 53. Begründen Sie, warum es sinnvoll sein kann, Ein- oder Ausfuhrverbote zu verhängen. 54. Was bezeichnet man als nicht marktkonforme Eingriffe der Außenwirtschaftspolitik? Welche Maßnahmen zählen dazu? 55. Welche Maßnahmen rechnet man zu den währungspolitischen Instrumenten der Außenwirtschaftspolitik? 56. Wie nimmt der Staat durch währungspolitische Instrumente Einfluss auf den Außenhandel? 57. Erläutern Sie die Begriffe „integrationspolitische Instrumente“ und „entwicklungspolitische Instrumente“ im Rahmen der Außenwirtschaftspolitik. 58. „Zwischen der Entwicklungspolitik und der Außenhandelspolitik der westlichen Industrienationen besteht ein eklatanter Widerspruch.“ Nehmen Sie Stellung zu dieser Aussage. 59. Wie kann der Staat außenwirtschaftliche Instrumente zur binnenwirtschaftlichen Konjunkturbeeinflussung einsetzen? 60. Erklären Sie, wie ein Anheben der Importzölle oder eine Abwertung der Inlandswährung die binnenwirtschaftliche Konjunktur fördern kann.

KAPITEL 18

1 Idealtypen von Wirtschaftsordnungen

1 Grundlagen

<table>
<tr><td>Begriff</td><td colspan="2">Die Wirtschaftsordnung ist das Ordnungsgefüge, in dem sich das ökonomische Handeln der Menschen vollzieht. Sie ist ein fester Bestandteil der Gesellschaftsordnung eines Staates. Es werden zwei grundsätzlich verschiedene Systeme unterschieden:
– die Marktwirtschaft – die Zentralverwaltungswirtschaft.</td></tr>
<tr><td>Begründung</td><td colspan="2">Die Wirtschaftsordnung als Organisationsform stimmt die wirtschaftlichen Aktivitäten der Menschen in einer Volkswirtschaft aufeinander ab. Sie muss den Einsatz der Menschen und Sachmittel und die Verteilung der Güter so gestalten, dass die natürliche Knappheit der Güter gemindert wird.
Beispiel: Jemand, der sich ein Fahrrad kaufen möchte, hat in der Bundesrepublik Deutschland die freie Auswahl unter sehr vielen verschiedenen Typen, Größen, Farben und Formen. Unter anderen gesellschaftlichen Bedingungen könnte dies völlig anders sein: Ein staatliches Planungsamt hätte vielleicht entschieden, dass es nur einen Fahrradtyp gibt, der in einer Einheitsfarbe und drei unterschiedlichen Größen produziert wird.</td></tr>
<tr><td>Grundelemente</td><td colspan="2">Jede Wirtschaftsordnung hat durch Gesetze und Verordnungen die Voraussetzungen für wirtschaftliches Handeln zu schaffen. Deshalb muss sie zu folgenden Fragen Stellung nehmen:
▷ Auf welcher vertraglichen Basis vollziehen sich die Beziehungen der Betriebe und der Haushalte untereinander?
▷ Ist jeder Markt für alle Marktteilnehmer zugänglich oder gibt es Zugangsbeschränkungen für Anbieter und Nachfrager?
▷ Wer soll das Eigentum an den Produktionsmitteln haben?
▷ Wer soll darüber entscheiden, welche Güter hergestellt werden und was die Menschen konsumieren sollen?</td></tr>
<tr><td rowspan="2">Prinzipien</td><td>Individualprinzip</td><td>Kollektivprinzip</td></tr>
<tr><td>▷ Jeder Mensch hat weit gehend uneingeschränkte Freiheiten gegenüber den anderen Menschen und der Gesamtgesellschaft.
▷ Die Menschen sind auch ohne die Anordnungen des Staates in der Lage ihr gesellschaftliches Dasein zu gestalten.
▷ Jeder Mensch kann sich entsprechend der individuellen Fähigkeiten und Neigungen frei entfalten.
Die konsequente Anwendung des Individualprinzips führt zum Modell der Marktwirtschaft.</td><td>▷ Der Mensch als Individuum spielt in der Gesellschaft eine untergeordnete Rolle.
▷ Nur der Staat, vertreten durch die herrschende Partei, ist in der Lage die Strukturen zu schaffen, in denen die Menschen sich entwickeln können.
▷ Bedürfnisse der Gemeinschaft gehen vor. Der Einzelne hat seine Fähigkeiten in den Dienst der Gemeinschaft zu stellen.
Die konsequente Anwendung des Kollektivprinzips führt zu einer Zentralverwaltungswirtschaft.</td></tr>
</table>

2 Marktwirtschaft

Grundelemente der Marktwirtschaft	▷ **Individualplan:** Jedes Wirtschaftssubjekt stellt seinen individuellen Plan auf und strebt danach, diesen Plan zu erfüllen. Die Haushalte orientieren sich dabei an ihren Bedürfnissen und ihrem Einkommen, die Unternehmen richten sich in ihren Plänen vorwiegend nach dem Bedarf von Haushalten und anderen Unternehmen. Daneben müssen Haushalte und Unternehmen sich an wirtschaftlichen Rahmenbedingungen wie z. B. verfügbaren Rohstoffen und Arbeitskräften, dem technischem Wissen oder der Rechtsordnung orientieren. ▷ **Markt:** Der Koordinationsmechanismus für den Ausgleich der Interessen ist der Markt. Er gleicht sowohl auf den Faktor- wie auf den Gütermärkten die unterschiedlichen Vorstellungen der Marktteilnehmer aus. Der Preis ist dabei der wichtigste Gradmesser für die Knappheit eines Gutes. Als Gleichgewichtspreis gleicht er die unterschiedlichen Vorstellungen von Anbietern und Nachfragern aus. ▷ **Absatzrisiko:** Die Unternehmer haben bei der Herstellung von Gütern Vorstellungen über die Bedürfnisse der Kunden. Da sie jedoch zumeist im Vorhinein produzieren, kann es sein, dass die Vorstellungen der Hersteller mit denen der Konsumenten nicht übereinstimmen. Für diese Abweichung tragen die Unternehmer in der Marktwirtschaft das volle Risiko. ▷ **Erwerbswirtschaftliches Prinzip:** Unternehmer und Haushalte richten sich bei der Aufstellung ihrer Pläne nach dem ökonomischen Prinzip. Für den Unternehmer bedeutet dies, dass er in demjenigen Markt investieren wird, der ihm bei einem gegebenen Einsatz den größtmöglichen Gewinn verspricht.
Voraussetzungen der Marktwirtschaft	▷ **Vertragsfreiheit:** Um ihre Pläne realisieren zu können, müssen die Wirtschaftssubjekte die Möglichkeit haben Verträge nach ihren Vorstellungen abzuschließen. Dazu gehört das Recht, sowohl den Vertragspartner als auch den Inhalt frei zu wählen. ▷ **Offene Märkte:** Soll der Markt als Ausgleichs- und Koordinierungsmechanismus funktionieren, müssen alle Marktteilnehmer freien Zugang haben. Maßnahmen der Marktbegrenzung führen zur Ausschaltung von Konkurrenz und zu Wettbewerbsverzerrungen. ▷ **Konsumfreiheit:** Die Haushalte müssen die freie Wahl des Konsums haben und damit die Entscheidungsmöglichkeit darüber, was, von welchem Hersteller und in welcher Menge sie kaufen wollen. ▷ **Privateigentum:** Damit die Wirtschaftssubjekte frei entscheiden können, muss das Privateigentum an den Produktionsmitteln gewährleistet sein. Nur das Privateigentum ermöglicht z. B. einem Unternehmer die freie Wahl bei der Zusammenstellung der Produktionsfaktoren zur gewinnmaximalen Kombination. ▷ **Staat als Ordnungsinstanz:** Der Staat gewährleistet durch eine entsprechende Gesetzgebung die Rahmenbedingungen für eine Marktwirtschaft.

3 Zentralverwaltungswirtschaft

Grundelemente der Zentralverwaltungswirtschaft	▷ **Zentrale Planung der Erzeugung:** In der Zentralverwaltungswirtschaft wird zumeist eine zentrale Planbehörde eingerichtet, die den Gesamtplan und – daraus abgeleitet – die Detailpläne für die einzelnen Betriebe erstellt. Sie entscheidet, was, in welcher Menge und welcher Qualität zu welchem Preis von welchem Betrieb bis zu welchem Termin herzustellen ist. Die Planbehörde ist dabei auch an Rahmenbedingungen wie den Bedürfnissen der Menschen, der Rechtsordnung, den vorhandenen Rohstoffen und Arbeitskräften oder dem technischen Wissen gebunden. ▷ **Zentralgelenkter Verbrauch:** Im Extremfall wird jedem einzelnen Haushalt vorgeschrieben, welche und wie viel Güter er im Laufe einer Periode verbrauchen kann. Die Verteilung der Waren wird konsequent über Bezugsscheine geregelt. ▷ **Planrisiko:** Abweichungen zwischen den Herstellungsplänen und den Verbrauchsplänen können sich ergeben, wenn die Betriebe die Herstellungspläne nicht erfüllen oder völlig am Bedarf der Haushalte vorbeiproduzieren. Dieses Planrisiko trägt die Gesamtwirtschaft und damit die Gemeinschaft. ▷ **Bedarfsdeckungsprinzip:** Individuelle Wünsche können in einem zentralen Plan nicht erfüllt werden. Der Plan geht in seinen kollektivistischen Grundvorstellungen von den Grundbedürfnissen aller Menschen der Gemeinschaft aus. Erst wenn diese erfüllt sind, können die Betriebe zusätzliche Produkte herstellen.
Voraussetzungen der Zentralverwaltungswirtschaft	▷ **Unterordnung der Betriebe unter die öffentliche Verwaltung:** Die Betriebe in ihrer Produktion müssen den Anweisungen der zentralen Planbehörde Folge leisten. Sie sind verpflichtet die Lieferungen von anderen Betrieben als Vorleistungen entgegenzunehmen, gleich welcher Qualität diese Waren sind und zu welchen Verrechnungspreisen diese geliefert werden. Die Haushalte müssen die Waren annehmen, die sie auf Bezugsschein in den Läden erhalten, eine Auswahl haben sie nicht. Offene Märkte und das Prinzip der Konsumfreiheit gibt es in der Zentralverwaltungswirtschaft nicht. ▷ **Kollektiveigentum:** Das gesamte Produktivvermögen des Landes ist in Gemeineigentum. Individuelles Eigentum gibt es nicht mehr. Damit hat der Staat die gesamte Verfügungsgewalt über die Produktionsmittel. Nur so kann die zentrale Planbehörde den Betrieben die Produktionsmittel in der dem Plan entsprechenden Menge und Qualität zuweisen, damit diese die Leistungen des Plans erfüllen können. ▷ **Lenkungsfunktion des Staates:** Der Staat muss in einer Zentralverwaltungswirtschaft über sehr umfangreiche Machtbefugnisse verfügen. Nur so kann er sich gegenüber den Haushalten mit Verordnungen zum Konsum und gegenüber den Betrieben mit dem zentralen Herstellungsplan durchsetzen. Nur so kann er auch die Verfügungsgewalt über die Produktionsmittel beanspruchen und diesen Anspruch durchsetzen.

4 Problematik der Idealtypen der Wirtschaftsordnungen

Zentralverwaltungswirtschaft	
Probleme:	*Beispiele:*
Das Kollektivprinzip führt zum Verlust der Eigeninitiative der Wirtschaftssubjekte.	*Der Einzelne wird zum Befehlsempfänger degradiert und sieht sich zahlreichen Zwängen ausgesetzt. Seine individuelle Leistung wird nicht belohnt.*
Eine zentrale Planbehörde kann nicht die Bedürfnisse des Einzelnen erkennen.	*Es werden nicht die Waren produziert, die die Menschen sich wünschen, oder es werden Waren hergestellt, die die Haushalte gar nicht benötigen.*
Die staatlich festgelegten Preise verbergen die Tatsache der Knappheit der Güter.	*Güter, die preiswert sind, werden als nicht knapp empfunden. So führen z. B. niedrige Energiekosten dazu, dass Energie verschwendet wird.*
Die Produktionsfaktoren werden nach willkürlichen Gesichtspunkten eingesetzt. Lohnende Bereiche werden u. U. vernachlässigt.	*Schwerindustrie und bestimmte Bereiche der Konsumgüterindustrie (Grundversorgung) werden bevorzugt. Die Volkswirtschaft gerät auf bestimmten Gebieten langfristig in Abhängigkeit von ausländischer Technologie.*

Marktwirtschaft	
Mögliche Probleme:	*Beispiele:*
Die Unternehmen tendieren aufgrund des herrschenden Wettbewerbs zur Monopolisierung von Märkten.	*Der Wettbewerb verlangt eine möglichst rationelle Fertigung. Kleine Unternehmen fallen dabei aus dem Markt und werden von den anderen „aufgenommen".*
Das Privateigentum an Produktionsmitteln führt dazu, dass die Arbeitnehmer in einer schwächeren Position sind.	*Die Verfügungsgewalt über die Produktionsmittel ermöglicht es dem Unternehmer zu bestimmen, was, wo in welcher Weise produziert wird. Ein Arbeitnehmer muss sich dem Direktions- und Weisungsrecht fügen, will er nicht entlassen werden.*
Die konsequente Anwendung des erwerbswirtschaftlichen Prinzips führt zur Vernachlässigung bestimmter Bereiche der Gesellschaft.	*Eine Schule, eine Straße oder ein Museum wären aus erwerbswirtschaftlicher Sicht „Verlustobjekte", es sei denn, der Preis für die Benutzung würde Kosten und Gewinn abdecken. Das monatliche Schulgeld würde dann z. B. etwa 400,- € kosten.*
Der ausschließliche Wettbewerb über den Preis führt dazu, dass schwache Mitglieder der Gesellschaft an den Rand gedrängt werden.	*Bestimmte Güter in einer Volkswirtschaft sind immer mal wieder so knapp, dass sie einen hohen Preis am Markt erzielen. Einkommensschwache Gruppen könnten sich diese Güter dann nicht leisten, z. B. Wohnraum, Schule, ärztliche Versorgung.*

1 Begriff und Überblick

Begriff	***Die soziale Marktwirtschaft ist eine Wirtschaftsordnung, in der das Prinzip der Freiheit des Marktes (marktwirtschaftliche Komponente) mit dem Prinzip des sozialen Ausgleichs (soziale Komponente) verbunden wird. Das Prinzip des sozialen Ausgleichs ist dabei nur über marktkonforme Eingriffe des Staates in den Wirtschaftsprozess zu erreichen.*** Marktkonform bedeutet, dass keine Maßnahmen ergriffen werden dürfen, die den Marktmachanismus außer Kraft setzen.
Ziele	▷ Wirtschaftspolitische Ziele – Vollbeschäftigung – Preisniveaustabilität – angemessenes Wachstum – außenwirtschaftliches Gleichgewicht ▷ Sozialpolitische Ziele – soziale Sicherheit – gerechte Einkommensverteilung – gerechte Vermögensverteilung – gleiche Startchancen für alle Bürger des Staates – Mitbestimmung der Arbeitnehmer
staatliches Eingreifen	Die soziale Marktwirtschaft ist nur möglich, wenn die beiden Komponenten Wettbewerb und Konsumentensouveränität erhalten bleiben. Dem Staat kommt damit in der sozialen Marktwirtschaft die Aufgabe zu, den Markt zu *sichern,* zu *beeinflussen* und zu *regulieren* sowie die geeigneten *sozialpolitischen Maßnahmen* zu ergreifen um die Fehlentwicklungen der reinen Marktwirtschaft aufzufangen. ▷ **Erhaltung der Funktionsfähigkeit des Marktes** Erstes Ziel der Wirtschaftspolitik in einer sozialen Marktwirtschaft ist die Erhaltung der Funktionsfähigkeit des Marktes durch eine geeignete Ordnungspolitik. Diese Ziel kann nur durch geeignete Maßnahmen zur Erhaltung des Wettbewerbs erreicht werden *(s. S. 257).* ▷ **Beeinflussung und Regulierung des Marktgeschehens** Das zweite Ziel staatlicher Wirtschaftspolitik ist die Beeinflussung und Regulierung des Marktgeschehens durch wirtschaftliches Handeln des Staates. Das ist notwendig, weil die Fehlkoordination der Wirtschaftspläne von Haushalten und Unternehmen zu zyklischen Schwankungen (Konjunkturen) führt. Der Staat muss hier durch geeignete konjunkturpolitische und strukturpolitische Maßnahmen in das Marktgeschehen eingreifen *(s. S. 258f.).* ▷ **Aufbau eines Systems der sozialen Sicherheit** Das dritte Ziel staatlicher Politik ist der Aufbau eines geeigneten sozialen Systems, das in der Lage ist die durch die Marktwirtschaft aufgeworfenen Probleme zu lindern. Dieses Ziel wird durch geeignete Maßnahmen der Sozialpolitik erreicht *(s. S. 260).*

2 Erhaltung der Funktionsfähigkeit des Marktes

Wettbewerb	***Der Wettbewerb ist das Verhältnis von Marktteilnehmern zueinander, die auf einem Markt gleichartige Güter anbieten oder nachfragen. Die Aktionen der Anbieter führen zum Konkurrenzkampf untereinander.***
Wirkungsweise	▷ Der funktionierende Wettbewerb ermöglicht eine freie Preisbildung auf den Faktor- und den Gütermärkten. Da der Preis ein Gradmesser für die Knappheit eines Gutes ist, führt ein Überangebot zu sinkenden Preisen, ein zu geringes Angebot zu steigenden Preisen. Der Preis als Ergebnis des Wettbewerbs hat damit eine Signalfunktion. ▷ Jeder Marktteilnehmer sieht seinen eigenen Vorteil. Die Eigentümer von Produktionsfaktoren werden diese grundsätzlich an die Stellen lenken, wo sie den höchsten Ertrag erwirtschaften. Die Anbieter von Gütern werden diese Güter an diejenigen Marktteilnehmer verkaufen, die bereit sind die höchsten Preise dafür zu zahlen.
Problemstellungen	Einzelne Marktteilnehmer werden immer wieder gewollt oder ungewollt den freien Wettbewerb beschränken. *Beispiele:* ▷ *Unternehmen versuchen wirtschaftliche Macht durch die Konzentration von Unternehmen zu erlangen (Konzernbildung).* ▷ *Unternehmen sprechen sich zum Nachteil anderer Marktteilnehmer in ihren Aktionen ab oder vereinbaren vertraglich ein abgestimmtes Vorgehen im Markt (Kartellbildung).* ▷ *Unternehmen versuchen den von ihnen vertikal abhängigen Marktteilnehmern (z. B. Handelsunternehmen) ein bestimmtes Verhalten vorzuschreiben (z. B. in der Preisfestsetzung), oder sie versuchen, den Wettbewerb durch Maßnahmen des unlauteren Wettbewerbs einzuschränken (Boykott, Diskriminierung).* Neben diesen von Unternehmen ausgelösten Wettbewerbsbeschränkungen kann der Staat aus bestimmten Gründen den Wettbewerb völlig einschränken und Monopole gründen.
politische Maßnahmen	Der Staat kann durch eine geeignete Ordnungspolitik das Bestehen des Wettbewerbs sichern. ▷ Durch geeignete Gesetze werden Wettbewerbsbeschränkungen verboten, z. B. das Gesetz gegen den unlauteren Wettbewerb, das Gesetz gegen Wettbewerbsbeschränkungen (Kartellgesetz) sowie weitere Gesetze über Preisangaben, Preisnachlässe oder Zugaben. ▷ Das Bundeskartellamt als Behörde des Bundes hat den Auftrag die Einhaltung des Wettbewerbs zu überwachen und zu sichern. Alle geplanten Kartelle müssen entweder angemeldet werden oder genehmigt werden. Unternehmenszusammenschlüsse sind unter bestimmten Voraussetzungen vom Bundeskartellamt zu genehmigen (z. B. die Fusion von Großunternehmen im gleichen Markt).

3 Beeinflussung und Regulierung des Marktgeschehens

<table>
<tr><td>Ungleich-
gewichte</td><td colspan="2">Die Wirtschaft eines Landes entwickelt sich aufgrund der Mechanismen der Marktwirtschaft nicht gleichmäßig und störungsfrei. Es kommt zu Wachstumsstörungen und Marktungleichgewichten.
▷ Konjunkturelle Schwankungen stellen Veränderungen der gesamtwirtschaftlichen Aktivitäten im Zeitablauf dar. Gründe dafür liegen in unterschiedlich hohen gesamtwirtschaftlichen und einzelwirtschaftlichen Wachstumsraten (s. S. 203).
Beispiel: Die Wachstumsraten der Bundesrepublik Deutschland schwankten zwischen 1950 und 1990 erheblich. Während 1950 der Zuwachs des realen Bruttosozialprodukts 11,8 % betrug, wurde im Jahre 1975 ein Rückgang in Höhe von 1,3 % registriert.
▷ Arbeitslosigkeit wird durch konjunkturelle Schwankungen, schubweise Rationalisierungen in bestimmten Branchen oder die Umlenkung von Produktionsfaktoren in andere Branchen hervorgerufen (s. S. 201).
▷ Inflation oder Deflation sind Ausdruck von Unterschieden zwischen der vorhandenen Geldmenge in einer Volkswirtschaft und dem dieser Geldmenge gegenüberstehenden Güterangebot (s. S. 200).</td></tr>
<tr><td>Wirkungsweise</td><td colspan="2">▷ In einer Marktwirtschaft gestalten die Wirtschaftssubjekte ihre Pläne weit gehend individuell.
▷ Die Abstimmung dieser Pläne auf dem Markt geschieht jedoch nicht koordiniert und es kommt zu Störungen.
Beispiel: Eine dauerhaft hohe Nachfrage nach Gütern führt zu hohen Wachstumsraten und damit einem Ansteigen der Konjunktur. Nachlassende Nachfrage im Inland oder aus dem Ausland kann dagegen zu sinkenden Wachstumsraten führen und damit zu einem Absinken der Konjunktur.</td></tr>
<tr><td>politische
Maßnahmen</td><td>Konjunktur-
politik</td><td>Im Rahmen der Konjunkturpolitik sind Bund und Länder dazu verpflichtet, bei ihren wirtschafts- und finanzpolitischen Entscheidungen die Erfordernisse des gesamtwirtschaftlichen Gleichgewichts zu beachten. Nach dem Stabilitätsgesetz sind dabei folgende wirtschaftspolitische Ziele zu verfolgen:
▷ Vollbeschäftigung
▷ Preisniveaustabilität
▷ stetiges, angemessenes Wirtschaftswachstum
▷ außenwirtschaftliches Gleichgewicht.
Das Stabilitätsgesetz gibt den wirtschaftspolitischen Instanzen und Einrichtungen eine Reihe von Instrumenten zur globalen Konjunktur- und Wachstumssteuerung in die Hand. Dazu gehören die Fiskalpolitik der Bundesregierung und die Geldpolitik der EZB und der Deutschen Bundesbank (Näheres hierzu im Kapitel 14).</td></tr>
</table>

▶

politische Maßnahmen	**Strukturpolitik**	Die Wirtschaftsstruktur der Bundesrepublik ist nicht einheitlich. Während in einigen Regionen eine gesunde Mischung aus Industrie, Handel, Handwerk und Landwirtschaft zu beobachten ist, gibt es in anderen Regionen Strukturen, die einen Wirtschaftszweig zu stark betonen und folglich von diesem abhängig sind (z. B. Landwirtschaft in bestimmten Teilen Niedersachsens, Montanindustrie im Ruhrgebiet). Im Rahmen der Strukturpolitik kann der Staat durch den gezielten Einsatz von Subventionen ▷ strukturschwache Gebiete oder Branchen fördern, ▷ Umstrukturierungsprozesse in bestimmten Branchen fördern. *Beispiel: Der Staat hat die Möglichkeit, durch direkte Subventionen, durch Gewerbesteuererlass oder durch günstig zu erwerbende Grundstücke die Ansiedlung neuer Industrien zu fördern.*
Art der Maßnahmen	marktkonform	Die Maßnahmen, die der Staat ergreift, müssen in einer Marktwirtschaft in jedem Fall marktkonform sein. Eine Maßnahme ist dann marktkonform, wenn sie die Mechanismen des Marktes nutzt. *Beispiel: Das Angebot günstiger Grundstücke zur Industrieansiedlung ist ein Anreiz. Dieser kann von den Wirtschaftssubjekten aufgegriffen werden oder nicht. Sie haben dabei immer noch die Freiheit der Entscheidung.*
	nicht marktkonform	Der Staat darf keineswegs unmittelbar lenkend in das Marktgeschehen eingreifen. Das geschieht immer dann, wenn er die Handlungsmöglichkeiten der Marktteilnehmer unmittelbar einschränkt. *Beispiel: Angenommen, die Preise für Grundnahrungsmittel steigen überproportional an. Theoretisch könnte die Regierung einen Preisstopp verhängen. Diese Maßnahme ist nicht marktkonform, weil damit ein entscheidender Marktmechanismus außer Kraft gesetzt wird. Der Preis verliert seine Funktion als Gradmesser für die Knappheit der betreffenden Güter. Die niedrigen Preise bieten den Anbietern keinen Anreiz mehr, diese Güter herzustellen. Sie werden ihre Produktion einstellen, was die Knappheit noch erhöht. Die Wirtschaftssubjekte werden deshalb auf den Handel auf dem Schwarzmarkt ausweichen.* Marktkonforme Maßnahmen setzen an den Ursachen an, marktlenkende Maßnahmen verändern nur die Symptome.

4 System der sozialen Sicherheit

soziale Sicherung	***Unter sozialer Sicherung versteht man die vom Staat garantierte wirtschaftliche und soziale Existenzfähigkeit der Bürger in bestimmten vorhersehbaren und unvorhersehbaren Situationen, in denen fremde Hilfe notwendig ist.***
Wirkungsweise	▷ In rein marktwirtschaftlichen Ordnungen erfolgt die Aufteilung bzw. Umverteilung des Bruttoinlandsproduktes auf der Grundlage von Leistungen, die die einzelnen Wirtschaftssubjekte im Rahmen der Entstehung des BIP geleistet haben. ▷ Würde ausschließlich die Leistung als Verteilungsindikator herangezogen, dürfte jemand, der keine Leistung erbracht hätte, auch kein Geld bekommen *(„No work, no money!“)*. Alte, Kranke und Arbeitslose wären mithin auf das Almosen der restlichen Bevölkerung angewiesen. ▷ Die Maßnahmen zur sozialen Sicherung sind geeignet die soziale Komponente aus dem Begriffspaar „Soziale Marktwirtschaft“ zu verwirklichen, indem sie auch diejenigen am BIP teilhaben lassen, die keine oder nur wenig Leistungen erbringen. Die Leistungen an diese Bürger sind rechtlich legitimiert, d. h. sie basieren auf Gesetzen und sind damit keinesfalls das Resultat von Wohltätigkeitsveranstaltungen.
politische Maßnahmen	▷ Im Rahmen der **Einkommenspolitik** werden bei der Verteilung des BIP Komponenten wie Alter, Familienstand, Anzahl der Kinder oder Gesundheit berücksichtigt. *Beispiel: Durch den Splittingtarif werden Verheiratete bei der Zusammenveranlagung in der Einkommensteuer begünstigt.* ▷ Im Rahmen der **Vermögenspolitik** wird, z. T. durch fiskalische Maßnahmen, die Vermögensbildung in Arbeitnehmerhand gefördert. *Beispiel: Jemand, der ein großes Vermögen hat, muss dafür Vermögensteuer bezahlen. Kleine Vermögen bleiben unversteuert.* ▷ Die **Sozialpolitik** greift auf vielfältige Weise in das Geschehen ein und leistet so ihren Beitrag zur wirtschaftlichen und sozialen Existenzfähigkeit der Bürger: – Die **Sozialhilfe** umfasst u. a. die Sozialhilfe, die Arbeitslosenhilfe, die Jugendhilfe (Pflegegeld) und das Wohngeld. – Die Schaffung eines **Sozialversicherungssystems** mit Arbeitslosen-, Kranken-, Renten-, Pflege- und Unfallversicherung soll die soziale Stellung eines in Not geratenen Versicherten erhalten helfen und eine angemessene Lebensführung ermöglichen. Hierzu hat der Staat die gesetzlichen Grundlagen zu schaffen. – Sonstige **Versorgungsleistungen** beinhalten z. B. Kindergeld, Kriegsopferversorgung usw.

Aufgaben zu Kapitel 18

Idealtypen von Wirtschaftsordnungen → S. 252	1. Was versteht man unter einer Wirtschaftsordnung? 2. Welche beiden grundsätzlich unterschiedlichen Systeme (Idealtypen) gibt es in der Theorie? 3. Wirtschaftsordnungen haben die Voraussetzungen für wirtschaftliches Handeln in einer Gesellschaft zu schaffen. Welche Fragen müssen deshalb von jeder Wirtschaftsordnung geklärt werden? 4. Erläutern Sie die grundlegenden Vorstellungen des Individualprinzips und des Kollektivprinzips als geistige Grundlagen von Wirtschaftsordnungen. 5. Auf welchen Grundelementen basiert die Marktwirtschaft? 6. Welche Voraussetzungen müssen gegeben sein, damit sich die Marktwirtschaft entfalten kann? 7. Auf welchen Grundelementen basiert der Idealtyp der Zentralverwaltungswirtschaft? 8. Welche Voraussetzungen müssen für eine Zentralverwaltungswirtschaft erfüllt sein? 9. Vergleichen Sie die Grundelemente der Marktwirtschaft und der Zentralverwaltungswirtschaft miteinander. Zu welchen Ergebnissen kommen Sie? 10. Beide Idealtypen weisen Probleme auf. Schildern Sie diese an einigen Beispielen.
Soziale Marktwirtschaft → S. 256	11. Beschreiben Sie die soziale Marktwirtschaft als Wirtschaftsordnung der Bundesrepublik Deutschland. 12. Erläutern Sie die drei wichtigen Aufgaben, die der Staat im System der sozialen Marktwirtschaft zu erfüllen hat. 13. Welche Ziele werden in der Bundesrepublik Deutschland im Rahmen unserer Wirtschaftsordnung verfolgt? 14. Beschreiben Sie die Rolle des Wettbewerbs in der sozialen Marktwirtschaft und erläutern Sie, mit welchen politischen Maßnahmen der Staat versucht den Wettbewerb zu erhalten. 15. Der Markt tendiert nicht dazu, sich selbst zu stabilisieren. Welche politischen Maßnahmen kann der Staat ergreifen um regulierend und stabilisierend in das Marktgeschehen einzugreifen? 16. Was versteht man unter Strukturpolitik? 17. Unterscheiden Sie marktkonforme Maßnahmen des Staates im Gegensatz zu nicht-marktkonformen Maßnahmen. 18. Die Bundesrepublik Deutschland hat im Vergleich zu anderen Ländern ein hervorragendes System der sozialen Sicherheit. Was ist darunter zu verstehen? 19. Welche politischen Teilbereiche gehören zu einem System der sozialen Sicherheit? 20. Beschreiben Sie, auf welche Weise die Sozialpolitik in das wirtschaftliche Geschehen eingreift. 21. Welche Einzelmaßnahmen ergreift der Staat im Rahmen der Einkommens- und der Vermögenspolitik?

KAPITEL 19

1 Stationen auf dem Weg zur europäischen Integration

1951	Der Vertrag zur Gründung der **Europäischen Gemeinschaft für Kohle und Stahl (EGKS)** wird in Paris unterzeichnet. Die Mitgliedsstaaten der auch als **Montanunion** bezeichneten Vereinigung sind Belgien, die Bundesrepublik Deutschland, Frankreich, Italien, Luxemburg und die Niederlande.
1957	Die Verträge zur Gründung der **Europäischen Wirtschaftsgemeinschaft (EWG)** und der **Europäischen Atomgemeinschaft (EURATOM)** werden in Rom („Römische Verträge") durch die EGKS-Staaten unterzeichnet.
1969	Als Reaktion auf die EWG gründen die Staaten Dänemark, Großbritannien, Norwegen, Österreich, Portugal, Schweden und Schweiz die **Europäische Freihandelszone (EFTA).**
1967	Durch den Zusammenschluss von EGKS, EURATOM und EWG entsteht die **Europäische Gemeinschaft (EG).**
1968	Die EG einigt sich auf eine Zollunion. Sie schafft sämtliche Zölle zwischen den Mitgliedsstaaten ab und führt einen gemeinsamen Außenzoll ein.
1972	Die EG einigt sich auf einen europäischen **Wechselkursverbund.** Dieser gilt als Vorläufer des Europäischen Währungssystems.
1973	Dänemark, Irland und Großbritannien treten der EG bei.
1979	Das **Europäische Währungssystem (EWS)** wird in Kraft gesetzt.
1981	Griechenland tritt der EG bei.
1986	Spanien und Portugal treten der EG bei *(Europa der „zwölf").* Mit der Unterzeichnung der „Einheitlichen Europäischen Akte" wird die erste umfassende Reform der EG-Verträge eingeleitet.
1992	Der Vertrag über die Gründung der **Europäischen Union (EU)** wird in Maastricht unterzeichnet. Mitgliedsländer sind die 12 EG-Staaten. Dieser Vertrag ist die zweite bedeutende Reform der EG-Verträge.
1993	Am 01.01. treten die Regelungen über den **Europäischen Binnenmarkt** in Kraft. Am 01.11. haben alle Mitgliedsländer des Vertrages von Maastricht die EU-Verträge ratifiziert. Damit ist die Europäische Union gegründet.
1994	Das **Europäische Währungsinstitut** wird als Vorstufe einer Europäischen Zentralbank gegründet. Der **Europäische Wirtschaftsraum (EWR)** wird durch den Zusammenschluss von Europäischer Union und sechs EFTA-Staaten zu einem gemeinsamen Binnenmarkt verwirklicht.
1998	Gründung der Europäischen Zentralbank mit Sitz in Frankfurt
1999	Start der Europäischen Wirtschafts- und Währungsunion am 1.1.99 für 11 Mitgliedsländer; Beginn des Euro als Währungseinheit

In Diskussionen werden von Gegnern der europäischen Integration vor allem folgende Kritikpunkte angeführt:

- ▷ Die weitere Einigung führt zu einem riesigen Zentralstaat Europa. Die Einzelstaaten werden dadurch immer mehr entmachtet. Die Macht der „Zentrale Brüssel" ist nicht mehr zu kontrollieren.
- ▷ Es besteht die Gefahr des Verlustes der nationalen Identität.
- ▷ Eine gemeinsame Währung wird durch Einflüsse der wirtschaftlich schwächeren Partner nicht mehr so stabil sein wie etwa der Gulden oder die DM.
- ▷ Europa ist zu teuer. Die Existenz und der weitere Aufbau einer umfassenden Bürokratie verschlingt mehrstellige Milliardenbeträge.

Diesen Kritikpunkten stehen folgende Argumente für eine Integration gegenüber:

wirtschaftliche Gründe	▷ gesamtwirtschaftliche Vorteile: – höhere Wachstumsraten des Bruttoinlandsproduktes – positive Impulse für den Arbeitsmarkt ▷ Vorteile der Unternehmen: – Erweiterung der Produktionskapazitäten verbunden mit einer günstigeren Herstellung der Produkte durch größere Märkte – Kooperation von Unternehmen aus verschiedenen Ländern ▷ außenwirtschaftliche Vorteile: – Verbesserung der europäischen Position auf dem Weltmarkt – Minderung des internationalen Wettbewerbdrucks
außenpolitische Gründe	▷ verbesserte Beiträge zur Lösung internationaler Konflikte und bessere Abstimmung bei der Leistung humanitärer Hilfe ▷ Rückhalt für die neuen Demokratien in Osteuropa bei der Festigung der demokratischen Strukturen ▷ wirksamere Hilfe für die Entwicklungsländer beim Aufbau neuer wirtschaftlicher und sozialer Strukturen
innenpolitische Gründe	▷ zufrieden stellendere Regelung des Asyl- und Einwanderungsrechts ▷ wirksamere Bekämpfung des länderübergreifenden Drogenhandels und des international operierenden organisierten Verbrechens
sozialpolitische Gründe	▷ Ausgleich der z. T. krassen wirtschaftlichen Unterschiede zwischen armen und reichen Regionen (Regionalpolitik) ▷ länderübergreifende Hilfe für sozial schwache Bevölkerungsgruppen zum Abbau sozialer Spannungen (Sozialpolitik)
ökologische Gründe	▷ abgestimmtes Verhalten bei der Reduzierung von zumeist grenzüberschreitenden Schadstoffen in Luft und Wasser ▷ international gültige Vorschriften im Umweltrecht ▷ wirksamere politische Instrumente zur Verbesserung des Umweltbewusstseins und zur Verbesserung des Umweltschutzes
sonstige Gründe	▷ Freizügigkeit für das Wohnen, Studieren, Arbeiten und Reisen ▷ EU-weite internationale Gewerbefreiheit ▷ Senkung der Ressentiments gegen Ausländer durch multikulturelle Einflüsse und grenzüberschreitende menschliche Verbindungen

Organe	Wie jede nationale Verfassung, so besitzt auch die Europäische Union eine Reihe von Organen, die sich ihre Arbeit im Rahmen von gesetzgebender Gewalt (Legislative), ausführender Gewalt (Exekutive) und rechtsprechender Gewalt aufteilen.	
	Europäischer Rat (Rat der Staats- und Regierungschefs)	Er setzt sich aus den Staats- und Regierungschefs der Mitgliedsstaaten sowie aus dem Präsidenten der Europäischen Kommission zusammen. Er hat eine zentrale Rolle bei der zukunftsweisenden Gestaltung der EU und ist weisungsberechtigt gegenüber dem Ministerrat. Einmal pro Halbjahr findet ein Treffen statt.
	Europäisches Parlament	Das Europäische Parlament mit Sitz in Straßburg besteht aus Abgeordneten, die in den einzelnen Ländern gewählt worden sind. Es hat nur einen geringen bis mittleren Einfluss auf die Gesetzgebung durch abgestufte Rechte der Anhörung, Konzertierung (Beratung), Zustimmung, Zusammenarbeit und Mitentscheidung.
	Europäischer Ministerrat (Rat der Europäischen Union)	Der Europäische Ministerrat ist das gesetzgebende Organ. In die Ratssitzungen werden die jeweils zuständigen Fachminister der nationalen Regierungen entsandt. In diesem Gremium vertreten die einzelnen Staaten durch ihre Ressortminister ihre nationalen Interessen. Hier muss ein Kompromiss gefunden werden zwischen dem „europäischen" Entwurf der Kommission und den unterschiedlichen nationalen Wünschen und Pflichten der einzelnen Länder.
	Europäische Kommission	Die Europäische Kommission mit Sitz in Brüssel ist ein überstaatliches Organ. Sie gilt allgemein als Exekutivorgan der EU. Ihre Mitglieder werden alle vier Jahre von den Regierungen der Mitgliedsländer ernannt. Sie verfügen je nach Sachverhalt abgestuft über das Recht zur Initiative, zur Exekutive und zur Kontrolle.
	Europäischer Gerichtshof	Der Europäische Gerichtshof mit Sitz in Luxemburg sorgt für die Einhaltung und Durchsetzung des Gemeinschaftsrechts. Ein Mitgliedsland kann z. B. dazu verklagt werden, eine EG-Richtlinie einzuhalten. Die Urteile sind verbindlich.
	Europäischer Rechnungshof	Um sicherzustellen, dass die Einnahmen der EG aus den Transferzahlungen der Mitgliedsstaaten möglichst wirkungsvoll ausgegeben werden, werden die Ausgaben der EG vom Rechnungshof auf Rechtmäßigkeit, Ordnungsmäßigkeit und Wirtschaftlichkeit überprüft.

▶

Übertragung von Hoheitsrechten

Jeder Staat besitzt bestimmte Hoheitsrechte, z. B. das Recht Verstöße gegen Gesetze zu verfolgen (Polizeigewalt) oder sich zu verteidigen (Wehrhoheit). Durch die Integration Europas müssen die einzelnen Staaten jedoch Hoheitsrechte abtreten, soll der entstehende Staatenverbund selbst nicht unverbindlich und wirkungslos bleiben. Drei wesentliche Stufen sind zu unterscheiden:

Koordinierung	Sie ist die mildeste Form der Übertragung von Hoheitsrechten. Die Staaten verpflichten sich gegenseitig, sich in genau abgestimmten Bereichen gegenseitig zu unterrichten und ihre Handlungsweisen aufeinander abzustimmen.
Kooperation	Sie beinhaltet eine vertraglich vereinbarte Zusammenarbeit der Regierungen in genau abgegrenzten Bereichen. Beschlüsse von Gesetzeskraft müssen gemeinsam gefasst werden, sind dann allerdings für alle Mitglieder bindend.
Integration	Sie stellt die höchste Form der Übertragung von Hoheitsrechten dar: Die nationalen Regierungen übertragen vertraglich gesetzgebende und exekutive Rechte auf gemeinsame Organe, z. B. den Ministerrat oder die Kommission. Diese machen nun eine gemeinsame, verbindliche Politik.

Gesetzgebung in der EU

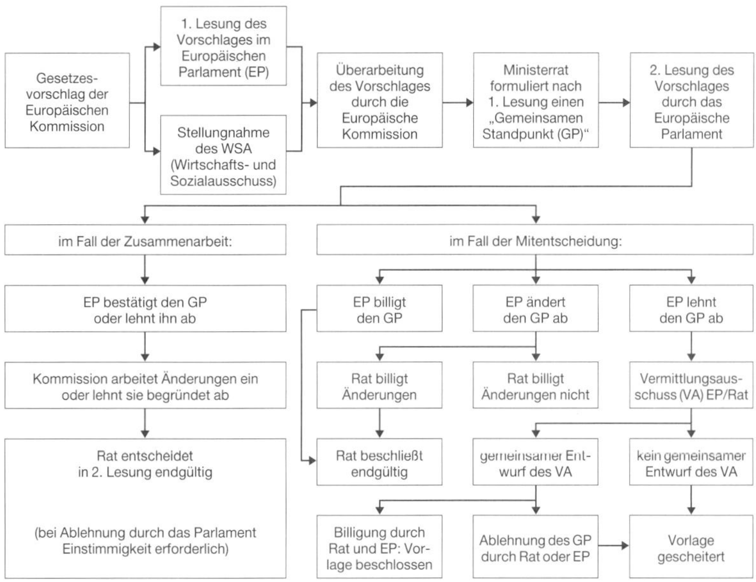

Aktueller Stand der EU-Mitgliedschaften

(Stand 1999)	Wirtschafts-wachstum in %	Arbeits-losigkeit in %	Staatsver-schuldung in % des BIP	Inflations-rate in %	Teilnahme EWWU (Tauschwert für 1 EURO)
Belgien	2,7	9,2	122,2	1,4	40,43 BEL
Dänemark	2,9	6,1	65,1	1,9	keine Teiln.
Deutschland	2,2	9,7	61,3	1,4	1,96 DEM
Finnland	5,9	14,0	55,8	1,3	5,96 FIM
Frankreich	2,4	12,4	58,0	1,2	6,57 FF
Griechenland	3,5	9,6	108,7	5,2	keine Teiln.
Großbritannien	10	7,1	53,4	1,8	keine Teiln.
Irland	1,5	10,2	66,3	1,2	0,79 IEP
Italien	4,1	12,1	121,6	1,8	1.940,4 ITL
Luxemburg	3,3	3,7	6,7	1,4	40,43 LUF
Niederlande	2,5	5,2	72,1	1,8	2,21 NLG
Österreich	3,8	4,4	66,1	1,1	13,79 ATS
Portugal	1,8	6,8	62,0	1,8	200,90 PTE
Schweden	3,4	10,2	76,6	1,9	keine Teiln.
Spanien	3,4	20,8	68,8	1,8	166,74 ESP

Europäischer Agrarmarkt (Gemeinsame Agrarpolitik GAP)

Ziel des europäischen Agrarmarktes war und ist es, die Produktivität der Landwirtschaft zu erhöhen, das Pro-Kopf-Einkommen in der Landwirtschaft zu erhöhen, die Märkte zu stabilisieren und von Weltmarktentwicklungen unabhängig zu machen. Dies geschieht mit folgenden Mitteln:

- ▷ Die **Markteinheit durch Marktordnung** sieht Mindestpreise für Agrarprodukte vor. Damit werden sowohl Preisstürze bei hohen Ernten als auch Preisexplosionen bei Missernten verhindert. Entsprechende Überschüsse oder Mindermengen werden durch eine staatliche Vorratshaltung ausgeglichen.
- ▷ Die **Gemeinschaftspräferenz** sieht vor, dass Agrareinfuhren aus Ländern außerhalb der EU nicht zu Preisen verkauft werden dürfen, die unter den Mindestpreisen liegen. Die Preisdifferenz zwischen den Preisen der eingeführten Waren und den EU-Agrarpreisen wird durch entsprechende Gebühren abgeschöpft.
- ▷ Die **finanzielle Solidarität** sieht vor, dass die Kosten der Marktordnung durch einen gemeinsamen Fond aus Eigenmitteln der EU finanziert werden, unabhängig davon, ob jedes Land genauso viel aus dem Fond erhält, wie es für die EU kassiert hat.
- ▷ Die **Mengenbeschränkung** ergänzt das System der Marktordnung. Es wird versucht, die durch das System garantierter Preise entstehende Überschussproduktion zu vermindern. Dazu dienen u. a. Schlachtprämien für Kühe zur Verminderung der Milchproduktion, Stilllegungsprämien für landwirtschaftliche Anbauflächen sowie Quotenregelungen für den Ankauf zu Interventionspreisen.

Kritiker halten dennoch dem Argrarmarkt entgegen, dass die Marktordnung zu subventionierten Überschüssen führt, dass die Verwertung der Überproduktion im internationalen Handel Spannungen verursacht und letztlich durch die Marktordnung nur Großbetriebe begünstigt werden.

Europäischer Binnenmarkt	Während bis zum 31.12.1992 ein Handel zwischen Wirtschaftssubjekten aus unterschiedlichen Ländern der EU als Außenhandel bezeichnet wurde, gilt dies seit dem 1.1.1993 als Binnenhandel *(„innergemeinschaftliche Lieferung“).* Der Europäische Binnenmarkt verwirklicht den freien Verkehr von Waren, Personen, Dienstleistungen und Kapital. Folgende wichtige Regelungen mussten hierfür geschaffen werden: ▷ Harmonisierung der unterschiedlichen Mehrwertsteuersätze; ▷ Einführung eines Meldesystems für mehrwertsteuerpflichtige Unternehmen anstelle der früher üblichen Grenzkontrollen; ▷ Festlegung von Mindestvorschriften für Waren um die „technischen Schranken“ im Warenverkehr aufzuheben (z. B. Einfuhrverbot für Bier, das nicht dem deutschen Reinheitsgebot entspricht; Einfuhrverbot für bestimmte Teigwaren in Italien); ▷ Aufhebung der Personen- und Zollkontrollen an den Grenzen („Schengener Abkommen“); ▷ schrittweise Aufhebung der mengenmäßigen Beschränkungen im grenzüberschreitenden Transportwesen (Kabotage); ▷ Aufhebung der Beschränkungen im Kapital- und Zahlungsverkehr.
Europäischer Sozialraum	Eine zunehmende wirtschaftliche Integration Europas setzt voraus, dass flankierend geeignete soziale Maßnahmen geschaffen werden um unterschiedliche Regionen und Wirtschaftszweige sozialverträglich anzugleichen sowie unterschiedliche arbeits- und tarifvertragliche Regelungen anzupassen. ▷ In der **Sozialcharta** hat der Europäische Rat 1989 Mindestrechte für die Arbeitnehmer gefordert, u. a. das Recht auf freie Berufsausübung im gesamten EU-Raum, Anspruch auf bezahlten Jahresurlaub und wöchentliche Ruhezeiten, das Recht, Mitglied einer Gewerkschaft zu werden sowie das Recht auf Information, Mitsprache und Mitwirkung im Betrieb. Großbritannien ist dieser Sozialcharta nicht beigetreten. ▷ In einem **Sozialabkommen** haben die EU-Staaten in Maastricht festgelegt, dass der Ministerrat Mindestvorschriften erlassen kann um die Ziele der Sozialcharta zu verwirklichen. Auch diesem Abkommen ist Großbritannien nicht beigetreten.
Gemeinsame Außen- und Sicherheitspolitik (GASP)	Die wirtschaftliche und soziale Integration Europas verlangt nach einer abgestimmten Außen- und Sicherheitspolitik. Im Vertrag über die Europäische Union haben die Mitgliedsstaaten vereinbart sich um eine gemeinsame Außen- und Sicherheitspolitik zu bemühen und möglichst gemeinsam Beschlüsse zu fassen. Das heißt jedoch nicht, dass alle Beschlüsse der GASP grundsätzlich für alle Staaten verbindlich sind.
Westeuropäische Union (WEU)	Die WEU wurde 1948 durch den „Brüsseler Vertrag“ gegründet. Inzwischen nehmen alle EU-Staaten sowie alle europäischen Nato-Partner an der Arbeit der WEU teil. Die WEU wurde als Verteidigungskomponente der EU und als Mittel zur Stärkung des europäischen Pfeilers der NATO entwickelt. Zu diesem Zweck soll sie eine gemeinsame Verteidigungspolitik formulieren.

▶

Europäische Wirtschafts- und Währungsunion EWWU	Die Mitgliedsstaaten der EU haben sich vertraglich verpflichtet ihre Wirtschaftspolitik aufeinander abzustimmen *(»Angelegenheit von gemeinsamem Interesse«)*. Zu diesem Zweck wurde ein 3-Stufen-Plan entwickelt. **1. Stufe: (1990 bis 1993)** In dieser Stufe begann der freie Kapitalverkehr und die Staaten der EU stimmten ihre jeweilige Wirtschaftspolitik aufeinander ab, um eine größere Anpassung der wirtschaftlichen Ergebnisse zu erzielen. In diese Phase fiel auch der Beginn des Binnenmarktes. **2. Stufe: (1994 bis 1998)** In dieser Phase mussten sich alle EU-Staaten bemühen bestimmte Aufnahmebedingungen zu erfüllen (»Konvergenzkriterien«): – **Preisstabilität:** Die Verbraucherpreise dürfen nicht mehr als 1,5 % über dem Durchschnitt der Teuerungsrate der drei preisstabilsten Länder der EU liegen. – **Haushaltsdisziplin:** Das Haushaltsdefizit eines Staates darf maximal 3 %, die Staatsverschuldung maximal 60 % des Bruttoinlandsproduktes betragen. – **Zinsniveau:** Die Zinsen für langfristige Kredite dürfen nicht höher als 2 % über dem Durchschnitt der preisstabilsten Länder liegen. – **Währungsstabilität:** Die Währung muss in den letzten zwei Jahren vor Eintritt in die Währungsunion gegenüber den anderen EU-Währungen stabil bleiben. **3. Stufe: (1999 bis 2002)** Die Europäische Zentralbank (EZB) nahm am 1.1.1999 ihre Arbeit auf. Mit Beginn dieser Stufe wurde festgelegt, in welchem Verhältnis jede Landeswährung in EURO eingetauscht wird (s. S. 266). Dieser Kurs bleibt bestehen. Damit ist die EWWU geschaffen. Ab 1.1.2002 werden in den Ländern der EWWU EURO-Noten ausgegeben. Damit ist die Währungsunion vollendet. Ebenfalls am 1.1.1999 trat der in Amsterdam vom Europäischen Rat beschlossene und vom Europäischen Parlament verabschiedete Stabilitäts- und Wachstumspakt in Kraft. Er soll eine dauerhafte Stabilitätsorientierung der in dieser Phase in nationaler Kompetenz verbleibenden Finanzpolitik erreichen.
Agenda 2000	Eine aktuelle Anpassung der Europäischen Politik stellt die Agenda 2000 dar. Das ist ein Bündel von Maßnahmen zur Reform der Agrar-, Struktur- und Haushaltspolitik für den Zeitraum von 2000 bis 2006. – Der Finanzrahmen sieht eine mäßige Steigerung des EU-Haushaltes vom derzeitigen Niveau von 87 Mrd. € (1999) auf 103,5 Mrd. € (2006) vor. – Man geht von einem Beitritt der Bewerberstaaten (u. a. Polen, Ungarn, Tschechien) ab 2002 aus. – Die Agrarausgaben sollen real auf dem derzeitigen Stand von 40,5 Mrd. € (1999) eingefroren werden. Zu diesem Zweck sollen die Agrarsubventionen schrittweise gesenkt werden. – Die Mittel für die Strukturpolitik werden auf 195 Mrd. € festgesetzt; die Strukturhilfen für den sozialen und wirtschaftlichen Zusammenhalt in der EU sollen künftig jedoch stärker zusammengefasst werden.

Stationen auf dem Weg zur europäischen integration → *S. 262*	1. Wer sich mit der europäischen Integration befasst, muss mit den Kürzeln leben. Erklären Sie die Abkürzungen EGKS, EWG, EG, EU und bringen Sie die dahinter stehenden Bezeichnungen in einen geschichtlichen Zusammenhang. 2. Was ist die EFTA und in welchem Verhältnis steht sie zur EU? 3. Welche Länder zählen zu den Gründungsmitgliedern der EU?
Gründe für die europäische Integration → *S. 263*	4. Die Gegner der europäischen Integration führen eine Reihe von Argumenten an, die die Nachteile eines vereinigten Europas herausstellen. Welche Hauptargumente zählen dabei eine Rolle? 5. Begründen Sie anhand von je zwei Argumenten, welche wirtschaftlichen Vorteile die europäische Integration für den einzelnen Bürger, für die Unternehmen und für die einzelnen Volkswirtschaften hat. 6. Nennen Sie je zwei außen- und innenpolitische Gründe für die europäische Integration. 7. Welchen praktischen Nutzen kann der einzelne Bürger aus der Durchlässigkeit der europäischen Grenzen ziehen?
Organe und Gesetzgebung der Europäischen Union → *S. 264*	8. Unterscheiden Sie: Europäischer Rat, Europäischer Ministerrat, Europäische Kommission. Welche Aufgaben haben diese Organe? 9. Welchen Einfluss hat das Europäische Parlament auf das Gesetzgebungsverfahren der EU? 10. Welche Organe sind maßgeblich an der Gesetzgebung der EU beteiligt? 11. Beschreiben Sie die Bedeutung des Europäischen Gerichtshofes. 12. Ein Problem im vereinten Europa stellt die Übertragung von Hoheitsrechten der einzelnen Mitgliedsstaaten an die EU als Institution dar. Erläutern Sie, in welchen abgestuften Formen dies geschehen kann.
Ergebnisse und Perspektiven der europäischen Integration → *S. 266*	13. Welche Ziele verfolgt der Europäische Agrarmarkt? 14. Erläutern Sie die Mittel, mit denen die Ziele des Agrarmarktes erreicht werden sollen. 15. Seit dem 1. 1. 1993 existiert der Europäische Binnenmarkt. Was ist darunter zu verstehen? 16. Erläutern Sie unter dem Stichwort „Harmonisierung" einige wichtige Voraussetzungen, die für den Europäischen Binnenmarkt erfüllt sein mussten. 17. Was ist im Rahmen der Wirtschafts- und Währungsunion unter dem Begriff „Konvergenzkriterien" zu verstehen? 18. Welche Vorschläge macht die Agenda 2000?

KAPITEL 20

1 Internationaler Währungsfonds IWF

Begriff	***Der Internationale Währungsfonds IWF (engl.: International Monetary Fund IMF) ist eine Sonderorganisation der UNO, die gemeinsam mit der Weltbank 1945 gegründet wurde.*** Gegründet wurde der IWF aufgrund der 1944 in Bretton Woods abgehaltenen Konferenz zur Neuordnung der internationalen Währungssituation. Der IWF strebt eine enge Zusammenarbeit der Mitgliedsländer auf währungspolitischem Gebiet an. Inzwischen sind mehr als 160 Staaten Mitglieder dieser Einrichtung. Der Sitz des IWF ist Washington/USA.
Ziele und Aufgaben	▷ Stabilisierung des internationalen Währungssystems durch jederzeitige Austauschbarkeit der Währungen (Konvertibilität) ▷ Förderung der Zusammenarbeit auf dem Gebiet der internationalen Währungspolitik ▷ Aufrechterhaltung der Währungsbeziehungen zwischen den Mitgliedstaaten und der Stabilität der Währungen ▷ Einrichtung eines internationalen Zahlungssystems für die Abwicklung laufender Transaktionen zwischen den Mitgliedstaaten ▷ Beseitigung von Devisenverkehrsbeschränkungen ▷ Unterstützung der Mitglieder bei der Behebung von Zahlungsbilanzungleichgewichten durch die Bereitstellung von kurzfristigen Krediten aus Fondsmitteln ▷ ständige Information und Beratung der Mitglieder
Funktionsweise	▷ Jedem Mitgliedsland ist eine Kapitalquote zugewiesen, nach der sich sein Stimmrecht im Fonds, seine Bareinlage, sein Recht auf Inanspruchnahme von Krediten und seine Pflicht zur Gewährung von Krediten bemisst. ▷ Der Anteil eines jeden Mitgliedslandes wird in **Sonderziehungsrechten** ausgedrückt. Diese Währungseinheit ist eine Kunstwährung und ergibt sich aus dem gewichteten Durchschnitt der fünf wichtigsten internationalen Währungen.
Problemfelder	▷ Zentrales Problem war in den 80er-Jahren und bleibt in den 90er-Jahren die Bewältigung der Schuldenkrise der Entwicklungsländer. Diese Länder sind im Wesentlichen die Kreditnehmer des IWF. *Siehe hierzu auch Kapitel 21.* ▷ In den letzten Jahren nahmen die Konflikte zwischen den armen und den reichen Nationen zu, weil der IWF die Vergabe von Mitteln aus dem Fonds an Bedingungen für die jeweilige Wirtschaftspolititk des Empfängerlandes knüpfte. Damit will der IWF unmittelbar in die Stabilitätspolitik der jeweiligen Regierungen eingreifen. Diese Vorgehensweise wird von den Entwicklungsländern als Bevormundung empfunden. ▷ Kritisiert wird ferner, dass der IWF durch die Bindung des Stimmrechts an die Fondsanteile von den westlichen Industrienationen beherrscht wird.

Begriff	***Die Internationale Bank für Wiederaufbau und Entwicklung (engl.: International Bank for Reconstruction and Development IBRD), kurz Weltbank genannt, ist eine Sonderorganisation der UNO und wurde 1944 zusammen mit dem Internationalen Währungsfonds gegründet.*** Die Weltbank nahm ihre Arbeit im Jahre 1946 auf. Ihr Hauptaufgabengebiet liegt in den Entwicklungsländern und seit Anfang der 90er-Jahre in den Ländern des früheren Ostblocks. Die Mitgliedschaft in der Weltbank setzt die Mitgliedschaft im Internationalen Währungsfonds voraus.
Ziele und Aufgaben	▷ Förderung des Wiederaufbaus der Mitgliedsstaaten ▷ Unterstützung von Kapitalanlagen für produktive Zwecke ▷ Erleichterung und Förderung der Investitionstätigkeit ▷ Einwirkung auf eine ausgewogene Ausdehnung des internationalen Handels unter angemessener Beteiligung der Entwicklungsländer ▷ Aufrechterhaltung des Gleichgewichts der Zahlungsbilanzen der Mitgliedsländer
Verfahrensweise	▷ **Kapitalherkunft:** Die Mittel der Weltbank stammen aus eigenen Mitteln (Einlagen der Mitgliedsländer) sowie aus Krediten, die auf dem internationalen Kapitalmarkt aufgenommen werden. ▷ **Kapitalverwendung:** Die Mittel werden als Darlehen langfristig vergeben, und zwar mit einer Laufzeit von bis zu 25 Jahren. – Projektgebundene Mittel werden zu marktkonformen Zinssätzen an die Regierungen der Mitgliedsländer ausgegeben, an Privatunternehmen nur gegen eine entsprechende Regierungsgarantie. – Subventionierte Mittel können zu günstigen Zinssätzen vergeben werden, wenn das Empfängerland bestimmte Voraussetzungen im Rahmen seiner Wirtschaftspolitik schafft, z. B. Reduzierung der Geldmenge zur Stabilisierung des Preisniveaus.
Tochtergesellschaften	▷ Die **Internationale Finanz-Gesellschaft** *(engl.: International Finance Corporation IFC)* wurde 1956 mit dem Ziel gegründet projektgebundene Finanzierungen zu Marktbedingungen durchzuführen. ▷ Die **Internationale Entwicklungsgesellschaft** *(engl.: International Development Agency IDA)* wurde 1962 gegründet um subventionierte Kredite (z. T. zinslos) an die Entwicklungsländer zu vergeben. Die Weltbank, der IWF, die IDA und die IFC werden heute zur so genannten Weltbankgruppe zusammengefasst.
Problemfelder	▷ Zahlreiche Projekte der Weltbank schlagen fehl. So geht aus dem Report der Kontrollkommission von 1992 hervor, dass etwa 30 % der 1991 abgeschlossenen Projekte gescheitert sind. Der Bericht macht dafür mangelnde Projektkontrolle und Bürokratie verantwortlich. ▷ Obwohl nach eigenen Angaben der Weltbank nahezu die Hälfte der von ihr finanzierten Projekte dem Umweltschutz dienen, kritisieren internationale Umweltschutzorganisationen zahlreiche Großprojekte wegen der verheerenden Folgen für die Ökologie, so z. B. die Finanzierung des Sardar-Sarovar-Staudamms in Indien.

Begriff	***Die Welthandelsorganisation (World Trade Organization) WTO soll die internationalen Handelsbeziehungen zwischen den Mitgliedsstaaten innerhalb bindender Regelungen organisieren.*** Während die WTO ursprünglich als multilaterales Handelsabkommen 1947 zwischen 23 Staaten abgeschlossen wurde, hat sie heute den Charakter einer Sonderorganisation der UNO mit Sitz des Sekretariates in Genf. Vorläufer der WTO war bis 1994 das GATT.
Ziele und Aufgaben	▷ Förderung des Wohlstands der Mitgliedstaaten durch Intensivierung des internationalen Güteraustausches ▷ Abbau der Zölle und der nicht-tarifären Handelshemmnisse ▷ Schlichtung von Handelskonflikten zwischen einzelnen Ländern oder Wirtschaftsgemeinschaften ▷ Einführung von Importbeschränkungen eines Landes nur nach gemeinsamer Beratung
Prinzipien	Aus der Erkenntnis, dass nur ein freier Welthandel den Wohlstand der Nationen insgesamt erhöhen kann, folgt das GATT in seinen Beschlüssen folgenden Prinzipien: ▷ *Gegenseitigkeit:* Länder, denen von anderen GATT-Staaten Vergünstigungen eingeräumt werden, müssen gleichwertige Gegenleistungen erbringen. ▷ *Liberalisierung:* Kein Mitgliedsland soll Handelsschranken einführen. ▷ *Nicht-Diskriminierung:* Die **Meistbegünstigungsklausel** besagt, dass alle Vorteile, die ein Staat einem anderen Staat gewährt, auf alle WTO-Mitgliedstaaten ausgeweitet werden sollen. Dahinter steckt der Gedanke, dass sich bestimmte Staaten keine Vorteile durch bilaterale Verträge verschaffen sollen.
Verhandlungs-runden und ihre Ergebnisse	▷ Der *„Kennedy-Runde“* von 1964 bis 1967 gelang es zwar, die Zölle international um etwa ein Drittel zu senken, doch an ihre Stelle traten in den folgenden Jahren in zunehmendem Maße andere Handelshemmnisse in Form von Quoten und Importbegrenzungen. ▷ Die *„Nixon-Runde“* (auch „Tokio-Runde“ genannt) von 1973 bis 1979 hatte es sich zum Ziel gemacht, die Bedingungen der Entwicklungsländer für die Teilnahme am internationalen Handel zu verbessern. Dies sollte durch allgemeine Zollpräferenzen erfolgen. Die Industrieländer sollten den Entwicklungsländern, abweichend von der Meistbegünstigungsklausel, durch einen weitgehenden Abbau von Zollschranken ihre Märkte öffnen. ▷ Die *„Uruguay-Runde“* verhandelte von 1986 bis 1993. Sie unterwarf den GATT-Regeln den Handel mit Dienstleistungen aller Art. Eines der größten Probleme dieser Runde war der Streit zwischen Amerikanern und Europäern über die Agrarsubventionen. Ende 1993 konnte jedoch ein Durchbruch erzielt werden, von dem in den kommenden Jahren starke Wachstumsimpulse für die Weltwirtschaft erwartet werden. ▷ Seit 1996 wurden Abkommen zur Liberalisierung des Handels in den Bereichen Telekommunikation, Informationstechnologie und Finanzdienstleistungen geschlossen.

Begriff	***Die Organisation für wirtschaftliche Zusammenarbeit und Entwicklung (engl.: Organization for Economic Cooperation and Development OECD) ist ein 1961 gegründeter Zusammenschluss der westlichen Industriestaaten zur Koordinierung ihrer Wirtschaftspolitik und zur Zusammenarbeit bei der Entwicklungshilfe.*** Die OECD hat ihren Sitz in Paris. Sie ist die Nachfolgeorganisation der Organisation für europäische wirtschaftliche Zusammenarbeit OEEC. Ihr gehören 24 Staaten an. Die EU beteiligt sich an allen Arbeiten der OECD. Die OECD mit ihren Mitgliedstaaten tritt in internationalen Konferenzen meist geschlossen auf. Wegen der Wirtschaftskraft ihrer Mitglieder („Klub der Reichen“) spielt sie dabei häufig eine entscheidende Rolle.
Ziele und Aufgaben	▷ Der Schwerpunkt der Arbeit liegt in der Koordinierung der Wirtschaftspolitik der Mitglieder, insbesondere der Konjunktur- und Währungspolitik. ▷ Ein zweiter Aufgabenschwerpunkt liegt in der Koordinierung der Entwicklungshilfe der angeschlossenen Länder mit dem Ziel, ein angemessenes Wachstum in den Entwicklungsländern zu sichern. Zur Verwirklichung dieser Ziele übernimmt die OECD folgende Einzelaufgaben: ▷ Erstellung von Empfehlungen für die Wirtschaftspolitik der nationalen Regierungen; ▷ Förderung des Wirtschaftswachstums und der Produktivität der angeschlossenen Länder; ▷ Liberalisierung des Außenhandels durch den Abschluss von multilateralen Handelsabkommen; ▷ Herausgabe von statistischen Berichten über die wirtschaftliche Entwicklung in den angeschlossenen Ländern (z. B. über Preisentwicklung, Wirtschaftswachstum, Arbeitslosigkeit, Ausgaben für Entwicklungshilfe); ▷ Erstellung von Leitlinien und Modellen für die Lösung zukunftsweisender Problemstellungen auf der Basis eigener Studien. *Beispiel: Der OECD-Steuerausschuss entwickelte ein Muster für Doppelbesteuerungsabkommen. Dieses Musterabkommen ist eine Empfehlung. Es wird jedoch zumeist von den Mitgliedstaaten als Grundlage für bilaterale Verhandlungen über Steuervorschriften verwendet, in denen es um die Vermeidung der Doppelbesteuererung von Ausländern in deren Heimatland und im Inland geht. Damit wird die Vereinheitlichung solcher Abkommen erreicht.*
wichtigste Organe	▷ Oberstes Organ ist der Rat, in dem jedes Mitgliedsland eine Stimme hat. Es fasst die erforderlichen Beschlüsse. ▷ Der Exekutivausschuss führt die Geschäfte der OECD. Er besteht aus 14 Mitgliedern. ▷ Der OECD-Generalsekretär sitzt dem Rat vor und vertritt die Gemeinschaft nach außen. ▷ Mehr als 200 Fachausschüsse und Arbeitsgruppen befassen sich mit allen Gebieten der Wirtschafts-, Sozial-, Umwelt- und Wissenschaftspolitik.

Begriff	***Die Organisation Erdöl exportierender Länder (engl.: Organization of the Petroleum Exporting Countries OPEC) ist ein kartellähnlicher Zusammenschluss von Erdöl exportierenden Ländern zur Sicherung ihrer Einnahmen aus dem Erdölgeschäft.*** Die OPEC wurde 1960 mit dem Ziel gegründet die Position gegenüber den multinationalen Mineralölgesellschaften zu stärken und durch eine koordinierte Angebotspolitik eine Steigerung der Exporterlöse zu erreichen. Ihr gehören Saudi-Arabien, Iran, Venezuela, die Vereinigten Arabischen Emirate, Nigeria, Kuwait, Libyen, Indonesien, Algerien, Irak, Katar und Gabun an. Die Hauptförderländer Europas (Norwegen und Großbritannien) sowie die USA und Mexiko sind der OPEC nicht beigetreten.
Ziele und Aufgaben	▷ internationale Absicherung des Preisniveaus von Erdöl ▷ Steigerung der Exporterlöse der Mitgliedstaaten ▷ Festsetzung von Fördermengen und Preisen ▷ Stärkung der Position der Mitgliedstaaten gegenüber den multinationalen Erdölgesellschaften und den Hauptverbraucherländern von Erdöl
Bedeutung	▷ In den 70er-Jahren gelang es der OPEC, durch eine künstliche Verknappung den Ölpreis innerhalb von 10 Jahren von unter 2 Dollar pro Barrel (159 Liter) auf über 30 Dollar pro Barrel zu erhöhen. Diese Preisentwicklung löste die Ölkrise in den westlichen Industriestaaten aus. ▷ Seit Anfang der 80er-Jahre zeichnet sich eine deutliche Machtabschwächung der OPEC ab. Dies hat verschiedene Gründe: – Immer wieder halten sich Mitgliedsländer nicht an die vom Kartell festgelegten Quoten. So führte 1986 eine enorme Produktionsausweitung von Saudi Arabien zu einem Preisverfall des Rohöls von 35 Dollar auf unter 10 Dollar je Barrel. – Nach dem Konflikt zwischen Iran und Irak 1989 weiteten beide Länder die Fördermengen aus um den Wiederaufbau ihrer Länder zu finanzieren. – Während einige OPEC-Länder über hohe Auslandsvermögen verfügen (z. B. Kuwait, Vereinigte Arabische Emirate), sind andere Länder im Ausland tief verschuldet (z. B. Venezuela, Nigeria). Diese Länder versuchen immer wieder, durch Ausweitung der Fördermengen und den damit steigenden Exporterlösen ihre Schulden auszugleichen. Allerdings führt der damit verbundene Preisverfall dazu, dass die Erlöse sinken. – Die nicht in der OPEC organisierten Länder (z. B. Norwegen, Mexiko) brauchen sich nicht an die Abmachungen zu halten und können so die Ziele der OPEC torpedieren. – Seit dem „Ölpreisschock" sind viele westliche Industrieländer daran gegangen, ihren Erdölverbrauch zu rationalisieren, z. B. durch Wärmedämmung. Daneben setzte eine Substituierung des Erdöleinsatzes durch andere Energieträger ein, z. B. Erdgas und Atomkraft. Diese Faktoren haben langfristig zu einer zunehmenden Preiselastizität der Nachfrage geführt.

Begriff	***Die Konferenz der Vereinten Nationen für Handel und Entwicklung (engl.: United Nations Conference on Trade and Development UNCTAD) ist eine ständige Sonderorganisation der UNO.*** Im August 1962 beschloss der Wirtschafts- und Sozialrat der UNO eine Welthandels- und Entwicklungskonferenz einzuberufen. Diese fand im Frühjahr 1994 unter Beteiligung von 120 Ländern statt. Mit einem Beschluss der UNO-Generalversammlung wurde die UNCTAD zu einem ständigen Organ der Generalversammlung erklärt. Alle drei bis vier Jahre treten die Mitglieder zu einer mehrwöchigen Plenartagung zusammen um erforderliche Beschlüsse zu fassen und neue Konzepte zu erarbeiten. In der Zwischenzeit werden die Geschäfte von einem Sekretariat geführt, das seinen Sitz in Genf hat. Mitglieder sind alle Staaten, die in den Vereinten Nationen selbst oder einer ihrer Sonderorganisationen vertreten sind.
Ziele und Aufgaben	Hauptaufgabe ist die Förderung des internationalen Handels zwischen Industrie- und Entwicklungsländern unter Berücksichtigung der damit verbundenen Probleme der wirtschaftlichen Entwicklung. Dabei befasst sich die UNCTAD, anders als die WTO oder die OECD, vorwiegend mit Fragen der Entwicklungs- und Rohstoffpolitik. Folgende Maßnahmen sollen ergriffen werden um die Ziele zu erreichen: ▷ Formulierung der Entwicklungsstrategie der UNO; ▷ Vorbereitung und Abschluss internationaler Rohstoffabkommen; ▷ Förderung des Technologietransfers zwischen Industrie- und Entwicklungsländern; ▷ Abbau von Handelshemmnissen in den Industrieländern gegenüber verarbeiteten Waren aus Entwicklungsländern; ▷ Ordnung der Rohstoffmärkte zugunsten der Entwicklungsländer; ▷ Ausarbeitung von Vorschlägen für einen internationalen Exportkredit-Garantiefonds zur Gewährung von Garantien für Exportkredite; ▷ Einrichtung eines internationalen Hadelszentrums in Genf in enger Zusammenarbeit mit der WTO. Die UNCTAD überprüft laufend die wirtschaftliche Lage der 36 ärmsten und am wenigsten entwickelten Länder der Welt.
Bedeutung	▷ Die UNCTAD hat den Dialog zwischen den in der *„Gruppe 77“* zusammengefassten Entwicklungsländern und den Industrieländern in Gang gebracht („Nord-Süd-Dialog“). ▷ Der Handel zwischen Entwicklungsländern und Industriestaaten wurde durch ein System von Zollpräferenzen für Fertigwarenexporte aus der Dritten Welt gefördert. Damit wurde der Aufbau exportorientierter Industrien gefördert. ▷ Im Rahmen eines „Integrierten Rohstoffprogramms“ wurde ein gemeinsamer Fonds geschaffen, aus dem u. a. auch Maßnahmen zur Stabilisierung der Rohstoffpreise finanziert werden. ▷ Trotz einiger Erfolge erschöpfen sich viele Ergebnisse der letzten UNCTAD-Konferenzen in unverbindlichen Absichtserklärungen und Resolutionen.

20 Aufgaben zu Kapitel 20

IWF → *S. 270*	1. Welche Ziele verfolgt der Internationale Währungsfonds? 2. Was verstehen Sie unter einem „Sonderziehungsrecht“? 3. Welches ist das derzeit dringendste Problem des Internationalen Währungsfonds? 4. Das Stimmrecht der Mitglieder des IWF regelt sich nach Kapitalquoten. Welches Problem stellt diese Regelung für die Entwicklungsländer immer wieder dar?
Weltbank → *S. 271*	5. Welches Hauptziel verfolgt die Weltbank? 6. Mit welchen Mitteln versucht die Weltbank dieses Ziel zu erreichen? 7. Wie refanziert sich die Weltbank? 8. In welcher Weise können die Mittel verwendet werden?
WTO → *S. 272*	9. Welche Ziele verfolgt die WTO? 10. Stellen Sie die Nachteile dar, die durch tarifäre und nicht-tarifäre Handelshemmnisse einzelner Länder für die Weltwirtschaft entstehen können. 11. Erläutern Sie die drei wichtigsten Prinzipien, nach denen die WTO in ihren Beschlüssen handelt. 12. Was ist eine „Meistbegünstigungsklausel“ und welches Ziel wird damit verfolgt? 13. Schildern Sie einige Ergebnisse des GATT bzw. der WTO in den vergangenen 30 Jahren.
OECD → *S. 273*	14. Zu welchem Zweck wurde die OECD gegründet? 15. Die OECD übernimmt im Rahmen ihres Auftrages zahlreiche Einzelaufgaben. Nennen Sie einige dieser Aufgaben. 16. Die OECD wird häufig auch als „Klub der Reichen“ bezeichnet. Was bedeutet das und welche Probleme sind damit verbunden?
OPEC → *S. 274*	17. Zu welchem Zweck wurde die OPEC 1960 gegründet? Mit welchen Mitteln versucht sie ihre Ziele zu erreichen? 18. Nennen Sie mögliche Gründe, warum einige wichtige westliche Erdölförderländer (z. B. Norwegen, Großbritannien, USA) nicht Mitglieder in der OPEC sind. 19. Was sind die wesentlichen innerorganisatorischen Gründe dafür, dass die OPEC in den vergangenen zehn Jahren erheblich an Einfluss verloren hat? 20. Welche Gründe, die nicht in der OPEC selbst oder dem Verhalten ihrer Mitglieder liegen, waren in den vergangenen zehn Jahren dafür verantwortlich, dass der Einfluss der OPEC international sank?
UNCTAD → *S. 275*	21. Welche Ziele verfolgt die UNCTAD? 22. Der Hauptanteil der Warenlieferungen von den Entwicklungsländern in die Industrieländer besteht aus Rohstoffen. Welche Problematik ist damit für die Entwicklungsländer verbunden?

KAPITEL 21

1 Bevölkerungswachstum

Problem	▷ Die Weltbevölkerung wuchs in den Jahren 1960 bis 1990 von 3 Mrd. auf 5,3 Mrd. Menschen. Sie wird, wenn die Entwicklung so weitergeht, im Jahr 2020 die Marke von 8 Mrd. überschreiten. ▷ Die Wachstumsrate ist zwar seit 1960 mit 1,75 % auf 1990 mit 1,6 % abgesunken, dennoch beträgt das Wachstum in absoluten Zahlen ca. 85 Mio. Menschen pro Jahr. ▷ Nur ein Viertel der Weltbevölkerung lebt in den Industrieländern, in denen das Wachstum weiterhin rückläufig ist. ▷ In den Entwicklungsländern werden jedes Jahr ca. 80 Mio. Menschen geboren. Das entspricht etwa 90 % des jährlichen Zuwachses der Weltbevölkerung.
Ursachen	▷ Die religiöse Einstellung, der Bildungsrückstand und weltanschauliche Prägungen verhindern vor allem in den Entwicklungsländern eine wirksame Geburtenkontrolle. ▷ Insgesamt gesehen hat sich durch eine verbesserte medizinische Versorgung die Lebenserwartung der Menschen erhöht. ▷ Eine fehlende Altersversorgung, wie sie in den meisten Industrienationen durch die Sozialversicherung gegeben ist, fehlt in den Entwicklungsländern. Die Kinder bleiben damit wichtig für die Erhaltung der materiellen Basis der Familien im Alter.
Perspektiven und Folgen	▷ Schätzungen gehen von einer Weltbevölkerung von 11 Mrd. Menschen im Jahre 2100 aus. Das entspricht nahezu einer Verdoppelung der derzeitigen Bevölkerung (2000: ca. 6 Mrd.). ▷ Hungerkatastrophen, politische Krisen, Radikalisierung von Bevölkerungsteilen, weitere Konflikte zwischen einzelnen Ländern werden die möglichen Folgen sein. ▷ Die Bevölkerung der dritten Welt wird langfristig ihren Anteil am Weltsozialprodukt einfordern. ▷ Es wird zu gewaltigen Völkerwanderungen kommen. Wirtschaftlich und politisch Benachteiligte werden versuchen in die reicheren Länder auszuwandern. Diese werden versuchen sich durch Einwanderungsquoten oder Einreisebeschränkungen dagegen zu wehren.
Maßnahmen	▷ Ein wichtiger Schritt zur Begrenzung des Bevölkerungswachstums ist eine wirksame Geburtenkontrolle. ▷ Voraussetzung dazu ist einerseits eine Erhöhung des Bildungsniveaus in den betroffenen Ländern und zielgerichtete Programme durch die Vereinten Nationen sowie andererseits eine Aufgabe der starren Haltung zur Geburtenkontrolle durch religiöse Institutionen. ▷ Die betroffenen Menschen müssen über die verhängnisvollen Zusammenhänge zwischen Überbevölkerung und Unterernährung aufgeklärt werden. ▷ Schließlich ist die Entwicklungshilfe und die Handelspolitik der Industrienationen gefordert.

Weltweite Beobachtungen und Befunde *(nach: Worldwatch Institut Report [Hrsg.], 1988: Zur Lage der Welt 1988/89)*	Erscheinungen	Befunde
	Waldfläche	Schwund der tropischen Wälder um 11 Mio. Hektar pro Jahr; 31 Mio. Hektar in den Industrienationen geschädigt, offensichtlich durch Luftverschmutzung und sauren Regen.
	fruchtbare Schicht der Erde	20 Mrd.Tonnen Humus gehen jährlich auf den landwirtschaftlichen Flächen mehr verloren als neu gebildet werden; jährlich 6 Mio. Hektar neue Wüstenfläche durch falsche Bewirtschaftung.
	Seen	Tausende von Seen im industrialisierten Norden der Welthälfte sind biologisch tot.
	Trinkwasser	In China, Indien, Afrika und Nordamerika fällt der Grundwasserspiegel; der weltweite Bedarf übersteigt die Vorräte.
	Artenvielfalt	Mehrere tausend Pflanzen- und Tierarten sterben jährlich aus. In den nächsten 20 Jahren kann ein Viertel aller Arten ausgelöscht sein.
	Klima	Zwischen heute und dem Jahr 2050 steigt die mittlere Temperatur der Erde aufgrund des „Treibhauseffektes" wahrscheinlich um 1,5 bis 4,5 Grad Celsius an. Dieser Effekt ergibt sich durch die Verwendung von fossilen Brennstoffen und Abgabe von Kohlendioxid in die Erdatmosphäre.
	Meeresspiegel	Aufgrund der globalen Erwärmung wird der Meeresspiegel bis zum Jahr 2010 um 1,4 bis 2,2 Meter ansteigen, da die Gletscher an den Polen durch die höhere Temperatur abschmelzen werden. Viele Küstenregionen werden dadurch im Meer versinken.
	Ozonschicht in der oberen Atmosphäre	Das in jedem Jahr auftretende und wachsende Loch in der oberen Atmosphäre deutet auf einen möglichen Beginn einer weltweiten Ausdünnung der Ozonschicht mit verheerenden Folgen für Ernährung und Gesundheit der Erdbevölkerung hin.
Maßnahmen	▷ weltweites Verbot der Nutzung von FCKW als Treibgas ▷ verstärkte Investitionen in die Nutzung umweltfreundlicher und regenerierbarer Energien ▷ Intensivierung der Entwicklungspolitik unter besonderer Beachtung des qualitativen Wachstums ▷ Vermeidung von Abfall ▷ Berücksichtigung des Recycling bei allen industriellen Fertigungsprozessen	

3 Nord-Süd-Konflikt

Begriff

Der Nord-Süd-Konflikt bezeichnet das Wohlstandsgefälle und den daraus resultierenden Interessenkonflikt zwischen den überwiegend reichen Industrieländern auf der nördlichen Hälfte der Weltkugel und den zumeist auf der südlichen Welthalbkugel befindlichen Entwicklungsländern.

Problem

Nahezu alle Entwicklungsländer weisen folgende Merkmale auf:
- ▷ Hohe Verschuldung gegenüber den Industrienationen,
- ▷ Landflucht und Ausbreitung der Slums an den Stadträndern,
- ▷ krasse Armut und Hunger des größten Teils der Menschen,
- ▷ niedriger Ausbildungsstand, hoher Anteil an Analphabeten,
- ▷ hohe Arbeitslosenquoten, niedrige Produktivität,
- ▷ hohe Wachstumsunterschiede zwischen traditionellen Wirtschaftszweigen (Landwirtschaft, Handwerk) und Industrie.

Verteilung des Weltwirtschaftsergebnisses 1997 (nach Weltbank)

Staatengruppe	Anzahl der Länder	Bruttosozialprodukt in Mrd. US-$	Bevölkerung in Mio.	Bruttosozialprodukt pro Kopf in US-$
Ärmste Staaten	61	712452	2036	350
Arme Staaten				
– untere Gruppe	59	2802834	2283	1230
– obere Gruppe	36	2608335	574	4540
Reiche Staaten	54	24001123	927	25890
Welt insgesamt	210	30124744	5820	5180

Ursachen

- ▷ Die meisten heutigen Entwicklungsländer waren früher Kolonien der heutigen Industrieländer. Daraus haben sich vielfältige Abhängigkeiten und Fehlentwicklungen ergeben:
  - Zerstörung der natürlichen Lebensgrundlagen der Bevölkerung in den unterworfenen Gebieten, z. B. durch Monokulturen;
  - Degradierung der ehemaligen Kolonien zu Rohstofflieferanten;
  - Verhinderung der Weiterentwicklung durch Ausbildung.
- ▷ Die Industriestaaten verhindern in großem Umfang den Absatz der Fertigprodukte aus Entwicklungsländern auf den Weltmärkten.

Maßnahmen

Der deprimierendste Aspekt am Nord-Süd-Konflikt ist, dass kurz- bis mittelfristig keine positive Entwicklung, sondern eher noch eine Verschärfung des Konflikts eintreten wird.
- ▷ Die Entwicklungspolitik der Industrieländer muss projektgebunden und als Hilfe zur Selbsthilfe kräftig erhöht werden.
- ▷ Die Weltorganisationen müssen in stärkerem Maße als bisher die Bildung von demokratischen und marktwirtschaftlichen Systemen in den Ländern der Dritten Welt unterstützen.
- ▷ Die wirksamste Entwicklungshilfe bleibt immer noch eine größere Beteiligung der Entwicklungsländer am Welthandel. Die Industrienationen müssen endlich ihre Handelshemmnisse abbauen zugunsten eines freien Wettbewerbs auf den Weltmärkten.

21 Aufgaben zu Kapitel 21

Bevölkerungswachstum → *S. 277*	1. Beschreiben Sie das Problem des globalen Bevölkerungswachstums. 2. Welche wesentlichen Ursachen hat das rasche Wachstum der Weltbevölkerung? 3. Das Bevölkerungswachstum verläuft nicht in allen Ländern gleich. Beschreiben Sie die unterschiedlichen Entwicklungen in Entwicklungs- und Industrieländern und nennen Sie mögliche Ursachen und Folgen. 4. Welche Folgen können sich insgesamt aus einem weiteren ungehemmten Wachstum der Bevölkerung ergeben? 5. Mit welchen Maßnahmen ist Ihrer Meinung nach das ungehemmte Wachstum zum Stillstand zu bringen? 6. Welche möglichen ökologischen Folgen hat das weltweite Anwachsen der Weltbevölkerung?
Zerstörung von Lebensräumen → *S. 278*	7. Erläutern Sie unter Bezugnahme auf die drei Umweltmedien Luft, Wasser und Boden, welche Zerstörungen die Menschen in der Natur bereits angerichtet haben. 8. Umweltschutz ist nicht nur eine Aufgabe einzelner Länder. Erklären Sie an vier Beispielen, dass Umweltschutz längst eine weltweite Aufgabe ist. 9. Geben Sie für die folgenden Problembereiche jeweils zwei dringliche Maßnahmen an, die geeignet erscheinen, weltweit zur Rettung unserer Umwelt beizutragen: Luft – Klima – Trinkwasser – Ozonschicht der Erde – Wald 10. Beschreiben Sie anhand von fünf Beispielen, was Sie in Ihrem persönlichen Alltag zur Rettung der Umwelt tun können.
Nord-Süd-Konflikt → *S. 279*	11. Was wird mit dem Begriff „Nord-Süd-Konflikt" umschrieben? 12. Welche besonderen Merkmale weisen Entwicklungsländer auf? 13. Im Zusammenhang mit Entwicklungsländern wird häufig vom „Teufelskreis der Armut" gesprochen. Damit ist eine Kette von Ursache-Wirkungs-Zusammenhängen gemeint. Versuchen Sie, diesen Kreislauf zu rekonstruieren, indem Sie folgende Begriffe verwenden, diese ordnen und ggfs. durch Pfeile miteinander verbinden: Unterernährung – mangelnde berufliche Qualifikation – geringes Wachstum – geringer Privatverbrauch – geringer technischer Fortschritt – Krankheit – Analphabetentum – geringe Produktivität – geringe Ersparnisbildung – geringe Arbeitsleistung – geringes Einkommen – hohe Geburtenraten – geringe Kapitalbildung – Monokulturen 14. Ein bedeutender Entwicklungsexperte hat vor Jahren den Satz geprägt: „Ein Prozent mehr Anteil am Welthandel für die Entwicklungsländer hat die gleiche Wirkung wie die weltweit pro Jahr von den Industrieländern ausgegebenen Mittel für Entwicklungshilfe". Welcher Zusammenhang wird hier deutlich? 15. Welche Maßnahmen müssten mittelfristig und langfristig getroffen werden um die Entwicklungsländer aus ihrer Krise zu befreien?

Sachwortverzeichnis

Sachwortverzeichnis

Sachwortverzeichnis

Sachwortverzeichnis

Sachwortverzeichnis

Sachwortverzeichnis